in Thür

LAND UND LEUTE

Veröffentlichungen zur Volkskunde

Herausgegeben von Wolfgang Brückner

Heimat und Arbeit in Thüringen und Franken

Zum Volksleben einer Kulturregion

Begleitband zur gleichnamigen Wanderausstellung
des Instituts für Deutsche Philologie
der Universität Würzburg und des Bezirks Unterfranken,
unter Mitwirkung
des Instituts für Geographie der Universität Würzburg,
eröffnet am 25. Oktober 1996
in den Barockhäusern Würzburg

echter Frankenschwelle

Einbandvorderseite: *Ansicht von Lauscha, 1864*
Einbandrückseite: *Drückerstube, Foto um 1910*

Herausgeber:
Wolfgang Brückner

Redaktion:
Wolfgang Brückner
Matthias Wagner

Kartographie:
Winfried Weber

Ausstellungsgestaltung:
Ambrosius
Grafik & Messedesign

Repro-Fotografie:
Horst Schopf

Mitarbeiter/innen:
Georg Behringer
Max Böhm
Günter Dippold
Jürgen Emmert
Monika Fritz-Scheuplein
Hans Gauß
Renate Gauß
Rüdiger Glaser
Ernst Hofmann
Lothar Hofmann
Helena Horn
Birgit Jauernig-Hofmann
Karoline Knoth
Ernst Koch
Almut König
Stefanie Krönung
Karsten Müller
Simone Müller
Winfried Schenk
Konrad Schliephake
Thomas Schwämmlein
Margrit Seuling
Monika Ständecke
Angela Treiber
Matthias Wagner
Winfried Weber
Günther Wölfing
Bernd Wollner

ISBN
echter 3-429-01830-7
Frankenschwelle 3-86180-061-6

Inhalt

Vorwort

Seit der „Wende" kamen jene südlichen Thüringer Landstriche genauer in den Blick, deren geographische, historische und sprachliche Verwandtschaft mit den nördlichen Gegenden Frankens unübersehbar ist. So entwickelte sich der Gedanke an eine Fortführung von kulturhistorischen Studien als Vergleich über die politischen Grenzen hinweg. Damit schließt dieser Begleitband zu einer Wanderausstellung direkt an ein ähnliches Würzburger Unternehmen von vor zehn Jahren an. Es hieß damals „Fränkisches Volksleben im 19. Jahrhundert. Wunschbilder und Wirklichkeit" und fand von November 1985 bis April 1986 auf der Festung Marienberg in Würzburg statt. Den Typus Wanderausstellung hingegen haben wir 1989 erprobt mit „Historische Fotografie in Unterfranken" samt Begleitband.

Es trifft sich gut, daß auf thüringischer Seite 1996 neben dem Lutherjahr ein weiteres historisches Jubiläum mit entsprechenden Ausstellungen und Publikationen gefeiert wird. Es erinnert ebenfalls an die Einheit unserer gemeinsamen, heutige Grenzen überschreitenden Kulturregion zwischen Rennsteig und Grabfeld, Rhön und Frankenwald: „900 Jahre Henneberger Land". Unser Untertitel lautet dementsprechend „Zum Volksleben einer Kulturregion", auch wenn der Begriff der Volkslebensforschung, den die skandinavischen Volkskundler nach dem letzten Krieg geprägt haben, in der deutschen Fachdiskussion seit 1970 wieder verabschiedet worden ist. Inzwischen hat sich auch der damals aufkommende ethnologische Begriff von Kultur derart abgenutzt, daß wir in unserem Fachjargon lieber nur von „Konstruktion der Volkskultur" sprechen als einem gesellschaftlichem Phänomen von Fund und Erfindung. So lautete daher unser Arbeits-Untertitel, bis ihn die Verleger vereinfacht haben mit Hilfe allgemein verständlicher Begriffe.

Geblieben aber ist „Heimat und Arbeit", denn diesmal sollte es nicht bloß um „Wunschbilder" der Identifikationshilfen und die dahinterstehende „Wirklichkeit" historischen Wandels gehen, sondern noch zentraler um das System der Bindung der Menschen an ein Zuhause durch Erwerbsmöglichkeiten. Wo die Existenzgrundlagen fehlen, kann Heimat nicht sein. Andererseits ist gerade die öffentliche Präsentation von sogenannt „Heimatlichem" als selbstverständlichem Lebensraum seit 150 Jahren immer wieder folklorisiert worden. Hier sind historistisch überformte Schauseiten von Wunschbildern einstigen Volkslebens entstanden, aus deren Versatzstücken idealisierender Überhöhungen wir die Quellen tatsächlicher Alltagswelten herausdestillieren müssen.

Aufgeklärte, durchaus philanthropische und nicht bloß herrschaftssichernde Politik steckte hinter den „ethnographischen" Interessen der staatlichen Administration sowohl in Bayern wie in den sächsischen Herzogtümern Thüringens. Meine Bezeichnung der „verwalteten Region" beschreibt für das 19. Jahrhundert beides. Alltagsbewältigung durch ökonomische Überlebensstrategien und heimatliche Identitätssuche waren das Ziel. Wenn dabei für unseren Kulturraum „Heimat und Arbeit" mit „Heimarbeit" assoziiert werden, dann ist das durchaus gewollt.

Das erste deutsche Volkskunde-Museum in Berlin hieß bei seiner Gründung 1889: „Museum für deutsche Volkstrachten und Erzeugnisse des Hausgewerbes". Indem wir diesen realistischen Ansatz von vor hundert Jahren wieder ernst nehmen, unterteilen wir unser Projekt in zwei Abschnitte mit einem vorangehenden übergreifenden Teil zu den geschichtlichen Kontinuitäten und dem historischen Wandel im geographischen Raum. Dann folgt die Frage nach dem „Volksleben auf dem Lande" als Versuch, Wirklichkeit und Bild vom Bauern (oder Landmann) genauer zu unterscheiden. Dabei geht es unter anderem um die Trachtenentdeckung vor der Folie der tatsächlichen Bekleidungswirklichkeit, zugleich aber auch um Fragen nach dem dahinterstehenden Landbewohner der unterschiedlichen Kleinregionen mit ihren ökologischen Lebensbedingungen.

Schließlich folgt im dritten Teil „Land und Leute in Handwerk, Hausgewerbe, Kleinindustrie und Manufaktur" die Frage nach der staatlichen Gewerbeförderung für die „Hinterwäldler" in den umliegenden Mittelgebirgen und deren „Industrien", die u. a. Produkte sogenannter Volkskunst hervorgebracht haben. Wir wollen damit der optischen wie ideologischen Konstruktion von Volkstümlichkeit nachgehen, indem wir die Bedingungen der Produktion billiger Gebrauchs- wie Luxusgüter für jedermann aufzeigen.

Es bleibt vielen zu danken, voran den Geldgebern, dem unterfränkischen Bezirkstag mit seinem Präsidenten Raymund Schmidt und dessen Befürwortern, den Bezirksheimatpflegern Dr. Reinhard Worschech und Dr. Klaus Reder sowie unserer Universität als großer verwaltungsorganisatorischer Hilfe, hier besonders dem Kanzler Bruno Forster. Bei technisch-wissenschaftlicher Kooperation innerhalb der Universität stehen obenan der Lehrstuhl für Kulturgeographie, Professor Dr. Günter Löffler, und sein Kartograph Winfried Weber. Der volkskundliche Chefkoordinator, Managing Director oder Generalsekretär des gesamten Unternehmens von Ausstellung und Begleitband war mit großem Einsatz Matthias Wagner, M.A. Besondere Hilfe aus Thüringen haben wir durch unseren Gaststudenten Thomas Schwämmlein, Sonneberg, erfahren. Konzeptionelles Mitdenken und bibliographische Unterstützung verdanken wir in besonderem Maße Frau Birgit Jauernig-Hofmann, M.A. Die Eröffnungsveranstaltung und erste Ausstellungsstation in den Barockhäusern ermöglichte der Leiter des Stadtarchivs Dr. Ulrich Wagner. Die Verlagsgemeinschaft eines Würzburger und eines Hildburghäuser Unternehmens für unser Buch scheint mir ein gutes Omen regionalen Zusammenwirkens, sieben Jahre nach Öffnung der einst so hermetischen Grenze. Wir sind alle glücklich darüber.

Wolfgang Brückner

Politisch-territoriale Entwicklung zwischen Grabfeld, Rennsteig und Rhön seit 1680

Das Bistum Würzburg, die Abtei Fulda, die Landgrafschaften Hessen und Thüringen bzw. die späteren „sächsischen" Herzogtümer haben jahrhundertelang um die Gegend gestritten und sie zu einer Kampfzone gemacht. Unter diesen Bedingungen war im Mittelalter und in der frühen Neuzeit die Vereinigung in einem einheitlichen Territorium überhaupt nicht denkbar. Es gelang weder der ausschließliche Anschluß an einen der benachbarten Flächenstaaten noch die Ausbildung eines eigenständigen Staates, der die gesamte naturräumliche Einheit vom Grabfeld bis zu den Höhen der beiden sie begrenzenden Mittelgebirge ausgefüllt hätte. Die politische Karte bis zum Jahre 1920 gleicht vielmehr einem bunten Fleckenteppich. Dennoch hat es zu keiner Zeit an einer territorialen Sammlungsmacht gefehlt, die wenigstens die Vormacht in der Region angestrebt und damit zwar einerseits das politische Kräftespiel der um das Land ringenden Mächte als zusätzliche Komponente noch komplizierter gestaltet, andererseits aber doch das größte Ausmaß an Zerstückelung verhindert hat. Bis 1583 bzw. 1660 war das die Grafschaft Henneberg, gefolgt von den Herzogtümern Sachsen-Gotha und Sachsen-Meiningen.

Die alte namensgebende Grafschaft, die dem angegebenen Ziel in der ersten Hälfte des 14. Jahrhunderts sehr nahe gewesen war, hatte spätestens 1660 ausgedient. Ihr Haupterbe war nach mehreren wettinischen Erbteilungen schließlich Sachsen-Gotha geworden, das kurz vor 1680 nicht nur den Löwenanteil an der Werra-Landschaft vom Eisfelder bis in den Salzunger Raum, sondern auch das südlich davon gelegene Gebiet von Römhild über Heldburg, Rodach, Coburg und Neustadt bis Sonneberg beherrschte. Dagegen nahmen sich die Anteile der anderen hennebergischen Erben sehr bescheiden aus. Sachsen-Weimar bzw. dessen Seitenlinie Marksuhl-Eisenach war im wesentlichen auf die völlig isolierten Gebietsfetzen um Ostheim v.d. Rhön, Kaltennordheim, Zillbach und Tiefenort beschränkt; der albertinische Zweig des Hauses Wettin behauptete mit seiner Nebenlinie Sachsen-Zeitz den Raum Schleusingen-Suhl-Kühndorf, während Hessen die Herrschaft Schmalkalden und das Amt Vacha innehatte, wobei letzteres nicht aus dem hennebergischen Erbe kam. Zu diesem sind auch nicht die fuldaischen Gebietsanteile in der Rhön, zum Teil aber die würzburgischen Besitzungen an der Südwestflanke der Region zu rechnen. Bamberg war lediglich mit einigen Randstreifen vertreten, die an die Ämter Heldburg und Sonneberg grenzten. War das Ausmaß der territorialen Zerstückelung durch die Anteile der eben genannten sieben „Großmächte" schon bedenklich genug, wurde es durch die zahlreichen kleinen Herrschaften mehr oder weniger freier Reichsritter (Kantone Rhön-Werra,

Abb. 1
Ansicht von Meiningen, Stahlstich um 1840.

Baunach, Gebirg) und einige Kondominate noch verschlimmert. Genannt seien die Herrschaften Lengsfeld (Boineburg), Tann an der Felda, Ulster und das gemeinschaftlich sächsische Amt Fischbach (Dermbach), das eigentlich nur ein von Fulda ausgegebenes Pfand war.

Aus der Teilung von S.-Gotha 1680 sind in unserem Raum die Kleinstaaten S.-Meiningen, S.-Römhild, S.-Hildburghausen und S.-Coburg hervorgegangen; der Rest von S.-Gotha blieb lediglich mit Zella und Mehlis beteiligt. Die Tatsache, daß die meisten dieser Zwergterritorien auf Dauer nicht lebensfähig waren und daß sich die noch bestehenden Exklaven Hessens, S.-Weimars und S.-Zeitz' in der Region für deren Entwicklung sehr nachteilig auswirken mußten, eröffnete dem zentral gelegenen Herzogtum S.-Meiningen die Gelegenheit, nun die Rolle einer territorialen Sammlungsmacht mit regionaler Identität zu übernehmen. In diesem Sinne trat Meiningen das Erbe Hennebergs an.

Der Weg war allerdings mühsam, und er führte

Abb. 2
Ansicht von Schleusingen, Stahlstich um 1840.

durch zahlreiche Streitigkeiten der Ernestiner gegeneinander und gegen Dritte hindurch. Soweit militärisch ausgetragen, gehörten diese wie mittelalterliche Fehden anmutenden Katzbalgereien zu den bekannten Tragikomödien der deutschen Kleinstaaterei des 18. Jahrhunderts. Den Auftakt bildete der durch das Aussterben der Linie S.-Coburg 1699 ausgelöste Erbfolgestreit, der sich im wesentlichen bis 1735 hinzog und schließlich dahin verglichen werden konnte, daß der Sonneberger Raum an Meiningen, der Rest von Coburg aber an Saalfeld fiel. Nicht so glatt war der Ausgang des bis 1714 geführten Kampfes um das Erbe der 1710 erloschenen Römhilder Linie. Hier fielen 7/12 des Amtes Themar an S.-Gotha, 5/12 an S.-Saalfeld; 2/3 von Römhild erbte S.-Meiningen, 1/3 S.-Saalfeld; die „Kellerei" Behrungen fiel an S.-Hildburghausen. Als letzteres 1723 das halbe Amt Schalkau tauschweise an S.-Meiningen abtrat, dann aber den Vertrag rückgängig machen wollte, kam es darüber zum „Schalkauer Kirschenkrieg", aus dem Meiningen als Sieger hervorging.

Es konnte den ertauschten Besitz 1729 mit der anderen Hälfte des Amtes Schalkau vereinen, die es den bis dahin nahezu souveränen Herren von Schaumberg abgekauft hatte. Um die Mitte des 18. Jahrhunderts war die Linie S.-Meiningen vorübergehend selbst dem Aussterben nahe. Der Herzog von S.-Gotha wollte sich deshalb rechtzeitig sein Erbe sichern und fiel, einen Meininger Hofdamenstreit als Vorwand ausnutzend, im Lande seines Vetters ein. Das führte zum „Wasunger Krieg" 1747/48.

In der Rhön wollte zu dieser Zeit S.-Weimar die 1707 von Fulda durchgesetzte Einlösung des Amtes Fischbach (Dermbach) nicht anerkennen und bekriegte sich von 1741 bis 1764 mit der Abtei. Die „Beute" waren schließlich die Dörfer Wiesenthal, Fischbach und Urnshausen. Zu beachten ist, daß sich diese Auseinandersetzungen z.T. mit den häufigen Truppendurchzügen, Einquartierungen, Plünderungen und in der Region ausgetragenen Gefechten des Siebenjährigen Krieges (1756/63) überschnitten, denen wenige Jahrzehnte später die Drangsale der napoleonischen Kriege folgten.

Bedeutende territoriale Veränderungen gab es kurz nach 1800: zunächst die Säkularisation der geistlichen Fürstentümer und ihre Angliederung an Hessen (Fulda) und Bayern (Würzburg, Bamberg) im Zusammenhang mit dem Reichsdeputationshauptschluß 1802/03, die Okkupation der Gebiete der freien Ritterschaft durch Bayern, S.-Meiningen u.a. 1803/05, die Zwischenspiele des 1806 bis 1814 vorübergehend wieder von Bayern als „Großherzogtum Würzburg" abgetrennten Gebiets des ehemaligen Fürstbistums und des Königreichs Westfalen, in das von 1807 bis 1813 die Herrschaft Schmalkalden integriert war. Schließlich sind der Beitritt der hiesigen Kleinstaaten zum Rheinbund 1806 und die Auflösung des Fränkischen Reichskreises 1802/08 zu nennen. S.-Meiningen konnte 1808 sein Territorium arrondieren, indem es in einem Staatsvertrag mit dem Großherzogtum Würzburg die Dörfer Sondheim, Gollmuthausen und Rothausen an letzteres abtrat und dafür Gleicherwiesen, Wolfmannshausen und Berkach erhielt, wobei Wolfmannshausen nun das einzige katholische Dorf des Herzogtums wurde. Der Wiener Kongreß sprach 1815 die sachsen-albertinischen Ämter Schleusingen und Suhl, die 1718 schon von der Seitenlinie S.-Zeitz direkt an Dresden gefallen waren, dem Königreich Preußen zu, das nun erstmalig in der Region Fuß fassen konnte. Außerdem trat Hessen-Kassel die ehemaligen Ämter bzw. Herrschaften Geisa, Vacha, Frauensee, Stadtlengsfeld und Völkershausen an S.-Weimar ab, das damit zur Vormacht in der Ostrhön aufrückte.

Zu weiteren beträchtlichen Verschiebungen kam es, nachdem 1825 die Linie S.-Gotha-Altenburg

Karte I: *Satellitenaufnahme*
Karte II: *Territorien 1826*
Karte III: *Politische Grenzen 1921*
Karte IV: *Christliche Konfessionen*

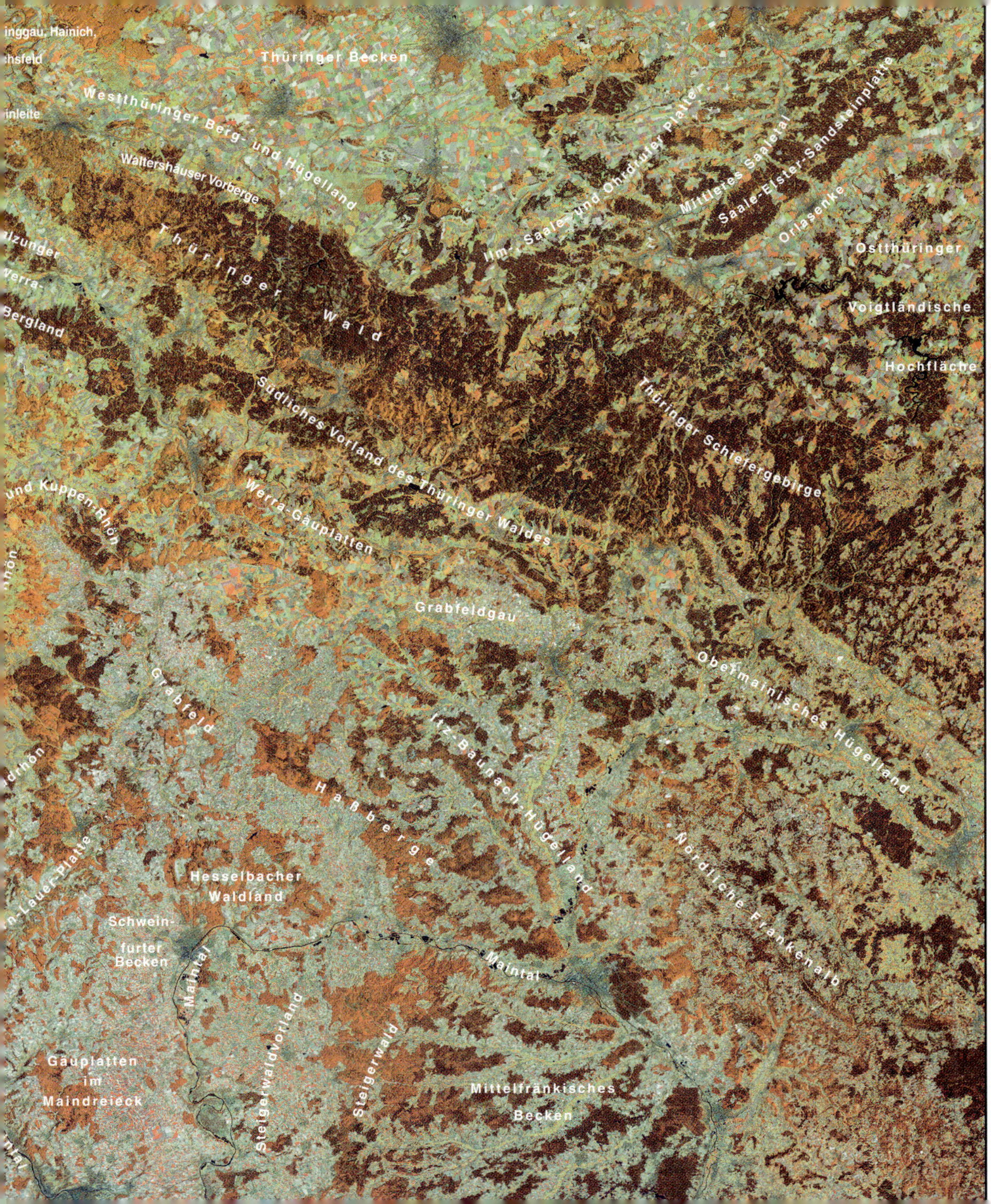

Karte I

Satellitenaufnahme Höhe 705 km

- Nadelwald
- Laubwald
- Städtische Siedlungsflächen
- Wiesenflächen
- Agrare Nutzflächen mit ländlicher Siedlung

Rote Parzellen: Flächen mit „grüner" Vegetation, u. a. Zuckerrüben, Klee, Luzerne

Grüne Parzellen: u. a. erntereife Getreideflächen

Graublaue Parzellen: abgeerntete Flächen

Kartengrundlage: Satellitenaufnahme Landsat 5-TM, Ausschnitt aus Szene 194–25 vom 2. 8. 1990, Kanalkombination 4–5–3.

Digitale Bildverarbeitung: Dr. R. Glaser

Kartographie: W. Weber

Karte II
Territorien 1826

Herzogtum Sachsen-Meiningen
Fürstentum Schwarzburg-Sondershausen
Großherzogtum Sachsen-Weimar-Eisenach
Königreich Preußen, Provinz Sachsen
Fürstentum Schwarzburg-Rudolstadt
Herzogtum Sachsen-Altenburg
Herzogtum Sachsen-Coburg und Gotha
Landgrafschaft Hessen-Kassel
Königreich Bayern

Residenzstädte

0 5 10 15 20 km

Bearbeitet von M. Wagner

Kartographie: W. Weber, Geographisches Institut, Universität Würzburg

Karte III

Politische Grenzen 1921

Preußen, Provinz Hessen-Nassau

Preußen, Provinz Sachsen

Thüringen

Bayern

Heutige Landesgrenzen

0 5 10 15 20 km

Bearbeitet von M. Wagner

Kartographie: W. Weber, Geographisches Institut, Universität Würzburg

Karte IV

Konfessionsverteilung um 1900

Überwiegend evangelisch-lutherisch

Evangelisch unierte Kirche

Überwiegend katholisch

Heutige Landesgrenzen

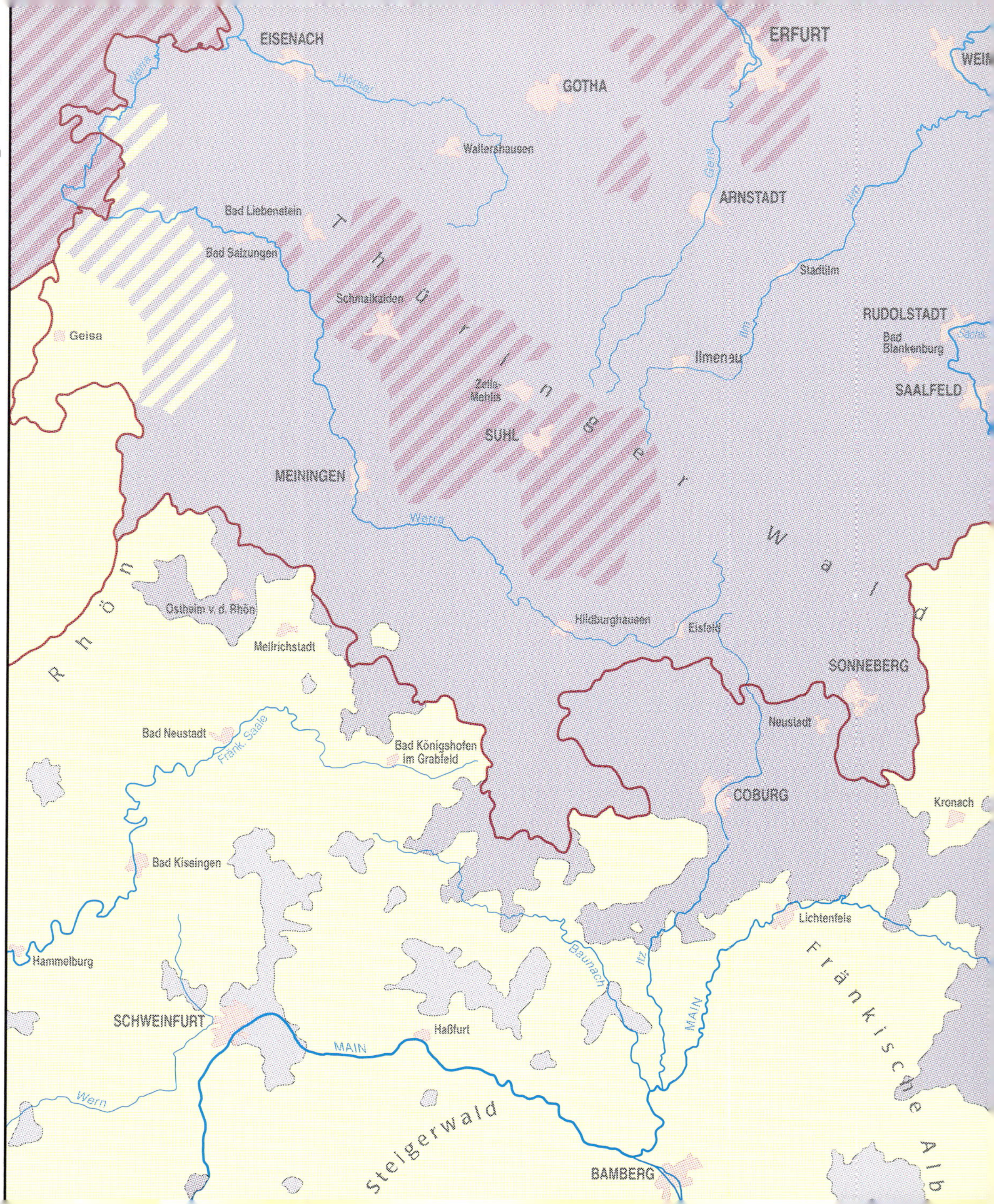

0 5 10 15 20 km

Literatur:
Atlas zur Kirchengeschichte. Freiburg 1987.

Bearbeitet von M. Wagner

Kartographie: W. Weber, Geographisches Institut, Universität Würzburg

ausgestorben war und der sofort ausbrechende Erbstreit zwischen S.-Meiningen, S.-Hildburghausen und S.-Coburg-Saalfeld „schon" 1826 mit folgender Einigung beigelegt werden konnte: Der Herzog von S.-Hildburghausen trat sein Land an S.-Meiningen ab und erhielt dafür das Herzogtum Altenburg; S.-Coburg-Saalfeld überließ ebenfalls an Meiningen das Fürstentum Saalfeld und die bisher noch zu Coburg gehörigen, am linken Ufer der Steinach gelegenen Dörfer sowie das Amt Themar. Es erhielt dafür das Herzogtum Gotha (daher künftig S.-Coburg und Gotha). Während Coburg also nochmals einen Teil seines Kernlandes verlor und die „Zwangsehe" mit Gotha eingehen mußte, vergrößerte S.-Meiningen sein Territorium von 1100 auf 2468 km^2 und vereinigte nun die gute Hälfte der Region unter seiner Herrschaft. Da sein Herzog Bernhard II. im deutschen Bruderkrieg 1866 mit Österreich sympathisiert hatte, wäre es in der anschließenden „Bismarckschen Flurbereinigung" allerdings beinahe ebenso wie die hessische Herrschaft Schmalkalden dem Königreich Preußen einverleibt worden. Es ging aber noch mit einem Regentenwechsel ab, so daß der mit dem Verlust der vollen Souveränität verbundene Beitritt zum Norddeutschen Bund 1866 und zum Deutschen Reich 1871 die letzte Veränderung bis 1918 blieb. Einschneidend waren dagegen die im Zusammenhang mit den Reformen des vorigen Jahrhunderts durchgesetzten Umwälzungen der Staatsverfassung und der staatlichen Infrastruktur. So beendeten die jetzt eingeführten Landesverfassungen (z.B. Bayern 1818, S.-Meiningen 1824) durch die mit ihnen einberufenen Landtage den bis dahin üblichen absolutistischen Regierungsstil. Neben der Modernisierung der obersten Staatsbehörden wurden in S.-Meiningen 1825/29 im Zusammenhang mit der Neuordnung der Ämter Verwaltung und Justiz getrennt, ab 1868 erfolgte die Zusammenlegung der Ämter zu Kreisen (S.-Weimar schon 1850). Auch in den 1814 in Bayern gebildeten Landgerichtsbezirken verselbständigte man 1862 die Verwaltung. Über die Bezirke waren seit 1817 Mittelbehörden gesetzt; z.B. 1817 „Untermainkreis", 1838 „Kreis Unterfranken und Aschaffenburg", 1938 „Regierungsbezirk Mainfranken", 1946 „Regierungsbezirk Unterfranken". Als oberste Justizbehörde der meisten nicht zu Bayern gehörenden Gebiete der Region fungierte seit 1879 das staatenübergreifende Landgericht Meiningen für die s.-meiningischen Kreise Meiningen, Hildburghausen und Sonneberg, die preußischen Kreise Schleusingen und Schmalkalden und das Herzogtum S.-Coburg (letzteres 1920 abgetrennt). Neue Gemeindeordnungen (S.-Meiningen 1829, 1834/44, 1848, 1897) paßten auch die noch dem 16. Jahrhundert verpflichtete kommunale Verfassung den Erfordernissen der Zeit an.

Ein Motor der Neuerungen waren u.a. die von liberalen und demokratisch gesonnenen Kräften getragenen Ereignisse der Revolution von 1848/49 gewesen, deren Hochburgen hier besonders Salzungen, Meiningen und Hildburghausen (mit dem Verleger Joseph Meyer) bildeten. Neben den Forderungen nach sozialen Verbesserungen und verfassungsrechtlichen Veränderungen wurde der

Ruf nach national-staatlicher Einigung laut, und es drangen z.T. schon republikanische Stimmen durch. Bevor es jedoch in dieser von der Industrialisierung erst gegen die Wende zum 20. Jahrhundert stärker erfaßten Region zu einem Erstarken der Sozialdemokratie und zum Sturz der Monarchien kam, konnte noch einmal ein Fürst, nämlich Herzog Georg II. von S.-Meiningen (reg. 1866 - 1914), mit seiner liberalen Politik, aber auch mit seinem künstlerischen Wirken eine Identitätsfigur werden.

Die Novemberrevolution von 1918 machte mit dem Ende der Herzogtümer den Weg für ihre Vereinigung zum Land Thüringen am 1.5.1920 frei. Coburg schloß sich aufgrund einer Volksabstimmung vom 14.2.1920 Bayern an, und die Kreise Schleusingen-Suhl und Schmalkalden blieben bei Preußen. Die Neubildung der thüringischen Kreise im Jahre 1922 brachte auch hier einige Korrekturen. So kam die weimarische Rhön größtenteils an den Kreis Eisenach, die Exklave Ostheim v.d. Rhön aber an Meiningen.

Das Ende der nationalsozialistischen Diktatur und des II. Weltkrieges brachte 1945 die Errichtung jener undurchlässigen Grenze, die 44 Jahre lang die Menschen auf der bayerischen und hessischen Seite einerseits und auf der thüringischen andererseits voneinander trennte und damit letztere dem Machtbereich einer neuen Diktatur zuwies. Im gleichen Zusammenhang wurde die bisher thüringische Exklave Ostheim vor der Rhön dem Land bzw. Freistaat Bayern eingegliedert, während die einst preußischen Kreise Suhl und Schmalkalden nun zum Land Thüringen kamen, das jedoch sieben Jahre später aufgelöst wurde. Der thüringische Anteil am Henneberger Land bildete nunmehr bis 1990 den DDR-Bezirk Suhl. Dies sollte ebenso wie die Gebietsreform von 1950/52, die wesentlich kleinere Landkreise schuf, der Perfektionierung des SED-Regimes dienen.

In Bayern ging man 1971/72 den umgekehrten Weg und legte die bis dahin sehr kleinen Landkreise zu größeren zusammen. Das wurde auf thüringischer Seite mit der Kreisgebietsreform von 1994 nachgeholt. Diese aber hat erst die Wende von 1989/90 möglich gemacht, die mit dem Fall von Stacheldraht und Grenztürmen den heutigen Freistaat Thüringen in der Bundesrepublik Deutschland entstehen ließ.

Günther Wölfing

Karten: Nr. II, s.S. 14
Nr. III, s.S. 15

Literatur

Heckmann, Hermann (Hg.): Thüringen (Historische Landeskunde Mitteldeutschlands). [3]Würzburg 1991.

Höhn, Alfred: Die Henneberger Herrschaft Coburg und ihre Bedeutung für die Geschichte des Coburger Landes (= Schriftenreihe der Historischen Gesellschaft Coburg 7). Coburg 1992.

Mast, Peter: Thüringen. Die Fürsten und ihre Länder. Wien/Köln 1992.

Treml, Manfred (Red.): Politische Geschichte Bayerns (= Hefte zur Bayerischen Geschichte und Kultur 9). [2]München 1990.

Unterfranken 175 Jahre bayerisch. Ein Begleitheft zur Ausstellung. Würzburg 1989.

Wölfing, Günther: Geschichte des Henneberger Landes zwischen Grabfeld, Rennsteig und Rhön. Hildburghausen 1992.

Ders.: Kleine Henneberger Landeskunde. Südthüringen. Hildburghausen 1995.

Ideenpolitik der Landesfürsten im 19. Jahrhundert und Regionalbewußtsein seit 1919 in Franken und Thüringen

Das Königreich Bayern und die zerstückelten Territorien der sächsischen Herzogtümer sowie die Enklaven von Kurhessen und Preußen auf dem Gebiet des heutigen Thüringen scheinen sich auf den ersten Blick kaum für einen sinnvollen Vergleich zu eignen, so unterschiedlich sind die Dimensionen insgesamt. Bezogen jedoch auf unsere gemeinsame Grenzregion wird eine beispielhafte Gegenüberstellung von Sachsen-Meiningen und Sachsen-Coburg und Gotha mit den nördlichen Bereichen der bayerischen Bezirke Unter- und Oberfrankens höchst fruchtbar, zumal inzwischen Coburg seit fast 70 Jahren zu Bayern gehört und zuvor das bayerische Königshaus in der Person der Hildburghäuser Prinzessin Therese seit 1810, dem Hochzeitsfest auf der Münchner Theresienwiese, in engster verwandtschaftlicher Beziehung mit Thüringen steht. Ludwig I. hat als Kronprinz mit Therese 15 Jahre lang fast nur in Unterfranken gelebt, und zwar meist in der Rhön oder Aschaffenburg und Würzburg. Heute erinnert das neue Hildburghäuser Theresienfest jährlich an diese Verbindungen. In Franken gab es dafür schon seit der Mitte des vorigen Jahrhunderts die jährlich den Veranstaltungsort wechselnden sogenannten Oktoberfeste des Landwirtschaftlichen Zentralvereins (Fritsch).

Der Sohn von Königin Therese, Max II., war es, der nach 1848 eine bewußte Ideenpolitik zur „Hebung des bayerischen Nationalgefühls" initiierte und persönlich immer wieder anmahnte (Griebel). Schon sein Vater, Ludwig I., hatte gerade weil er sich als „teutscher" Fürst verstand, die kulturelle Vielfalt seines Landes wieder demonstrativ nach außen gekehrt, indem er entgegen der zentralistischen Politik des Ministers Montgelas (unter seinem Vater) den Departements oder Kreisen (heute Bezirke genannt) historische Namen gab statt der geographischen Bezeichnungen. In sein Staatswappen nahm er alte Embleme der Vorgängerterritorien auf, also unter anderem den fränkischen Rechen. Statt Unter- und Obermainkreis hieß es nun Unterfranken und Aschaffenburg sowie Oberfranken. Die historisch begründete Regionalisierung diente besser der Legitimationsstiftung für das Königreich als bayerischem Vaterland, wie sich dies nach Ludwigs Abdankung erst ausprägen sollte (Hanisch). Ein quasi separatistisches Eigenbewußtsein hat sich jedoch in Franken erst nach der Revolution von 1918 mit der Gründung des „Frankenbundes" zu entwickeln begonnen, als nämlich die verbindende Klammer des wittelsbachischen Herrscherhauses entfallen war (Endres, Brückner).

Im Herkunftsland der Königin Therese liefen ähnliche Entwicklungen ab, wenngleich, gesamtstaatlich gesehen, genau umgekehrt, nämlich auf ein größeres Thüringen zu. Ihre engere Heimat Hildburghausen war schon zur Zeit der Thronbesteigung Ludwigs I. in Sachsen-Meiningen aufgegangen, aber genau dort förderten wie im benachbarten Coburg Staat und Kirche regionales Sonderbewußtsein durch Eigenengagement der Landbevölkerung. In der deutschen Bildungsmeinung allerdings verbindet man mit Thüringen meist bloß das klassische Weimar des Herzogtums Sachsens-Weimar-Eisenach mit Goethes Ilmenau am Gebirge und Exklaven wie dem heute bayerischen Ostheim vor der Rhön. Aber auch mit dem für unser Untersuchungsgebiet zentralen Meiningen verknüpft die Allgemeinheit selten mehr als Hoftheater und Orchester der kunstsinnigen Herzöge. Gerade hier aber herrschten seit dem 18. Jahrhundert gleich wie in Coburg aufgeklärte, reformfreudige und persönlich agierende Fürsten, die im kleinen zu verwirklichen suchten, was anderwärts erst viel später realisiert werden sollte.

Auch neben der gehobenen Unterhaltungskultur und ihrer breiter werdenden Rezipientenschicht in der aufkommenden bürgerlichen Gesellschaft gab es noch andere Ideen, die auf Dauer in kulturpolitische Realitäten vor Ort mündeten. Die Überschaubarkeit des Kleinterritoriums führte bei gewissen Konstellationen zu fast familiärer Verbundenheit von Herrscherhaus und Untertanen, wie jüngst für die Gevatterschaft bei der Taufe der Prinzessin Auguste in Meiningen 1843 gezeigt werden konnte (Jauernig). Einerseits liegen die Parallelen zur Münchner Kronprinzenhochzeit von 1842 auf der Hand, als 35 Trachtenpaare aus allen Teilen des Königreichs gleichzeitig getraut wurden, andererseits fallen die großräumigen organisatorischen Unterschiede und auch die der politischen Zielsetzung stark ins Auge (Griebel).

Neben der fast lokalen Privatheit steht auf der anderen Seite in den territorialen Zersplitterungen Thüringens der Gedanke an ein wünschbares größeres Vaterland aller Deutschen bewußter in der Öffentlichkeit, am stärksten vertreten durch den Coburg-Gothaer Herzog Ernst II. (1818-93), den Bruder des englischen Prinzgemahls Albert. Sein persönliches Engagement für die Gründung des Deutschen Sängerbundes und des Deutschen Schützenbundes blieb unter seinen Standesgenossen stark umstritten, denn es handelte sich um zwei nationale und zum Teil auch demokratisch gestimmte bürgerliche Volksbewegungen, vor denen sich nach 1848 die Regierungen fürchten zu müssen meinten.

Aber auch biedermeierliche Volksaufklärung im pfarrherrlichen Kalenderton der Hildburghäuser „Dorfzeitung“ wirkte über die Landesgrenzen hinaus, vor allem nach Bayern, so wie die liberal-bürgerlichen Bildungsangebote des erfolgreichen Lexikonverlegers Joseph Meyer mit seinem zunächst in Gotha 1826 begründeten „Bibliographischen Institut“, das schon zwei Jahre später ins Meininger Hildburghausen umzog, weil der dortige Herzog die wirtschaftlichen Zukunftsperspektiven klarer erkannte (May). Insgesamt aber galten in der öffentlichen Meinung damals die meisten der ernestinischen Herzogtümer seit dem späten 18. Jahrhundert als aufklärungs- und reformfreundlich, wie deren Pressewesen ausweist (Greiling). 1833 gab es dann endlich einen

„Zoll- und Handelsverein der Thüringischen Staaten", und zwar unter preußischer Führung, weil vereint mit dessen Zollvertrag. Das Coburger Herrscherhaus war aus familiären wie gesamtdeutschen Interessen preußisch gesinnt, die Bevölkerungsmehrheit allerdings schon im 19. Jahrhundert bayerisch, hingegen dominierten die sozialen Spannungen des beginnenden Industriezeitalters natürlicherweise im Norden des Landes, wofür die Städtenamen Eisenach, Erfurt (bis 1945 preußisch) und Gera stehen. Südlich des Rennsteigs gab es nur im preußischen Suhl und Schleusingen in den Waffenschmieden die Vorläufer einer Metallindustrie, was dann zu DDR-Zeiten hier einen stark geförderten Mittelpunkt der Region entstehen ließ, mit einem ausgeprägten Sonderbewußtsein aufgrund der grenznahen Situation und dem hohen Freizeitwert der Waldlandschaft für den Gesamtstaat. Der seit Ulbrichts Tagen bevorzugte Bezirk Süd-Thüringen hieß darum unter der Bevölkerung scherzhaft: „Autonome Gebirgsrepublik Suhl".

So wie in Bayern nach der Revolution von 1918 für Franken erst ein eigenes Regionalbewußtsein entstand, so hatten die Thüringer im neuen, wenn auch noch unvollkommenen Zusammenschluß der bisherigen Fürstentümer (ohne die preußischen und ehemals hessischen Landesteile) eine entsprechende Identität zu entwickeln, denn: „Im ganzen stellte Thüringen in den ersten beiden Jahrzehnten des 20. Jahrhunderts ein Land mit hundertfachen Widersprüchen dar. Die neue Zeit brachte den industriellen Großbetrieb, die Elektrizität, den Kraftwagen, das Flugzeug und eine auf modernsten wissenschaftlichen Erkenntnissen beruhende Technik nach Thüringen. Sie behielt aber gleichzeitig über hundert Territorialfetzen, 10 Landtage, 9 Staatsregierungen, 8 Fürstenhöfe und Hofmarschallämter bei" (Hess, S. 229). Doch ehe hier eine Konsolidierung eintreten konnte, folgte frühzeitig die braune Machtübernahme mit der Konsequenz der in unseren Tagen erst abgeschlossenen roten Nachkriegsgeschichte. Geblieben sind in Südthüringen die sprachliche Besonderung des „Fränkisch-Hennebergischen", wie man seit dem vorigen Jahrhundert sagt (Spieß). Wirtschaftliche Austauschbeziehungen, zum Beispiel Arbeitspendler nach Franken gibt es wieder. Kultureller Austausch über die Grenzen existiert als Freizeitmobilität durch die modernen Verkehrsmöglichkeiten und die dafür wieder hergestellten und weiter ausgebauten Schienen- und Straßenverbindungen.

Folkloristisches spielt dabei im regionalen Bewußtsein eine bloß untergeordnete Rolle, eher schon gehört es zum Lokalkolorit gewisser Orte. „Die" Thüringer oder „die" Franken werden zwischen Rennsteig und Main vielmehr mit den kaum unterscheidbaren Bratwürsten in Verbindung gebracht. Aus der Sicht eines Europas der Regionen lassen sich heute feststellbare Andersartigkeiten nur über die Gewerbe- und Beschäftigungsstatistiken formulieren und von daher dann differenzierbare mentale Befindlichkeiten beschreiben.

Nach dem Ersten Weltkrieg ist es eine weiter diskutierte und heute noch aktuelle Frage geblieben, ob es nicht richtiger gewesen wäre, noch größere, vor allem aber zusammenhängendere Einheiten zu schaffen als 1920 das „Land Thüringen". Dieses Problem hat sich 1990 zunächst so nicht wieder stellen können, weil schon 1945 das Ende Preußens zumindest eine Vollendung der Einheit Thüringens ermöglicht hatte und dies in seinen südlichen Teilen, dem DDR-Bezirk Suhl, seitdem auch bewußtseinsmäßig Realität geworden ist. Heutige politische Überlegungen wagen gar nicht zu denken, was z.B. 1925 ausgesprochen werden konnte, nämlich den Rennsteig zur Grenzezwischen Bayern und Preußen zu machen (Witzmann, S. 4). Dahinter stand noch die konkrete Erfahrung einer gemeinsamen Kulturregion von Südthüringen und Nordfranken.

Wolfgang Brückner

Literatur

Franken

Brückner, Wolfgang: Frankenbewußtsein und Klilianspräsenz im Lied seit der Aufklärung. In: Erichsen, Johannes (Hg.): Kilian, Mönch aus Irland - aller Franken Patron. (Veröff. z. bayer. Geschichte u. Kultur 19). München 1989, S. 455-473.

Brückner, Wolfgang 1985: [siehe Lit. Verz.]

Endres, Rudolf: Der „Fränkische Separatismus". Franken und Bayern im 19. und 20. Jahrhundert. In: Mitt. d. Vereins für Geschichte der Stadt Nürnberg 67 (1980), S. 157-183.

Fritsch, Regina: Landwirtschaftliche Feste in Unterfranken und ihre Umzüge von 1814-1914 (= Veröff. zur Volkskunde u. Kulturgeschichte 27). Würzburg 1987.

Griebel, Armin: Wittelsbacher Trachtenpolitik nach 1848. In: JbfVK N.F.11 (1988), S. 105-133.

Griebel, Armin 1991: [siehe Lit. Verz.]

Hanisch, Manfred: Für Fürst und Vaterland. Legitimitätsstiftung in Bayern zw. 1848 und deutscher Einheit. München 1991.

Kaufmann, Hans Heinrich: Der Gedanke fränkischen Gemeinschaftsgefühls in Politik und Geschichte der fränkischen Reichskreise. In: Archiv für Unterfranken und Aschaffenburg 69 (1931/34) H.3, S. 190-242.

Paschke, Hans: Der Frankenbund. Geschichte, Wirksamkeit, Organisation. 2 Bde. Würzburg 1962/71.

Wirth, Eugen: Franken gegen Bayern - ein nur vom Bildungsbürgertum geschürter Konflikt? Aspekte regionalen Zugehörigkeitsbewußtseins auf der Mesoebene. In: Berichte zur deutschen Landeskunde 61 (1982) H. 2, S. 271-197.

Thüringen

Brütting, Rolf: Fürstlicher Liberalismus und deutscher Nationalstaat. In: Jb. d. Coburger Landesstiftung 36 (1991), S. 19-219.

Flach, Willy: Stamm und Landschaft Thüringen im Wandel der Geschichte. In: Blätter für deutsche Landesgeschichte 64 (1938), S. 171-187 (Lit.!).

Greiling, Werner: Presse, Publizistik und „Öffentlichkeit" in Thüringen im 18. und frühen 19. Jahrhundert. Ein Beitrag zur Genese der bürgerlichen Gesellschaft. (Ungedr.) Habilitationsschrift Jena 1996.

Herzog Ernst II. von Sachsen-Gotha 1818-1893 und seine Zeit. Jubiläumsschrift der Städte Coburg und Gotha 1993.

Hess, Ulrich: Der aufgeklärte Absolutismus in Sachsen-Meiningen. In: Forschungen zur thüringischen Landesgeschichte. FS Friedrich Schneider . Weimar 1958, S. 1-42.

Hess, Ulrich 1991: [siehe Lit. Verz.]

Jauernig-Hofmann, Birgit: Südthüringer Trachtengraphik des vorigen Jahrhunderts. Ein Dokumentations- und Erhellungsversuch. In: JbfVK N.F. 18 (1995), Würzburg S. 191-206.

John, Jürgen (Hg.): Kleinstaaten und Kultur in Thüringen vom 16. bis 20. Jahrhundert. Weimar 1994.

May, Karl-Heinz: Der feurige Geist Joseph Meyer 1796-1856. Hildburghausen 1996.

Spieß, Balthasar: Volksthümliches aus dem Fränkisch-Hennebergischen. Wien 1869 (Reprint Sondheim 1978).

Ständecke, Monika 1995: [siehe Lit. Verz.]

Wentzke, Paul: Thüringische Einigungsbestrebungen im Jahre 1848. Ein Beitrag zur Geschichte der deutschen Einheitsbewegung (= Zs. d. Vereins f. Thüringische Geschichte u. Altertumskunde N.F., Beiheft 7). Jena 1917.

Witzmann, Georg: Probleme des Bildungswesens im Lichte Thüringischer Kulturpolitik. Gotha 1925.

Eine neuere Landsat-Satellitenaufnahme vermittelt die aktuellen Landnutzungsstrukturen. Relief, Geologie, Bodenverhältnisse sowie das Klima, welche die naturräumliche Ausstattung von Räumen bestimmen, werden darin aber nur indirekt oder überhaupt nicht erschlossen und sind somit ergänzend in die Darstellung einzubeziehen. Auf diese Weise lassen sich von Nord nach Süd drei naturräumliche Haupteinheiten beschreiben:

1. Nur in einem schmalen Streifen wird das Thüringer Becken in der oberen Bildhälfte erfaßt. Es ist eine weite Triasmulde, vorwiegend im Keuper des Beckeninneren als ein flachwelliges Hügelland ausgebildet, welches kaum merklich in das durch Schichtrippen und Härtlingszüge gegliederte Westthüringer Berg- und Hügelland und nach Süden und Osten hin in vielfach zerschnittene Buntsandsteinplatten und Kalktafeln an Ilm und Saale übergeht.

2. Als wallartige Erhebung erscheint von seinen Vorländern aus der von Nordwest nach Südost streichende Thüringer Wald. Er ist ein Kammrückengebirge von etwa 60 km Länge und Erhebungen bis nahe 1.000 m (Großer Beerberg 982, Schneekopf 978 m). Die Schmalheit des Gebirgskörpers und die vielfache Zertalung lassen den einstigen Hochflächencharakter kaum noch erkennen. Dieser tritt noch deutlich im etwas tiefer gelegenen, südöstlich daran anschließenden Thüringer Schiefergebirge hervor, welches in Oberfranken als Frankenwald bezeichnet wird. Ersteres bildet im wesentlichen das Rotliegende einschließlich der zugehörigen vulkanischen Ablagerungen und Abtragungsprodukte, letzteres bauen alt- und vorpaläozoische Ton- und Kieselschiefer, dazu Grauwacken, Quarzite und Kalksteine auf.

3. Die Passau-Ibbenbürer Störungszone - im südöstlichen Teil Fränkische Linie genannt - läuft im Süden entlang der Buntsandstein-Muschelkalkgrenze, im Osten entlang des Werratals und trennt das Grundgebirge des Thüringer Waldes gegen die Buntsandsteine und Muschelkalke des südlichen Vorlandes. Es gehört damit geologisch gesehen schon zu den Deckgebirgen der süddeutschen Trias, wozu insgesamt die nördlichen Teile der fränkischen Becken- und Schichtstufenlandschaften rechnen, welche die unteren zwei Drittel des Satellitenbildes einnehmen. Sie sind durch den Wechsel von fruchtbaren, da z.T. lößbedeckten Flächen über Muschelkalk und Keuper und daraus aufsteigenden Gebirgszügen gekennzeichnet. Besonders auffällig zeichnen die im Keuper ausgebildeten, westwärts gerichteten Stufenfronten von Haßbergen und Steigerwald durch nahezu geschlossene Bewaldung die naturräumlichen Grenzen zwischen Becken und Randgebirgen nach. Auf deren rückwärtigen Dachflächen, im Jura der nördlichen Frankenalb und in den ober-

fränkischen Hügelländern bilden Wald und Offenland in Abhängigkeit von den stark variierenden Bodenverhältnissen ein buntes Mosaik. Deutlicher heben sich dagegen im Westen aufgrund ihres höheren Waldanteils Südrhön und Teile der Vorder- und Kuppenrhön von den durch Ackernutzung geprägten Gäulandschaften ab. Die Tallandschaft des Mains tritt als bandartige Struktur hervor.

Der im Grundgebirge ausgebildete Thüringer Wald trennt also wie eine Symmetrieachse zwei aus triasischen Deckgebirgen geformte Beckenlandschaften, so daß Südthüringen und Nordfranken eine naturräumliche Großeinheit bilden. Raumstrukturell ist die Gebirgserhebung ein bedeutendes Verkehrshindernis. Bis in die Gegenwart hinein umgehen leistungsfähige Verkehrswege den Thüringer Wald. Die Bedeutung der Höhenkammstraße, des „Rennsteigs", war wohl nicht allzu hoch. Erhebliche Höhenunterschiede und die Enge der Täler rieten oftmals zum Bau von Stichbahnen. Die gebirgsquerenden Trassen sind wegen aufwendiger Tunnelbauten und langer Aufstiegsrampen langsam und von geringer Kapazität. Auch die Straßenachse Würzburg - Schweinfurt - Meiningen/Suhl - Erfurt stand, obgleich im Sinne von Etappenstationen im Mittelalter städtebildend, immer an Bedeutung der gebirgsumgehenden Straße Frankfurt - Vacha - Erfurt und der einen Paß zwischen Haßlach und Sächsischer Saale nutzenden Achse Bamberg - Kronach - Saalfeld nach. Es kann daher nicht verwundern, daß der Kamm des Thüringer Waldes, zugleich Wasserscheide zwischen dem Weser-,

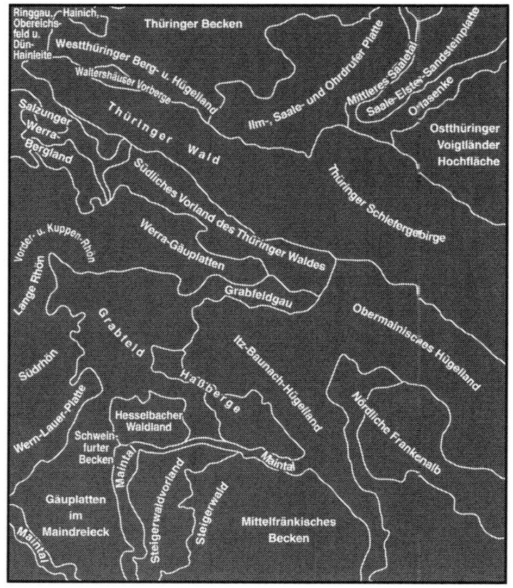

Abb. 3 *Vergleichsgraphik zur Satellitenaufnahme Karte I, S. 13.*

Rhein- und Elbstromgebiet, bis heute eine Kultur- und Mundartscheide bildet. Selbst in der ehemaligen DDR gestand der Volksmund dem Bezirk Suhl aufgrund seiner Sonderstellung in der „Totwinkellage" der einstigen innerdeutschen Grenze den Charakter einer „Autonomen Gebirgsrepublik" zu. Die kulturräumliche Orientierung Südthüringens nach Franken war somit naturräumlich vorgezeichnet.

Wirtschaftlich bedeutsam ist die Hebung des Gebirges auch dadurch geworden, daß ein schmaler, von Schmalkalden Richtung Nordwesten ziehender Zechsteinausstrich große Lagerstätten von Kalisalzen enthält. Die abbaubaren Flöze von bis zu 300 m Mächtigkeit reichen über die Grenze Thüringens nach Hessen und bilden um Philippsthal und Vacha die Grundlage für ein nun wieder zusammenhängendes Kalibergbaugebiet. Unter und in den Kalisalzen liegen Steinsalzlager, über deren Nutzung schon bei der ersten Erwähnung von Salzungen im 8. Jahrhundert berichtet wird. Im 19. Jahrhundert entwickelte sich daraus ein Soleheilbad, das bald in Konkurrenz zu anderen Bädern wie Liebenstein stand. Die Steinsalzlager des Zechsteinmeers aus der Zeit vor etwa 240 Mio. Jahren stellen auch den Rohstoff für die Mineralquellen von Bad Kissingen und Bad Neustadt. Dort lassen günstige geologische Verhältnisse den Austritt von Salzwässern in bodennahen Quellen zu, denn es wirkt die aus der Zeit des Rhönvulkanismus stammende Kohlensäure gleichsam als Treibgas, und holozäne Auelehmschichten versperren den ungehinderten Austritt an die Oberfläche und schützen so vor Verunreinigungen von oben. Das Zusammentreffen glücklicher geologischer Komponenten erklärt also die Häufung von leicht zugänglichen Mineralquellen im Untersuchungsraum. Der tertiäre Vulkanismus hinterließ auch Vulkanite, Tuffe, Schlotbrekzien, dazu Basaltdecken, welche großflächig und in einer Mächtigkeit von bis zu 120 m auf die Hohe Rhön und die Vorderrhön begrenzt sind. Als Vorposten des Rhönvulkanismus sind auswahlweise zu nennen die Basaltvorkommen bei Berka an der Werra und Barchfeld östlich von Salzungen, der Dolmar (739 m) bei Meiningen, die beiden Gleichberge (bis 679 m) bei Römhild und der Sodenberg (470 m) bei Hammelburg. Manche dieser Lager wurden zur Gewinnung von Schotter ausgebeutet. Eine Steinindustrie konnte sich auch im Kupferschiefer am Südwestrand des Thüringer Waldes bei Fischbach und Schweina entwickeln, die Schiefervorkommen um Saalfeld und Lehesten wurden zur Herstellung von Dachschindeln und Schultafeln verwendet. Die Saalfelder Feengrotten sind Zeugnis eines alten Alaun- und Vitriolbergwerks. Namen wie Goldisthal, Goldberg und Raspisseife erinnern an mittelalterliche Goldgewinnung aus Goldquarzgängen und aus Sanden und Schottern, sogenannten Goldseifen.

In den Thüringer Gebirgen fanden sich einst abbauwürdige Eisenerzlagerstätten. Die Verhüttung der Erze erfolgte jedoch am Gebirgsrand, wo Flüsse Wasserkraft für den Antrieb von Pochwerken und Schmiedehämmern lieferten. So dringen bei Schmalkalden und Steinbach-Hallenberg Industriegassen tief in den Thüringer Wald hinein, und die Bevölkerungsdichte ist dort mit Werten von über 200 Einw./qkm (1950 im Landkreis Schmalkalden 171, im Landkreis Sonneberg 227) im Vergleich zum agrarisch geprägten nördlichen Unterfranken (Landkreis Haßberge 84) hoch. Wirtschaftliche Bedeutung hatten darüber hinaus die Eisenerze der Gräfenthaler Serie. Sie wurden bis in die jüngere Vergangenheit im Gebiet von Saalfeld und Schmiedefeld abgebaut und in der Maxhütte in Unterwellenborn verhüttet. Geringmächtige tertiäre Kohlevorkommen in der Region reichten zur Energieversorgung der Gewerke nicht aus. Statt dessen boten die Gebirge anfangs reichlich Holz für den Grubenausbau und die Gewinnung von Holzkohle. Die exzessive Wald-

nutzung brachte in der Frühneuzeit allerdings „Holznöte" hervor. Als die Erzvorkommen erschöpft waren, versuchte man die Standorte durch spezialisierte Metall- und Holzverarbeitung zu erhalten. Die Suhler Jagdwaffen- und Elektrogeräteproduktion, das Kleinmetallwarengewerbe um Schmalkalden und die Spielzeugherstellung um Sonneberg zeugen davon.
Die reichen Holzvorkommen waren Basis für Flößerei und Trift in nahezu allen Waldgebirgen des Raumes. Die Holzabfuhr als Gewerbe wurde aber nur im Frankenwald sozialstrukturprägend, denn er bot sich für eine Erschließung durch die Flößerei geradezu an. Er stellt in der Hauptachse eine in Nordwest-Südost-Richtung ausgerichtete Gebirgsrumpffläche mit einer welligen Hochfläche in 500-600 m mittlerer Höhe dar. Im Norden und Osten ist sie noch weitgehend zusammenhängend erhalten. Im Westen und Südwesten wird der Gebirgsrand dagegen durch einige in Richtung Kronach und damit zum Obermain hin konvergierende tief eingeschnittene Täler mit ganzjährig Wasser führenden Bächen aufgegliedert. Dazwischen sind riedelartige Hochrücken stehengeblieben. Der Aufwand, Holz an triftbares Wasser zu bringen, war bei diesen naturräumlichen Rahmenbedingungen also vergleichsweise gering. Über den Main bestand zudem ununterbrochener Wasseranschluß zu den finanzstarken und holzhungrigen Märkten am Unterrhein. Wiewohl es in der Frühneuzeit an Anordnungen keineswegs fehlte, die ursprünglichen Buchen-Tannen-Mischwälder zu erhalten, führte die beständige selektive Entnahme gerade der gut flößbaren Tanne zum massiven Vordringen der schnellwüchsigen Fichte. Allgemein dominieren heute in nahezu allen Wäldern des Raumes Nadelholzarten als Folge des großen Holzbedarfs für Bergbau und Industrie. Anderenorts zerstörten bäuerliche Nutzungen wie das Laub- und Streurechen die Bodenstrukturen nachhaltig. Bis vor kurzem war auch die Forstwirtschaft eher auf den schnellen Gewinn aus dem Verkauf von Nadelstammhölzern ausgerichtet. Die Waldfreiheit der Hochrhön ist dagegen das Ergebnis einer seit dem Mittelalter kontinuierlich betriebenen Almwirtschaft, welche die kargen Erträge in den Tälern ergänzen sollte.
Trias und Jura enthalten keine nutzbaren Lagerstätten von Bedeutung. Versuche der Würzburger Bischöfe und später des bayerischen Staates, die geringen tertiären Braunkohlen- und Erzlager der Rhön auszubeuten, waren ökonomisch gesehen Fehlschläge. Dennoch veränderte die mehr oder minder gewollte Entstehung von Ortschaften aus Köhlersiedlungen und bald wieder aufgelassenen Eisenhämmern das Siedlungsbild im und um den Salzforst, welcher mit einem Dreieck zwischen Bad Kissingen, Bad Neustadt und der Hohen Rhön umrissen ist. Der Aufstieg Schweinfurts zur Industriestadt im 19. Jahrhundert gründet nicht in der Nutzung von regionalen Rohstoffvorkommen, sondern im Erfindungsreichtum und der Geschäftstüchtigkeit von Unternehmern wie Fichtel und Sachs („Schweinfurter Grün", Kugellager). Die Industrien in und um Bamberg, Bad Neustadt und Coburg sind überwiegend Erscheinungen der Zeit nach 1945.

In der Verteilung von Wald und Offenland werden die landschaftsveränderenden Wirkungen der historischen Siedlungs- und Wirtschaftstätigkeit im Satellitenbild deutlich. Mit hohen Waldanteilen treten die Gebirgszüge hervor (im ehemaligen Bezirk Suhl beinahe 50 % der Fläche), was aus deren Siedlungsfeindlichkeit herrührt. Waren keine verwertbaren Bodenschätze vorhanden, blieb in den Gebirgen oft nur die Anlage langgestreckter Siedlungen in den engen Tälern oder kleiner Rodungsinseln auf den Hochflächen. In den regelmäßigen Ortsformen der überwiegenden Reihen- und Waldhufensiedlungen zeigt sich ihre Herkunft aus dem hochmittelalterlichen oder frühneuzeitlichen Landesausbau. Wegen hoher Niederschlagssummen war hier die Grünlandwirtschaft oft bedeutender als der Ackerbau, und es bedurfte immer der Ergänzung durch Arbeit im Wald oder aus Hausgewerben wie der Schnitzerei um die Rhönorte Bischofsheim und Empfertshausen.
Die Waldverteilung kann sehr kleinräumlich variieren. Im Schiefergebirge ist die Südseite stark bewaldet. Die einstigen Verebnungsflächen sind durch steilwandige und schmale Täler so zerschnitten, daß eine Besiedlung und damit Rodung des Waldes nur dann erfolgte, wenn sich Bodenschätze fanden, so um Steinheid Kalium für die Porzellanfabrikation und Quarz- sowie Porzellansande für die Glasherstellung um Lauscha. Auf der Nordseite des Gebirges ist dagegen die Rodungstätigkeit soweit fortgeschritten, daß der Charakter eines Waldgebirges weitgehend verloren ging. Besonders nach Osten nehmen die Feldbauinseln zu. Im oberen Teil der Nordabdachung, wo Klima und Bodenverhältnisse keinen Ackerbau zulassen, findet sich dennoch kaum Wald, da hier Eisenerz- und Goldvorkommen früh schon Siedler anzogen und in der Nachfolge die Glas- und Schieferindustrie entstand.
Die Böden der Beckenlandschaften stehen nahezu vollständig und seit dem frühen Mittelalter unter dem Pflug. So ist sowohl im thüringischen Keuperbecken als auch in den nördlichen Ausläufer des mainfränkischen Gäulandes kaum Wald erhalten geblieben. Sie waren für ein frühe Besiedlung dank seiner ackerfreundlichen Braun- und Lößböden und einem mäßig bewegten Relief dafür sehr geeignet. Das gilt auch für die Flußtäler außerhalb der Gebirge. So sind unterhalb von Saalfeld das Saaletal ebenso wie die Orlasenke nahezu waldfrei, da hier humose und tonige Böden bei guten klimatischen Verhältnissen Ackerbau auf den trockeneren Lagen und Grünlandnutzung auf den feuchten Stellen erlauben. In solchen altbesiedelten Gebieten liegen die Dörfer oft dicht beieinander. Große Gehöfte in den meist als unregelmäßige Haufendörfern ausgebildeten Siedlungen zeugen vom Reichtum ihrer Bewohner.
Im Muschelkalk, Keuper und Jura bilden sich vielerorts nur Verwitterungsböden mit einem schwachen Humushorizont aus. Die Wasserführung der klüftigen Kalkgesteine stellt den Landwirt zusätzlich vor Probleme. Kommen noch klimatische Ungunstfaktoren wie Höhenlage und Nordexposition dazu, zeigt Waldbestockung solche agrarischen Ungunstlagen an. Das gilt besonders für die Anstiege und Traufränder der Schichtstufen

von Haßbergen und Fränkischer Alb, aber auch für das Hesselbacher Bergland nördlich von Schweinfurt. Die Dörfer liegen hier weiter auseinander, und planmäßig angelegte Reihensiedlungen herrschen vor. Das Satellitenbild zeigt schließlich, daß die Schläge der Felder in Thüringen als Folge der vor 40 Jahren Kollektivierung des Bodens in Großbetrieben größer sind als im heute noch von kleineren Bauernwirtschaften geprägten Franken.

Die Dominanz der Landwirtschaft in vorindustrieller Zeit im nördlichen Mainfranken erklärt sich auch aus den klimatischen Verhältnissen. Von Belang ist dabei, daß die eher längenkreisparallele geologische und morphologische Gliederung Mainfrankens von einer zentral-randlichen klimatischen Differenzierung überlagert wird: den luvseitigen und daher regenreichen westlichen und nördlichen Randgebirgen stehen leeseits die durch ein leicht kontinental getöntes Klimaregime bestimmten Beckenräume gegenüber. So erreichen in der Hochrhön und im Thüringer Wald die jährlichen durchschnittlichen Niederschlagssummen mehr als 1000 mm; im offenen Gäuland fallen dagegen weniger als 600 mm; das Schweinfurter Becken zählt gar zu den trockensten Gebieten Deutschlands. In den Beckenlagen geht nur der zehnte Teil der Niederschläge als Schnee nieder, in der Rhön und im Thüringer Wald jedoch ein Viertel. Im Maindreieck bleibt Schnee durchschnittlich nur 30-40 Tage im Jahr liegen, in den nördlichen Gebirgen aber oft dreimal so lange. Die Vegetationsperiode setzt in den Gunstlagen am Main etwa zwei Wochen früher ein als in den Gebirgen. Bei Jahresdurchschnittstemperaturen von beinahe 9° C ist selbst im so weit nördlich gelegenen Maintal zwischen Schweinfurt und Bamberg Weinbau möglich. Das verbietet sich wegen deutlich geringerer Durchschnittswerte im Südthüringer Raum (Meiningen 7,4° C) und in Oberfranken, obgleich es auch hier in der Frühneuzeit Rebkulturen gab.

Die historisch-geographische Raumstruktur läßt sich insgesamt charakterisieren als ein Kontrast zwischen trockenwarmen und von den Bodenverhältnissen begünstigten, daher seit dem frühen Mittelalter kontinuierlich besiedelten und agrarisch intensiv genutzten Beckenlandschaften und feuchtkalten, erst ab dem Hochmittelalter besiedelten Gebirgen, welche aber in Thüringen und Oberfranken dank nutzbarer Bodenschätze durch eine frühe Vergewerblichung und Industrialisierung gekennzeichnet sind.

Rüdiger Glaser / Winfried Schenk

Karte: Nr. I, s.S. 13

Literatur

Gunzelmann, Thomas, Schenk, Winfried und Thiem, Wolfgang: Landschaft und Siedlung. In: Genhard, Helmut: Bauernhäuser in Bayern. Teilbände Oberfranken, Unterfranken und Mittelfranken. München 1994ff.

Müller, Horst H. (Hg.): Reisehandbuch Thüringer Wald. Berlin 1989.

Saurer, H. und Glaser, Rüdiger: Thüringen im Satellitenbild. In: Schliephake, Konrad (Hg.): Beiträge zur Landeskunde Südthüringens. (= Würzburger Geographische Arbeiten 88). Würzburg 1994, S. 61-72.

Schenk, Winfried: Waldnutzung, Waldzustand und regionale Entwicklung in vorindustrieller Zeit im mittleren Deutschland. Historisch-geographische Beiträge zur Erforschung von Kulturlandschaften in Nordhessen und Mainfranken (= Erdkundliches Wissen 117). Stuttgart 1996.

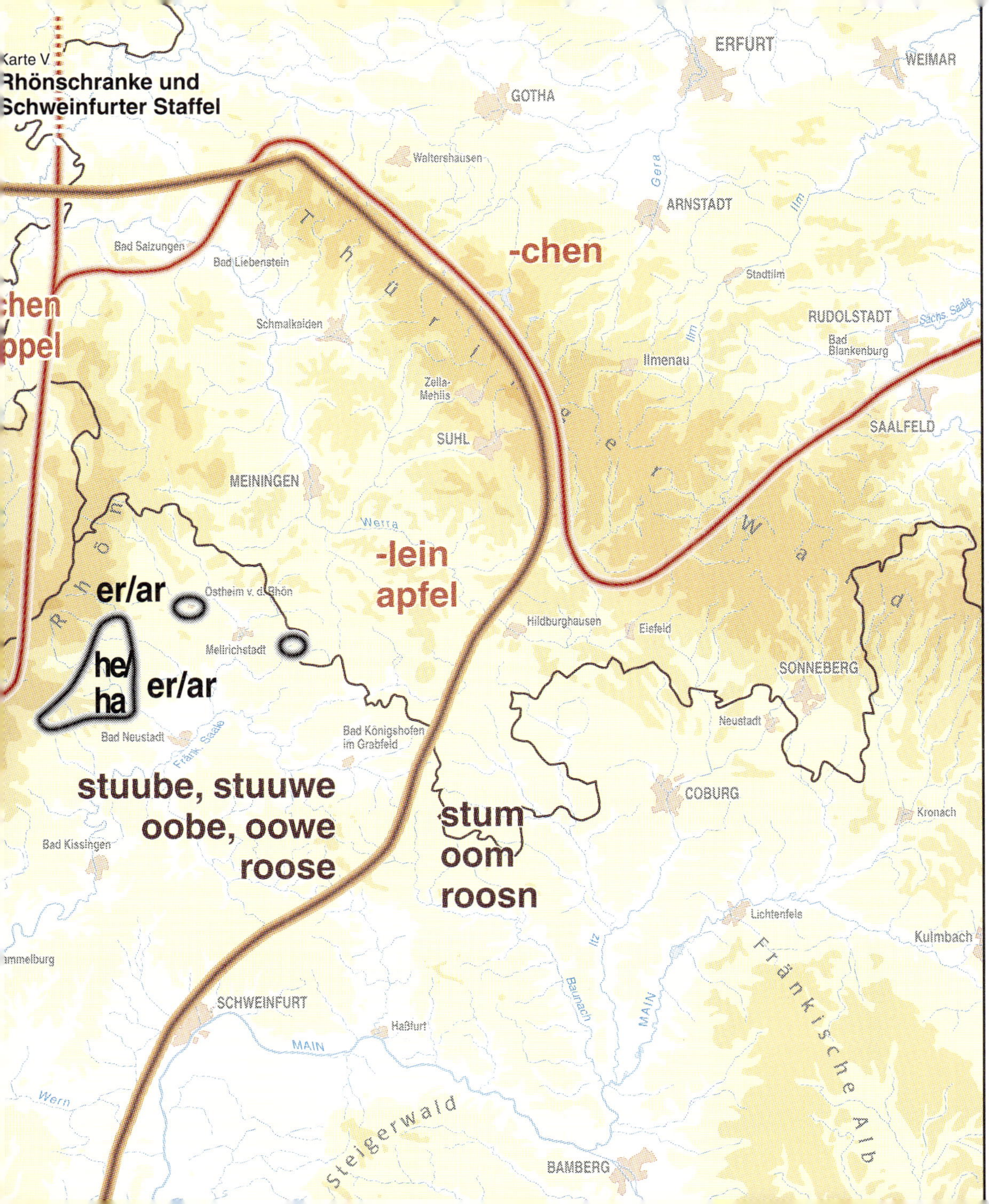

Sprachgrenzen und Dialekträume

Landesgrenzen

Bearbeitet von A. König, M. Fritz-Scheuplein

Kartographie: W. Weber, Geographisches Institut, Universität Würzburg

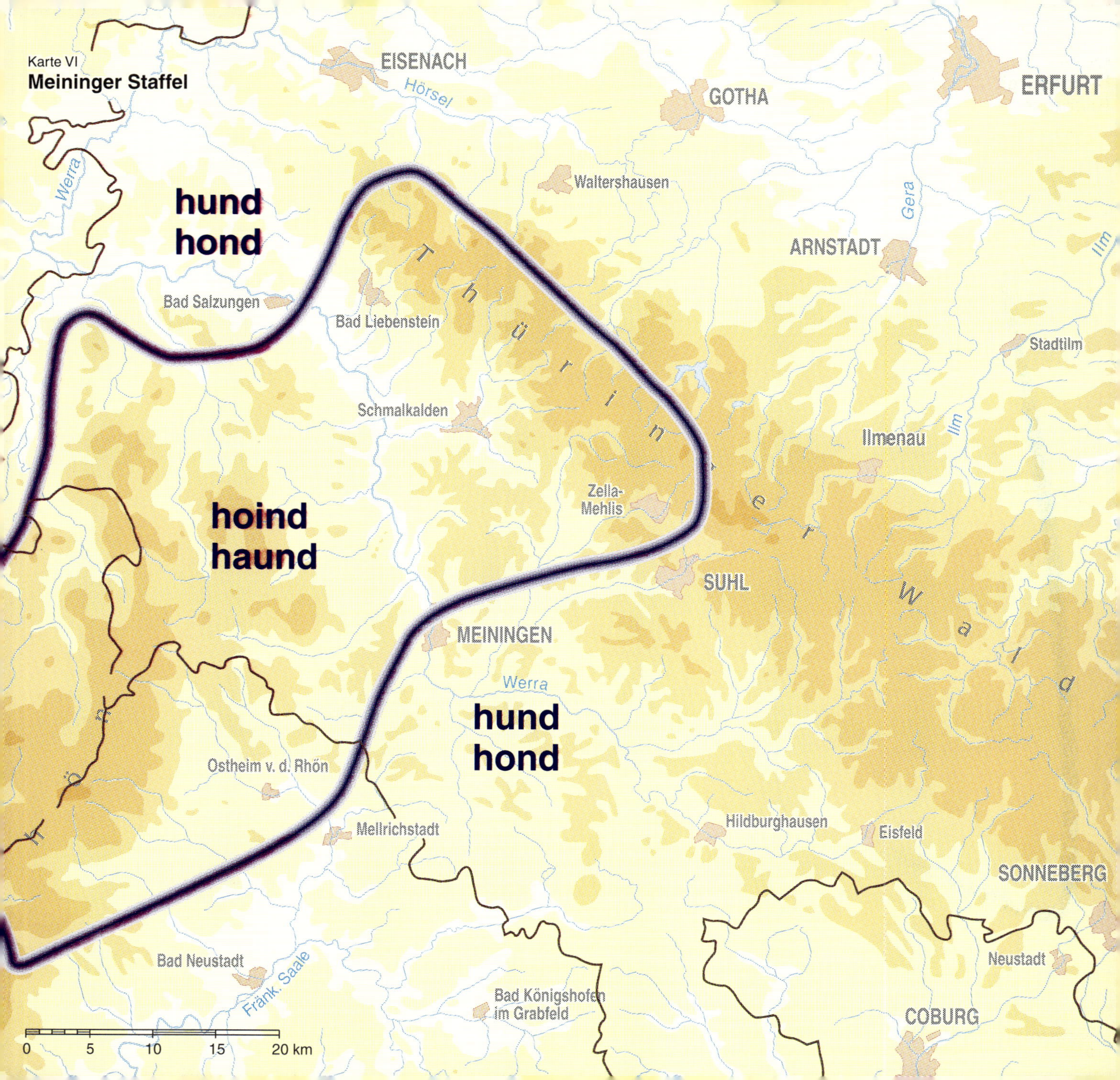

Karte VI
Meininger Staffel

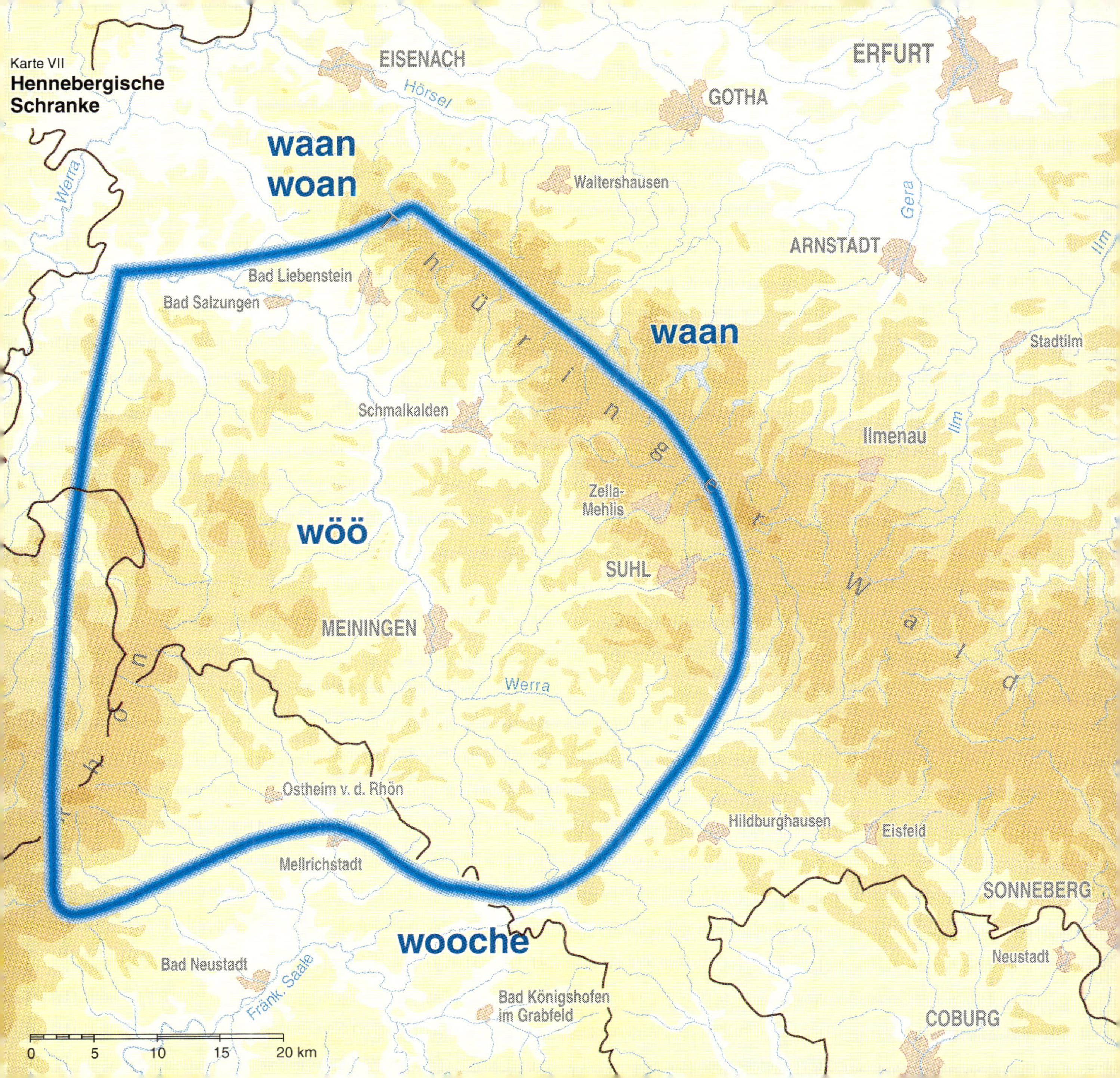

Karte VII
Hennebergische
Schranke
EISENACH
ERFURT
Hörsel
GOTHA
waan
woan
Werra
Waltershausen
Gera
ARNSTADT
Ilm
Bad Liebenstein
Bad Salzungen
waan
Stadtilm
Schmalkalden
Ilmenau
Ilm
Zella-
Mehlis
wöö
SUHL
MEININGEN
Werra
Ostheim v. d. Rhön
Hildburghausen
Eisfeld
Mellrichstadt
SONNEBERG
wooche
Bad Neustadt
Neustadt
Fränk. Saale
Bad Königshofen
im Grabfeld
COBURG
0
5
10
15
20 km

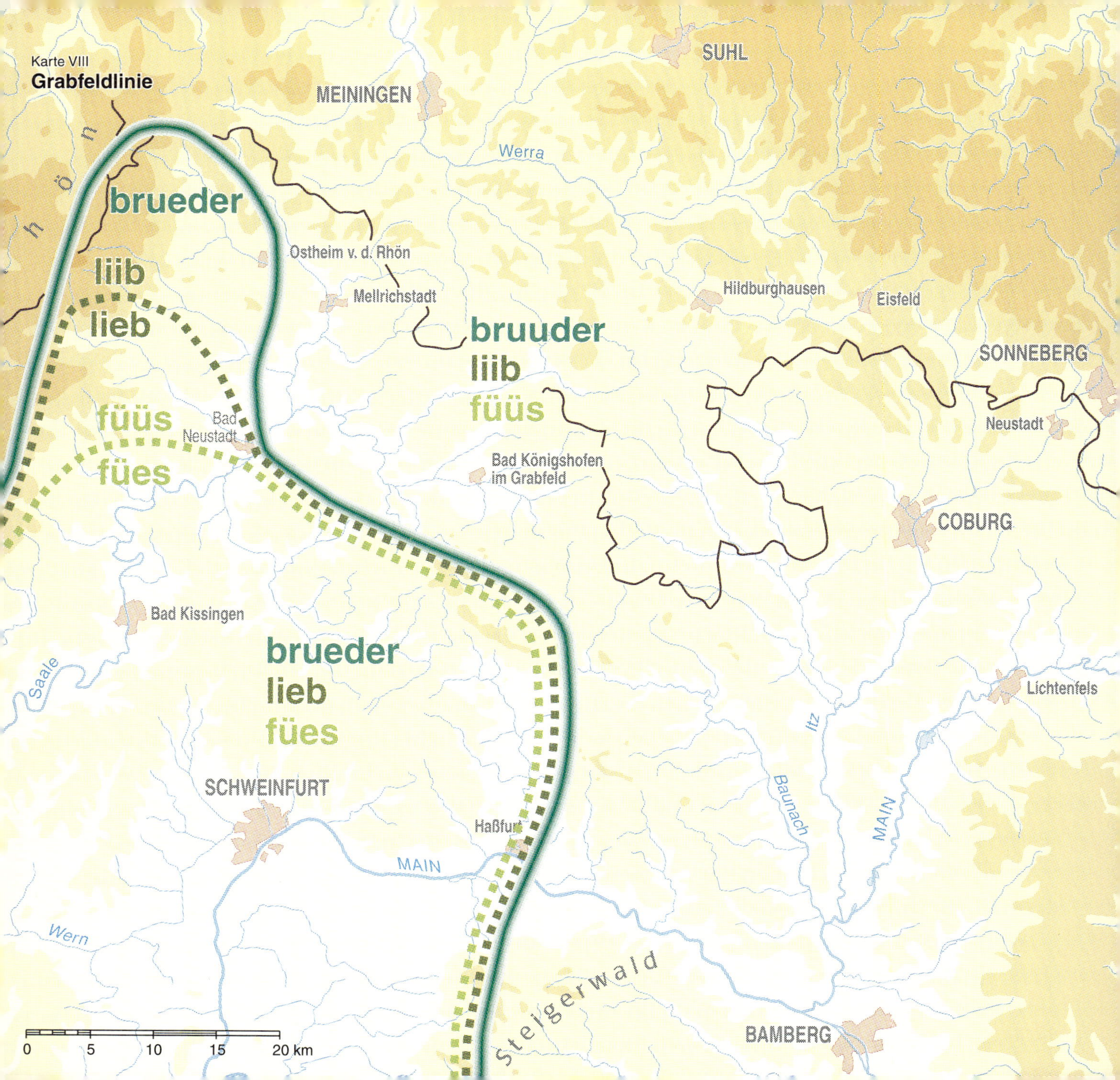

Karte VIII
Grabfeldlinie
SUHL
MEININGEN
Werra
Rhön
brueder
liib
lieb
Ostheim v. d. Rhön
Mellrichstadt
Hildburghausen
Eisfeld
bruuder
liib
füüs
SONNEBERG
Neustadt
füüs
Bad Neustadt
fües
Bad Königshofen im Grabfeld
COBURG
Bad Kissingen
brueder
lieb
fües
Saale
Lichtenfels
Itz
Baunach
SCHWEINFURT
Haßfurt
MAIN
MAIN
Wern
Steigerwald
BAMBERG
0
5
10
15
20 km

Als 1989 die deutsch-deutsche Grenze geöffnet wurde, hörte man besonders von jungen Grenzbewohnern die erstaunte Feststellung: „Die reden ja genauso wie wir!“ Mit der Möglichkeit, frei zwischen Südthüringen und Unterfranken zu verkehren, rückte die Tatsache wieder ins Bewußtsein, daß diese Grenzregion ein zusammenhängendes Sprachgebiet ist. Sprachwissenschaftler verstehen das Phänomen Dialekt wie folgt:
„Eine Varietät der Sprache, die regional oder sogar lokal gebunden ist, der mündlichen Kommunikation dient, in erster Linie von Personen mit manuellen Berufen (Bauern, Handwerker) verwendet wird und den primären Lebensbereich verbalisiert“ (Krämer/Wolf 1994, S. 91).
In Deutschland besitzen wir drei große Sprachlandschaften: die des Niederdeutschen im Norden sowie des Mitteldeutschen und Oberdeutschen im Süden. Der Freistaat Bayern läßt sich in fünf große Mundarträume unterteilen. Bairisch mit Nord- und Mittelbairisch, Ostfränkisch und Schwäbisch gehören zu den Oberdeutschen, Rheinfränkisch und Thüringisch zu den Mitteldeutschen Mundarten (Zehentner 1985, S. 16). Der ostfränkische Dialektraum kann wiederum in Oberostfränkisch in den Regierungsbezirken Mittel- und Oberfranken und Unterostfränkisch vor allem im Regierungsbezirk Unterfranken aufgeteilt werden (Wagner 1987, S. 27). Die dargestellte Karte zeigt eine schematisierte Übersicht des ostfränkischen Sprachraums.
Zentrum des Unterostfränkischen ist der Würzburger Raum. Die Außengrenze zum Rheinfränkischen bildet die Spessartbarriere, zum Thüringischen die Rennsteigschranke, zum Südostfränkischen die Taubergrenze, im Süden schließt sich der Ansbacher Raum an. Ein Übergangsstreifen zum Hessischen befindet sich auf dem Rücken der Hohen Rhön. Die Grenze zwischen dem Coburger und dem Würzburger Raum verläuft entlang der Regierungsbezirksgrenze (Krämer 1995, S. 18). Das Unterostfränkische teilt eine Linie, die von Karlstadt über Schweinfurt nach Haßfurt hin verläuft in eine südliche und eine nördliche Hälfte, der sich der Übergangsstreifen des Henneberger Raumes anschließt, mit dem wir uns im weiteren näher beschäftigen wollen (Steger 1968, Karte 0). Er umfaßt nicht nur das Gebiet im Süden Thüringens, das wir heute Henneberg nennen, sondern umschloß früher auch einen großen Teil des heutigen bayerischen Landkreises Rhön/Grabfeld. Diese ehemalige politische Zusammengehörigkeit zeigt sich noch heute in den Gemeinsamkeiten, die die Ortsdialekte zwischen Rhön und Rennsteig aufweisen.
Um die sprachlichen Eigenheiten dieser Region beschreiben, erklären und einordnen zu können, reicht die geographische Einordnung des Henneberger Raumes zwischen den zwei natürlichen

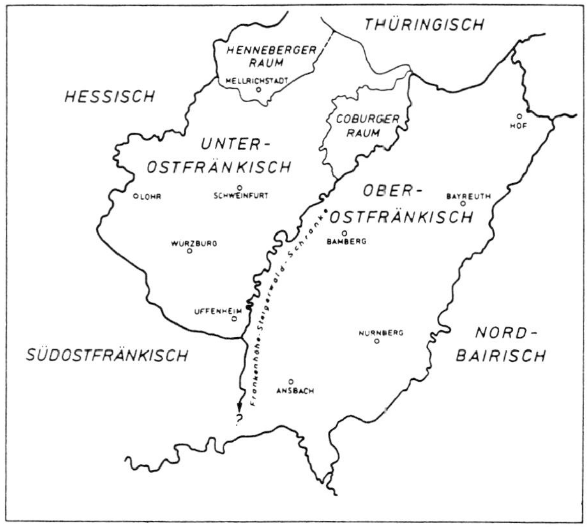

Abb. 4. *Dialekträume nach E. Wagner.*

Barrieren Rhön und Thüringer Wald nicht aus. Diese Region war während der fränkischen Kolonisation Siedlungsgebiet Würzburgs. Die Bistumsgrenze zwischen Würzburg und Erfurt bildete ab 741 der Rennsteig. Mitte des achten Jahrhunderts fiel der Erfurter Sprengel an Mainz, und es begann ein Wettstreit um den beherrschenden Einfluß auf Thüringen, verstärkt durch die Klöster Hersfeld und Fulda. Insbesondere Fulda avancierte zum Gegenspieler Würzburgs im Grabfeld, mit Besitz in über hundert Ortschaften zwischen Rhön und Thüringer Wald. Nach der Gründung des Bistums Bamberg 1007 fiel Würzburg im Gütertausch die Mark Meiningen zu. Ein weiterer Gegenspieler erwuchs den beiden gegnerischen Parteien in dem aufstrebenden Geschlecht der Henneberger mit einem Machtzentrum in Schleusingen. Als Würzburg den Hennebergern 1220 das Lehen verweigerte, kam es zu einer regelrechten Feindschaft zwischen den konkurrierenden Mächten. Henneberg schloß sich im Laufe der Auseinandersetzung immer mehr Fulda an und wurde 1344 in einen östlichen (albertinischen) und einen westlichen (ernestinischen) Teil gespalten. Dennoch bewahrte es ein hohes Maß an Einheitlichkeit aufgrund komplizierter politischer Verflechtungen, während Würzburg seinen Einfluß endgültig verlor, als die Henneberger Meiningen erwarben. Fulda unterstützte sie finanziell beim Erwerb von Schmalkalden. Die Herrschaft des Grafengeschlechts endete 1583 (Bracke 1966, S. 59-64).

Die vier folgenden Karten zeigen eine Übersicht der verschiedenen Isoglossen (Grenzlinien), die den Henneberger Raum umgeben oder durchkreuzen. Sie sind Ergebnis einer Untersuchung von Heinz Rosenkranz, der vor mehr als dreißig Jahren die Dialektgeographie Thüringens beschrieben hat (Rosenkranz 1964). Im Gebiet des Regierungsbezirks Unterfranken haben wir die Beschreibung von Rosenkranz mit Ergebnissen unserer Befragungen ergänzt (alle auf den Karten und im Text aufgeführten Beispiele für dialektale Unterschiede und Gemeinsamkeiten haben wir für das nördliche Unterfranken anhand eigener Dialektbefragungen überprüft, die wir als Mitarbeiterinnen des Forschungsprojektes 'Sprachatlas von Unterfranken' der Universität Würzburg in den Jahren 1991 bis 1993 durchgeführt haben).

Die dargestellten Grenzverläufe ergeben sich vor allem aufgrund verschiedener lautlicher Erscheinungsformen, wobei das Bezugssystem immer das Mittelhochdeutsche (mhd.) ist, und durch Unterschiede im Bereich der Formenlehre und des Wortschatzes. Zwei wichtige Hauptschranken umschließen den Henneberger Raum:

Die Rennsteigschranke verläuft auf der Kammlinie des Thüringer Waldes und vereinigt ungefähr von Ruhla bis Suhl zahlreiche bedeutsame Sprachgrenzen zu einem geschlossenen Linienstrang. Sie trennt den oberdeutschen vom mitteldeutschen Dialekt und zählt zu den stärksten Sprachschranken im gesamtdeutschen Gebiet. Wesentliche Merkmale sind beim Diminutiv-Suffix (Verkleinerungsnachsilbe) der Gegensatz von -chen zu -lein, in der Realisierung -le (Mädchen: nördlich *mädchen*, südlich *mädle*), der Abfall des stammauslautenden -n (Mann: nördlich *mann*, südlich *moo*), die Apokope (Wegfall des e-Auslauts) bei Pluralformen (Tische: nördlich *tische*, südlich *tisch*) oder die Nominativdehnung einsilbiger Substantive (Kopf: nördlich *kopf*, südlich *koopf*). Auch im Wortschatz gibt es zahlreiche Unterschiede: es pfeift im Henneberger Raum nicht mehr der Spatz, sondern der *Sperk* vom Dach; man sammelt keine Heidelbeeren, sondern *schwarze Beeren*; die Kinder bekommen Märchen *derzählt* statt erzählt.

Auf dem Rücken der Hohen Rhön verläuft die von Rosenkranz so benannte Rhönschranke. Sie weist teilweise die selben Merkmale wie die Rennsteigschranke auf und fällt in unserem Gebiet mit der sogenannten appel/apfel-Linie zusammen. Westlich der Schranke werden die unverschobenen Formen *appel* und *pund* gesprochen, östlich dagegen die verschobenen Formen Apfel und Pfund. Diese Grenze trennt in ihrem weiteren Verlauf durch Spessart und Odenwald ebenfalls den oberdeutschen vom mitteldeutschen Dialekt. Auch hier entdeckt man im Wortschatzbereich wesentliche Veränderungen: Der Taufpate heißt westlich *petter* und östlich *dood*, das Mutterschwein westlich *ferkelsau* und östlich *dausch*, Bauchschmerzen westlich *bauchweh* und östlich *bauchwäddich*, zum Bäumeveredeln sagt man westlich *proppen* und östlich *belzen*.

Im nordöstlichen Henneberger Raum wird die Hennebergische Schranke durch die Schweinfurter Staffel verstärkt, die sich in der Nähe von Königshofen von ihr trennt und weiter südlich in Richtung Schweinfurt verläuft. Ihr wichtigstes Kennzeichen ist die Behandlung des stammauslautenden -n. Während es im übrigen ostfränkischen Raum geschwunden ist, bleibt es im östlichen Mainfränkischen als -n/-ng erhalten (trinken: *trink/trinkng*, Wagen: *wooche/woochng*). Ebenso ersetzt bei Substantiven -n/ng die Endung auf -e/-a-Schwa (Rose: *rosn*). Weitere Merkmale, wie die Verkürzung von -be(n) im Auslaut zu -m (Stube: *stumm*, oben: *oom*) veranschaulichen, daß man von einem Übergangsstreifen ins Oberfränkische sprechen kann.

Neben diesen zwei bedeutenden Hauptschranken gibt es Grenzlinien, die nun speziell den Henneberger Raum von (Unter-)Ostfränkischen trennen: Die Grabfeldlinie (Karte VIII) kennzeichnet die Nordgrenze der Diphthonge (Zwielaute für mhd.

ie, üe, uo (mhd. lieb, fües, bruoder). Rosenkranz hat bereits festgestellt, daß sich hier der südthüringische Raum nicht klar vom nördlichen Würzburger Raum abgrenzen läßt. Diese Aussage unterstreichen ebenfalls unsere Befragungsergebnisse. Die Karte veranschaulicht, daß sich auch heute keine geschlossene Linienführung erkennen läßt.

Die Hennebergische Schranke (Karte VII) dagegen, die das alte hennebergische Territorialgebiet umschließt, trennt den westlichen südthüringischen Raum klar vom mainfränkischen. Im Hennebergischen wird mhd. -age zu langem ö zusammengezogen (Wagen: wöö; sagen: söö). Im Mainfränkischen spricht man langes -och (Wagen: *wooche*; sagen: *sooch*).

Westlich von Römhild und Themar zum Rennsteig verläuft die Themarer Staffel, die ihre Bedeutung besonders durch die Pronominalgrenzen (Fürwortgrenzen) erhält. Die he/er-Grenze, die wir als Beispiel gewählt haben, läßt sich nicht mehr nachvollziehen. Es existieren lediglich noch einige Reliktgebiet, in denen nach wie vor *he* oder *ha* gesprochen wird (siehe Karte V, Rhönschranke).

Von Brückenau über Ostheim/Rhön und Meiningen zum Rennsteig führt die Meininger Staffel (Karte VI), die vor allem vokalische Sonderentwicklung umfaßt. Als Beispiel haben wir den Wandel von mhd. u vor n + Dental herausgegriffen. Innerhalb der Schranke wird diphthongiert (Hund: *hoind* oder *haund*), während außerhalb der Monophthong (einfacher Laut), teilweise in gesenkter Form, erhalten bleibt (Hund: *hond* oder *hund*).

Die zwei zuletzt beschriebenen Grenzlinien basieren auf einer Untersuchung von Hermann Hucke, der bereits vor sechzig Jahren versucht hat, den Henneberger Raum dialektgeographisch darzustellen (Hucke 1937/1939, S. 3ff.). Er ist durch das Ostfränkische und Mitteldeutsche bestimmt und kann somit als Übergangslandschaft zwischen dem oberdeutschen und mitteldeutschen Dialekt angesehen werden. „Damit tritt ... vor allem das Hennebergische als nördlichster Teil des Unterostfränkischen in stark mitteldeutsche, insbesondere osthessische und zentralthüringische Beziehung“ (Wiesinger 1983, S. 846). Diese Zwischenstellung verdeutlicht der folgende Teil unserer sprachlichen Betrachtung.

1. Gemeinsamkeiten mit dem Fuldischen Raum: - die Vokalkürzung vor stimmloser Spirans (Reibelaut), d. h. mhd. langes a/o wird zu offenem o verkürzt (Straße: *schdross*; schlafen: *schloff*; stoßen; *schdoss*). - die Dehnung von o zu ue vor r + Konsonant (Dorf: *duerf*; Korb: *kuerb*). - der Wandel des w-Anlauts in Fragewörtern zu b-Anlaut (was: *bos*; wo: *bu*; wer: *ber*; warum: *beröm*; wann: *bann*). - als Beispiel aus dem Wortschatzbereich wird das fuldische *kehr* für Eichelhäher in einem Teil der befragten Orte noch genannt.

2. Bei den Gemeinsamkeiten mit dem thüringischen Raum können wir bei einem Teil der Merkmale nicht mehr von der Mehrheit der Orte ausgehen. Da sie aber noch vereinzelt vorhanden sind, wie etwa in Ostheim/Rhön, Sondheim/Grabfeld oder Trappstadt, sollen sie nicht ungenannt bleiben: - die Hebung von mhd. gedehntem Kurzvokal ö/o zu ü/u (Vögel: *vüüchel*; Loch:

luuch) - die Hebung von mhd. langem ö/ö zu langem ü/u (Kröte: *grüüde*; Lohn: *luu*) - die Senkung von mhd. i, ü, u zu e, ö, o (Kirche: *kerche*; Kirsche: *kersche*; fünf: *fönef*) - die Diphthongierung der mhd. Langvokale e, ö, o zu ie, üe, ue ist eine Gemeinsamkeit sowohl mit dem thüringischen als auch mit dem fuldischen Raum, was sich in einer höheren Belegdichte äußert (Schnee: *schnie*; Klöße: *glüeß*; rot: *rued*). Im Wortschatzbereich ist teilweise noch *hüüdes* für Klöße vorhanden; deutlicher ist der Einfluß bei dem Verb ziehen. In den meisten Orten ist das thüringische *zerren* gebräuchlich.

3. Die vielen Gemeinsamkeiten mit dem Würzburger Raum unterstreichen die Feststellung, daß der Henneberger zum Würzburger Raum hin geöffnet ist: - das Diminutiv-Suffix -lein, in der Realisierung - le statt -chen (Mädchen: *määdle*; Kälbchen: *kälble*) - der endungslose Infinitiv (machen: *mach*; trinken: *drink*) - die Senkung von mhd. e, ä zu a (Nebel: *naabel*; recht: *racht*; Käse: *kaas*) - der Wandel der mhd. Diphthonge ei, öu, ou zu e, ä, a (Stein: *schdee*; Freude: *frääd*; Frau: *fraa*) - die mhd. Diphthonge ie, üe, uo sind ebenfalls im Henneberger Raum noch teilweise vorhanden (siehe Grabfeld-Linie). Im Wortschatz ist bei der Mehrheit der befragten Orte das mainfränkische *herrle* und *frääle* für Großvater und Großmutter noch üblich.

Unsere Erhebungen aus allerjüngster Zeit verdeutlichen, daß die jahrzehntelange Durchtrennung des Dialektgebiets keine wesentlichen Veränderungen der Mundart bewirkt hat. Man darf also den am Anfang zitierten Ausspruch: „Die reden ja genauso wie wir!“ als ‘lebenden Beweis’ für den heute noch engen sprachlichen Zusammenhang zwischen Südthüringen und dem nördlichen Unterfranken betrachten.

Monika Fritz-Scheuplein / Almut König

Karte: Nr. V-VIII, s.S. 29-32

Literatur

Bracke, Herbert: Der hennebergische Sprachraum. Untersuchungen zur Laut- und Wortgeographie. (Diss. masch.) 2 Bde. Jena 1966.

Hucke, Hermann: Der Hennebergische Sprachraum. Eine dialektgeographische Studie. In: Jahrbuch des Hennebergisch-Fränkischen Geschichtsvereins 1937/1939, S. 3-10.

Krämer, Sabine: Die Steigerwaldschranke. Zum Aufbau einer ostfränkischen Dialektgrenze (= Würzburger Beiträge zur deutschen Philologie 14). Würzburg 1995.

Dies. und Wolf, Norbert Richard: Mundarträume im Thüringer Wald mit einem besonderen Blick auf den Dialekt von Suhl. In: Schliephake, Konrad (Hg.): Beiträge zur Landeskunde Südthüringens (= Würzburger Geographische Arbeiten Heft 88). Würzburg 1994, S. 91-99.

Rosenkranz, Heinz: Der Thüringische Sprachraum. Untersuchungen zur dialektgeographischen Struktur und zur Sprachgeschichte Thüringens (= MDS 26). Halle/Saale 1964.

Spangenberg, Karl: Zur Erforschung des hennebergischen Sprachraums. In: Wissenschaftliche Zeitschrift der Friedrich-Schiller-Universität Jena, Gesellschaftswissenschaftliche Reihe 34 (1985), S. 21-35.

Steger, Hugo: Sprachraumbildung und Landesgeschichte im östlichen Franken (= Schriften des Instituts für fränkische Landesforschung an der Universität Erlangen-Nürnberg 13). Neustadt/Aisch 1968.

Wagner, Eberhard: Das fränkische Dialektbuch. München 1987.

Wiesinger, Peter: Die Einteilung der deutschen Dialekte. Das Ostfränkische. In: Besch, Werner [et al.] (Hgg.): Dialektologie. Ein Handbuch: Bd. 2, Berlin/New York 1983, S. 842-846.

Abb. 5 *Katholische Kirche Hildburghausen (ehem. Hugenottenkirche) 1721/22.*

Nach der in Südthüringen 1525 beginnenden Reformation (Grafschaft Henneberg ab 1542) blieb der katholischen Konfession im Meininger Land lediglich die würzburgische Pfarrei Wolfmannshausen, sowie im Bereich der thüringischen Rhön einige Pfarreien um Geisa. Zwar war Geisa ursprünglich ein Dekanat im Bistum Würzburg, die weltlichen Besitzrechte lagen allerdings beim Fürstabt von Fulda. Aufgrund einer römischen Weisung übernahm Fulda daher um 1600 die Verwaltung des Gebietes. Im 17. und 18. Jahrhunderts konnte Fulda seinen Einfluß in den genannten Orten stärken und durch den Bau barocker Kirchen nach außen hin manifestieren. 1734 wurde die Franziskanerniederlassung von Dermbach zum Kloster erhoben, die einzige Neugründung eines Ordens in Südthüringen nach der Reformation.

Im Laufe des gesamten 18. Jahrhunderts kam es immer wieder zu Konversionen von Angehörigen thüringisch-sächsischer Adelshäuser. 1719 konvertierte Prinz Karl Ernst von Sachsen-Saalfeld in Italien, wo er allerdings 28jährig verstarb. Bereits 1717 war in Arnstadt Fürstin Augusta Dorothea zu Schwarzburg-Arnstadt zur katholischen Kirche übergetreten. Sie lebte mit ihren Hofgeistlichen aus dem Franziskanerorden zurückgezogen auf Schloß Augustenburg bei Arnstadt, wo sie an ihrer Puppenstadt „Mon plaisir" baute. In Hildburghausen konvertierte 1727 Prinz Joseph Friedrich Wilhelm von Sachsen-Hildburghausen. Seit 1755 fand schließlich im Schloß Völkershausen bei Vacha katholischer Gottesdienst für den Erbprinzen Friedrich II. von Hessen-Kassel statt, der dort eine zeitlang lebte. Zu Veränderungen der konfessionellen Landkarte führten diese Konversionen nach 1648 aufgrund des „Normaljahres" 1624 für das Jus reformandi nicht mehr.

Die zu Beginn des 19. Jahrhunderts durchgeführte Neuordnung der kirchlichen Strukturen im Deutschen Reich brachte 1821 die Eingliederung der Pfarreien des Dekanates Geisa in das wiedererrichtete Bistum Fulda. Die Katholiken im Herzogtum Sachsen-Gotha, die seit 1780 katholischen Gottesdienst in einer Hauskapelle in Gotha hielten, wurden 1851 dem Bistum Paderborn zugeordnet. Die würzburgische Pfarrei Wolfmannshausen tauschte das junge Königreich Bayern 1808 gegen das evangelische Pfarrdorf Sondheim vor der Rhön. Wolfmannshausen war seither die einzige katholische Pfarrei im Herzogtum Sachsen-Meiningen. Die Seelsorge dort wurde weiterhin von Würzburger Geistlichen wahrgenommen, obwohl es immer wieder zu Streitigkeiten bezüglich der Tätigkeit bayerischer Geistlicher im „Ausland" kam. In der Residenzstadt Meiningen hatten die dort lebenden Katholiken bereits 1804 die Erlaubnis erhalten, im großen Saal der herzoglichen Meierei, später in der evangelischen Waisenhauskirche Gottesdienst abzuhalten. Die finanziellen Mittel dafür mußten allerdings hier, wie auch in Hildburghausen, durch Kollekten von auswärts beschafft werden. Nach längeren Unterbrechungen war erst wieder 1865 katholischer Gottesdienst in Meiningen möglich. Einen in der Stadt wohnhaften Geistlichen wollte allerdings Herzog Bernhard nicht dulden.

Am 23. Oktober 1881 weihte der Würzburger Bischof Franz Joseph von Stein im Beisein des Herzogs eine neue Kirche. Die Mittel dazu flossen vor allem aus dem 1849 für die katholische Diaspora gegründeten Bonifatius-Verein sowie dem bayerischen Ludwig-Missionsverein. In der Industriestadt Sonneberg zogen in der 2. Hälfte des 19. Jahrhunderts vermehrt Katholiken zu, die 1892 einen eigenen Kuraten erhielten. Auch in Pößneck, wo Weber aus dem Eichsfeld und Unterfranken zuwanderten, wurde 1899 ein Missionshaus mit Kapelle eingeweiht, 1903 schließlich eine Kuratie errichtet. Die Gemeinde Hildburghausen wurde bereits 1897 unter einem eigenen Kuraten selbständig, Saalfeld folgte 1919, Bad Salzungen 1916. Die Kreisstadt Suhl betreute seit 1897 ein Missionspfarrer, der von der Diözese Paderborn angestellt war. Bis zum Ausbruch des Zweiten Weltkrieges konnten diese neugegründeten Diasporagemeinden, mit Einschränkungen durch das Dritte Reich, weiterwachsen. Ein Stütze in der Pfarrseelsorge und -caritas waren die vor allem in den 20er Jahren gegründeten Schwesternstationen. Besonders das Mutterhaus der Töchter des Allerheiligsten Erlösers in Würzburg engagierte sich stark in der südthüringischen Diaspora.

Nach dem Ende des Krieges sah man sich einem ungeahnten Flüchtlingsstrom gegenüber, insgesamt kamen 1.500.000 Katholiken in die damalige sowjetische Besatzungszone. In Südthüringen verzehnfachte sich die Zahl der Katholiken von etwa 7.000 vor dem Krieg auf 70.000 Gläubige. Dies machte die Gründung neuer Seelsorgestationen und den Bau von Kirchen und Kapellen nötig. Julius Döpfner versuchte als Würzburger Bischof (1948-57) durch Reisen nach Südthüringen die dortige katholische Minderheit zu stärken und ein Seelsorgenetz aufzubauen. Nachdem seit 1958 kein westdeutscher Bischof mehr in die damalige DDR einreisen konnte, wurde mit Dekret des neuen Würzburger Bischofs Josef Stangl vom 14. Oktober 1959 in Meiningen ein Generalvikar für den südthüringischen Teil der Diözese Würzburg ernannt.

In Erfurt bestand bereits seit 1946 ein Fuldaer Generalvikariat, ab 1953 mit einem Weihbischof an der Spitze. Ein Dekret der römischen Bischofskongregation vom 20. Juli 1973 ernannte den Titularbischof des Amtes Erfurt zum Apostolischen Administrator für die mitteldeutschen Anteile der Bistümer Fulda und Würzburg.

Abb. 6 *Katholische Kirche Zella/Röhn 1715/32 „Fuldaer Barock".*

Kirchenrechtlich gehörten die beiden Dekanate Meiningen und Saalfeld weiterhin zur Diözese Würzburg, unterstanden auch einem eigenen Generalvikar in Meiningen aber faktisch der Jurisdiktion Erfurts. Mit der politischen Wende 1990 ging die Neuregelung der Bistümer einher, die 1994 zur Errichtung der Diözese Erfurt führte. Das neugegründete Bistum umfaßt heute das gesamte Land Thüringen. Lediglich Fulda behielt nach zähen Verhandlungen das Dekanat Geisa in der thüringischen Rhön.

Jürgen Emmert

Karte: Nr. IV, s.S. 16

Literatur

Amrhein, August: Realschematismus der Diözese Würzburg. Würzburg 1897. S. 405-409.

Kümmert, Robert: Chronik der Würzburger Diaspora in Südthüringen (Manuskript). Eisingen 1983.

Opfermann, Bernhard: Das Bischöfliche Amt Erfurt-Meiningen und seine Diaspora. Leipzig 1988.

Ders.: Thüringen. In: Lexikon für Theologie und Kirche Bd. 10. Freiburg 1965, Sp. 174-176.

Schminke: Die jüngste Entwicklung und gegenwärtige Lage der katholischen Kirche in Thüringen. In: Thüringer kirchliches Jahrbuch. Altenburg Jg. 12 (1907), S. 47-92.

Schömig, Richard: Kirche - Haus der Gemeinde. 20 Jahre kirchliches Bauen der Diözese Würzburg. Würzburg 1968, Nr. 82-93.

Tammer, Irmtraud und Johannes: Chronik der katholischen Pfarrei in Meiningen. Meiningen 1995.

Wehner, Thomas: Realschematismus der Diözese Würzburg. Das Bischöfliche Vikariat Meiningen (unveröffentlicht). Würzburg 1990.

Wendehorst, Alfred: Das Bistum Würzburg 1803-1957. Würzburg 1965, S.73-76, 118f.

Abb. 7 *Kirchenburg Ostheim v. d. Rhön, erbaut im 15. Jahrhundert.*

Die frühe Parteinahme des sächsisch-ernestinischen Thüringen für die Reformationsbewegung wirkte sich als entscheidend für den Weg der gesamten Region in die Neuzeit aus.
Der zögerliche Übergang der nichternestinischen Territorien - des sächsisch-albertinischen Nord- und Nordwestthüringen, der schwarzburgischen, reußischen und hennebergischen sowie der kurmainzischen und fuldaischen Gebiete - zur Reformation beruhte teilweise auf dem Widerstand des albertinischen Herzogs Georg, des Erzstifts Mainz und der Abtei Fulda gegen die Reformation. Keine bzw. teilweise nur kurzzeitige Unterbrechungen erfuhren bestimmte Bereiche des römisch-katholischen Kirchenwesens in Erfurt und Nordhausen. Im Eichsfeld und im fuldaischen Stiftsgebiet gewann die Gegenreformation zwischen 1570 und 1640 umfangreiche Gebiete auf Dauer zurück.
Der für die Ernestiner unglückliche Ausgang des Schmalkaldischen Krieges in der Schlacht bei Mühlberg an der Elbe am 24. April 1547 und die Gefangennahme des Kurfürsten Johann Friedrich durch Kaiser Karl V. verschärften den Gegensatz zum albertinischen Sachsen, aber auch zur kaiserlichen Religionspolitik und begründeten den „ernestinischen Revisionismus" (V. Preß). Die Gründung der Universität Jena 1558 war als bewußte Konkurrenz zum albertinisch gewordenen Wittenberg zu verstehen. Zu den Folgen der Religionspolitik, die hinter dieser Gründung stand, gehörten drei theologische Umorientierungen innerhalb der 12 Jahre zwischen 1561 und 1573, die auch viele dörfliche Kirchengemeinden mit der Entlassung ihrer Pfarrer zu spüren bekamen, die Kontinuität des kirchlichen Lebens aber kaum berührten. So wirkte das dichter werdende Netz von Schulen auch im ländlichen Bereich in der Wittenberger Reformation und kam der Prägung durch spezifische Inhalte und Lebensweisen zugute, z. B. ein beachtliches Niveau der kirchenmusikalischen Praxis sowohl in Städten als auch in Dörfern mit einer Blüte der Kirchenlieddichtung.
Zu Beginn des 17. Jahrhunderts fand an der Universität Jena, bald auch in den Führungsschichten der Höfe eine Reformbewegung Eingang, die eine weitere Umgestaltung der Gesellschaft im Sinne einer Verchristlichung des Lebens beabsichtigte. Ihre nachhaltige Wirkung beruhte darauf, daß sie einerseits mit hohem theologisch-wissenschaftlichem Niveau, andererseits mit frühabsolutistisch anmutenden kulturpolitischen Ambitionen verbunden war und auf Intensivierung der religiösen Praxis drängte. Diese führte zu einer umfangreichen geistlichen Literatur in der Volkssprache (Katechismusauslegungen, Betrachtungs- und Gebetbücher, Beichtanleitungen, Sterbeliteratur).
Im Jahr 1640 führte die ernestinische Landesteilung zum Regierungsantritt von Herzog Ernst I.

von Sachsen-Gotha, genannt „der Fromme“. Sein Reformwerk bündelte bisherige Bemühungen und führte zum Aufbau eines Musterstaates mit starker Ausstrahlungskraft. Es griff Motive auf, die sich in der später einsetzenden pietistischen Bewegung wiederfanden, grenzte sich in seiner Spätphase jedoch von speziellen Ausprägungen des Pietismus ab. Der Aufbruch, der unter Ernst I. einsetzte, konnte durch die Nachfolger des Herzogs weitergetragen werden. Neben Sachsen-Gotha bekannten sich im 17. Jahrhundert zum Luthertum auch andere thüringische Territorien, wie die reußischen und schwarzburgischen Herrschaftsgebiete.

Prägend für das Land wurde die große Zahl von Kirchenbauten, die in den Jahrzehnten um die Wende vom 17. zum 18. Jahrhundert entstanden und ihr typisches Inventar erhielten: Emporen mit Darstellungen aus der biblischen Geschichte an den Brüstungen, die meist einem großen theologischen Gesamtprogramm folgten, und zusätzlich eine Orgelempore an der Westseite, wobei die Räume durch ihre Farbigkeit geprägt waren. Auch der Einbau von Beichtstühlen mit einem auf die Buße bezogenen biblischen Bildprogramm gehört zur Neugestaltung der Innenräume.

Mit Beginn des zweiten Drittels des 18. Jahrhunderts ging die geistige Vorbild- und Führungsrolle für die Region allmählich an das Herzogtum Sachsen-Weimar über. Dies war der Fall, obwohl die Aufklärungsbewegung in Gestalt ihres französischen Zweiges am schnellsten am Gothaer Hof einzog. Die Aufgeschlossenheit des Weimarer Hofes ermöglichte es, daß im Herzogtum gleichzeitig Goethe, Schiller, Wieland und Herder wirkten. Sie sorgten dafür, daß die Emanzipationsideen der Zeit sich nicht gegen die protestantische Prägung des öffentlichen Lebens des Landes wandten.

Zu den Früchten protestantisch-frommer Aufklärung in Thüringen gehörte die Umsetzung auf ihrem Boden gewachsener und bis weit in das 19. Jahrhundert wirksamer pädagogischer und sozialpädagogischer Projekte durch Christian Gotthilf Salzmann in Schnepfenthal, Johannes Daniel Falk in Weimar und Friedrich Fröbel in Bad Blankenburg. Geringer war die Wirkung solcher Motive in schwarzburgischen und preußischen Fürstentümern sowie in Sachsen-Altenburg, wo sich eine zwar nicht einheitliche, aber bei einer Mehrheit doch deutlich wahrnehmbare kirchlich-konservative Grundstimmung, hier und da gespeist durch die Erweckungsbewegung der ersten Hälfte des 19. Jahrhunderts, bis weit ins 20. Jahrhundert hinein durchhielt. Das kleine Territorium des Fürstentums Reuß ä. L. bewahrte in seiner religiösen Orientierung seine konfessionell-volkskirchliche Prägung, die sich auch kulturpolitisch bemerkbar machte, bis zur Mitte des 20. Jahrhunderts.

Das 19. Jahrhundert brachte Thüringen die Gründung dreier Institutionen unterschiedlicher Prägung, die primär für die Ausbildung von weiblichem Krankenpflegepersonal im Sinne der Inneren Mission bestimmt und jeweils mit Krankenhäusern verbunden waren. Das 1875 in Weimar gegründete Sophienhaus war dem Patriotischen Institut der Frauenvereine im Groß-

Erinnerung an den Tag der Konfirmation

Ich bin das Brot des Lebens

Olga Eichhorn,

geboren am 9ten Dez. 1888 zu Lauscha, getauft am 26ten Dez. 1888

konfirmiert am 13ten April 1903 in der Kirche zu Lauscha.

Jesus Christus hat in den Tagen Seines Fleisches Gebet und Flehen mit starkem Geschrei und Thränen geopfert zu Dem, der Ihm von dem Tode konnte aushelfen; und ist auch erhöret, darum daß Er Gott in Ehren hatte. Und wiewohl Er Gottes Sohn war, hat Er doch an dem, das Er litte, Gehorsam gelernet. Hebräer 5, 7. 8.

Es ist gewiß ein köstlich Ding,
Stets in Geduld sich fassen
Und Gottes heil'gem Rat und Werk
Sich willig überlassen
Wie in dem heitern Sonnenschein,
So auch bei trüber Not und Pein:
Geduld erhält das Leben.

Erwarte nur die rechte Zeit,
So wirst du wohl empfinden,
Wie Er in Lieb' und Freundlichkeit
Sich wird mit dir verbinden;
Er wird nach ausgestandner Pein
Dein Labsal unaufhörlich sein:
Geduld wird nicht zu Schanden.

Text der Konfirmationsrede: Hebr. 13,

Der Herr ist Sonne und Schild; der Herr giebt Gnade und Ehre, Er wird kein Gutes mangeln lassen den Frommen. Herz, blicke froh nach oben, zu Ihm, der nie dich läßt; ist Erdenglück zerstoben, o halt' am Ew'gen fest; bereitet ist die Stätte, der Heimat eile zu, wo ohne Freudenkette und nie gestörte Ruh'. Der himmlische Vater behüte dich in aller Not und Anfechtung und lasse deinen Gang in der Gemeinde Jesu Christi dir Seligkeit, Ihm Freude sein!

Dein treuer Seelsorger

Abb. 8 Konfirmationsschein Lauscha 1903.

herzogtum Sachsen-Weimar eingegliedert. Das Evangelisch-Lutherische Diakonissenhaus für Thüringen in Eisenach, gegründet 1891, stand in der Tradition der von Wilhelm Löhe in Neuendettelsau/Mittelfranken geprägten Diakonissenschaft. Diese beiden Institutionen bestehen bis heute, während das 1908 in Gotha gegründete Viktoria-Adelheid-Haus nur einen relativ kurzen Bestand hatte. Hinzu kam eine Reihe von Vereinsinitiativen zur Ausbildung von nebenberuflichen Krankenpflegerinnen für dörfliche Bereiche.

In der zweiten Hälfte des 19. Jahrhunderts entstanden in thüringischen Städten mit den Jünglingsvereinen Aktivitäten, die in Ausbildung befindliche Jugendliche als Zielgruppe hatten. Gesellschaften zur Verbreitung von Bibeln gründeten sich in Thüringen zwischen 1817 und 1853. An manchen Orten bestand die Sitte, Ehepaaren anläßlich ihrer Trauung eine Bibel mit einer Widmung der Kirchengemeinde zu überreichen, die manchmal ein kirchliches Familienbuch zur Beurkundung von Taufen, Konfirmationen und Bestattungen einschloß. Diese Hinweise, die sich noch vermehren ließen, zeigen, daß das 19. Jahrhundert der Region die für den Protestantismus der Zeit typische kirchliche Vereinskultur brachte. Besondere konfessionelle Akzente erhielt sie einerseits mit der starken Ausbreitung von Zweigvereinen des Evangelischen Bundes und des Protestantenvereins, andererseits durch die zunächst von 1849 bis 1852, dann wieder seit 1879 bestehende Thüringer Kirchliche Konferenz, deren Entstehung durch die Erweckungsbewegung und lutherisch-konfessioneller Gesinnung entstammender Motive begründet war.

Großen Anklang erfuhr im gesamten Thüringen die Arbeit des Gustav-Adolf-Vereins, dessen Begründer Christian Gottlob Leberecht Großmann zwischen 1823 und 1828 Generalsuperintendent in Sachsen-Altenburg war. Der Verein setzte sich die Unterstützung lutherischer, reformierter und evangelisch-unierter Diasporagemeinden in römisch-katholischer Umgebung zum Ziel und betrieb eine intensive Informationsarbeit unter Kindern und Jugendlichen. Zu den Höhepunkten dörflicher, regionaler und auch städtischer Festkultur gehörten oft Gustav-Adolf-Feste. Aber auch die Missionsfeste der von unterschiedlichen Vereinigungen getragenen Initiativen zur Mission in nichtchristlichen Gebieten der Welt fanden großen Anklang und Zulauf.

Eine ansehnliche Zahl von Landpfarrern wurde seit 1887 in der Raiffeisenbewegung in führenden Positionen aktiv. Ansätze für eine kirchliche Presse, die sich an alle Landeskirchen der Region wandte, war im 19. Jahrhundert erfolglos. Dagegen fand das seit 1879 bestehende Thüringer Evangelische Sonntagsblatt weite Verbreitung, und seit Ende des 19. Jahrhunderts wurde eine große Anzahl von Gemeindeblättern, oft „Heimatglocken" genannt, publiziert.

Ein Blick auf die soziale Herkunft der Pfarrer im 19. Jahrhundert bestätigt das im landeskirchlichen Protestantismus der Zeit vorherrschende Bild: Etwas mehr als 29 % der Pfarrer stammte aus Pfarrhäusern, reichlich 21 % aus Lehrerfamilien, während sonstige akademische Berufe, Kaufleute und Gewerbetreibende unter den Vätern der Pfarrer wenig vertreten waren. Der Pfarrerberuf versprach gerade Lehrerssöhnen Aufstiegschancen, so daß bei ihnen die Motivation, zur Bildung der Gesellschaft beizutragen, stark vertreten war. Zu nennen sind an dieser Stelle beispielsweise Georg Heinrich Schwerdt, der in Sachsen-Gotha auf diesem Gebiet aktiv wurde, und Carl Ludwig Nonne, der Gründer der in Südthüringen viel gelesenen „Hildburghäuser Dorfzeitung“ (s. eigenen Beitrag). Beide Pfarrer waren in der unruhigen Zeit um 1848 auch Landtagsabgeordnete.

Nachdem zwischen November 1918 und dem Sommer 1920 auf Initiative der Theologischen Fakultät Jena hin ein Zusammenschluß von 7 der bisher selbständigen Landeskirchen zu einer einheitlichen Thüringer evangelischen Kirche zustande gekommen war, ergaben sich für das protestantische Thüringen neue und bisher ungewohnte Aufgaben auf kirchenverfassungsrechtlichem Gebiet. Der Thronverzicht der Fürsten hatte die Landeskirchen aus ihrer bisherigen Einbindung in das Staatsrecht gelöst. In starker Anlehnung an Verfassungsmodelle der parlamentarischen Demokratie gab sich die neu entstandene Landeskirche eine Leitungs- und Verwaltungsgestalt, die auf der Idee einer Volkskirche beruhte, in der alle wichtigen Entscheidungen mit dem christlichen Volk gefällt werden. Dafür sollte beispielsweise das Urwahlrecht zum Landeskirchentag sorgen.

1920 war noch nicht absehbar, daß die geeinte Landeskirche, die ihre Wurzeln tief im Neuprotestantismus des 19. Jahrhundert besaß, ihre Schwachstelle unter den Bedingungen einer Diktatur offenbaren würde. So drang bereits seit 1926 der Nationalsozialismus in die Kirche ein und bekam mit den Kirchenwahlen des Jahres 1933 die Leitung der Landeskirche völlig unter seinen Einfluß. Seitdem erst gibt es einen Landesbischof in Eisenach, der zuvor Landesoberpfarrer hieß. Noch immer gibt es im heutigen Freistaat neben der Evangelisch-lutherischen Kirche Thüringens die Evangelische Kirche der (preußischen) Union mit den Dekanaten Schleusingen und Suhl sowie die Evangelische Kirche von Kurhessen und Waldeck mit dem Dekanat Schmalkalden, das seit 1991 wieder ordentlich der hessischen Landeskirche angehört.

An Thüringen zeigte sich wie in nur wenigen anderen Regionen die Problematik des protestantischen Kirchenverfassungsrechts mit katastrophalen Folgen. Diese bestanden in einem tiefgreifenden Entkirchlichungsprozeß, der nach dem Zweiten Weltkrieg nicht wieder aufgeholt werden konnte (s.u. zur „Jugendweihe“). Protestantisches Milieu war auch insofern an diesem Geschehen beteiligt, als in Thüringen schon seit dem Ausgang des 19. Jahrhunderts eine „völkische“ Mentalität Nährboden gefunden, hatte die sich in vielfältigen Formen mit Dorfromantik vermischte. Das fand in viel gelesener Literatur ihren Niederschlag und wurde durch große Gruppen in der Pfarrerschaft mitgetragen. 1994 waren nur noch 33 % der Bevölkerung Getaufte, d.h. jeder dritte Bürger ein Christ.

Thüringen hat seine Prägung als protestantische Region bis zur Gegenwart gerade durch seine kul-

Abb. 9 *Kirchenburg Herpf, 17. Jahrhundert*

turelle Aufnahmebereitschaft gewahrt. Das Land kann aber auch als Beispiel dafür gelten, wie stark politische Entwicklungen an einer solchen Prägung Anteil haben.

Ernst Koch

Karte: Nr. IV. s.S. 16

Literatur

Glaue, Paul: Das kirchliche Leben der evangelischen Kirche in Thüringen (= Drews, Paul (Hg.): Evangelische Kirchenkunde. Das kirchliche Leben der deutschen evangelischen Kirchen). Tübingen 1910.

Herrmann, Rudolf: Thüringische Kirchengeschichte 2. Weimar 1947.

Heß, Ulrich: Die Verwaltungsorganisation der Evangelischen Landeskirchen in Thüringen bis zur Gründung der Thüringer Evangelischen Kirche 1919. In: Aus zwölf Jahrhunderten (= Thüringer kirchliche Studien). Berlin 1971, S. 237-255.

Patze, Hans und Schlesinger, Walter (Hg.): Kirche und Kultur in der Neuzeit (= Geschichte Thüringens 4). Köln 1972.

Preß, Volker: Kaiser Karl V., König Ferdinand und die Entstehung der Reichsschaft. Wiesbaden[2] 1980.

Probst, Alfons: Die staatskirchenrechtliche Stellung der katholischen Kirche im Herzogtum Sachsen-Meiningen. Paderborn 1914.

Schreiber, Alfred: Schmalkalden - ein hessischer Kirchenkreis in der ehemaligen DDR. In: Schmalkalder Geschichtsblätter. Schmalkalden 1 (1994), S. 46-54.

Statistisches Jahrbuch Thüringen 1990-96. Erfurt 1991 ff.

Stegmann, Erich: Der Kirchenkampf in der Thüringer evangelischen Kirche 1933-1945. Ein Kapitel Thüringer Kirchengeschichte. Berlin 1984.

Die heutige kirchenstatistische Situation reicht an einem Punkt bis ins 19. Jahrhundert zurück. Der bekenntnishafte Atheismus gewann in Thüringen ab der zweiten Hälfte des 19. Jahrhunderts zunehmend an Bedeutung, ohne daß sich dessen Einfluß in der Kirchenstatistik niederschlug. In den letzten Jahrzehnten vor 1900 waren es vor allem die freireligiösen Gemeinden, angeregt von den Magdeburgern Lichtfreunden, die diese Bewegung trugen. Ab 1888 entstanden vorwiegend in den größeren Städten proletarische Freidenkervereine, in Sonneberg und Suhl, einer unter dem Einfluß des Berliner sozialdemokratischen Agitators Jens Lauritz Christensen. Die bürgerliche Freidenkerbewegung Thüringens wurde wesentlich inspiriert durch den Jenaer Biologen Ernst Haeckel, der 1906 den Deutschen Monistenbund gründete mit Ortsgruppen in den größeren Städten. Aus dem Bereich der freireligiösen Gemeinden und des Freidenkertums stammt die Tradition der Jugendweihe, die seit Ende des 19. Jahrhunderts auch in einigen Städten Thüringens Fuß fassen konnte, so 1888 in Suhl. Hier folgte ein ausdrückliches Verbot des preußischen Staates, weil die Feiern bewußt als Kontrastprogramm zu Religionsunterricht und Konfirmation inszeniert wurden.

Nach Gründung der DDR wollte die SED die Jugendweihe zunächst nicht weiterführen, da sie nach dem „Sieg der Arbeiterklasse" die als Kampfinstrument betrachtete Jugendweihe für überflüssig hielt. Ab 1954 gab es die freiwillige Jugendweihe. In den folgenden Jahren veranstalteten die „Ausschüsse für Jugendweihe" in den Kreisen der DDR eine verstärkte Agitation. Zwangsmaßnahmen kamen in den 60er Jahren hinzu, so daß sich schließlich 98 % der Jugendlichen beteiligten. Vom äußeren Erscheinungsbild der Familienfeier glichen sich in den 70er Jahren Jugendweihe und Konfirmation. Die Evangelische Kirche gestand im Interesse der Gemeindemitglieder Jugendweihe und Konfirmation nebeneinander zu. Für die Jugendlichen spielten vor allem die Geschenke eine große Rolle. Schließlich kam es besonders im Grenzgebiet bei umfangreichen verwandtschaftlichen Beziehungen in die Bundesrepublik zu der Situation, daß zur Jugendweihe Bekannte aus der Heimat schenkten, während es zur Konfirmation die Geschenke aus „dem Westen" gab. Die Jugendweihe wurde vor allem als neues Familienfest akzeptiert.

Nach der Wende 1989 und dem Ende der DDR 1990 fand deshalb zwar die „sozialistische" Jugendweihe ein Ende, nicht jedoch die Jugendweihetradition. Berief sich die DDR vorrangig auf eine ausdrücklich „proletarische Tradition", wobei der bürgerliche Traditionsstrang unterschlagen blieb, wird seit 1990 die Jugendweihe als eine „demokratische" Tradition benannt. Entfallen ist die Verpflichtung auf den Staat oder eine politi-

Abb. 10
Übergabe der Urkunden bei einer Jugendweihe im Kreiskulturhaus Sonneberg, ca. 1985.

sche Partei. Auch wird die Jugendweihe nicht mehr zwangsstaatlich organisiert, sondern von einem „Verein Jugendweihe e.V." mit einem Landesverband und Kreisverbänden. Entfallen ist auch die Möglichkeit, zugleich an Jugendweihe und Konfirmation teilzunehmen. Trotzdem behauptet sich die Jugendweihe in allen neuen Bundesländern. Etwa 60 % der 14jährigen nehmen derzeit an der Jugendweihe teil, wobei diese Zahl in den größeren Städten, z.B. in Suhl oder Ilmenau, noch beträchtlich höher ist. Von Eltern und Jugendlichen wird die Jugendweihe als reines Familienfest betrachtet, dessen Brauch sich eingebürgert hat.

Thomas Schwämmlein

Literatur:

Halberg, Bo: Die Jugendweihe. Zur deutschen Jugendweihetradition. Göttingen 1978.

Köstlin, Konrad: Angeeignete Feste - Eheschließung und Jugendweihe in der DDR. In: Schlosser, Horst Dieter (Hg.): Kommunikationsbedingungen und Alltagssprache in der DDR (= Beiträge zur Sprachwissenschaft 5). Hamburg 1991, S. 143-156 (und S. 157 - 168, Korreferate von Odilo Gudorf und Bernd Schildberg)

Lesanovsky, Werner: „Seid geweiht dem Arbeitsvolke und der Arbeit Sturmgebet". Freireligiöser Jugendunterricht und Jugendweihe im letzten Jahrzehnt des 19. Jahrhunderts in Erfurt. In: Lebensweisen im Wandel (= Thüringer Hefte für Volkskunde 2). Erfurt 1994, S. 63-79.

Mohrmann, Ute: Jugendforschung in der DDR unter besonderer Berücksichtigung volkskundlicher Untersuchungen zur Jugendweihe. In: Beitl, Klaus (Hg.): Gegenwartsvolkskunde und Jugendkultur. Wien 1987, S. 307-320.

Dies.: Festhalten am Brauch. Jugendweihe vor und nach der Wende. In: Wolfgang Kaschuba (Hg.): Alltagskultur im Umbruch. FS f. Wolfgang Jacobeit (= Alltag und Kultur 1). Köln 1996.

Ausbau der Verkehrswege ist ein Kennzeichen des Industrialisierungsprozesses. Zwar nimmt die Eisenbahn heute nur noch 7 % der Leistungen im Personenverkehr und ca. 24 % im Güterfernverkehr wahr. Doch war sie ab 1835 das erste massenleistungsfähige Verkehrsmittel in Deutschland. Zum anderen zeigt sie gegenüber dem heute praktisch ubiquitären Straßennetz das selektive Vorgehen der Staaten beim infrastrukturellen Ausbau, der damit notwendigerweise bevorzugte und benachteiligte Achsen und Räume schuf. Dabei hat schon die Natur Durchgangsachsen oder Verkehrshindernisse vorgezeichnet.

Eisenbahnbau und -betrieb waren bis zum Übergang an das Deutsche Reich 1920 bzw. die Deutsche Reichsbahn-Gesellschaft (1924) Ländersache. Bis 1855 hatte Bayern seine fränkischen Zentren ost-westlich untereinander und in Richtung Süden angebunden. In der gleichen Orientierung versuchte auch Preußen, seine Interessen zu vertreten, was aber bei der territorialen Gemengelage in Thüringen ungleich schwieriger war. Ein Staatsvertrag von 1841 zwischen Preußen, Hessen-Kassel, Sachsen-Weimar und Sachsen-Coburg und Gotha ebnete den Weg für die privatrechtlich organisierte Thüringische Eisenbahn, die aufgrund der Konzessionen von 1844 ab 1847 Weimar, Erfurt, Gotha und Eisenach verband und 1849 über Bebra an die west- und norddeutschen Netze anschloß. Die Gesellschaft baute noch einige Zweigstrecken zum Thüringer Wald hin, nach Arnstadt (1867), von da nach Ilmenau (1879) und nach Ohrdruf (1876). Als weitere Privatbahn schloß 1876 in Fröttstädt die Friedrichroda-Eisenbahn (Fa. H. Bachstein) an.

Nach dem Krieg 1870/71, der die strategische Bedeutung eines einheitlichen Bahnnetzes erkennen ließ, setzte sich der Staatsbahngedanke auch bei den kleineren Staaten durch. Die thüringischen übergaben zumeist Bau und Betrieb an den großen Nachbarn, der die Königlich-Preußische Eisenbahndirekton Erfurt gründete und 1882 die Thüringische Eisenbahn-Gesellschaft sowie die Betriebsführung der Werrabahn übernahm. Letztere war das zweite große Privatunternehmen (Kapital zu je 1/3 bei Sachsen-Weimar, -Meiningen und -Coburg), das nach einer Bauzeit von nur drei Jahren 1858 den ersten „schrägen Durchgang" Eisenach-Meiningen-Eisfeld-Coburg-Sonneberg baute und 1859 in Lichtenfels an Bayern anstieß. Die Gesellschaft projektierte und baute noch die Nebenbahnen nach Bad Liebenstein (1889) und Rodach (1892), bevor sie 1895 endgültig in das Eigentum der preußischen Staatsbahnen überging.

Als Privatbahnen schlossen 1874 die städtische Bahn nach Schmalkalden und 1879 die schmalspurigen Strecken nach Vacha und Lengsfeld-Kaltennordheim (1906 bzw. 1934 von Ein-Meter - auf Normalspur umgebaut) an.

Als letzte große Privatbahn-Gesellschaft, unser

Gebiet nur randlich berührend, ist die 1871 in Jena gegründete Saal-Eisenbahn-Gesellschaft zu nennen, die von Preußen und den Fürstentümern Sachsen-Meiningen, Sachsen-Weimar-Eisenach, Sachsen-Altenburg und Schwarzburg-Rudolstadt die Konzession zum Bau der Strecke Camburg-Jena-Saalfeld erhielt. 1874 erreichte man Saalfeld, wohin schon 1871 die Thüringische Eisenbahn von Gera-Pößneck-Eichicht (jetzt: Hockeroda) gekommen war. Mit ihrer einzigen Zweigbahn in unserem Raum schloß die Gesellschaft 1884 Bad Blankenburg an. Den seit 1891 geplanten Verkauf an den preußischen Staat besiegelten die Verträge im Juli 1895, wobei Preußen mit 16,5 Millionen Mark 2,4 Millionen weniger als die Baukosten zu zahlen hatte.
Während man in Thüringen der Meinung war, die Werrabahn könnte als Fortsetzung der Würzburger Linie allen Ansprüchen genügen, fürchtete die preußische Stadt Suhl, ins Abseits zu geraten. Man war in Suhl sogar bereit, einen Teil der Kosten für eine das Gebirge Richtung Nord-Osten querende direkte Bahn zu übernehmen. Doch erst 1879 schlossen Preußen und die thüringischen Kleinstaaten einen Vertrag zum Bau der 51 km langen Bahn von Plaue nach Grimmenthal. Sie sollte an die 1867 nach Arnstadt und 1879 nach Ilmenau zum Gebirgsrand hin vorgerückten Linien anschließen. 1879 bewilligte der Preußische Landtag die Baukosten in Höhe von 27,5 Millionen Mark und berücksichtigte dabei auch militärstrategische Gesichtspunkte. Am 1.8.1884 nahm die Preußische Staatsbahn den durchgehenden Betrieb Erfurt-Meiningen auf und sah die Strecke als zusätzliche Zufahrt über Würzburg und Heidelberg zu den Elsaß-Lothringischen Festungsstädten. Als Parallellinie, die jedoch aufgrund ihrer Trassierung keine überregionale Bedeutung bekommen konnte, begann die Thüringische Eisenbahn-Gesellschaft 1876 den Bau der eingleisigen Linie nach Ilmenau (eröffnet 1879), die 1881 von der Eisenbahn-Gesellschaft H. Bachstein nach Gehren und 1883 bis Großbreitenbach verlängert wurde.
Die schon 1868 geforderte Durchgangslinie von Ilmenau in Richtung Suhl oder Werratal kam nicht voran, der Gedanke an den notwendigen 2 km langen Tunnel unter dem Rennsteig schreckte die Geldgeber. So schloß die Preußische Staatsbahn erst 1899 mit den thüringischen Staaten einen Vertrag zum Weiterbau nach Themar, im August 1904 war die Strecke mit Spitzkehre auf dem Rennsteig in 747 Meter Höhe in Betrieb. Die Rampen dorthin konnten bis 1927 nur mit Zahnradlokomotiven (System Abt) überwunden werden. Im Bahnhof Rennsteig schloß seit 1913 die 5 km lange Kleinbahn AG Rennsteig-Frauenwald an. Als weitere Querverbindung nahm die Preußische Staatsbahn 1911 die 16 km lange „Lokalbahn“ Schleusingen-Suhl als steilste Strecke in ihrem Gesamtnetz (Neigung: 66,6 ‰) in Betrieb, ebenfalls bis 1930 mit Zahnradabschnitten.
Eine letzte Gebirgsbahn entstand im Osten des Kartenausschnittes. 1909/10 band Preußen die Werrabahn mit einer Spitzkehre in Rauenstein an Sonneberg, das bereits 1901 eine Verbindung über Neuhaus-Schierschnitz nach Stockheim an der bayerischen Frankenwaldbahn bekommen hatte.

Es dauerte noch bis 1913, um den Lückenschluß zum Thüringer Hinterland zwischen Lauscha (bis dorthin seit 1886, Spitzkehre) und Lichte nach Probstzella zu schaffen. Diese ungemein schwierige Strecke, die in Ernstthal eine Höhe von 769 m erreicht (1913 Zweigbahn zur Kreisstadt Neuhaus) war mit ihren Viadukten die Meisterleistung der Bauingenieure und ist heute eine touristische Attraktion. Im Gegensatz zu den vorgenannten blieb die letzte mögliche Transversale, die Schwarzatalbahn (abschnittsweise 1899-1900 fertiggestellt) von Rottenbach bis Katzhütte eine Stichbahn, alle Weiterführungsprojekte z.B. nach Neuhaus scheiterten.

Im Vorland war der Bahnbau einfacher, und so erschlossen folgende Zweigstrecken von der Werrabahn aus nach 1895 die Industriestädte und Bergwerkstandorte:

1891 Schmalkalden - Steinbach-Hallenberg, 1893 bis Zella-Mehlis verlängert;

1892 Schmalkalden - Kleinschmalkalden, 1898 bis Brotterode;

1906-1909 Kalibahn Vacha - Wenigentaft-Mansbach-Tann, dort Anschluß an die bereits 1890/91 bestehende Bahn in Richtung Fulda.

Die schmalspurigen Bahnen Trusebahn AG von Wernshausen nach Herges-Vogtei (1899), Hildburghausen - Lindenau-Friedrichshall (1888, „Meiningische Staatsbahn"/Betrieb durch Preußen), Eisfeld - Schönbrunn (ebenfalls Meiningische Staatsbahn) und die private Wenigentaft/Oechsener Eisenbahn (1912) ergänzten das Netz.

Die Thüringerwald-Querung hatte nun Durchgangsfunktion. 1914 gab es zwischen Erfurt und Meiningen vier D-Züge in jede Richtung, die Berlin mit Stuttgart, Saarbrücken, Metz und Mailand verbanden.

In Bayern war bei schwächerer Industrialisierung der Nachfragedruck nach Eisenbahnen nicht so heftig. Trotzdem schloß man bis 1900 alle Städte und selbst die Kleinstadt Seßlach mit Stichbahnen an, die in Richtung Thüringen in Grenznähe „verendeten". Lückenschlüsse wie etwa Königshofen-Maroldsweisach, Dietersdorf-Lindenau oder vom sächsischen Rodach nach Hildburghausen wurden immer wieder angedacht, zuletzt beim Übergang ans Deutsche Reich 1920, ohne Realisierungschancen zu haben.

Nur wo starke ökonomische Interessen im Spiel waren, überwanden Nebenbahnen Staatsgrenzen, so die „Kalibahnen" von Vacha nach Tann (1906-1909) mit Abzweigen nach Hünfeld und nach Oechsen und der Anschluß 1885 der thüringischen Schieferbrüche in Lehesten an die Bayerische Staatsbahn in Ludwigstadt. 1914 war der Ausbau der Eisenbahnen praktisch abgeschlossen. Die Deutsche Reichsbahn stellte 1920 nach 20jähriger Bauzeit noch die sogenannte Ringbahn Coburg-Wörlsdorf-Neustadt fertig, danach folgten als Arbeitsbeschaffungsmaßnahmen die private Oberweißbacher Bergbahn AG (Schrägaufzug mit 1,8 m Spurbreite, anschließend elektrifizierte Normalspurstrecke nach Cursdorf). Auf fränkischer Seite ging 1924 die vor dem Krieg begonnene Strecke Hammelburg-Bad Kissingen in Betrieb. Im Thüringer Wald folgten Bad Liebenstein-Steinbach (1927) sowie die priva-

te Thüringer Waldbahn (1-m-Spur, elektrisch, ab Gotha), die 1929 endlich Tabarz erreichte.
Technische Verbesserungen der Vorkriegszeit (vor allem der zweigleisige Ausbau Schweinfurt-Suhl-Erfurt, Saalfeld-Jena) griffen nun auch auf die Nebenbahnen über (Streckenblock). Die sich immer mehr zur Nord-Süd Magistrale München-Berlin entwickelnde Frankenwaldbahn war bis 1940 zwischen Nürnberg und Jena-Göschwitz elektrifiziert, allerdings fielen die Einrichtungen auf östlicher Seite 1946 der Demontage zum Opfer - um 1995 neu zu erstehen.
Mit der deutschen Teilung entstand nach 1945 eine Barriere, die nur noch von der Thüringer (Übergang Wartha bzw. Gerstungen) und Frankenwaldbahn (Übergang Probstzella) überwunden wurde. Alle anderen grenzüberschreitenden Strecken legten die Grenzbehörden 1945 bzw. 1951 (Neustadt-Sonneberg und Ludwigsstadt-Lehesten, bei der Bahn Oechsen-Wenigentaft-Vacha ist das Stillegungsdatum nicht gesichert) still. Den Reparationen für die Sowjetunion fielen die Schmalspurbahn Hildburghausen-Lindenau und der DR-Abschnitt Friedrichroda-Tambach zum Opfer. Als Kuriosum blieb bis in die 80er Jahre ein Güter-Inselbetrieb zwischen Sattelgrund und Tettau erhalten, die Güterwaggons umfuhren das DDR-Territorium per Straßenroller. Westdeutsche Kalizüge konnten - bis auf wenige politische Störungen - von Widdershausen über Gerstungen nach Bebra auf DDR-Territorium verkehren.
Mit der Neuorientierung Südthüringens auf die Wirtschafts- und Machtzentren der DDR verlor die zwischen Eisfeld und Coburg unterbrochene Werrabahn an Bedeutung. Dagegen stieg die Belastung der Thüringer-Wald-Magistralen, alleine zwischen Meiningen, Suhl und Erfurt verbanden sieben D- und zehn Personen-Züge täglich in jeder Richtung die Ferien- und Wirtschaftszentren der südwestlichen DDR mit der Hauptstadt. Selbst auf der kurven- und steigungsreichen Eisenbahnstrecke Sonneberg-Lauscha-Saalfeld querten Tag und Nacht Personen- und Güterzüge den Rennsteig.
Trotz der Priorität der Bahn im Güterverkehr mußte man sich jedoch mit Vorhandenem zufrieden geben. Als Neubauten entstanden lediglich in Grenznähe die Verbindung von Vacha zu den Kaligruben in Unterbreizbach (1952) mit direkter Anbindung an die Werrabahn in Richtung Kali-Ausfuhrhafen Wismar sowie die Umgehung des Herleshausener Zipfels mit der 1995 wieder stillgelegten Neubaustrecke Förtha-Gerstungen.
In Westdeutschland begannen ökonomisch motivierte Stillegungen von Nebenbahnen bereits 1960 (Rottershausen-Stadtlauringen) und hielten bis heute an. Lediglich die Nebenbahnen nach Maroldsweisach (ab Ebern noch sporadisch Güterverkehr), Rodach, Gerolzhofen-Kitzingen (Güterverkehr), Wildflecken (Güterverkehr) und Gersfeld sind übrig. Die Gleise nach Bad Königshofen und Rossach liegen noch unbenutzt, während die Strecke Haßfurt-Hofheim 1995 Straßenbauprojekten zum Opfer fiel.
In der DDR setzte man dagegen seit 1970 wieder konsequent auf den Schienenverkehr, die wenigen Stillegungen geschahen vorher (Bad

Salzungen-Steinbach 1969, Rennsteig-Frauenwald 1966, Wutha-Ruhla 1967, Auwallenburg-Brotterode 1965, Berka-Blankenhain 1967, Rudisleben-Ichtershausen 1967, Erfurt Nord-Nottleben 1968, Wartha-Mihla 1969) oder waren technisch unvermeidbar (Köditzberg-Königsee 1973, Eisfeld-Schönbrunn 1973, wurde zum Schluß als „Rangiergleis" in Schrittgeschwindigkeit befahren).

1988 betrieb die Deutsche Reichsbahn alleine im Bezirk Suhl 430 Kilometer fast ausschließlich eingleisiger, nicht elektrifizierter Bahnen, davon 408 Kilometer im Güter- und Personenverkehr.

Mit den „Grundlagenverträgen" 1971/72 und der Normalisierung des zwischenstaatlichen Nebeneinanders schien die Nord-Süd-Transitfunktion endgültig vergessen, man beließ es bei der Eröffnung des Straßengrenzüberganges Eußenhausen-Henneberg am 22.6.1973. Zwar befürwortete 1981 der Bayerische Landtag einstimmig die Wiedereröffnung auch der Bahnlinie, doch sahen weder die zuständigen Bundesministerien noch die DDR-Institutionen ein hinreichendes Verkehrsbedürfnis. Vielmehr war man auf bayerischer Seite schon froh, Mitte der 80er Jahre die drohende Gesamtstillegung zwischen Ebenhausen und Mellrichstadt abwenden zu können.

Mit dem Fall der Grenze mahnte bereits im Dezember 1989 die Bundesbahndirekton Nürnberg die Schließung der Eisenbahnlücke an (vgl. Weigelt 1994). Im Juli 1990 gab die deutsch-deutsche Verkehrswegekommission „grünes Licht" für die eingleisigen Lückenschlüsse Mellrichstadt-Rentwertshausen und Neustadt-Sonneberg. Im Frühjahr 1991 begannen die beiden Eisenbahnen mit dem 51 Millionen DM teuren Bau einschließlich der Verbindungskurve Ritschenhausen-Grimmenthal, der bereits zum 29.9.1991 gemeinsam mit dem weniger aufwendigen Lückenschluß im Osten in Betrieb genommen werden konnte.

Weitere Streckenstillegungen scheinen unvermeidlich. Allerdings sind die Länder Bayern, Hessen und Thüringen seit 1.1.1996 für den Schienenpersonennahverkehr zuständig und haben umfangreiche Leistungen beim Verkehrsunternehmen Deutsche Bahn AG bestellt. Davon profitieren insbesondere touristisch wertvolle Linien wie die Steilstrecken Ilmenau-Rennsteig-Schleusingen und von dort nach Suhl, die spektakuläre Bahn von Lauscha nach Probstzella, die Schwarzatalbahn nach Katzhütte und die bayerische Saaletalbahn. Private Betreiber haben Interesse an den Nebenbahnen rund um Schmalkalden und im Coburger Land (Ebersdorf-Weidhausen), Museumsbahnvereine wollen Betrieb zwischen Stockheim und Fladungen sowie Bad Hersfeld und Heimboldshausen (ehemalige Hersfelder Kreisbahn) aufnehmen.

Spektakulär für die „Eisenbahnlandschaft" wird die im Rahmen der Verkehrsprojekte Deutsche Einheit 1996 begonnene Neubaustrecke (Nürnberg-) Bamberg-Lichtenfels-Erfurt, die als Hochgeschwindigkeitsbahn bis zum Jahr 2010 Bayern und Thüringen miteinander verklammern soll. Leider erlauben die vorgesehen 31 Kilometer Tunnel wenig Ausblick auf Thüringens Höhen. Das Projekt zeigt uns, daß das Zeitalter der Bahn nicht vorbei ist. Ihre Aufgabe im Industrialisie-

rungsprozeß, die Wohn- und Produktionsstandorte in den engen Tälern des Thüringer Waldes zu erschließen und über die Magistralen mit den deutschen und europäischen Märkten zu verknüpfen, hat sie erfüllt.
Von den strategischen Autobahnplänen der Nazis zeugen die begonnenen Brückenbauten im Werratal bei Bad Salzungen und die Querung der fränkischen Saale bei Gräfendorf. Eisenbahnprojekte wie der Ausbau Hünfeld-Vacha gingen mit Kriegsende unter, lediglich die Westumgehung Schweinfurt war von 1944 bis ca. 1961 in Betrieb. Auch die Erwähnung des Autobahnprojektes A 81/A 73 (Sömmerda-) Erfurt-Suhl-Eisfeld/ Meiningen nach Schweinfurt bzw. Bamberg darf heute nicht fehlen. Im Rahmen der Verkehrsprojekte Deutsche Einheit sind hier - nicht unumstritten - 128 km (zwischen Sömmerda und Mellrichstadt) plus 38 km (zwischen Suhl und Eisfeld) in Bau, davon 31 km zwischen Erfurt und Traßdorf gebündelt mit der Eisenbahn-Neubautrasse (s.u.). Man rechnete schon 1992 mit 2,24 Milliarden DM Baukosten.

Konrad Schliephake

Karte: Nr. VIII, s.S. 57.

Literatur

Appeltshauser, R.: Zug um Zug - Die Werrabahn (= Die untere Anlage 13). Coburg 1988.

Bayer, W. und Ehle, E.: Über den Rennsteig von Sonneberg nach Probstzella. Berlin 1983.

Drescher, Werner: Die Saal-Eisenbahn. Berlin 1993.

Fricke, Hans-Joachim und Ritzau, Hans-Joachim: Die innerdeutsche Grenze und der Schienenverkehr. Landsberg 1990.

Fromm, Günter: Eisenbahnen in Thüringen - Daten und Fakten (= Hainich Heimathefte 26). Bad Langensalza 1992.

Grüber, Walter: Steilrampen über den Thüringer Wald. Berlin 1983.

Herold, Alfred: Berlin-Leipzig-Würzburg-Stuttgart-Zürich. Chancen einer dritten Nord-Süd-Magistrale (= Schriftenreihe IHK Würzburg-Schweinfurt 13). Würzburg1990.

Ders. und Schliephake, Konrad: Eisenbahnen in Südthüringen. In: Schliephake, Konrad (Hg.): Beiträge zur Landeskunde Südthüringens (= Würzburger Geogr. Arbeiten 88). Würzburg 1994, S. 157-170.

Lohr, H. und Thielmann, Georg: Die Oberweißbacher Bergbahn. Berlin 1991.

Schäfer, Hans Peter: Die Entstehung des mainfränkischen Eisenbahn-Netzes, T. 1 (= Würzburger Geogr. Arbeiten 48). Würzburg 1979.

Schliephake, Konrad: Mobilitäts- und Infrastrukturforschung in der Bayerischen Rhön. In: Schenk, Winfried und Schliephake, Konrad (Hg.): Mensch und Umwelt in Franken (= Würzburger Geogr. Arbeiten 89) Würzburg 1994, S. 223-238.

Ders. und Mohr, Mario: Neugestaltung des öffentlichen Personenverkehrs im Coburger Land (= Würzburger Geogr. Manuskripte 30). Würzburg 1992.

Ders. und Schulz, Walter: Verkehrsaufkommen und Infrastrukturausbau in Südthüringen. In: Zt. f. Erdkundeunterricht 12 (1994). S. 504-512.

Weigelt, Horst: Mainfranken und die Eisenbahn in Gegenwart und Zukunft. In: Schenk, Winfried und Schliephake, Konrad (Hg.): Mensch und Umwelt in Franken (= Würzburger Geogr. Arbeiten 89) 1994, S. 203-221.

Karte VIII: *Eisenbahnnetz*
Karte IX: *Sonneberger Wirtschaftsraum 1840/50*
Karte X: *Sonneberger Wirtschaftsraum 1928/29*
Karte XI: *Bodengüte*

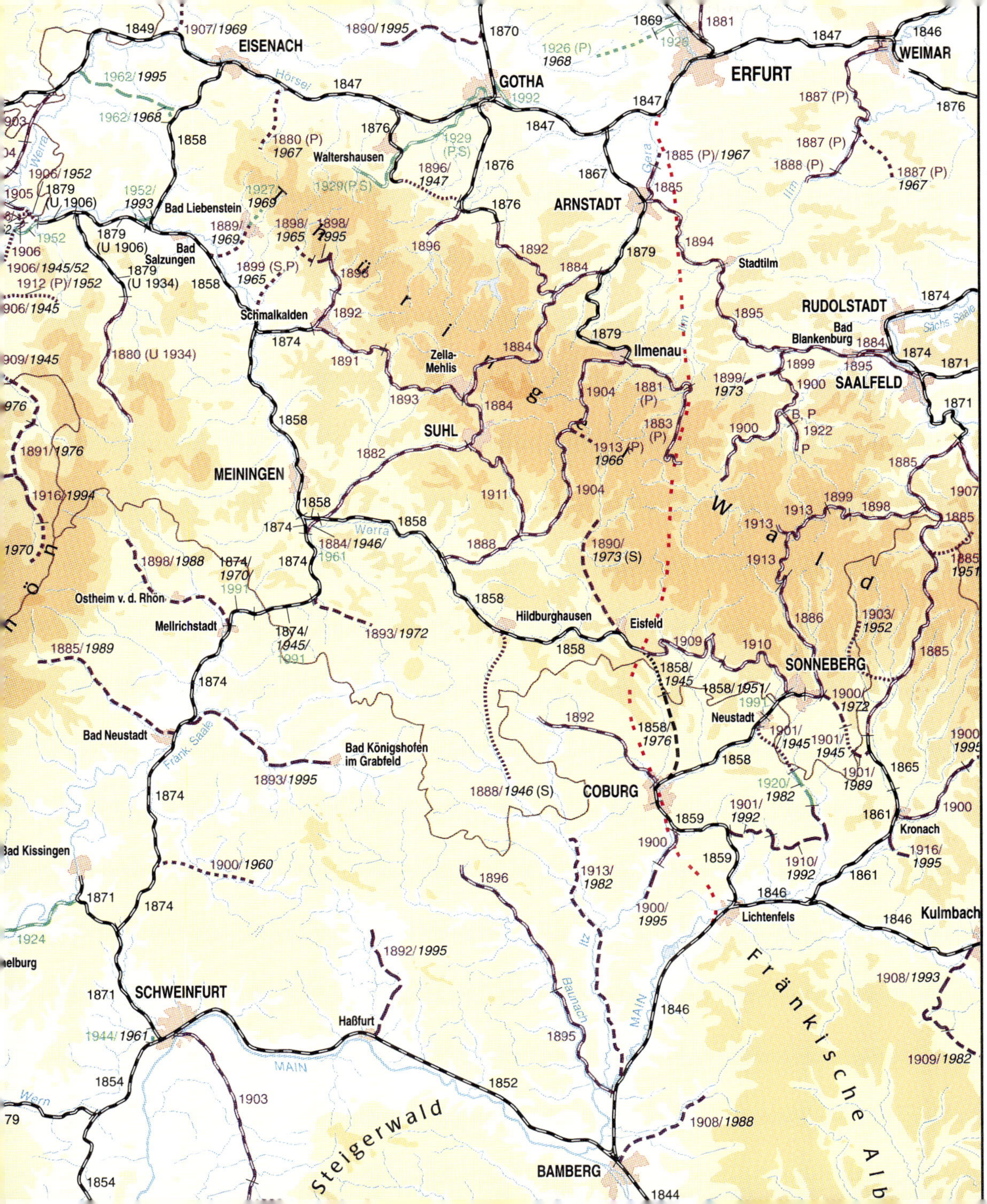

Karte IX

Eisenbahnnetz

Ausbau (z. B. 1874) nach Farbe;

Stillegung (z. B. *1966*) nach Signatur

Streckenbau bis 1879

Streckenbau 1880 bis 1918

Stillegung

bis 1952

1953 bis 1970

1971 bis 1990

nach 1990

Streckenbau 1919 bis heute

Stillegung

1953 bis 1970

nach 1990

Strecke in Planung

Sonderzeichen

S = Schmalspurbahn

P = Privatbahn (DDR: bis 1949)

U = umgespurt von Schmal- auf Normalspur

B = Breitspur 1900 mm

Heutige Landesgrenzen

Höhenschichten (in Meter)

über 900

600 – 900

450 – 600

300 – 450

150 – 300

0 5 10 15 20 km

Bearbeitet von K. Schliephake nach div. Quellen

Kartographie: W. Weber, Geographisches Institut, Universität Würzburg

Karte X

Sonneberger Wirtschaftsraum 1840/50

- Sonneberger Spielwaren
- Glas
- Porzellan
- Bergbau
- Metall
- Textil
- Farben

Zahl der Arbeiter an ihrem Beschäftigungsort

2000
1000
500
300
100
50
10

Maximalwert: Sonneberg 1760 Arbeiter

Nicht bearbeitetes Gebiet

Höhenschichten (in Meter)

- über 900
- 600 – 900
- 450 – 600
- 300 – 450
- 150 – 300

0 5 10 km

Quelle: Fugmann, Ernst R.: Der Sonneberger Wirtschaftsraum. Eine Wirtschaftsgeographie des Südthüringer Waldes und seines Vorlandes (=Beihefte zu den Mitteilungen des Sächsisch-Thüringischen Vereins für Erdkunde 8). Halle 1939.

Bearbeitet von M. Wagner

Kartographie: W. Weber, Geographisches Institut, Universität Würzburg

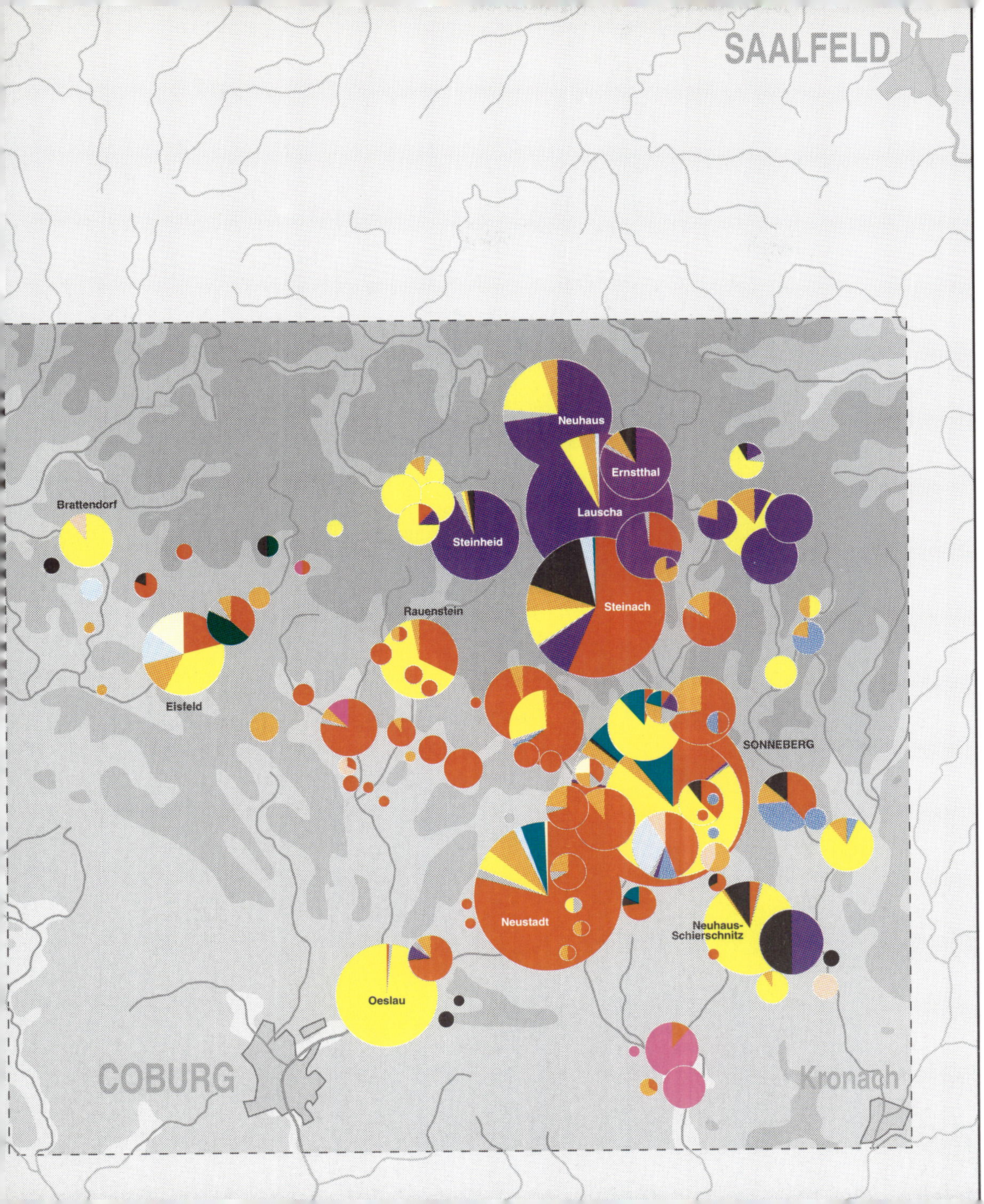

Karte XI

Sonneberger Wirtschaftsraum 1928/29

- Sonneberger Spielwaren
- Karnevalsartikel
- Kunstmärbel
- Glas
- Papier
- Porzellan
- Holz
- Korbflechterei
- Bergbau
- Metall
- Elektrotechnik
- Textil
- Farben

Zahl der Arbeiter an ihrem Beschäftigungsort

4000
3000
2000
1000
500
300
100
50
10

Maximalwert: Sonneberg 4125 Arbeiter

nicht bearbeitetes Gebiet

Höhenschichten (in Meter)

- über 900
- 600 – 900
- 450 – 600
- 300 – 450
- 150 – 300

0 5 10 km

Quelle: Fugmann, Ernst R.: Der Sonneberger Wirtschaftsraum. Eine Wirtschaftsgeographie des Südthüringer Waldes und seines Vorlandes (=Beihefte zu den Mitteilungen des Sächsisch-Thüringischen Vereins für Erdkunde 8). Halle 1939.

Bearbeitet von M. Wagner

Kartographie: W. Weber, Geographisches Institut, Universität Würzburg

Karte XII
Bodengüte

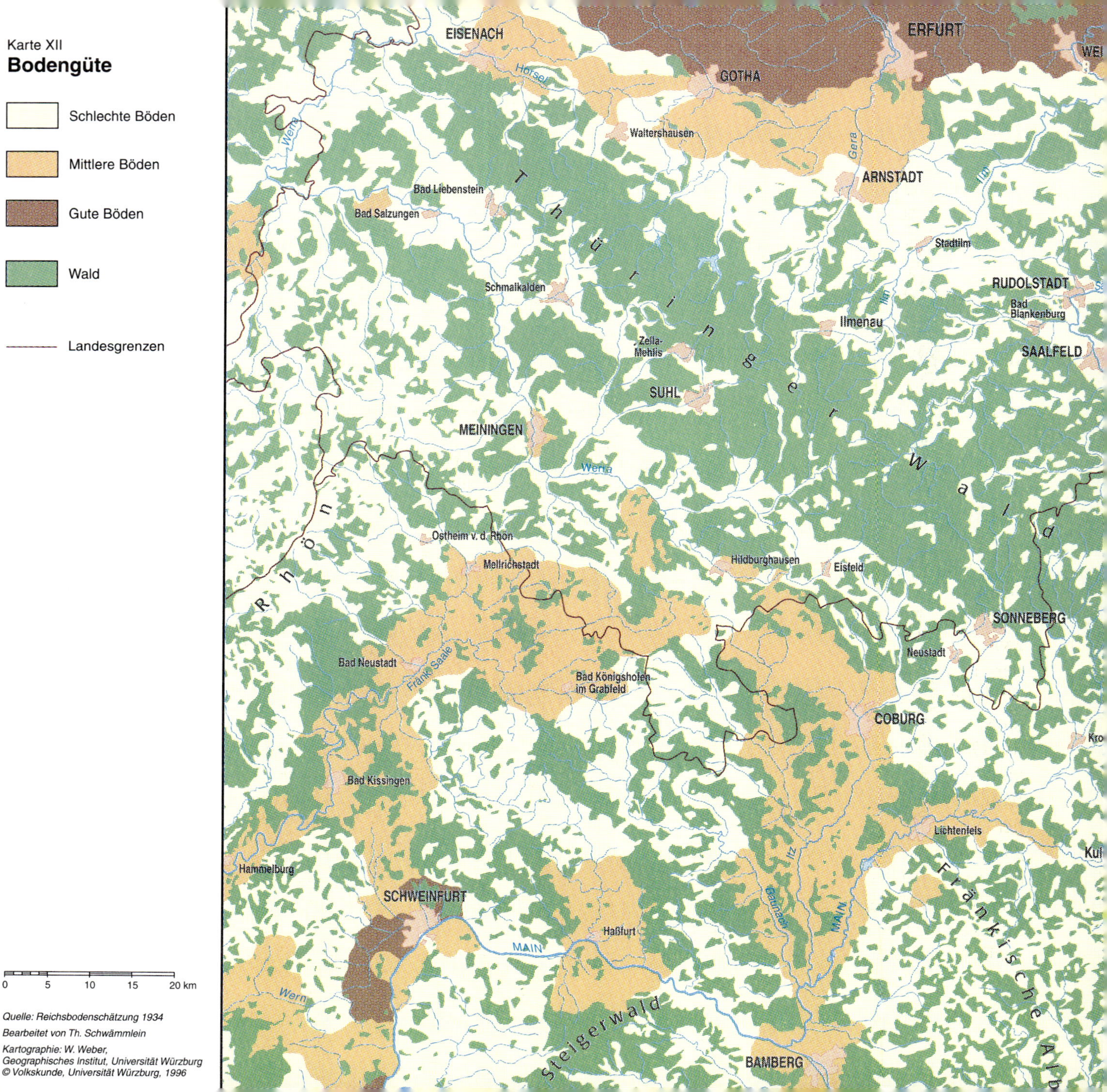

Quelle: Reichsbodenschätzung 1934
Bearbeitet von Th. Schwämmlein
Kartographie: W. Weber, Geographisches Institut, Universität Würzburg

Auswanderung aus Thüringen im 19. Jahrhundert Forschungsstand und Quellenlage

Für Franken wurde die Auswanderung des 19. Jahrhunderts in ihren Ursachen und Auswirkungen durch die Arbeiten von Klaus Guth (1989) und Hans Schaub (1989) anhand statistischer Angaben mit Schwerpunkt Oberfranken bearbeitet. Schaub untersuchte die sozioökonomischen Verhältnisse, die Auswanderungswellen und deren Hintergründe. Guth setzte zu den statistischen Auswertungen analytische Schwerpunkte bei Wirkfaktoren, Binnen- und Außenmigration sowie bei der Suche nach kultureller Identität in der neugewählten Heimat. Wenn er dabei Franken als klassische Auswanderer-Provinz Bayerns hervorhebt, zeigen sich in den bedingenden sozialen und wirtschaftlichen Faktoren Gemeinsamkeiten mit der thüringischen Rhön und dem Thüringer Wald, wobei im Vergleich zwischen staatlicher Auswandererpolitik sowie der Förderung strukturschwacher Gebiete in Thüringen und Franken differenziert werden muß.

Im 19. Jahrhundert beschreiben generell zunehmende Armut, Arbeitslosigkeit, die Suche nach Wohlstand und neuen Perspektiven die Motive der Auswanderung, seltener politische und religiöse Verfolgung. Der entscheidende Anstoß für die Amerika-Auswanderung aber war die Agrar- und Wirtschaftskrise der Jahre 1816/17 und die folgende Phase des Pauperismus als Folge der Auflösung des durch Grundherrschaft und Zunftabhängigkeiten geprägten alten Gesellschaftsgefüges.

Schon bald begann man jedoch, die anfänglich abgelehnte und dann ignorierte Auswanderungsproblematik als Instrument der Sozialpolitik zu entdecken und förderte dementsprechend in unterschiedlichem Ausmaß die Auswanderungswilligen. Als positiver Nebeneffekt konnte über eine Unterstützung der Auswanderer sowohl die wirtschaftliche Situation der restlichen Bevölkerung verbessert sowie die eigene, kostspielige Armenhilfe entlastet werden.

Auch der thüringische Raum war von Bevölkerungs-Migrationen betroffen. Sind für das 17. Jahrhundert einzelne, religiös bedingte Abwanderungen aus den Staaten des Thüringer Raumes nachzuweisen, finden sich für das 18. Jahrhundert kaum Belege. Sie setzten erst zu Beginn des 19. Jahrhunderts verstärkt ein. Aber auch die Binnenwanderung war ein nicht zu unterschätzender Faktor innerhalb der erfaßbaren Bevölkerungsbewegungen. Nach 1900 wurde über russische und polnische Anwerbungen kurzzeitig der osteuropäische Raum attraktiv, während Südamerika oder Australien nur sekundäre Bedeutung erlangten und schon bald die Nordamerika Auswanderung das Übergewicht gewann.

Konkrete Zahlen lassen sich allerdings für Thüringen meist erst ab den 1840er Jahren erfassen, was in der mangelnden Quellenlage der Archive sowie fehlender statistischer Angaben begründet liegt. Der Archivalienbestand setzte mit der in den 1830er Jahren beginnenden Auswandererpolitik der thüringischen Staaten ein. Unterstrichen wird dies durch die 1842 gegründete „Gesellschaft zum Schutze deutscher Auswanderer in Texas“, der die Herzöge von Sachsen-Meiningen und Sachsen-Coburg und Gotha sowie der Fürst von Schwarzburg-Rudolstadt angehörten. Einen entscheidenden Schub brachten die Revolutionsjahre 1848/49. Generell läßt sich die Entwicklung in Thüringen mit den übrigen Regionen Deutschlands vergleichen: Trotz staatlicher Förderungen der 1850er Jahre zeigt sich eine abnehmende Tendenz, basierend u.a. auf dem amerikanischen Bürgerkrieg und einer steigenden Prosperität im Vorfeld der Reichsgründung. Der einsetzende Wandel vom Agrar- in den Industriestaat aber vernachlässigte gerade die Mittelgebirge wie z.B. die Rhön und den angrenzenden Thüringer Wald, und gerade das waldreiche, mit engen Tälern durchsetzte Gebiet konnte die von Hausgewerbe und Kleinindustrie unter dem Existenzminimum lebende Bevölkerung nicht ausreichend versorgen.

Umfangreiche Ergebnisse zur thüringischen Auswanderung sind erst bei Wilhelm Engel (1927) zu finden, eingebettet als analytischer Schwerpunkt in seine Untersuchungen zur sozialen Situation im 19. Jahrhundert. Als die bisher umfangreichsten Arbeiten müssen für Thüringen aber immer noch die in den 1940er Jahren entstandenen Dissertationen von Georg Hulbe (1940) und Renate Schwemer (1944) gelten. In der DDR gab es gut recherchierte, aber eng begrenzte, regionale Beiträge. Eine Ausnahme stellen hier die grundlegenden Abhandlungen des Rudolstädter Archivars Rudolf Ruhe zur Auswanderung aus der Oberherrschaft des ehemaligen Fürstentums Schwarzburg-Rudolstadt dar. Trotzdem bleibt selbst im Standardwerk „Die deutschsprachigen Auswanderungen in die Vereinigten Staaten“ von Willi Paul Adams (1980) bei den Ausführungen zur Forschungslage die Quellenbestände Thüringens ungenannt, wie das gesamte Gebiet der ehemaligen DDR. Dies zeigt ein bewußtes Ausblenden des Themas aus Sicht der DDR-Forschung, den politisch damals brisanten und gleichzeitig hochaktuellen Begriff der Auswanderung, selbst die historische des 19. Jahrhunderts, in einem Land aufzuarbeiten, welches das Grundrecht auf Auswanderung untersagte.

Nach der Wende 1989 eröffneten sich für die Aufarbeitung der thüringischen Auswanderung völlig neue Perspektiven, da bis jetzt nicht oder nur sehr schwer erreichbare Archivalien zugänglich wurden, wie die Hamburger Passagierlisten oder die fast vollständig erhaltenen Akten der amerikanischen Einwanderungsbehörden. Ebenfalls unberücksichtigt blieb bisher das von Peter Marschalck 1986 herausgegebene „Inventar der Quellen zur Geschichte der Auswanderungen in Bremer Archiven“, das im Orts- und Namensregister auch zahlreiche Angaben zu thüringischen Städten und Personen belegt. Weiterhin definieren der „Thüringische Verein für deutsche Auswanderer“, der von 1849 bis 1856 in Weimar

Abb. 11 *Anzeige aus der „Illustrirten Zeitung Leipzig", Ende der 1860er Jahre.*

existierte, sowie die in Rudolstadt von 1846 bis 1871 erschienene Auswandererzeitung thüringische Eigenheiten, die für eine lokale Behandlung beachtenswert sind, bisher aber noch nicht erschöpfend ausgewertet wurden. Auch die 1818 begründete „Dorfzeitung" aus Hildburghausen (siehe eigenen Bericht) verweist schon in den ersten Jahrgängen immer stärker auf Auswanderungsagenturen oder gibt Hinweise und Hilfestellungen für Auswanderungswillige (z.B. DZ vom 16.4.1825 (Beiwagen), S. 101 oder DZ vom 2.8.1831, S. 595).

Weitgehend unberücksichtigt blieben in der Forschung die Gruppen der Minderheiten, hier vor allem der jüdischen Bevölkerung. Auch fehlen noch bisher vermißte Themen wie die Dokumentation und Auswertung der Auswandererbriefe, denen anscheinend in der ehemaligen DDR wenig Beachtung geschenkt wurden, ganz im Gegensatz zu den von Peter Assion entwickelten Ansätzen im Westen, wo sich die Volkskunde verstärkt mit den Methoden und Möglichkeiten der „Oral History" auseinandersetzt. Als sozialkritische Quelle wären über die Auswandererbriefe ergänzende Aussagen zur Wirtschaftsraumforschung des Thüringer Waldes zu treffen. Auch eine verstärkte Untersuchung der Binnenwanderung als Ausdruck sozialer Destabilisierung wäre erforderlich. Für das Eichsfeld wurden schon weitgehende Untersuchungen angestellt, erstmals durch Winzingeroda-Knorr in der statistischen Übersicht des Kreises Mühlhausen für die Jahre 1859-64.

Da schon die wirtschaftshistorischen Arbeiten der Jahrhundertwende zur Heimindustrie die Auswanderung ausklammerten, wäre eine Untersuchung zur speziellen Situation des Thüringer Waldes mit Berücksichtigung der Auswirkungen von Hausindustrie und Heimarbeit gerade in Bezug auf den vorliegenden Projektansatz interessant. Für Südthüringen müßte die Fragestellung geklärt werden, inwieweit sich die Auswanderungsbereitschaft verfestigt hatte, da zwar in Heimarbeit und Hausindustrie nur sehr geringe Einkommen zu verzeichnen waren, der Absatz aber über das Verlags-System soweit abgesichert schien, daß viele Familien mit einer Auswanderung zögerten und ein Exodus ganzer Dörfer oder Landstriche ausblieb. Diese These bestätigt die nur steigende Werte aufweisende Bevölkerungsstatistik für das Herzogtum Sachsen-Meiningen der Jahre 1833-80 bei Sax (1898). Auch Ulrich Heß (1958) spricht für die meisten Gebiete des Thüringer Waldes einschließlich Vorland für das 19. Jahrhundert fast ausschließlich von Bevölkerungszunahmen. Lediglich einige Dörfer des Kreises werden mit starken Abwanderungen nach Nordamerika in Verbindung gebracht.

Auswanderung bleibt kein demographisches Phänomen, sondern ist eng an politische, soziale und wirtschaftliche Gegebenheiten geknüpft. Deshalb wurde Thüringen von 1949-89 wieder zum Auswanderungsgebiet, wenn auch wegen der Undurchdringlichkeit der innerdeutschen Grenze oft nur durch Flucht möglich.

Matthias Wagner

Quellenbestände in thüringischen Archiven

Altenburg (Thüringisches Staatsarchiv)
Land-, Kreis- und Gerichtsämter

Coburg (Staatsarchiv)
StAC, LReg Nr. 3941, 4010-4011, StAC MinD Nr. 469-491 und 504-514, StAC, LRA Nr. 403-481 und 482-513

Erfurt (Stadtarchiv)
1-1/l h No 1-26, 27-59, 60-74; 1-2/127, 1 u. 2

Greiz (Thüringisches Staatsarchiv)

Reuß ältere Linie
Landesregierung Greiz
a Rep. A, n Rep. A
Nachgeordnete Behörden der Landesregierung bis 1868
Amt Greiz, Amt Burgk, Stadtvogteigericht Zeulenroda
Nachgeordnete Behörden der Landesregierung ab 1868
Reuß, LRA Greiz, AG Burgk

Reuß jüngere Linie
Ältere Oberbehörden: Gemeinschaftliche Regierung Gera: a Rep. Gera, Zusätze, Landesadministration Gera, Landesdirektion Ebersdorf
Ältere Unterbehörden: Amt Schleiz, Polizeidirektion Ebersdorf
Oberbehörden seit Mitte des 19. Jh.: Ministerium Gera
Nachgeordnete Behörden und Anstalten im Geschäftsbereich der Abteilung für das Innere des Ministeriums: Reußisches Landratsamt Gera, Reußisches Landratsamt Schleiz,

Land Thüringen
Nachgeordnete Behörden im Geschäftsbereich des Innenministeriums: Kreisämter Gera, Greiz und Kreisamt Schleiz

Rittergüter und Patrimonialgerichte in Reuß älterer Linie: Bernsgrün, Görschnitz, Hermannsgrün, Hohenölsen, Reudnitz, Schönfeld, Sorge-Settendorf

Rittergüter und Patrimonialgerichte in Reuß jüngerer Linie: Dorna, Hermsdorf, Köstritz, Zschippach, Nauendorf

Hildburghausen (Kreisarchiv)

Hildburghausen, Schleusingen, Ummerstadt, Veilsdorf, Waldau, Gerhardtsgereuth, Gellershausen

Meiningen (Thüringisches Staatsarchiv)

keine Auskünfte

Rudolstadt (Thüringisches Staatsarchiv)

Akten zur Amerikaauswanderung in den Beständen des Landratsamtes und der Ministerialbestände der beiden schwarzburgischen Fürstentümer. Nachlaß des Rudolstädter Archivars Rudolf Ruhe mit umfangreicher Materialsammlung und einer 20.000 Namen umfassenden Auswandererkartei.

Weimar (Thüringisches Staatsarchiv)

Im Jahr 1945 sind der überwiegende Teil der Akten aus der Mitte des 19. Jahrhunderts bis 1920 verbrannt. Restbestände der Polizei-, Justiz- und Amtsgerichtsakten könnten noch Informationen beinhalten.

Literatur

Assion, Peter: Der große Aufbruch. Studien zur Amerikaauswanderung (= Hessische Blätter für Volks- und Kulturforschung N.F. 17). Marburg 1985.

Ders.: Die Ursachen der Massenauswanderung in die Vereinigten Staaten - Objektive Zwänge und ihre subjektive Wahrnehmung. In: Zeitschrift für Kulturaustausch H. 3, (1989), S. 258-265.

Bricks, Wolfgang und Gans, Paul: Raumordnung, Industrieansiedlung, Bevölkerungsbewegungen. In: Heiden, Detlev und Mai, Gunther (Hgg.): Nationalsozialismus in Thüringen. Köln 1995.

Engel, Wilhelm 1927: [siehe Lit.-Verz.]

Ders.: Thüringer Auswanderer. In: Thüringen 5 (1929/30), S. 73-76.

Guth, Klaus: Wanderungsbewegungen in und aus Franken im 19. Jahrhundert. In: Jahrbuch für Fränkische Landesforschung 49 (1989), S. 109-133.

Heß, Ulrich: Wirtschaftliche und soziale Verhältnisse im südöstlichen Thüringer Wald und seinem Vorland in der zweiten Hälfte des 19. Jahrhunderts. In: Rudolstädter Heimathefte 4 (1958), S. 56-71.

Hulbe, Georg: Die thüringische Auswanderung nach Nordamerika. Das Verhältnis der thüringischen Einzelstaaten zum Auswanderungsproblem vom Wiener Kongreß bis zur Reichsgründung. (Phil. Diss.) Heidelberg 1940.

Kohl, Anton: Die eichsfeldischen Wanderungen und ihre Beeinflussung durch die heimische Industrie. In: Unser Eichsfeld 25 (1930), S. 141-155.

Neufeld, S.: Die Vertreibung der Juden aus Sachsen und Thüringen. In: Thür.-Sächs. Zeitschrift 15 (1926), S. 181-202.

Patze, Hans u. Schlesinger, Walter (Hgg.) 1978: [siehe Lit.-Verz.]

Ruhe, Rudolf: Die Auswanderung aus der Rudolstädter Oberherrschaft nach Brasilien in der Mitte des 19. Jahrhunderts. In: Rudolstädter Heimathefte (1959), H. 6/7, S. 162-181.

Schäfer, Helmut: Rhöner Auswanderung nach Amerika im 19. Jahrhundert. (Zulassungsarbeit VK) Würzburg 1976.

Schaub, Hans: Auswanderung aus Oberfranken nach den Vereinigten Staaten von Amerika im 19. Jahrhundert. Diss. Bamberg 1989.

Schwemer, Renate: Die Auswanderung aus dem Großherzogtum Sachsen-Weimar-Eisenach von Anfang des 19. Jahrhunderts bis zur Reichsgründung. (Phil. Diss.) Hamburg 1944.

Wintzingeroda-Knorr, Levin Freiherr von: Statistische Übersicht des Kreises Mühlhausen. Mühlhausen 1866.

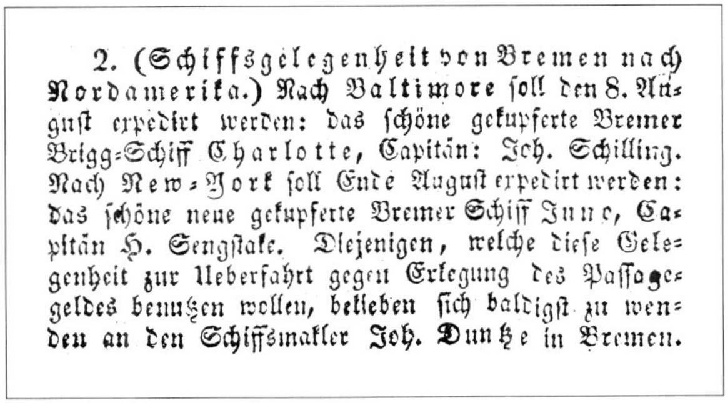

2. (Schiffsgelegenheit von Bremen nach Nordamerika.) Nach Baltimore soll den 8. August expedirt werden: das schöne gekupferte Bremer Brigg-Schiff Charlotte, Capitän: Joh. Schilling. Nach New-York soll Ende August expedirt werden: das schöne neue gekupferte Bremer Schiff Juno, Capitän H. Sengstake. Diejenigen, welche diese Gelegenheit zur Ueberfahrt gegen Erlegung des Passagegeldes benutzen wollen, belieben sich baldigst zu wenden an den Schiffsmakler Joh. Duntze in Bremen.

Abb. 12 *„Dorfzeitung“, Nr. 146 vom 2.8.1831.*

DDR - Grenzsperranlagen

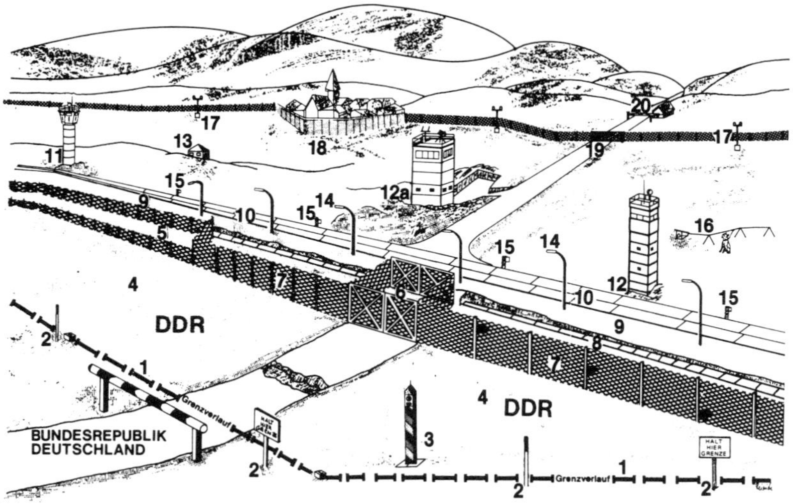

Erläuterungen:

1 Grenzverlauf mit Grenzsteinen
2 Grenzhinweisschild bzw. -pfahl unmittelbar vor dem Grenzverlauf
3 DDR-Grenzsäule (ca. 1,8 m hoch, schwarz-rot-gold mit DDR-Emblem)
4 Abgeholzter und geräumter Geländestreifen
5 Zweireihiger Metallgitterzaun (ca. 2,4 m hoch, Zwischenraum teilweise vermint)
6 Durchlaß im Metallgitterzaun
7 Einreihiger Metallgitterzaun (ca. 3,2 m hoch)
8 Kfz.-Sperrgraben (mit Betonplatten befestigt)
9 ca. 6 m breiter Kontrollstreifen (Spurensicherungsstreifen)
10 Kolonnenweg mit Fahrspurplatten (Lochbeton)
11 Beton-Beobachtungsturm (BT 11)
12 Beton-Beobachtungsturm (2 x 2 m)
12a Beton-Beobachtungsturm (4 x 4 m mit Führungsstelle)
13 Beobachtungsbunker
14 Lichtsperre
15 Anschlußsäule für das erdverkabelte Grenzmeldenetz
16 Hundelaufanlage
17 Schutzstreifenzaun mit optischen und akustischen Signalanlagen, zum Teil als Doppelzaun mit Hunden
18 Betonsperrmauer/Sichtblende
19 Durchlaß im Schutzstreifenzaun
20 Kontrollpassierpunkt

Die Grenze beginnt nicht erst am Zaun. Übertreten Sie auf keinen Fall die weiß-blauen Markierungen. Lebensgefahr!

Die Sperranlagen befinden sich allgemein 5—100 m hinter der Landesgrenze. Der genaue Verlauf der Grenzlinie ist nicht überall zu erkennen. Auf Grenzsteine, Markierungen und Hinweisschilder ist zu achten.

Abb. 13 *Offizielles Faltblatt für bayerische Grenzbesucher 1988.*

Am 1.7.1945 zogen sich die westlichen Alliierten vereinbarungsgemäß auf die thüringisch-bayerische Landesgrenze zurück. Michael Eckner schilderte 1946 die Ereignisse in Rieth: „Im Juni wurde ausgeschellt, Thüringen würde durch Truppen der Sowjetunion besetzt werden. Eine ungeheure Niedergeschlagenheit herrschte. Zu tief war der Eindruck, den wir durch die deutsche Propaganda von den Sowjets hatten. Ich kann und muß vorausschicken, daß es so schrecklich nicht geworden ist, wie wir befürchteten. Nun sind wir ein Jahr unter russischer Besatzung. Irgendwelche Gewalttaten sind hier nicht vorgekommen. Abgeschlossen sind wir hermetisch von der übrigen Welt!"

Die Grenzen zwischen den Besatzungszonen blieben zunächst offen. Der kleine Grenzverkehr für Arbeitspendler und für Landwirte zur Bearbeitung ihrer Felder kam in Gang. Das Überschreiten der Demarkationslinie durch Zivilpersonen ohne förmliche Genehmigung der Besatzungsmächte war grundsätzlich verboten. Der Schmuggel stand in jenen Jahren in hoher Blüte, insbesondere von amerikanischen Zigaretten, Seife, Schokolade, Zucker, Eiern, Mohn, Ersatzteile für Maschinen, Medikamenten, Kakao, Konservendosen und „alliiertem Geld".

1947 wurden erste Grenzsperren errichtet. Die Grenze zerschnitt über Nacht nicht nur seit Generationen bestehende familiäre, sondern auch wirtschaftliche Bindungen. Das Königshöfer Grabfeld hatte 60 % der in der Landwirtschaft erzeugten Güter bis Kriegsende nach Thüringen und Sachsen geliefert. Unterstrichen wird die enge Verflechtung auch durch die Tatsache, daß von 14 Straßen des Kreises acht nach Thüringen und nur sechs in das bayerisch-fränkische Gebiet führten.

Thüringen besaß einst als Arbeitsraum große Bedeutung. Nahezu alle Männer, die nicht in der Landwirtschaft beschäftigt waren, arbeiteten dort. Das kulturelle Zentrum für den Raum Rhön-Grabfeld war nicht etwa Würzburg, sondern Meiningen. Besonders nachteilig wirkte sich in der Region die 1945 erfolgte Sperrung der Bahnstrecke Stuttgart-Berlin über Bad Neustadt/ Mellrichstadt aus. Eine Bahnfahrt in das nur etwa 10 km entfernte Meiningen wurde nun zu einer kleinen Weltreise, denn es mußten 600 km zurückgelegt werden.

Folge der Gründung der Bundesrepublik Deutschland und der DDR 1949 war u.a. eine verstärkte Grenzsicherung. Einem Propagandafeldzug der DDR folgte ab Mai 1952 der Aufbau eines 10 m breiten Kontrollstreifens und eines 1,20 m hohen Stacheldrahtzauns entlang der 1.394 km langen Grenze. Daran schlossen sich ein 500 m breiter „Schutzstreifen" und eine fünf Kilometer tiefe Sperrzone an. Die Sperrzone durfte nur noch von DDR-Bewohnern mit besonderem Ausweis betreten werden. Für die Grenzwächter der DDR bestand laut „Verordnung über Maßnahmen an der Demarkationslinie“ ab sofort der heute vor Gerichten verhandelte Schießbefehl. Minen und später die „Todesschußautomaten“ (Ende 60er Jahre) taten ein übriges, daß an dieser Grenze zwischen 1952 und 1989 insgesamt mehr als 900 Menschen starben.

Trotz der sprichwörtlichen Bodenständigkeit der Menschen zwischen Rhön und Thüringer Wald entschlossen sich 1952 angesichts der katastrophalen wirtschaftlichen Situation und der spürbaren Verschärfung des innenpolitischen Klimas in der DDR viele Bürger des Bezirks Suhl, die Heimat zu verlassen und ihre Zukunft in der Bundesrepublik zu suchen. Allein 1952 flüchteten 4.600 Personen aus dieser Region.

Landwirten, denen bisher mit Grenzübergangsscheinen gestattet worden war, ihre Felder jenseits der Schlagbäume zu bewirtschaften, wurden nun die Ausweise entzogen. Hiervon waren insbesondere Bauern in Irmelshausen betroffen, die im Gebiet von Mendhausen 17 Hektar und bei Milz acht Hektar Feld zu bestellen hatten. Dagegen konnten wegen der Sperrmaßnahmen allein im bayerischen Kreis Königshofen längs der Grenze 133 ha Land, die Thüringern gehörten, nicht mehr bewirtschaftet werden.

Soziale Spannungen, Arbeitsauflagen und eine ständig steigende Versorgungskrise führten zum Streik der Bauarbeiter aus der Stalin-Allee in Ost-Berlin am 17. Juni 1953, der sich auf die gesamte DDR ausweitete. Gefordert wurden freie Wahlen und die Wiedervereinigung Deutschlands. Russische Panzer walzten das Aufbegehren schließlich blutig nieder. In Hellingen im Kreis Hildburghausen hatte am 17. Juni 1953 eine Einwohnerversammlung stattgefunden, auf der sich unter dem Eindruck der Berliner Ereignisse Unmut und Protest breitmachte. Bauern äußerten massive Kritik gegen die Politik der Regierung der DDR und erhielten dafür breite Unterstützung. Es wurde eine zwölf Punkte umfassende Resolution verfaßt, die u.a. forderte, daß der Rat des Kreises Hildburghausen Aufschluß darüber geben solle, warum am 6. Juni 1952 mehrere Bürger Hellingens zwangsausgesiedelt wurden. Nach einer kurzen Phase offensichtlicher Fassungslosigkeit über diese Form von Basisdemokratie beschlossen die Staatsorgane des Bezirks Suhl in Hellingen ein Exempel zu statuieren und den Bürgern die Grenzen des „Neuen Kurses“ der SED aufzuzeigen. Am 19. Juni 1953 wurden vier Hellinger Bauern verhaftet und in einem Schnellverfahren wegen provokatorischer Äußerungen gegen den Staat zu Zuchthausstrafen verurteilt.

In den fünfziger und sechziger Jahren sollten auf bayerischer Seite politische Veranstaltungen an der Grenze immer wieder Verbundenheit mit den Thüringern dokumentieren. So entzündeten Bürger aus den Grenzgemeinden Sternberg, Zimmerau und Schwanhausen am Abend vor dem 17. Juni 1957 ein großes Mahnfeuer und forderten die baldige Wiedervereinigung in Frieden und Freiheit. Eine Kontaktaufnahme über die Grenze hinweg war aber von östlicher Seite strikt untersagt. So bestellte Anfang der sechziger Jahre ein

Besucher aus dem Ruhrgebiet seinen in Mendhausen wohnenden Bruder an die Grenze. Sie hatten sich viel zu erzählen. Am nächsten Tag wurde der Mendhäuser verhaftet.

Die „unsichtbare" Grenze

Durch die Grenzziehung sank das Königshöfer Grabfeld zu Beginn der sechziger Jahre immer mehr zum Notstandsgebiet herab. Der bayerische Landkreis hatte mit 39 Industriebeschäftigten je 1.000 Einwohner die geringste Industriedichte im Freistaat. Während die Einwohnerdichte bundesweit 226 je qkm betrug, waren es in diesem Kreis lediglich 60. Die Wirtschaftskraft lag bei 2.830 DM je Einwohner (Bundesdurchschnitt 5.170 DM). Es konnte nicht ausbleiben, daß von 1948 bis 1962 rund 25 Prozent der Grenzlandbevölkerung abwanderte. Ende der fünfziger Jahre war im Würzburger Volksblatt zu lesen:

„'Zur Zonengrenze' steht mit verwaschenen Buchstaben auf einem fast verrotteten Holzpfeil, der gleich hinter Zimmerau an einem Straßenbaum angenagelt ist. Er weist die ehemalige Kreisstraße von Königshofen nach Coburg entlang, deren Zustand heute nur noch an einen Feldweg, nicht aber an eine befestigte Straße erinnert. Etwa einen Kilometer hinter dem Ort versperrt eine rot-weiße Wegesperre die Weiterfahrt. Wir sind an der Zonengrenze angelangt, an der Grenze, die ein Land zerrissen hat und in deren Nähe jegliches Leben abzusterben scheint. - Zimmerau, das bald wieder erreicht ist, macht einen ärmlichen Eindruck. Die Straße weist Spuren vergangener Jahrzehnte auf. Abends ist die Dorfstraße nur spärlich beleuchtet. Kein Geld, die Gemeindekasse ist immer leer. Es ist schon lange her, seit in Zimmerau ein neues Haus gebaut wurde - das für die Beamten der Grenzpolizei. Ein anderes wurde vor kurzer Zeit verputzt. Aber sonst - alles nur alte Häuser mit verwittertem Fachwerk. Viele Einwohner haben den Ort verlassen. Wer nicht im Besitz eines Hofes ist, zieht weg. So machen es auch die jungen Leute. Was könnte sie auch in Zimmerau, das abgeschieden, abgeschnitten von der Umwelt dicht an der Zonengrenze liegt, halten?"

Dieser Eindruck des Zeitungsreporters wird unterstrichen durch die Feststellung des Leiters einer Delegation aus Schottland, die 1962 das Grabfeld besuchte. Er erklärte, je näher man an die Grenze komme, um so ausgestorbener lägen die Dörfer da. Wenn diese auch noch nicht ganz tot seien, so machten sie doch einen betrüblichen Eindruck und zeigten Verfallserscheinungen.

Die Zonenrandbewohner empfanden die Berichterstattung über die Not des Grenzlandes in diesen Jahren als überzogen. Einer dieser Berichte hatte gar zur Folge, daß aus dem Rheinland Briefe eintrafen, in denen Kleiderspenden angeboten wurden. „Man hält uns also für so arm wie die Entwicklungsländer", meinte der Königshöfer Landrat Dr. Kammhuber bedauernd.

Das „vergessene" Grenzland

Jeder Grenzlandbewohner Frankens spürte in jenen Jahren, daß etwas geschehen mußte. Im Mai 1965 wurde eine Abordnung des Deutschen Bundestags auf der Hauptstraße von Obereßfeld

Abb. 14 *DDR - Grenzsperranlagen im Kreis Sonneberg.*

von etwa 100 Demonstranten aufgehalten. In der Volkszeitung war zu lesen: „Am Stacheldraht des deutschen Elends - Eine Demonstration von Zonengrenzbauern hat die Studienreise des Bundestagsausschusses 'protokollwidrig' unterbrochen. Bauern aus den Grenzgemeinden blockierten die Straße und forderten verstärkte Hilfe. Mit Transparenten 'Auch wir brauchen Entwicklungshilfe' oder 'Wir sind für direkte Grenzlandhilfe', 'Sind wir schon abgeschrieben', oder 'Bitte vergeßt uns nicht!' brachten die Männer ihre Forderungen zum Ausdruck. 'Wir haben hier die schlechtesten Straßen des ganzen Bundesgebiets', sagte einer der Bauern oder 'Um uns kümmert sich niemand'. Noch bei keiner Grenzlandfahrt sei ein namhafter Politiker in dieser Ecke gewesen, hoben die Demonstranten hervor. Ihnen könne nur energische und direkte Hilfe nutzen."

Die Aufmerksamkeit der Entscheidungsträger war geweckt, und die Grenzdörfer wurden in der Folgezeit besser gefördert, so z.B. 1966 die kleinen Zonengrenzgemeinden Zimmerau und Sternberg beim Bau eines in Grenznähe stehenden Aussichtsturms. Mit diesem wollte man den Fremdenverkehr in der Region ankurbeln, um sie damit wirtschaftlich zu stärken. Es sollte aber auch ein Zeichen der Hoffnung auf ein in Freiheit geeintes Deutschland gesetzt werden.

Sehr schnell war man in der DDR darüber im Bilde, welche Aussichtsmöglichkeiten der „Bayernturm" bot. Und so empfahlen die DDR-Behörden einigen Menschen, die zu einer Beerdigung ins nahe thüringischen Schweickershausen wollten, doch vom Turm aus den Gang des Begräbnisses zu verfolgen, was sie wegen der Verweigerung der Einreise auch taten.

Das Grenzland, in dem ca. 12 % der Bevölkerung der Bundesrepublik lebten, umfaßte ca. 19 % des

Bundesgebiets in einem ca. 40 km breiten Streifen entlang der DDR und ČSSR. Von 1953 an gab es schrittweise ein breitgefächertes Förderungsprogramm. 1971 erhielten die vielfältigen Hilfen durch das Zonenrandförderungsgesetz ihre Absicherung. Sie trugen dazu bei, die Folgen der Teilung für die Menschen auf der westlichen Seite erträglicher zu machen.

Die Zwangskollektivierung

Ganz andere Sorgen hatten die Bauern hinter dem Eisernen Vorhang. Im Frühjahr 1960 begann die Zwangskollektivierung der Landwirtschaft in ihre entscheidende Phase zu treten. Die Zahl der Flüchtlinge nahm wieder rapide zu. So gelang z.B. eine Massenflucht bei Sondheim/Grabfeld. Auf drei Ackerwagen mit drei Pferden und zwei Kühen kamen elf Erwachsene und drei Kinder aus Behrungen über den Grenzstreifen, da sie sich der Zwangskollektivierung nicht unterwerfen wollten. Dem Flüchtlingstreck hatten sich zwei Volkspolizisten angeschlossen, die die Flucht deckten.

Erneut kam es in diesen Jahren zu Zwangsevakuierungen aus dem Grenzgebiet der DDR. In zwei großangelegten Aktionen, Juni 1952 und Oktober 1961, wurden Zehntausende von Menschen aus dem Sperrgebiet der DDR ins Landesinnere ausgesiedelt. In Thüringen wehrten sich 1952 die Einwohner von Streufdorf, Kreis Hildburghausen, massiv gegen die Zwangsevakuierung einiger ihrer Bürger. Als die Räumkommandos anrückten, läuteten die Kirchenglocken Sturm. Die Menschen verteidigten ihr Dorf gegen die Staatsmacht mit Heugabeln, Sensen und Stöcken. Der mehrtägige Aufstand wurde mit brutaler Gewalt niedergeschlagen. Die Anführer erhielten Zuchthausstrafen zwischen zwei und acht Jahren.

Neben den Zwangsaussiedlungen gab es auch die Absiedlung von Gehöften und Dörfern. Drei Dörfer wurden allein im Heldburger Unterland dem Erdboden gleichgemacht, nämlich Leitenhausen bei Gompertshausen sowie Erlebach und Billmuthausen bei Ummerstadt.

Wie die Zwangskollektivierung in der Landwirtschaft vor sich ging, soll am Beispiel Gompertshausens gezeigt werden. Das Bodenreformgesetz von 1946 gab das Land der Großgrundbesitzer in die Hände der Landarbeiter. So bildete sich aus dem benachbarten ehemaligen Gut Leitenhausen ein Ortsteil, der ausschließlich aus Neubauern bestand. 1952 begann man in der DDR mit der Bildung von landwirtschaftlichen Produktionsgenossenschaften (LPG). So kam es am 1. März 1956 zur Gründung der LPG „Fortschritt“ Gompertshausen, die jedoch nicht die gesamte Flur bewirtschaftete.

Gegen diese staatlichen Willkürmaßnahme regte sich auch andernorts Widerstand. So hieß es in einem Schreiben der „Kampfgemeinschaft freier Bauern“ vom Dezember 1951: „Wir mitteldeutschen Bauern ertragen nun schon über sechs Jahre lang die schwere Last der sowjetischen Besatzung und was uns am härtesten trifft - die Ausplünderung unseres einstmals so reichgesegneten Landes. Zu der Ausräuberung unserer Fruchtspeicher und Ställe, zu der Verwüstung unserer fruchtbaren Felder kommt aber noch der propagandistische Druck einer fremden, gottesfeindlichen Ideologie des eroberungswütigen Sowjetkommunismus hinzu." Im Frühjahr 1960 wurden schließlich alle Bauern durch gezielte Aktionen zur Einsicht gezwungen, daß es im Kollektiv und gemeinsam besser gehe. Nach Gompertshausen schickte die SED acht Parteifunktionäre, um diese „Überzeugungsarbeit" voranzutreiben. Acht Wochen lang bestellten sie den Gemeinderat jeden Tag, manchmal bis 2 Uhr nachts auf das Bürgermeisteramt. Am 31.3.1960 mußte dann das Gründungskomitee den Aufruf zur Gründung der LPG „Einigkeit" unterschreiben. Von nun an wurde die 950 ha umfassende Gompertshäuser Flur gemeinschaftlich bewirtschaftet.

Der grenznahe Verkehr

Was in den Anfangsjahren nur als Provisorium erschien - man konnte sich einfach nicht vorstellen, daß familiäre und wirtschaftliche Bindungen völlig ausgelöscht werden sollten - erwies sich als zunehmend dauerhaft. Niemand glaubte mehr daran, daß er zeit seines Lebens noch ein Ende dieser schlimmen Grenze erleben würde. Ab 1973 gab es die Erleichterung des „grenznahen Verkehrs", der es Anwohnern grenznaher Kreise der Bundesrepublik ermöglichte, Tagesreisen in benachbarte Kreise der DDR zu unternehmen. Als Grenzübergangsstellen wurden dafür in unserer Gegend Henneberg/Eußenhausen und Rottenbach/Eisfeld eröffnet. Zuvor gab es zwischen Bayern und der DDR nur Rudolphstein/ Hirschberg neben dem einzigen Bahnübergang Ludwigsstadt/Probstzella. Besucht werden konnten allerdings nicht die Orte in der Sperrzone. So schien der Wunsch des Heinrich Götz aus Rieth, der ins benachbarte bayerische Zimmerau geheiratet hatte, unerfüllt zu bleiben: Noch einmal in seinem Leben wollte der damals 86jährige 1989 sein Elternhaus sehen. Politische Stellen wurden eingeschaltet - zunächst vergeblich. Der Herzenswunsch des „Götz'n Heiner" sollte sich jedoch schneller erfüllen als erwartet.

Die friedliche Revolution von 1989

Die Schlagzeile der „Würzburger Main-Post" am Freitag, 10.11.1989, lautete:
„DDR öffnet innerdeutsche Grenze - Sensation. Kurzfristige Genehmigung von Ausreise und Privatbesuchen." Eine Reisewelle von nie gekannten Ausmaßen setzte ein. In den grenznahen Orten und Kleinstädten herrschte ein Verkehrschaos. Millionen DDR-Bürger nutzten die Gelegenheit zu ersten Besuchen im Westen.
DDR-Gäste des „Bayernturms" in Zimmerau wurden am 18./19. November 1989 zu Tee, Kaffee und Kuchen eingeladen. Der überwiegende Teil der Besucher kam aus den benachbarten Ortschaften. Immer wieder bildeten sich Gruppen interessierter Einheimischer und freudestrahlender Thüringer. Nicht für möglich gehalten hätte man diese völlig überraschende Entwicklung. Die Feststellung: „Die ham ja den gleichen Dialekt wie mir!" zeigte, daß trotz Jahrzehnte währender Trennung noch sehr viele Gemeinsamkeiten bestanden. Der Bayernturm, der „Thüringer Blick", wie er hinter dem Eisernen Vorhang genannt wurde,

stand für nahezu alle Besucher aus dem Heldburger Unterland obenan auf dem Besuchsprogramm. Sie interessierte zunächst weniger München, Frankfurt oder Nürnberg als vielmehr der Bayernturm, Coburg oder die Grenzorte, die man täglich sehen konnte, und von denen man bis vor wenigen Wochen geglaubt hatte, sie niemals im Leben besuchen zu dürfen.

Fast täglich entstanden neue „Löcher" im einst unüberwindlichen Grenzzaun. Seit den Weihnachtstagen 1989 konnten auch die Westdeutschen ohne Visum und Zwangsumtausch die DDR besuchen. Damit war der erste Teil der lang ersehnten Wiedervereinigung der Menschen aus Ost und West abgeschlossen.

Was die Besucher aus den bayerischen Nachbarorten bei ihrem ersten Besuch in Thüringen besonders überraschte, waren die größtenteils prächtig hergerichteten Häuser und vor allem die weitgehend unverändert erhalten gebliebene fränkische Bausubstanz. Die Backhäuser in den Orten wurden ebenso rege genutzt wie die Brauhäuser. Zahlreiche Bräuche, wie der Plantanz zur Kirchweih oder der Umgang des „Herrschekloes" in der Adventszeit gab es vielerorts noch. Erschreckend allerdings war der bauliche Zustand der Kirchen.

Am Tag vor dem ehemaligen „Tag der Deutschen Einheit", dem 17. Juni 1990, an dem bis dahin in der alten Bundesrepublik des gescheiterten Volksaufstands in der DDR von 1953 gedacht wurde, öffnete sich für immer der Eiserne Vorhang. Es fielen insgesamt 22 Tore im Sperrzaun an alten Gemeindedurchgangsstraßen im unterfränkischen Grenzgebiet von Leubach in der Rhön bis Käßlitz in den Haßbergen und von dort bis Oberfranken. Am 1.7.1990, dem Tag der Währungsunion, konnten an der innerdeutschen Grenze sämtliche Grenzkontrollen eingestellt werden. Am 3.10.1990 feierten darum insbesondere die Gemeinden entlang des ehemaligen „Eisernen Vorhangs", der so viel Leid und Entbehrungen in seiner über vierzigjährigen Geschichte über die Menschen gebracht hatte, die endgültige Wiederherstellung alter Zusammengehörigkeiten.

Literatur

Albert, Reinhold: Entwicklung und Aufbau der Grenze zur DDR im Landkreis Rhön-Grabfeld. In: Heimatjahrbuch des Landkreises Rhön-Grabfeld, Mellrichstadt 1983, S. 17-26.

Bericht über die Lage des Zonengrenzkreises Königshofen vom 3.5.1965. In: Auskünfte zur Deutschlandpolitik A bis Z, hg. v. Bundesminister für innerdeutsche Beziehungen, Bonn [3]1988.

Braun, Berthold: Die Bayerische Grenzpolizei in Unterfranken - Rückblick 1946-1990; Mellrichstadt 1990.

Kallfelz, Hatto: Die Landesgrenze zwischen Bayern und Thüringen im Abschnitt Unterfranken. In: Schatzkammer zwischen Rennsteig und Rhön - 70 Jahre Thüringisches Staatsarchiv Meiningen, Zella-Mehlis/Meiningen 1993, S. 55-82.

Moczarski, Norbert: Der 17. Juni 1953 im Bezirk Suhl. In: Schatzkammer zwischen Rennsteig und Rhön - 70 Jahre Thüringisches Staatsarchiv Meiningen, Zella-Mehlis/Meiningen 1993, S. 220-257.

Rothe, Ilona: Verraten, vertrieben, verkauft, verhöhnt - Dokumente, Tatsachen, Hintergründe zur Aktion „Ungeziefer" und „Kornblume", Erfurt 1992.

Rösch, Barbara u.a.: Grenzerfahrungen 1945-1990 (= der Schriftenreihe des Vereins für Heimatgeschichte im Grabfeld H. 5), Wilmars/Mellrichstadt 1992.

Stäbler, Wolfgang u. Lebegern, Robert: Museen und Gedenkstätten an der ehemaligen innerdeutschen Grenze. In: Museum heute 10. München 1995, S. 29-35.

Sammlung

der

landesherrlichen Verordnungen

im

Herzogthume Sachsen-Meiningen.

(Nr. 8.) Gesetz vom 5. Mai 1850, die Aufhebung und Ablösung auf dem Grund und Boden haftender Lasten betreffend.

Wir Bernhard, von Gottes Gnaden Herzog zu Sachsen-Meiningen ꝛc.

Da die Vorschriften der Gesetze vom 25. März 1846 und 6. Juni 1848 über die Ablösung grund- und lehnherrlicher Lasten eine zeitgemäße Erweiterung bedürfen, so verordnen Wir mit Zustimmung des Landtags, wie folgt:

I. Abschnitt.

Von den Gegenständen der Aufhebung und Ablösung.

Art. 1.

Ohne Entschädigung sind aufgehoben:

1) die aus dem guts- und schutzherrlichen Verbande fließenden persönlichen Abgaben und Leistungen;
2) die Frohnen zu den Herzogl. Residenzschlössern und Gärten, sämmtliche Frohnen, welche zur Herzogl. Flöße geleistet wurden, so wie sämmtliche dem Staate oder Privaten zustehende Boten-, Jagd- und Wildprettransportfrohnen;

Bd. X. 8

(Ausgegeben zu Meiningen den 18. Mai 1850.)

Abb. 15 *Ablösungsgesetz in Sachsen-Meiningen aus dem Jahre 1850*

Wegen der schlechten naturräumlichen Voraussetzungen herrschten in Südthüringen landwirtschaftliche Klein- und Mittelbetriebe vor. Die dominierende Realteilung, hatte wesentlich zur Zerstückelung des Grundbesitzes beigetragen. Die in der Region bestehenden Rittergüter waren zum Teil verpachtet. Da oftmals das Geld für die Zupachtung von Land fehlte, blieben um 1800 für die Kleinbauern meist nur zwei Auswege: selbstgenügsame Beschränkung oder hausindustrieller Nebenerwerb.

Aufgrund der Agrarverfassung herrschte die Dreifelderwirtschaft. Die günstigsten Verhältnisse für den Ackerbau herrschten im Grabfeld um Römhild und Heldburg sowie im Werratal zwischen Hildburghausen und Salzungen. Im Thüringer Wald und Schiefergebirge konnte aufgrund der Boden- und Witterungsverhältnisse kaum das drei- bis vierfache der Aussaat geerntet werden. Besserung brachte hier die Einführung der Kartoffel, die nach der Hungersnot von 1770 verstärkt angebaut wurde.

Größere Bedeutung besaß die Viehzucht, besonders von Rindern und Schafen. Für die Bewohner der Gebirgsregionen war der Handel mit Schlachtvieh sowie mit Butter am Ende des 18. Jahrhunderts ein einträgliches Geschäft. Mit Ausnahme des Grabfeldes und des Werratales blieb die Region von der Einfuhr landwirtschaftlicher Produkte abhängig. Die südthüringischen Herzogtümer sahen daher in einer Verbesserung der Landwirtschaft eine ihrer wichtigsten Aufgaben. Ab dem Ende des 18. Jahrhunderts wurden Maßnahmen zur „Hebung" der Landwirtschaft beschlossen, die schließlich in der Agrarreform des 19. Jahrhunderts münden sollten.

Im Herzogtum Sachsen-Meiningen gab wesentliche Anregungen Herzog Georg I. (1763-1803). Bereits 1783 konnten die Untertanen auf der herzoglichen Meierei Schweizer Rinder kaufen. 1791 rief er im „Meininger Wochenblatt" zu Verbesserungen in der Landwirtschaft auf. Ein 1792 persönlich entworfener „Plan zur Verbesserung der Ökonomie" vereinigte alle Maßnahmen in einem Konzept. Wesentliche Punkte waren die Obstbaumzucht, der Anbau von Futterkräutern, die Wiesenbewässerung und Uferbaumaßnahmen an der Werra. Die wüsten Ländereien sollten mit Futterkräutern oder Obstbäumen bebaut werden. Die Viehzucht sollte verbessert werden. Geleitet wurden die Maßnahmen von einer Oberökonomie-Kommission, der Amts- und Ortsökonomie-Kommissionen unterstanden. 1793 wurde eine „Instruction" über die Arbeitsweise der Kommissionen erlassen.

Ein Schwerpunkt der Fördermaßnahmen bildete ab den 1780er Jahren die Abschaffung der Hut und der Trift sowie die Bebauung der Brache und die Stallfütterung des Viehs. 1773 wurde in St. Bernhard im von Sachsen-Coburg und

Abb. 16 *Postkarte Meierei Landsberg, 1899.*

Sachsen-Gotha gemeinschaftlich regierten Amt Themar die wertvolle Futterpflanze Esparsette angebaut. Bereits vor 1785 hatte der Besitzer des Rittergutes Bockstadt im Herzogtum Sachsen-Hildburghausen Futterkräuter angebaut. 1789 folgten Eisfeld und 1792 Streufdorf, bald auch die sachsen-weimar-eisenachischen Ämter Kaltennordheim und Dermbach. Per Mandat wurde die Hut auf den öden Flächen 1793 in Sachsen-Meiningen und 1804 in Sachsen-Hildburghausen aufgehoben bzw. eingeschränkt.
Mit dem Tod Georg I. 1803 und den Kriegszeiten zwischen 1806 und 1815 gerieten die eingeleiteten Maßnahmen in Sachsen-Meiningen vorerst ins Stocken. Obwohl 1815 nochmals ein Versuch unternommen wurde, die Amts- und Ortsökono-

mie-Kommissionen zu beleben, kam es kaum mehr zu einer Arbeit dieser Institution. Zum Teil haben aber auch die Bauern von sich aus Verbesserungen begonnen. Ohne staatlichen Befehl hatten sie schon vor 1826 im Amt Eisfeld, besonders dem Oberland, Wiesenbewässerungen angelegt, die gemeinschaftlich unterhalten wurden. Auch an privater Initiative einzelner fehlte es nicht. So forderte der Saalfelder Beamte Carl von Pfaffenrath 1838 die Einrichtung einer landwirtschaftlichen Lehreinrichtung am Lehrerbildungsseminar in Hildburghausen. 1845 gründete er eine „Gesellschaft zur Förderung der Landwirtschaft" mit zahlreichen Zweigvereinen im Herzogtum und gab eine „Landwirtschaftliche Dorfzeitung" heraus.

Unter Herzog Bernhard II. (1800-1882) sollte in Sachsen-Meiningen ab 1823 die Landwirtschaftsförderung erneut belebt werden. Vor allem ein breit angelegtes Prämiensystem sollte die Landwirte zu Verbesserungen anregen. Insbesondere durch die Gründung von landwirtschaftlichen Vereinen in den Ämtern ab 1830 gelang es, die Ideen landwirtschaftlicher Verbesserungen zu verbreiten.

In einer Denkschrift stellte Bernhard II. 1832 seine Vorstellungen vor: „Der Hauptaugenmerk einer Regierung, welche auf den Betrieb der Landwirthschaft einwirken will, muß dahin gerichtet seyn, den Bauernstand, diese große und überwiegende Mehrzahl der gesamten Landwirthe, unter Umstände zu setzen, die Landwirthschaft intelligent zu betreiben, daß der Production einen höheren Schwung geben zu können, nun solche mit der Consumtion in das erforderliche Gleichgewicht zu bringen". Man sah dieses gestört, da rund 2/3 des Getreidebedarfs eingeführt werden mußten. Langfristiges Ziel blieb, die Autarkie zu erreichen. Neben den bereits praktizierten Methoden der Landwirtschaftsförderung traten jetzt vor allem Gedanken an ein Ablösungsgesetz, eine Feldzusammenlegung und die Einführung eines landwirtschaftlichen Bildungswesens.

Im preußischen Landkreis Schleusingen gab es ab 1815 ebenfalls eine rege Landwirtschaftsförderung. Die Domänen Veßra und Kühndorf sowie das Rittergut Keulrod wurden als Musterwirtschaften eingerichtet, 1855 ein Landesculturverein gegründet, der dem Landwirtschaftlichen Centralverein für die Provinz Sachsen angeschlossen war.

1846 beschloß Sachsen-Meiningen ein Ablösungsgesetz. Gegen Zahlung konnten die Bauern ihre herkömmlichen Belastungen auf Grund und Boden tilgen und also Eigentümer werden. Zur Realisierung wurde ein Kreditinstitut - eine Ablösungsbank - gebildet. Durch diese Hilfe blieb die klein- und mittelbäuerliche Struktur erhalten. Verloren haben durch die Ablösung vor allem die unterbäuerlichen Schichten und die Kleinstbauern in den Heimarbeiterregionen. Diese unterbäuerlichen Schichten im Grabfeld und die Kleinstbauern im Thüringer Wald gehörten darum zu dem Personenkreis, der ab der Mitte des 19. Jahrhunderts verstärkt auswanderte.

Unvollkommen blieb dagegen die Grundstückszusammenlegung (Separation). 1855 beschlossen, kam sie nur schleppend voran und war um die Jahrhundertwende noch nicht abgeschlossen.

Bereits 1819 hatte man an die bestehende Sachsen-Meininger Forstakademie in Dreißigacker eine landwirtschaftliche Abteilung angegliedert, die jedoch nicht lange bestand. 1846 wurde eine Ackerbauschule in Erwägung gezogen, die 1854 auch zustande kam. Die Ausbildung erfolgte auf den Domänengütern, deren Pächter für die Lehrtätigkeit entschädigt wurden. Aus verschiedenen Gründen hatte diese Einrichtung keinen langen Bestand. Von vornherein war der Besuch nur für solche Bauernsöhne möglich, die eine Aussicht auf einen eigenen Hof besaßen. Hinzu kamen Aversionen gegenüber den Großgütern und der nicht von der Hand zu weisende Einwand, die Wirtschaft auf den großen Domänen könne nicht mit der auf den Klein- und Mittelbauernhöfen verglichen werden. 1861 wurden die Ackerbauschulen wieder aufgelöst.

1895 kam es zur Bildung einer Landwirtschaftsschule in Hildburghausen, deren Direktor zugleich die landwirtschaftlichen Vereine betreute. Vor allem kleinere und mittlere Bauern wurden jeweils in den Winterhalbjahren unterwiesen. Angeschlossen waren landwirtschaftliche Wanderlehrer für die Vortragstätigkeit in den Vereinen.

Speziell der Ausbildung in Anlage und Bearbeitung von Wiesen war die 1895 gegründete Wiesenbauschule in Schleusingen verpflichtet. Unterhalten vom Landwirtschaftlichen Centralverein der Provinz Sachsen und seinem Schleusinger Zweigverein war die Schuleinrichtung von den preußischen Behörden von vornherein auch als landwirtschaftliche Bildungseinrichtung für die benachbarten Herzogtümer Sachsen-Coburg und Gotha, Sachsen-Meiningen und das Großherzogtum Sachsen-Weimar-Eisenach konzipiert. Auf den Domänengütern in Sachsen-Meiningen wurden, einer Idee Georg I. folgend, „Musterwirtschaften“ angelegt, die beispielgebend wirken sollten. Im Domänengut Marienthal bei Liebenstein wurde 1842 ein „Mustergut für Wiesenbau“ eingerichtet, zur Verbesserung der Rindviehzucht Schweizer Rassen eingeführt. Verbesserungen in der Schafzucht durch die Einführung spanischer Böcke konnten den Abwärtstrend der Wollwirtschaft jedoch nicht aufhalten.

Die Abwanderung ländlicher Bevölkerungsschichten in die Stadt war ab der Mitte des 19. Jahrhunderts auch durch Fördermaßnahmen nicht aufzuhalten. Der Anteil der in der Landwirtschaft tätigen Bevölkerung lag 1882 bei 30 % und 1907 immerhin noch bei 24 %. 79 % der landwirtschaftlichen Betriebe hatten 1882 eine Größe von bis zu 1 Hektar. Dominierend waren in dieser Größenordnung die Nebenerwerbslandwirtschaft und der große Anteil an Pachtland, vor allem von Großbauern und Gutsbesitzern. Bewirtschaftet wurden die Parzellen meist von Frauen und Kindern, während die Männer Arbeiter waren oder hausindustrielle Gewerbetreibende.

Im Werratal und Grabfeld bestimmten die Klein- und Mittelbauern das Bild. Rund 20 % aller Bauernhöfe in Sachsen-Meiningen waren Ende des 19. Jahrhunderts von Mittelbauern besetzt, die aber etwa 50 % der gesamten landwirtschaftlichen Nutzfläche bewirtschafteten. Auch hier war der Anteil an Pachtland bedeutend. Großbauern und

Gutsbesitzer hatten 1882 mit 1,8 % einen vergleichsweise geringen Anteil an den landwirtschaftlichen Betrieben, bewirtschafteten aber 28,6 % der landwirtschaftlichen Nutzfläche. Der Maschineneinsatz war bei dieser Besitzgröße weit verbreitet.

Insgesamt hat die Landwirtschaftsförderung in Südthüringen die bereits Ende des 18. Jahrhunderts erkennbare Tendenz zu einer gewerblich-industriell strukturierten Region nicht aufgehalten. Die Reformer in Sachsen-Meiningen stießen an Grenzen, die sowohl von der naturräumlichen Ausstattung her als auch von den wirtschaftlichen Möglichkeiten vorgegeben waren. Immerhin konnten sich Bauern auf dem Gebiet der Milchwirtschaft in der Nähe der Städte und in Heimarbeiterregionen auf eine umfangreiche Nachfrage stützen. Der Sonneberger Amtmann wies in den 1830er Jahren mehrfach darauf hin, daß Landwirtschaftsförderung im Thüringer Wald wenig sinnvoll sei.

Thomas Schwämmlein

Karte: Nr. XII, s.S. 60

Quellen

Staatsarchiv Coburg:
Staatsministerium D, Nr. 2485.
Thüringisches Staatsarchiv Meiningen
Staatsministerium, Abteilung Inneres „alt", Nr. 40.2; 40.3; 40.4; 40.5; 40.15; 40.51a; 40.52; 42.53.

Literatur

Gau: Die bäuerlichen Verhältnisse im Eisenacher Oberlande des Großherzogtums Sachsen, speciell in den Amtsgerichtsbezirken Lengsfeld und Kaltennordheim. In: Bäuerliche Zustände in Deutschland. Bd. I (= Schriften des Vereins für Socialpolitik 22). Leipzig 1883, S. 23-60.

Georg, Herzog zu Sachsen-Coburg-Meiningen. Ein biographisches Gemälde. In: Herzogl. S. Coburg-Meiningisches jährliches gemeinnütziges Taschenbuch. Meiningen 1805, S. 51-268.

Heim: Die bäuerlichen Verhältnisse im Herzogthum Sachsen-Meiningen. In: Bäuerliche Zustände in Deutschland. Bd. I (= Schriften des Vereins für Socialpolitik 22). Leipzig 1883, S. 1-22.

Heß, Ulrich: Der aufgeklärte Absolutismus in Sachsen-Meiningen. In: Forschungen zur Thüringischen Landesgeschichte (= Veröffentlichungen des Thüringischen Landeshauptarchivs Weimar 1). Weimar 1958, S. 1-42.

Kirchhoff, Alfred: Erstlingsergebnisse der Beantwortung des vom Thüringerwald-Vereins umgesandten Fragebogens. In: Beiträge zur Landes- und Volkskunde des Thüringerwaldes H. 1. Jena 1884, S. 15-48.

Mendel-Steinfels, H. von: Fünfzig Jahre der Landwirtschaft der Provinz Sachsen im Lichte der Tätigkeit des landwirtschaftlichen Centralvereins. Halle 1893.

Skarupke, Reinhold: Studien zur sozialökonomischen Struktur der Land- und Forstwirtschaft in Sachsen-Meiningen 1871-1914. In: Jahrbuch des Hennebergisch-Fränkischen Geschichtsvereins 8 (1993), S. 127-136.

Zimmer, Detlef: Der landwirtschaftliche Centralverein der Provinz Sachsen. Ein Beispiel großagrarischer Interessenvertretung. In: Wissenschaftliche Zeitschrift der Martin-Luther-Universität Halle-Wittenberg. Gesellschafts- und sprachwissenschaftliche Reihe 35 (1986), S. 83-91.

Callenberg.
Schweizerei a Rosenau
Aufnahme-Karte
für
die 19 Versammlung
deutscher Land- & Forstwirthe
1857
Coburg
Ferd Rothbart. fec.

Abb. 17

Während um 1780 noch mindestens 25 % der Coburger Ackerfläche brach gelegen hatten, waren es um 1900 noch knapp 6 %. Dagegen bebaute man 1900 knapp 27 % der Äcker mit den 120 Jahre zuvor noch fast unbekannten Kartoffeln und Klee. Die Zahl der Rinder stieg im 19. Jahrhundert um über 70 %, wobei die Zahl der Kühe besonders stark zunahm und sich allein von 1800 bis 1870 verdoppelte. Diese Daten stehen für eine spektakuläre Erweiterung der landwirtschaftlichen Produktionsmöglichkeiten. Die „Agrarrevolution" in Mittel- und Westeuropa war gekennzeichnet durch die Besömmerung des Brachfeldes mit Kartoffeln und Futterleguminosen, den Übergang von der überwiegenden Weide- zur überwiegenden Stallfütterung in der Viehwirtschaft, die grundlegende Umgestaltung der Agrarverfassung im Rahmen der „Bauernbefreiung" sowie in der späteren Phase durch technischen Fortschritt mit neuer Gerätetechnik, Tier- und Pflanzenzucht und dem Einsatz von Kunstdünger.
Gemessen an ha-Erträgen des Getreidebaus als häufig gebrauchtem Synonym für die Leistungsfähigkeit einer Agrarregion schneidet das Coburger Land im 19. Jahrhundert schlecht ab. Folgt man der amtlichen Statistik, so lag Coburg weit unter den bayerischen, sogar unter den oberfränkischen Getreideerträgen. Zwar spricht manches dafür, daß die Coburger Zahlen aus erhebungstechnischen Gründen etwas zu niedrig liegen, doch ändert dies das Ergebnis nicht grundsätzlich. Bestätigt werden die niedrigen Angaben durch die Hinweise auf das Ertragsniveau am Anfang des 19. Jahrhunderts. Im Durchschnitt von einer Verdreifachung der Aussaat ist hier die Rede, in schlechten Lagen gar nur von einer Verdoppelung.
Die Hauptursache für die unterdurchschnittlichen Getreideerträge zur damaligen Zeit ist in den Boden- und Klimaverhältnissen zu suchen. Als „klassisches Keuperland" weist Coburg im Schnitt zwar durchaus mittlere Böden auf, doch wirken Faktoren wie steile Hanglagen, zu geringe Wasserversorgung und niedrige Temperaturen in den höheren Lagen negativ auf die natürliche Ertragsfähigkeit der Äcker ein. Es ist ein wichtiges Kennzeichen der Coburger Agrarlandschaft, daß auf engstem Raum extreme Unterschiede der natürlichen Anbaubedingungen auftreten. Wir haben eine schmale, gürtelartige Anordnung der geologischen Formationen und bedeutende Höhenunterschiede auf engstem Raum.
Der extremen Heterogenität des Naturraumes entspricht eine große Verschiedenheit der agrarischen Anbaustrukturen, wozu aber auch die ungleiche Verteilung der Bevölkerung und damit verbunden die unterschiedliche Betriebsgrößenstruktur beitrug: Die ertragreichen Wiesen des Itzgrundes, aber auch die ackerbaulich kaum nutzbaren steilen Hänge des Sonneberger Bezirks

waren die natürlichen Bedingungen einer forcierten Rinderhaltung. Im nördlich angrenzenden Neustadter Becken war auf den leichten Sandböden wenig Platz für Weizen- oder Kleebau. Dafür eigneten sie sich um so besser für den Kartoffelbau, der aber auch mit einer dichten Bevölkerung und entsprechend kleinen Betriebseinheiten zusammenging. Kartoffelbau war am Anfang die Sache der Klein- und Kleinstbauern.
Wesentlich größer waren im Durchschnitt die Höfe im Rodacher Becken, das ganz den Eindruck eines klassischen Bauernlandes vermittelt: gute Böden, mittlere Bauernhöfe bei geringer Bevölkerungsdichte und viel Getreidebau mit einem sehr hohen Anteil der Marktfrucht Weizen. Im Norden zeigen die Ausläufer des Thüringer Waldes rauhes Klima und schlechte Böden.
So ist die Vielfalt auf engem Raum also ein Hauptmerkmal der Coburger Landwirtschaft, die insgesamt eingebettet ist in eine schon im 19. Jahrhundert sehr stark gewerblich durchsetzte Wirtschaftsgesellschaft. Wenn die Landwirtschaft 1895 30 % der Bevölkerung auf sich vereinigte und 1907 noch 24 %, so sind dies im deutschen Vergleich ausgesprochen niedrige Quoten. Die stark gewerbliche Struktur des Landes eröffnete der Landwirtschaft gute Absatzmöglichkeiten, wobei die zentral gelegene Residenzstadt eine besondere Rolle spielte. Die guten Absatzchancen aber boten einen Anreiz, die neuen Möglichkeiten einer intensiveren Landwirtschaft zu nutzen. Waren 1878 in Coburg 10 % der Ackerfläche mit Kartoffeln bebaut, so lag man damit im deutschen Schnitt. Dagegen lag der Kleebau mit einer Quote von 14,8 % deutlich höher als der Reichsschnitt von 8,6 %. Entsprechend war die Brachquote von 8,8 % um rund die Hälfte niedriger als im Deutschen Reich.
Schon Hermann Rose bezeichnete 1857 die Rindviehzucht als den wichtigsten Zweig der Coburger Landwirtschaft und den „Stolz der Oeconomen“. Mit dem erwähnten Wachstum des Rinderbestandes im 19. Jahrhundert folgte Coburg einer allgemeinen Entwicklung, allerdings auf dem ausgesprochen hohen Niveau Süddeutschlands. Die Rinderdichte (Bestand je Flächeneinheit) lag rund doppelt so hoch wie in Preußen. Die Rinderdichte aber ist ein wichtiger Wohlstandsindikator. Rinder liefern - neben dem Dünger für die Äcker - mit dem Fleisch und der Milch zwei zentrale Nahrungsmittel. Es konnte hiervon in Coburg also überdurchschnittlich viel konsumiert und offenbar auch exportiert werden, denn seit dem Anschluß an das Eisenbahnnetz wird von einem bedeutenden Export von Milch und Milchprodukten in die Industriestädte des Thüringer Waldes (Lauscha etc.) berichtet. Hinzu kommt, daß im Coburger Land mit dem „Itzgründer Vieh“ eine der meistgelobten Rinderrassen Deutschlands beheimatet ist. Auf der Grundlage der von regelmäßigen Überschwemmungen mit Feuchtigkeit und Nährstoffen versorgten Talwiesen hatte sich hier ein, wie es heißt, „von altersher gerühmter“ Schlag des Frankenviehs herausgebildet, den man im 19. Jahrhundert durch Kreuzung vornehmlich mit Schweizer Vieh weiter verbesserte.
Auffällig war der außergewöhnlich niedrige

Bestand an Pferden. Bei der gegebenen Betriebsgrößenstruktur waren Rinder das ökonomische Spannvieh. Man mag es als Zeichen wachsender Prosperität der Coburger Landwirte deuten, wenn seit Mitte des 19. Jahrhunderts immer mehr Ochsen durch die teueren, aber prestigeträchtigen Pferde ersetzt werden.

Die einstige Coburger Form der Grundherrschaft hatte den Bauern gute Besitzrechte garantiert, die durchweg eine Vererbbarkeit der Höfe sicherten. Es dürfte in dieser Hinsicht ein großer Vorteil für die Coburger Bauern gewesen sein, daß ein starker Landesherr nicht nur selbst der größte Grundherr im Lande war, sondern auch über die Untertanen der Rittergüter schützend seine Hand hielt. Sehr deutlich zeigte sich dies, als im ausgehenden 18. Jahrhundert erste energische Schritte in Richtung „Bauernbefreiung“ getan wurden. Die „Hutmandate“ von 1784/85 erlaubten den Bauern, gegen Entrichtung einer moderaten Entschädigung, bis zu einem Viertel ihres Brachfeldes zu bebauen.

Interessant ist dieser frühe Vorstoß in zweierlei Hinsicht: Zum einen weil die Huteinschränkung vor allem den zahlreichen Schäfereien galt, von denen sich die meisten im Besitz der Rittergüter und der herzoglichen Domänen befanden. Das gutsherrliche Schäfereiwesen hatte im Coburger Land von jeher eine bedeutende Rolle gespielt, und noch im 19. Jahrhundert - also nach der Beschneidung der Hutrechte - wies die Pflege eine weit über der der fränkischen Nachbarn liegende Schafdichte auf. Interessant sind die Hutrechte aber auch, weil an ihrem Zustandekommen unmittelbar einer der bekanntesten deutschen Agraraufklärer, Johann Christian Schubart beteiligt war. Sein großes Anliegen war die Abschaffung der Weide und die Propagierung des Kleebaus. Im Jahr 1784 wurde Schubart nicht nur von Kaiser Josef II. zum „Edlen von Kleefeld“ gemacht, er wurde auch vom Coburger Herzog Ernst Friedrich zum „Geheimrat“ ernannt.

Im weiteren Verlauf der Ablösungsgesetzgebung folgte Coburg im wesentlichen dem von den süddeutschen Staaten begangenen Weg. Nach dem anfänglichen Schwung setzte zu Beginn des 19. Jahrhunderts ein Bremsvorgang ein. Grund war nicht nur der Widerstand des Adels gegen eine Preisgabe seiner Privilegien, sondern auch die Befürchtung der Regierung, man könne die Schäfereien zu sehr schädigen, die man seinerzeit in ihrer Rolle für den Landeswohlstand überschätzte. Der eigentliche Ablösungsvorgang war auch in Coburg erst eine Folge der 1848er Revolution. Man orientierte sich an den süddeutschen Vorbildern, schuf für die Bauern einigermaßen günstige Bedingungen und wickelte die Reform mittels zweier staatlicher Institutionen der Ablösungskommission und -kasse innerhalb weniger Jahre ab. Resümee: Das Coburger Land besaß keine Böden mit hoher Bonität wie die Magdeburger Börde oder der Straubinger Gäuboden. Es war auch nicht ein Land angespannter Intensivkultur wie in der dichtbevölkerten Rheinpfalz oder dem industriereichen Königreich Sachsen. Freilich wies das Coburger Land mit seiner enormen Vielfalt des Naturraums, der Betriebs- und Besitzstrukturen und der Bevöl-

kerungsdichte im kleinen Beispiele selbst solcher Extremfälle auf. Trotz bestenfalls durchschnittlicher Bedingungen erreichten die Bauern einen gewissen Wohlstand, weil sie die Möglichkeiten einer Intensivierung der Wirtschaftsweise konsequent nutzten.
Was die Agrarpolitik betrifft, so entsteht vielfach der Eindruck, daß Coburg sich an den größeren deutschen Ländern orientierte und jeweils das beste für sich herauspickte. Fortschrittlich war Coburg auch bei der Erstellung eines Grundsteuerkatasters nach bayerischem sowie durch eine frühe Flurbereinigung nach preußischem Vorbild. Dieses Anlehnen an ausländische Vorbilder ermöglichte meist ein schnelles und reibungsloses Abwickeln der Maßnahmen und Reformen, wenn man auch gelegentlich an den Irrungen der „Großen" teilnahm. Insgesamt aber betrieb man in Coburg eine Politik, die der agrarischen Entwicklung günstig war und die in einer solchen Umbruchzeit unvermeidlichen sozialen Kosten niedrig zu halten suchte.

Max Böhm

Abb. 18 *Ernst II. Herzog von Sachsen-Coburg und Gotha (1818-1893).*

1861 plante Herzog Ernst II. auf der Domäne Kallenberg „einen neuen Wirthschaftshof bei dessen Arrangement die einzelnen Gebäude in die für die Wirtschaftsführung geeignete Stellung zueinander gebracht und in ihrer speciellen Bestimmung vollständig entsprechend eingerichtet, zugleich aber nach dem Vorbilde der englischen Landwirthschaft die erforderlichen Einrichtungen getroffen werden sollen, um die Dampfkraft für den Landwirthschaftsbetrieb in möglichst ausgedehnter Weise zur Anwendung zu bringen, und hiermit die Einführung der Dampfmaschine auf den Oekonomiegütern Deutschlands anzubahnen, welche in den englischen Gutswirthschaften schon längst mit den günstigsten Erfolgen in Thätigkeit sind".

Der von Baurat Georg Konrad Rothbart konzipierte Bau der „Modellfarm" wurde aus Mitteln des Domänenvermögens genehmigt und 1864 inklusive aller vorgesehenen Maschinen und Einrichtungen mit einer Summe von 60.000 fl. abgerechnet. Das Neue an dieser Muster- oder Modellfarm war der bauliche Zuschnitt nach englischem Vorbild:

Das Herzstück stellte das Maschinenhaus an der Westseite mit Transmissionsvorrichtung dar, von dem aus über eine Dampfmaschine neun landwirtschaftliche Maschinen wie Mühle, Dreschmaschine und alle Geräte zur Futterbereitung angetrieben wurden. Der Dampf diente zur Warmwasserbereitung. Aus der Futterküche führte ein Schienenstrang mit Futterwagen in die Stallungen. Ein Springbrunnen in der Mitte des modernen Milchgewölbes kühlte die Butter, und die gußeisernen Milchtische mit Porzellangefäßen zur Aufbewahrung der Milch wurden stetig mit frischem Wasser bespült. Die Wasserleitung, von einer Quelle am Berg über Gußeisenrohre gespeist, führte das Wasser über ein Sammelbecken durch Nutzung eines natürlichen und künstlichen Gefälles zu allen Entnahmestellen und zu den Tränkbecken in den Stallungen. Den damals modernen Anforderungen der Landwirtschaft wurde weiterhin Rechnung getragen durch eine z. T. überdachte Dungstätte und eine Sammelanlage für die aus den Ställen abgehende Jauche. Die Stallgebäude bestanden aus doppelschaligem Backsteinmauerwerk mit Lüftungsvorrichtungen. Bewußt verzichtete man bei der Errichtung der Farm auf Arbeiterwohnungen. Der Farminspektor bewohnte das noch vorhandene Gutspächterhaus, so daß auf der Farm nur Räume für den Maschinisten und die Tierknechte sowie den Hofverwalter existierten. Im Sinne eines rationellen sparsamen Bauens bestand die Dachdeckung aus Dachpappe. Dachräume oder Scheunen zur Lagerung von Getreide oder Futter waren nicht vorhanden, denn das Futter und das nicht ausgedroschene Getreide sollte nach englischem Vorbild in Feimen auf dem dafür vorgesehenen

Feimenhof gelagert werden und direkt zum Drusch kommen.
Dem englischen Vorbildcharakter entsprechend, trat per Dekret ab 1. Mai des Jahres 1863 anstelle der herzoglichen Gutsverwaltung auf dem Kallenberg die herzogliche Farmverwaltung.
Am 22. Mai 1879, 15 Jahre nach der Endabrechnung der Farm am Kallenberg, meldet die Coburger Zeitung die Übergabe einer neuen Musterfarm am Kürengrund unter dem Namen Ernstfarm. Durch Grundstückskäufe war dem Neubau dieser Farm die Arrondierung der herzoglichen Domänen Kallenberg und Eichhof vorangegangen. Offenbar verfolgte der Herzog bei der Errichtung der neuen mustergültigen Anlage, die unabhängig von den bestehenden Wirtschaftsgebäuden erstellte wurden, unter anderem ein landschaftsplanerisches Ziel, das den gesamten Norden des Coburger Landes einschloß.
Der Bau der neuen englischen Musterfarm wurde auf 185.000 Mark geschätzt, die wiederum die Domänenverwaltung vorstreckte. Anlage und Ausstattung des Neubaues sind vergleichbar mit der beschriebenen Farm am Kallenberg, allerdings flossen die Erfahrungen aus dem Betrieb der dortigen Anlage in die Neukonzeption ein: Die Milch- und Spülkammer sowie der Milchkeller waren aus hygienischen Gründen nicht mehr neben dem Maschinenhaus untergebracht, sondern im Hofmeisterwohnhaus integriert. Außerdem bestanden die Milchtische nicht mehr aus Gußei-sen, sondern aus Sienamarmor. Die Wohnung des Hofverwalters ermöglichte einen Überblick über den gesamten Wirtschaftshof. Die Wasserversorgung wurde ebenfalls von der Quelle am Kallenberg gespeist, verfügte aber über ein größeres Reservoir von 240.000 Litern, das nicht nur der Wasserversorgung sondern auch als Feuerlöschanlage diente. Das Haus- und Regenabwasser führte man einem Sammelteich zu. Die Stallungen wurden um ein Geflügelhaus erweitert, das ein Ventilator mit Warmluft aus dem Kuhstall versorgte. Der Kessel- und Maschinenraum entsprach den neuesten technischen Möglichkeiten, ebenso die erforderlichen Unfallverhütungsvorrichtungen an den einzelnen Maschinen. Zusätzlich zur Farm am Kallenberg verfügte die Ernstfarm über eine vollständige Wagnerei. Auf Scheunen und Arbeiterwohnungen hatte man auch hier verzichtet. Die Lagerung des Futters und des Getreides erfolgte ebenfalls in Feimen.
Die Bedeutung der Musterfarmen, die in ihrer Anlage streng an den englischen Farmen orientiert waren, die Prinzgemahl Albert errichten ließ, lag in ihrer Vorbildfunktion für die Einführung modernster Methoden in der Landwirtschaft. In der zeitgenössischen Rezeption wird vor allem die Ernstfarm geradezu als Pilgerziel für Landwirtschaftsexperten bezeichnet, wenngleich manche Kritik geäußert wurde. Für die Größenverhältnisse der landwirtschaftlichen Betriebe im Herzogtum Coburg waren die Farmen allerdings nur partiell als musterwirtschaftliche Betriebe gültig, vor allem da sie sich im Gegensatz zu ihren englischen Vorbildern finanziell nicht selbst trugen. Dies war auch der Grund, warum sie zu Beginn des 20. Jahrhunderts an private Pächter vergeben wurden. Wieweit der angestrebte Vorbildcharakter für

Abb. 19 *Ansicht der Kallenbergfarm aus der Vogelperspektive.*

die Verwendung der Dampfkraft auf landwirtschaftlichen Gütern tragend war, läßt sich nicht eruieren. Aber die Farmen sind materialisierter Endpunkt einer gezielten und konsequenten Bemühung, die Landwirtschaft in einem agrarisch nicht bedeutenden mitteldeutschen Kleinstaat des 19. Jahrhunderts zu fördern. In der Summe dieser Maßnahmen zur Hebung der Landwirtschaft sind sie Manifestationen der Versuche der Coburger Herzöge, in ihrem Territorium rasch auf aktuelle Probleme zu reagieren.

Lothar Hofmann

Quellen

Kallenberg-Farm:

StAC LAA 8319 [Den Bau einer Musterfarm auf Callenberg betreffend, 1861ff].

St AC LAA 8417 [Akten des Hofrats Briegleb zu Coburg, den Consens des Prinzgemahls Albert zu einem Darlehen von 60.000 fl. aus der Domänensubstanz betr.]

StAC LAA 7930 [Die Aufnahme eines verzinslichen Vorschusses von 60.000 fl. bei dem herzogl. Domänenamte in Coburg zum Bau einer Musterfarm auf dem Callenberg ... betr. 1861].

Ernstfarm:

StAC Landtag 1280 [Bau und Errichtung der neuen Farm Kürengrund 1878-1919].

StAC LRAmt 1792 [Die Bestimmung, daß der neu erbaute Oeconomie-Hof auf dem jetzigen Domainen-Gut Kürengrund den Namen „Ernst-Farm" führe, betr. 1878].

CZ (= Coburger Zeitung) vom 22. Mai ff, 1879, S. 505, 510, 514, 592, 674 [Übergabe der Ernstfarm].

StAC Dom 689

Sonstiges:

StAC L-Reg 5172 [Die Anlegung eines Dünger-Magazins und (...) die Benutzung der Asche und Gyps betr. 1802/1803].

StAC L-Reg 5177 [Anlegung eines Düngermagazins für Menschenkot und anderen Dünger]

StAC L-Reg 5173 [Inventare der herzogl. Domänen und Gutshöfe 1802]

Literatur

Andrian-Werbung, Klaus Frhr. v.: Der Minister Kretschmann. In: Jahrbuch der Coburger Landesstiftung. Coburg 1965, S. 27-89.

Braungart, Richard: Die herzogliche Musterfarm zu Kallenberg bei Coburg. Freising 1865.

Birnbaum, K.: Eine Musterwirthschaft und ein Musterbetrieb oder Schilderungen aus Kallenberg und Wittkiel (= Sonderdruck aus dem Centralblatt für die gesammte Landeskultur, 1. Heft), o.O., 1870.

Buehl, J. S.: Abschaffung der Hut, Trift und Brache in den Sachsen-Coburgischen Landen nach den Vorschlägen des Herrn Geheimen Raths von Schubarth, als eine Folge der Fragen an das Publicum etc. Coburg 1785.

Die Gartenlaube, Nr. 37, (1863), „Eine deutsche Musterfarm", S. 580-582.

Engel, Friedrich (Hg.): Sammlung landwirtschaftlicher und laendlicher Bau-Ausführungen. NF, XVII. Lieferung. „Gebäude der Herzoglich Coburgschen Musterwirthschaft auf dem Collenberge bei Coburg". Berlin 1864/65.

Fischer, Amand: 50 Jahre Landwirtschaft und 50 Jahre landwirtschaftliche Vereinstätigkeit im Herzogtum Coburg. Coburg 1907.

Geiger, Hans: Die Coburger Landwirtschaft bis zum Jahre 1926, Coburg 1927.

Platze, Hans und Schlesinger, Walter (Hgg.): Geschichte Thüringens. Bd. 5. Köln, Wien 1978.

Plan des regierenden Herrn Herzogs von Sachsen-Meiningen zu einer Verbesserung der Oekonomie in seinem Lande und über die Art, sie zu bewerkstelligen. In: Journal von und für Franken, (VI.) 6, S. 677-684. 1791.

Rose, Hermann: Statistische Mitteilungen über das Herzogthum Sachsen-Coburg mit besonderer Rücksicht auf Land- und Forstwirtschaft. Coburg 1857.

Schubart, Johann Christian: Fragen an das Publicum über die schädliche Schaafhuth und ob dieselbe in den hiesigen Hochfürstlichen Sachsen-Coburgischen Landen abgeschaffet und dagegen die Stallfütterung eingeführet werden könne. Coburg 1784.

Ders.: Ökonomisch-kameralistische Schriften. Anhang: Abschaffung der Hut, Trift und Brache in den S.-Coburgischen Landen nach den Vorschlägen des Herrn Geheimen Raths von Schubart. Coburg 1785.

Das Bild der Landschaft wird auch heute noch durch die Großraumwirtschaft der ehemaligen LPG (landwirtschaftlichen Produktionsgenossenschaften) bestimmt. Dahinter stehen Ergebnisse von Bodenreform und Zwangskollektivierung. Am 10. September 1945 erließ das damalige Land Thüringen in der SBZ (= Sowjetische Besatzungszone) eine „Verordnung über die Durchführung der Bodenreform". Zugunsten der Kleinbauern und landloser Bevölkerungsteile wurde Grundbesitz mit einer Größe über 100 Hektar sowie der Besitz von „Naziaktivisten und Kriegsverbrechern" entschädigungslos enteignet.
Die deklarierten Ziele der Bodenreform waren, den Kleinbauern mit Besitz bis zu 5 Hektar mehr Land zur Verfügung zu stellen sowie Landlosen, besonders den zahlreichen Flüchtlingen, Land zu geben. Darüber hinaus sollte die prekäre Versorgungslage mit landwirtschaftlichen Produkten gelöst werden, mit der Landverteilung ein Austausch der Eliten im ländlichen Bereich erfolgen. Der propagandistische Aufwand, der die Bodenreform begleitete, führte nicht selten auch zu Übergriffen gegenüber den einstigen Besitzern. In Almerswind, Landkreis Sonneberg, wurden die noch im Schloß lebenden zwei alten Damen regelrecht verjagt.
Durch die eher mittelbäuerliche Besitzstruktur im Land Thüringen war der Anteil des in einen Bodenfonds eingebrachten Landes viel geringer als etwa in den gutsherrlich dominierten Gebieten Mecklenburg-Vorpommerns. Enteignet wurden zunächst die noch bestehenden großen Güter sowie mittelbäuerlicher Grundbesitz. Dabei kam es, wie in Katzberg im Landkreis Sonneberg, teilweise zur Enteignung von Besitz unter 100 Hektar, was auch nach den Bestimmungen der Bodenreform unzulässig war.
Insgesamt 25.000 Hektar Land wurde nach 1945 in Südthüringen neu verteilt und damit kleinbäuerliche Strukturen nochmals gestärkt. Neu verteilt hat man in Südthüringen neben großen Privatgütern vor allem die ehemaligen Staatsgüter, in geringem Umfang wurde auch ehemalige Waldfläche gerodet und für Siedler zur Verfügung gestellt. Verbunden mit der Bodenreform waren umfangreiche Werbeaktionen in der Arbeiterbevölkerung, besonders der Städte und der Industrieregionen des Thüringer Waldes. Dadurch kamen zum Teil Personen auf das Land, die bisher kaum Erfahrungen mit der Landwirtschaft besaßen, so daß Mißerfolge vorprogrammiert waren.
Die weitere Entwicklung der Landwirtschaft hing von den zentralen Vorgaben der KPD, später SED, ab. Insofern unterscheidet sich die Entwicklung in Südthüringen kaum von der in anderen Regionen der Sowjetischen Besatzungszone. Ein wesentlicher Nachteil der Neubauernstellen bildete deren geringe Größe und Wirtschaftskraft, Maschineneinsatz erwies sich oft als unlösbares Problem.

Schließlich war mit der Bodenreform aber ein Element privatwirtschaftlicher Ökonomie entstanden, das den Parteizielen entgegenstand. Bereits 1945 gab es deshalb Bestrebungen zur Kollektivierung nach sowjetischem Vorbild. Zur Unterstützung der Neubauern wurde noch im Dezember 1945 die Vereinigung der gegenseitigen Bauernhilfe (VdgB) gegründet. 1949 schließlich entstanden die ersten Maschinen-Ausleih-Stationen (MAS) in Hildburghausen, Obermaßfeld und Stadtlengsfeld.

1952 beschloß die 2. Parteikonferenz der SED mit dem „Aufbau der Grundlagen des Sozialismus" zu beginnen. Ein wichtiger Punkt dieser Beschlüsse war die Bildung „Landwirtschaftlicher Produktionsgenossenschaften" (LPG). Noch 1952 entstanden 22 LPG im inzwischen ebenfalls gebildeten Bezirk Suhl. Der Widerstand der Bauern gegen die Kollektivierung war auch in Südthüringen groß. In der Tageszeitung „Freies Wort" setzte eine heftige Propaganda für die Genossenschaften ein. Jeder Schritt der Kollektivierung wurde gefeiert. Im Sprachgebrauch setzte sich der Begriff „vollgenossenschaftliches Dorf" durch, der zum Teil auch auf Ortseingangsschildern stand. Dort, wo sich die Kollektivierung durchgesetzt hatte, sprach die SED vom „störfreien" Dorf.

Forciert wurde die Kollektivierung nochmals nach dem 5. Parteitag der SED 1958. Ab 1960 schritt man zur Zwangskollektivierung. Dies führte zur Flucht zahlreicher Landwirte über die noch offene Grenze. In grenznahen Dörfer verließ oft ein großer Teil der Bevölkerung über Nacht die DDR in Richtung Bundesrepublik. 1952 gingen aus Liebau südlich von Sonneberg alle Bewohner nach Bayern.

In den ersten LPG vom Typ I wurde nur das Acker- und Grünland gemeinschaftlich genutzt, in Typ II, der sich ab Mitte der 50er Jahre durchsetzte, alle Geräte, Maschinen und Zugkräfte. Erst mit Typ III wurde ab 1958 auch die Viehzucht genossenschaftlich betrieben. Es folgten Kooperationen zwischen den einzelnen Genossenschaften, verbunden mit der Spezialisierung auf einzelne landwirtschaftliche Bereiche. Zwischen 1971 und 1976 kam es innerhalb des Bezirkes Suhl zu einer territorialen Arbeitsteilung. 1976 gab es 16 Kooperative-Abteilungen-Pflanzenproduktion (KAP), 8 LPG Pflanzenproduktion, 8 Kreisbetriebe für Landtechnik (KfL) und 8 Agrochemische Zentren (ACZ). 1976 waren 8.005 Genossenschaftsbauern und 1.540 Arbeiter in der Landwirtschaft Südthüringens tätig.

Die letzte Phase der Konzentration in der Landwirtschaft mündete in die Agrar-Industrie-Vereinigungen (AIV). Dort sollten alle landwirtschaftlichen Bereiche - KAP, LPG, KfL, ACZ und volkseigene Güter - einschließlich der Handelseinrichtungen zusammengefaßt werden. 1976 entstanden solche AIV in den Kreisen Bad Salzungen und Schmalkalden. Ein zentrales Landbaukombinat übernahm die landwirtschaftlichen Baumaßnahmen.

Durch die Großraumwirtschaft entstanden Eingriffe in Natur und Landschaft, die noch heute deren Erscheinungsbild prägen. Durch unkontrolliertes Einbringen von Gülle, überzogene Meliorationen und Überdüngung entstanden teilweise

Abb. 20 *Milchviehanlage der LPG Schackendorf (Kreis Hildburghausen).*

„DER GRUNDBESITZ SOLL SICH IN UNSERER DEUTSCHEN HEIMAT AUF FESTE, GESUNDE UND PRODUKTIVE BAUERNWIRTSCHAFTEN STÜTZEN, DIE PRIVATEIGENTUM IHRES BESITZERS SIND."

URKUNDE

Auf Grund der Verordnung der Landesverwaltung Thüringen über die Bodenreform vom 10. Sept. 1945 wird dem Bauern

wohnhaft in der Gemeinde Kreis

ein Grundstück

im Umfang von ha, einschließlich Wald

rechtskräftig

zum persönlichen, vererbbaren Eigentum übergeben

Das dem Bauern

übergebene Grundstück liegt in der Gemeinde

und hat laut dem von der Bodenkommission aufgestellten Verteilungsplan die Nummer

Der Bauer erhält das Grundstück

schuldenfrei

Diese Urkunde berechtigt zur Eintragung des Grundstücks in das Grundbuch.

, den Kreis

Der Präsident Der Landrat

Abb. 21 *Bodenreform - Urkunde aus Westhausen.*

beträchtliche ökologische Schäden. Die Veränderungen nach 1990 brachten eine völlig neue Struktur mit beträchtlichem Rückgang der in der Landwirtschaft tätigen Bevölkerung durch Abwanderung in Berufe des Handwerks, der Dienstleistungen und der Industrie. Von einer Angleichung an die Bewirtschaftungsformen in den alten Bundesländern kann indes nicht unbedingt gesprochen werden. In Thüringen bestimmen eingetragene Genossenschaften und Gesellschaften das Bild. Zwar nimmt seit 1991 die Zahl der privaten Wiedereinrichter von Hofstellen zu, bestimmend ist diese Eigentumsform indessen nicht. Aber mit dem generellen Wandel der Beschäftigungsweisen gehen neue gesellschaftliche Zielvorstellungen einher. Unter anderem gewinnt die Landschaftspflege, insbesondere in den beiden Naturparken Thüringer Wald und Rhön, immer mehr an Bedeutung.

Thomas Schwämmlein

Literatur

Banz, Siegmar: Probleme der Entwicklung der Landwirtschaft im Bezirk Suhl von der demokratischen Bodenreform 1945 bis zum Ausbau industriemäßiger Produktionsmethoden Mitte der siebziger Jahre. In: Zur sozialistischen Agrarpolitik der Arbeiterklasse im Bezirk Suhl. Kloster Veßra 1979, S. 4-45.

Bartelmann, Robert: Die Bedeutung der Bodenreform für die Entwicklung der landwirtschaftlichen Genossenschaften zur demokratischen Bauernorganisation. In: Wissenschaftliche Zeitschrift der Friedrich-Schiller-Universität Jena. Gesellschafts- und Sprachwissenschaftliche Reihe 9 (1959/60) H. 4/5, S. 393-398.

Ders.: Über die Rolle der bäuerlichen Genossenschaften in der DDR in den zwei Etappen der revolutionären Umwandlung. In: Wissenschaftliche Zeitschrift der Friedrich-Schiller-Universität Jena. Gesellschafts- und Sprachwissenschaftliche Reihe 11 (1962) H. 3, S. 334-337.

Trittel, Günther: Die Bodenreform - ein Beitrag der Besatzungsmächte zur gesellschaftlichen Strukturreform Nachkriegsdeutschlands 1945-1949. In: Zeitschrift für Agrargeschichte und Agrarsoziologie 30 (1982) H. 1, S. 28-47.

Die gemeinschaftliche Schafhaltung im Dorf war einst als Gemeindeschäferei organisiert, da zur Zeit der bäuerlichen Flurverfassung mit ihrer klein- und mittelteiligen Besitzstruktur gemeinsame Weiden, die Allmenden, vorherrschten, die als Hutungen genutzt wurden. Das Besitzrecht an der Herde konnte gemeinschaftlich geregelt sein oder galt nur für die Tiere der einzelnen Weidegenossen. Jacobeit setzt die größte Bedeutung der Gemeindeschäferei mit der vollen Ausbildung der Dreifelderwirtschaft gleich. Die nachfolgende Separierung und Einschränkung von Weideflächen habe eine den veränderten Verhältnissen angepaßte Form der Bewirtschaftung bedingt, nämlich die der Genossenschaftsschäferei.
Die Genossenschaftsschäferei als Nachfolgeorganisation der Gemeindeschäferei unterscheidet sich laut Jacobeit von dieser durch ihren Status als eingetragener Verein bei freiwilliger Mitgliedschaft, unabhängig vom jeweiligen Wohnort, während Rechte und Pflichten der einzelnen Genossenschaftler die gleichen wie im Falle der Gemeindeschäferei gewesen sein dürften. Allerdings ließen sich in den ausgehobenen Archivalien keinerlei Belege dafür finden; in unserem Untersuchungsgebiet wurde die bäuerliche Schafhaltung bis zu ihrem Niedergang als Gemeindeschäferei ausgeübt, für die bestimmte Rechtsnormen gültig waren, die in erster Linie die Benutzung der bei der Schäferei gelegenen Wiesen und Felder regelte, was mehrere Vorteile mit sich brachte: Den Schafbesitzern stand dadurch mehr Weidefläche zur Verfügung, während das gemeindeeigene Land nicht ungenutzt brachlag und überdies noch mit dem überaus gehaltvollen Schafsdung angereichert wurde, der bis zur Umstellung auf Stallhaltung und damit auf Rinder- und Schweinezucht bzw. bis zur Erfindung und Verbreitung des Kunstdüngers ab 1840 die einzige Möglichkeit zur Bodenaufbereitung bot.
Der Schäfer stellte eine respektierte Persönlichkeit dar, die große Verantwortung zu tragen hatte. Viele Anstellungsverträge verdeutlichen, wie sehr dem Dorfgefüge daran gelegen war, einen geeigneten Mann zu finden und an die Herde zu binden. Die Pferchbeteiligten hatten ihn ebenso mit Naturalien wie mit Geld zu entlohnen, und zwar zweimal pro Jahr bei der sogenannten Frühjahrs- bzw. bei der Herbstschutt (= Ausschütten des Naturallohnes in Form von Getreide). Seitens der Kommune bekam der Schäfer nicht selten freie Wohnung, ein gewisses Quantum Holz und etwas Grund zugestanden. Im Gegenzug erstellte der Gemeindevorsitz einen Arbeitsvertrag, in dem die Pflichten des Schäfers festgeschrieben waren, so zum Beispiel die Hinterlegung einer Kaution für das ihm anvertraute Vieh. Die Haltung eigener Schafe war ihm nur in seltenen Fällen erlaubt.
In allen überlieferten Anordnungen wird ein Grundanliegen der Gemeinden deutlich, nämlich

die Gleichstellung aller weideberechtigten Dorfgenossen, auf daß keiner zu viel Schafe halte und dadurch die Gemeindeherde im ganzen schädige, da die Größe des Viehbestandes in erster Linie von der Größe der Gemeindeflächen abhängig war. Eine Produktion über den Bedarf hinaus war undenkbar. Wollten begüterte Bauern mehr Schafe halten als ihre Mitpächter, wurde es ihnen untersagt; hatten sie ihren Viehbestand eigenmächtig vergrößert, so mußten sie die überzähligen Tiere auf weitentfernte und damit kostenintensivere Außenweiden treiben.

Wesentlich empfindlicher wurde das Gleichgewicht jedoch durch die Gutsschäfereien gestört, die aus ihren Privatherden den größtmöglichen Gewinn zu ziehen suchten, da bei ihnen im Gegensatz zu den Gemeindeschäfereien, die vorwiegend auf Eigenbedarf produzierten, die marktwirtschaftliche Komponente eindeutig überwog. Die wichtigste Rechtsnorm, auf deren Anwendung die gesamte grundherrlich-feudale Schafhaltung seit dem Spätmittelalter beruhte, war die Schäfereigerechtigkeit, welche es ausschließlich dem jeweilig Berechtigtem gestattet, seine Schafe auf der gesamten Flur - einschließlich fremder Grundstücke - von einem eigenen Schäfer hüten zu lassen. Darüber hinaus trat noch das Triftrecht in Kraft, das den herrschaftlichen Herden ein Durchwandern fremder Grundstücke erlaubte, um ihre Hutwiesen zu erreichen. Verliehen wurden die Schäfereigerechtigkeit und das Triftrecht durch den Landesherren, wovon in erster Linie die Grundherren profitierten, da sie den entsprechenden Preis dafür zahlen konnten. Gleichzeitig aber erlangten die Gemeinden mit Dorf- bzw. Flurordnungen und Weistümern eine gewisse Autonomie, die im Gegensatz zu der oben genannten Gerechtsame stand, wodurch zahlreiche Auseinandersetzungen vorprogrammiert waren. Nur in wenigen Fällen gelang es, die herrschaftliche Schäferei in ihre Schranken zu verweisen. Erst mit Ablösung der Feudallasten nach 1848 und damit auch von der Schäferei- bzw. Triftgerechtigkeit konnten die Gemeinde- gegenüber den Gutsschäfereien aufholen, da letztere sich nun auf eigene Weidegründe beschränken mußten, wodurch die Schafhut für viele aber so unrentabel wurde, daß sie gezwungen waren, ihre Herden gänzlich aufzugeben bzw. im Zuge der aufkommenden geordneten Fruchtwechselwirtschaft und folglichem Futteranbau mit Stallfütterung stark zu dezimieren.

Weitere Schwierigkeiten für die Schäfereien ergaben sich häufig durch Überbelegungen. Den Hauptnachteil für die Eisfelder Flur zum Beispiel bildeten um die Mitte des 19. Jahrhunderts die sogenannten Stichhaufen, das heißt, das verbriefte Recht der dortigen Metzgerinnung, von acht Tagen vor Jacobi bis Michaeli jeden Jahres eine bestimmte Anzahl Schafe auf den städtischen Weiden mästen zu dürfen. Die Beschwerden rund um diese Stichhaufen waren vielfältig: Erstens werde die festgelegte Zahl häufig überschritten, und zweitens sei der Anfangstermin ab Mitte Juli zu früh angesetzt. Darüber hinaus wären die Hüter der Stichhaufen nicht genügend qualifiziert, so daß auch junge Saatfelder nicht verschont blieben, wodurch der gesamte Feldbau leide. Um die

Abb. 22 *Tochter des letzten Gutsschäfers aus Ahorn beim Schafehüten, um 1930.*

Mitte des vorigen Jahrhunderts war die Schafzucht noch ein bedeutenderer Wirtschaftsfaktor als der Ackerbau, der sich erst in den kommenden Jahrzehnten durchsetzen sollte. Verschiedene Erlasse verdeutlichen die Zwistigkeiten: Aus einer Akte von 1852 geht hervor, daß der Eisfelder Magistrat eine Minderung der städtischen Schäferei durch Schmälerung der Hutbefugnisse erörterte, und zwar mit der Begründung, daß niemand mehr gezwungen werden könne, Grundstücke als Felder zugunsten der Schafhut unbebaut zu lassen. Da aber die nach und nach eingeführte Besömmerung der Brache und die Umwandlung des städtischen Laubwaldes in Nadelhochwald und die damit einhergehende Ausdehnung der Holzkultur die Hutflächen immer gravierender dezimierte, forderten die Schafhalter ein Verbot auf weitere Verpflanzungen der Felder und Äcker, dem aber erstmals nicht stattgegeben wurde. Statt dessen sollten durch Zusammenlegung von Flächen mehrerer Besitzer sogenannte „künstliche“ Schafweiden angelegt und mit der Ansaat von Kopf-, Steinklee und Grassamen in die Sommerfrucht bestellt werden, um sie dann im folgenden Jahr in der Brache während des Vorsommers als Weide zu nutzen. Das Saatgut hatten die Schafhalter zu stellen und wurden so selbst zur Verantwortung gezogen.

Die Veränderungen in der Landwirtschaft durch eine geregelte Fruchtwechselwirtschaft beschäftigten die Obrigkeit aber bereits viel früher. Da die Viehhaltung beträchtlich war, Mißernten in den 1770er Jahren die Bevölkerung aber geschwächt hatten, waren Agrarreformen von höchster Dringlichkeit. So erließ Herzog Ernst von Sachsen-Gotha-Altenburg 1788 eine Verordnung, die jegliche Überbelegung der Schäfereien strengstens verbot und den Futteranbau respektive die Stallfütterung und -haltung begünstigte, um den Nahrungsstand zu verbessern.

Die Schafzucht, die seit dem 14. Jahrhundert durch eine stärkere Orientierung auf die Viehwirtschaft eine erste Expansion erfahren hatte, stand bereits zu Beginn des 17. Jahrhunderts in voller Blüte. Genaue Zahlen über die jeweiligen Herdengrößen liegen aus dieser Zeit nicht vor, aber etliche Schäfereien waren übermäßig belegt. Die Zuwanderung ausländischer Herden stand mit diesen in so starker Konkurrenz, daß einerseits die Weideflächen der einzelnen Gemeinden knapp, andererseits der grundherrlich-feudalen Schafhaltung Grenzen gesetzt wurden, was die Obrigkeit schließlich zum Handeln zwang.

Die Überbelegung der Weideflächen verhinderte neben einer Getreideproduktion, die dem Bevölkerungswachstum dieser Zeit angemessen gewesen wäre, den Futteranbau, was sich negativ auf die Rinder- und Schweinezucht auswirkte und Wucher mit Getreide und sonstigen Nahrungsmitteln zur Folge hatte. Um diesen Mißständen abzuhelfen und gleichzeitig einem drohenden Preisverfall des Schaffleisches und der Wolle vorzubeugen, schränkte Herzog Johann Casimir von Sachsen-Coburg 1617 das Marktrecht für Auswärtige ein und bestellte Schafmeister, die den Umfang der Schafhaltung zu überwachen und in bestimmten Grenzen zu halten hatten.

Weitere Verordnungen höherer Regierungsstellen strebten 1711 eine Verbesserung der Wollqualität an, indem ausschließlich weiße Schafböcke zur Zucht zugelassen werden sollten. Ob diese Weisung befolgt wurde, ist nicht überliefert, jedoch wahrscheinlich, da in späteren Zeiten das in unserem Raum verbreitete deutsche Landschaf als Lieferant langer weißer Wolle genannt wird. Es bildet aber lediglich einen Oberbegriff für diverse Schläge, zum Beispiel für die schwarzköpfigen Rhönschafe, die schlichtwolligen Leineschafe aus der Eichsfelder Gegend oder für die rotköpfigen Coburger Füchse. Darüber hinaus existiert noch die Rasse des deutschen veredelten Landschafes, die vorwiegend durch den Schlag der feinwolligen Merinos vertreten ist. Letztere haben aber kaum Verbreitung in Südthüringen gefunden wie aus einem Revisionsbericht über den Viehbestand in den Amtsbezirken Hildburghausen, Heldburg und Eisfeld durch den herzoglichen Amtstierarzt aus dem Jahr 1841 hervorgeht: Aufgrund der groben Wolle der deutschen Schafe, die lediglich zu einem geringen Grad mit spanischen veredelt seien, bestehe die Gefahr, daß die Tiere „hundehaarig“ würden, weswegen die Einführung spanischer Böcke dringend anzuraten sei. Auch vier Jahre später war man noch um eine Verbesserung der Wollqualität bemüht, wie ein Schreiben des Herzoglichen Sachsen-Meiningischen Landesministeriums an Herzog Bernhard II. zeigt. Da die rückläufige Schafzucht dieser Jahre mit der seit 1830 stark angewachsenen Überseezucht bzw. mit der im Kommen begriffenen Baumwollindustrie nicht mehr Schritt halten konnte, wurde die Einbürgerung des in Amerika einheimischen Alpaka-Schafes erwogen.

All diese Überlegungen zeigen, daß die Schafhaltung keineswegs nur auf Eigenbedarf ausgerichtet war, sondern durch die marktwirtschaftliche Komponente der Wolle einen bedeutenden Faktor innerhalb des Wirtschaftsgefüges darstellte. Da aber die einzelnen Gemeinden weitgehende Autonomie besaßen und seitens der Landesherren nur übergeordnete Vorgaben erfolgten, konnten sich Veränderungen erst zeitlich verzögert durchsetzen. Am deutlichsten wird dies zu Beginn des 19. Jahrhunderts. Die meisten Auseinandersetzungen wurden bis zum Beginn der 1850er Jahre meist noch zugunsten der Schafhaltung entschieden; erst nach der Revolution von 1848 machte sich eine Durchsetzung der Reformen bemerkbar. Abschaffung der Brache, Verminderung der Weidemöglichkeiten, Futteranbau, Förderung der Stallhaltung und damit der Rinder- und Schweinezucht brachten die extensive Schafhaltung endgültig zum Erliegen.

Simone Müller

Quellen

Thüringisches Staatsarchiv Meiningen, 40/131, K6/18,19, K6/18,96, K6/1800-1801, K6/1890, K6/1909.

Kreisarchiv Hildburghausen, 1083; ohne Nummer: Erster Theil des Fürstl: Ambst Heldburg beschreibung. Geschrieben von Amtsverwalter Wilhelm im Auftrag von Herzog Ernst dem Frommen 1665; ohne Nummer: Herzogl. S. Verwaltungs-Amt Hildburghausen, Heldburg und Eisfeld betr. die Revision des Viehstandes in den Amtsbezirken durch den Herzogl. Amtsthierarzt 1841.

Stadtarchiv Eisfeld, 2477, 2479.

Literatur

Göhre, Helmut: Das Hüten der Schafe in Mitteldeutschland. In: Handbuch der Schafzucht und Schafhaltung III. Berlin 1944, S. 494 ff.

Jacobeit, Wolfgang: Schafhaltung und Schäfer in Zentraleuropa bis zum Beginn des 20. Jahrhunderts (= Veröffentlichungen des Instituts für deutsche Volkskunde an der Deutschen Akademie der Wissenschaften zu Berlin 25). Berlin 1961.

Schoerner, Josef: Die geographische Verbreitung der deutschen Schafhaltung im 19. und 20. Jahrhundert. (Diss.) Würzburg 1936.

Tröge, Walter: Schäfer und Schäferei auf altthüringischem Boden (= Beiträge zur thüringischen Volkskunde 2). Weimar 1934.

Dorfzeitung.

Beiwagen.

Sonnabend, —— Nr. 113. —— 22. Junius 1833.

Privatbekanntmachung.

Die große und berühmte Menagerie des Hrn. Polito

welche Könige, Fürsten, der hohe Adel und das verehrliche Publikum sehr oft mit Besuchen und ausgezeichnetem Beifall beehrten, ist allhier angekommen, und wird nur zwei Tage, als Sonnabend den 22sten und Sonntag den 23sten Juni hier zu sehen seyn. Montags den 24sten wird dieselbe wieder von hier fortgeschafft. Der Raum ist zu beschränkt, um die sämmtlichen Namen aller wilden Thiere hier anzuzeigen; diese, so wie die Eintrittspreise, wird ein besonderer Anschlagszettel melden. Besonders merkwürdig ist der Umstand, daß der prächtige Löwe mit der wilden Königstigerin in einem und demselben Behälter wohnt, und es ist wunderbar, diese beiden großen Feinde liebreich mit einander scherzen zu sehen, als wären sie von ein und derselben Familie.

Noch seltener ist die dabei lebendig befindliche Algazelle-Oryx, welche von dem berühmten Plinius zuerst in seinen Werken aufgeführt, seit mehr als 1000 Jahren aber von keinem Naturforscher mehr gefunden wurde, so daß man diese Gattung als gänzlich verschwunden ansah, wurde in Aegypten in den Sandwüsten Nubiens vor etlichen Jahren wieder entdeckt, und dieß ist das erste Exemplar, welches wieder auf europäischem Boden gesehen wird, weshalb solches den Freunden der Naturgeschichte nicht genug empfehlen werden kann.

Hildburghausen, 1833.

Amtliche Nachrichten.

1. (Edictalladung.) Es haben

1) der Schneidergeselle Peter Schmidt zu Hofstädten, welcher im Jahre 1808 in seinem 19. Lebensjahre als Hildburghäusischer Contingentsoldat mit nach Tyrol und von da nach Spanien gegangen ist,

2) Carl Christian Handel aus Hofstädten, welcher seit 1809 seinen Geburtsort verlassen und als Regimentsbüchsenmacher des Hildburghäuser und Koburger Rheinbundcontingents den Feldzügen nach Tyrol und Spanien beigewohnt hat,

von diesen Zeitpunkten an weder selbst Nachricht von ihrem Leben und Aufenthalt gegeben, noch war auf irgend eine andere Weise solche zu erlangen.

Beiden ist unterdessen ein geringes Vermögen angefallen, und werden auf den Antrag ihrer präsumtiven Intestaterben und in Folge höherer Anordnung dieselben, resp. deren unbekannte Erben hiermit edictaliter geladen und aufgefordert, sich in dem auf

Montag, den 14. October l. J.

anberaumten Termine Vormittags 10 Uhr zu melden und über Leben und Aufenthalt Auskunft zu geben, auch, was die Erben derselben anbelangt, ihr Erbrecht gehörig nachzuweisen, und zwar unter dem Rechtsnachtheile, daß die Abwesenden widrigenfalls für todt erklärt und das ihnen gehörige Vermögen an die sich legitimirenden nächsten Intestaterben ohne Cautionsleistung werde ausgehändigt werden.

Abb. 23 *Dorfzeitung Hildburghausen (Beiwagen) vom 22. Juni 1833.*

Biedermeierliche Volksaufklärung in der „Dorfzeitung"

Im Februar 1818 erschien in Hildburghausen erstmals die „Dorfzeitung", ein Wochenblatt, das sich ausdrücklich an den „Bauern" und „Landmann" richtete. Die Initiative des Unternehmens gehörte zu den Bestrebungen einer späten, umfassend verstandenen „Volksaufklärung". Diese drückt sich in dem noch moralisch-utilitären Grundzug der Zeitung aus im Sinne von lehrreichen und nützlichen Informationen für eine redliche Existenzsicherung. Zugleich aber ist sie bereits einer breiten pädagogisch-reformerischen Bewegung des 19. Jahrhunderts zuzurechnen, die eine elementare und allgemeine Volksbildung anstrebte.

Gründer waren der Schul- und Kirchenrat und spätere Oberkonsistorialrat des Herzogtums Hildburghausen Carl Ludwig Nonne (1785-1854), der Hofbuchhändler und Verleger Georg Friedrich Kesselring, der Arzt Carl Hohnbaum und sein Vater, der Superintendent Christoph Hohnbaum aus Rodach. Die Autorengruppe um Ludwig Nonne, der die Dorfzeitung federführend leitete, setzte sich aus den typischen gelehrten Trägern der späten „Volksaufklärung" zusammen: Ärzten, Theologen und Lehrern, wie dem Oberkonsistorialrat und früheren Erzieher Herzog Bernhards von Sachsen-Meiningen, Friedrich Mosengeil, Regierungsmitgliedern, wie dem späteren Minister des Äußeren Karl von Baumbach, dem Künstler Carl Barth sowie Publizisten aus dem Kreis des Meyer'schen Bibliographischen Instituts, das 1828 nach Hildburghausen verlegt worden war. Die Person Ludwig Nonnes personifiziert dabei den Prototyp des „Volkslehrers".

Der Sohn eines herzoglichen Beamten, aufgewachsen auf dem Dorf bei einem Landpfarrer, stand bereits familiär in der Tradition volksaufklärerischer Publizistik. Der Theologe Nonne selbst zeigte besonderes Interesse für die pädagogischen Strömungen der Zeit und widmete seine Aufmerksamkeit dem Schulwesen des kleinen Herzogtums. Seit 1826 war er mit dem Aufbau und der Leitung des gesamten Schulwesens im vereinigten Herzogtum Sachsen-Meiningen betraut. Zu bekannten Pädagogen wie Karl August Zeller, Philipp Emanuel Fechenbach, Hans Georg Nägeli und auch Johann Heinrich Pestalozzi hatte er während seiner Studienreisen zeitweise persönlichen Kontakt. Auf sein dringendes Anraten hin wurde im Herzogtum Hildburghausen 1810 explizit die „Pestalozzische Lehrart" an allen Elementarschulen eingeführt, Nonne später überschwenglich als „Apostel Pestalozzis" gefeiert.

In der territorialstaatlichen Vielgestaltigkeit Thüringens war es im letzten Jahrzehnt des 18. Jahrhunderts zu einem kräftigen Aufleben des Pressewesens, nicht nur in den großen Verlagsorten gekommen. Als sog. „Bauernzeitung" stand die „Dorfzeitung" in der Tradition der Bildungs- und Erziehungspresse aus dem letzten Drittels des

18. Jahrhunderts. Nicht mehr der „Landmann" als Untersuchungsgegenstand erzieherischer Erörterungen für die gelehrte Leserschaft stand im Mittelpunkt wie bei den „Intelligenz-Blättern", sondern es wurde der „Bauer" als Leser angesprochen. Zwei für den deutschen Sprachraum beachtenswerte einschlägige Periodika kamen bereits in nächster Nachbarschaft heraus: „Der räsonnirende Dorfkonvent" (1786-1788), von Johann Adam Christian Thon in Erfurt war die erste Zeitschrift für einfache Leute, die traditionelle Themen der Volksaufklärung (Haus- und Landwirtschaft, Hygiene und Gesundheitspflege, tugendhaftes, verantwortungsbewußtes Handeln) regelmäßig mit Weltmeldungen kombinierte. Sie tendierte damit deutlich zur Zeitung. Der „Bote aus Thüringen" von Johann Gotthilf Salzmann, in Schnepfenthal erstmals 1788 erschienen, zählt zu den bedeutendsten und langlebigsten volksaufklärerischen Periodika des 18. Jahrhunderts. Konsequent bediente man sich dort literarischer Formen zur unterhaltsamen Belehrung und fügte Meldungen zum politischen Weltgeschehen an. Als der „Bote" zum Jahresende 1816 sein Erscheinen einstellte, hatten sich im Zuge eines wachsenden allgemeinen Informationsbedürfnisses nach der Französischen Revolution bereits mehrere Blätter im deutschen Raum dem „gemeinen Mann", dem „Landmann" oder „Jedermann" als Leser zugewandt. Das Erscheinen der „Dorfzeitung" ein gutes Jahr nach dem Ausbleiben des „Thüringer Boten" wurde von den Zeitgenossen als eine Art Weiterführen des Blattes interpretiert. Konzeptionell schlugen die Publizisten der „Dorfzeitung" dennoch einen eigenen, populäreren Weg ein. Um die bäuerlichen Haushalte als Hauptzielgruppe zur Zeitungslektüre zu ermuntern, orientierten sie sich an einer auf dem Land geläufigen Gebrauchslektüre, dem Kalender. Formal, stilistisch, wie auch inhaltlich fand eine Anknüpfung an die „aufgeklärten Bauernkalender" bzw. „Volkskalender" statt: Die „Dorfzeitung" erschien im Quartformat (18 cm x 21 cm) mit einem Umfang von zunächst einem Bogen. Auf minderwertiges Papier gedruckt, zeigte sie übersichtlich verschiedene Rubriken und war für den vergleichsweise niedrigen Preis von 40 Kreuzern im Vierteljahr zu erstehen.

In den „Welthändeln", dem Nachrichtenteil des Blattes, erfuhren bestimmte Meldungen durch Vignetten eine besondere, wertende Kennzeichnung. Bewußt spielte man hier spöttisch auf die als abergläubisch gebranntmarkte Tradition der alten Kalender mit ihren astrologischen Berechnungen und Erläuterungen an: „Verdächtigen Nachrichten und dergleichen werde ich ein Kläppchen anhängen, und der Leser versteht schon aus dem Kalender (!) in welchen Zeiten eine Nachricht geboren ist, wenn ein [Krebs] oder faule [Fische] dabeistehen" (DZ 38, 18.9.1819). Ein Schütze verwies auf Erheiterndes, eine deutende Hand auf wichtige Informationen, Kreuz und Stern, 1829 eingeführt, setzte man als sinnbildlichen Kommentar vor Meldungen. Die Darstellung einer Frau vor dem Kollektenkasten zeigte Spendenaufrufe an.

Auch der sprachlich-stilistisch angeschlagene Ton knüpfte an die jüngeren „Volkskalender" an. Nicht mehr schwerfällig-belehrend, sondern plauderndunterhaltsam wurde der Leser („Ihr Bauern", „Herr Schulz") von der fiktiven Gestalt des Dorfzeitungsschreibers in direkter Rede angesprochen. All diese Stilmittel waren den Lesern auf dem Lande aus Katechismus, Volksbüchern und Kalendern vertraut. Das im ersten Blatt zu „Lichtmeß 1818" in einem „Brief" an den „Herrn Schulzen" verkündete Programm blieb dann tatsächlich zukunftsweisend für die Zeitung: „von Steuern nichts, von Feldbau wenig, von dem, was in der Welt vorgeht, soviel einem tüchtigem Bauer nötig, wenn er mit ehren in der neu eingerichteten Landschaft fortkommen will, aber neue und alte Geschichten, gute und schlechte Verse in Menge, viel Ernst und noch mehr Spaß enthalten soll. Seine Bauern verstehen schon Spaß, besser als die vornehmen Herren in der Stadt, für die die Zeitung nicht geschrieben ist" (DZ „Lichtmeß 1818", 1, 2.2.1818).

Die für das späte 18. und frühe 19. Jahrhundert konstatierte „Literarisierung des Kalenders" gilt im ersten Erscheinungjahrzehnt auch für die „Dorfzeitung". Sie schöpfte sogar namentlich aus dem bekanntesten Vertreter dieses Kalendertyps, dem „Rheinländischen Hausfreund" (1803-15) Johann Peter Hebels und bezeichnete sich in Anlehnung als „wahres Schatzkästlein von allerlei guten Sachen für Bauern" (DZ 47, 22.11.1823). Lehrhafte Informationen und sittliche Instruktionen wurden in unterschiedliche Sprachformeln und Erzählformen nach dem Vorbild einer „unterhaltsamen Bauernaufklärung" verpackt. Witze und Rätsel, Schwänke, vor allem aber Anekdoten und moralische Geschichten, bisweilen erbaulichpastorale Erörterungen, Leserbriefe, seltener Sachtexte ökonomischen oder naturkundlichen Inhalts formten den sog. redaktionellen Teil des Blattes, der den Nachrichten vorgeschoben war.

Deutlich von der evangelischen praktischen Theologie geprägt, spielten Weltanschauliches und Religiöses eine große Rolle. Das Spektrum der 'Ansprachen' von der „Zeitungskanzel", um ein bezeichnendes Sprachbild der „Dorfzeitung" aufzunehmen, reichte von der Verkündung religiöser Toleranz bis zur beißenden Konfessionspolemik. Der Wille zur Anleitung oder Hilfestellung für eine sittliche und tugendsame Alltagsbewältigung und Lebensführung durchzog alle Themen und Bereiche des Blattes. Dabei wurden immer wieder - wie schon im zitierten Programm augenfällig und für unseren Zusammenhang interessant - zwei Welten einander gegenübergestellt: Dorf und Stadt, die vom „Bauer" und vom „Städter". Die Protagonisten der anrührenden Geschichten und Berichte kommen alle aus der vertrauten ländlichbäuerlichen Umwelt der Leserzielgruppe: Bauern, Dorfhandwerker, Taglöhner, Knechte und Mägde, Dorfkinder.

Ihre Beispiele sollen warnend demonstrieren wohin Ehrsucht, Geiz, Stolz, Luxus- und Verschwendungssucht, Trink-, Spiel-, gar Tanzsucht führen. Aufbauend und ermutigend belegen sie den Lohn für Bescheidenheit, Ehrlichkeit, Treue und Frömmigkeit. Die geschilderten Laster, und dies ist zentral, sind meist identisch mit den Versuchungen der „Stadt". Ihnen sind die Dorfbewohner ausgesetzt, die aufgrund von Armut oder fehlender Arbeit gezwungen sind, abzuwandern, die ihre Verwandten dort besuchen, oder die in Dörfern leben, die bereits einem städtischen Einfluß ausgesetzt sind. Pointiert zusammengefaßt, stehen die „Winkelgasthäuser der Städte" dem geselligen Dorfgasthaus gegenüber, die „derbe", aber gesunde „Kost" der Bauern den magenverderbenden „Bisquits der Stadtmamsells", die „nach altem Schnitt gemachten Vesten" dem „vergänglichen Putz" von „Gold- und Silberarbeiten", die „alten Sitten der Voreltern" den modischen Torheiten der Städte gegenüber. Modisches Kleiden, besonders der „unteren Klassen", „zu gutes Essen und Trinken", „Liebschaften", „zu langes Schlafen", fehlender Kirchgang, gar rauchende Kinder auf den Gassen bringen die Normen- und Standesordnung durcheinander.

Bei aller Kenntnis und Information über die schwierigen sozialen und wirtschaftlichen Verhältnisse des 19. Jahrhunderts oder gerade angesicht derselben, besonders in den ländlichen Ungunstgebieten Thüringens, den Notlagen aufgrund herrschaftlicher Lasten, wirtschaftlicher Depressionen als Folge von Kriegsverwüstungen und Witterungseinbrüchen, vermittelte die „Dorfzeitung" ein Bild vom Dorf als ruhendem Pol. Dies geschah in der pädagogischen Absicht, bewahrend und stabilisierend gegen Industrialisierung und andere Modernisierungstendenzen auf dem Land, gegen jedwede modische Schnelllebigkeit einzuwirken. Ihre Haltung verweist noch auf das gedankliche Verhaftetsein in der romantischen 'Volks'-Entdeckung, die sich in Formulierungen wie dem „wundergescheiten Städter" oder dem städtischem „Nachkünsteln dessen, was der liebe Gott macht" äußert (DZ 15, 15.3.1823, 35, 30.8.1823). Neben dieser ernstgemeinten Betrachtungsperspektive wird augenzwinkernd eine offensichtlich männliche exotisch-klischierte, städtische demonstriert, wenn bspw. einem „vornehmen Herrn in der Stadt der Mund voll Wasser läuft, wenn er an die frischen Bauernmädchen bei ihren Spinnrädern" in der Lichtstube denkt (DZ 47, 20.11.1819). Diskussionen um unsittliche Wandsprüche oder Reimereien auf bäuerlichen Schüsseln gehören ebenfalls diesem Bereich an.

Auch die Vermittlung der Nachrichten lief bis in die dreißiger Jahre des 19. Jahrhunderts zu einem beachtlichen Teil über eine traditionelle, erzählende Literaturform. Das 'aktuelle' Ereignis wurde als Beispiel (Exempel) genutzt und in eine moralische, kurze Geschichte gekleidet. Unfallmeldungen erzählen besonders oft von Kindern, die auf dem bäuerlichen Gehöften aufgrund mangelnder Betreuung oder Nachlässigkeit verunglücken. Häufig genannte Fälle oder Motive (!) sind der Sturz in den Brunnen, das Anfressen durch Haus- und Nutztiere, das Ersticken und Verbrennen in der Stube wegen offenen Herdfeuers. „Vom Unglück", so ein Kommentar, „erzählt der Dorfzeitungsschreiber nicht gern, manchmal sind doch solche Geschichten zur Warnung nötig".

Namentlich werden fromme Stifter bekanntgemacht, die einst als arme junge Burschen ihr Dorf verließen, durch Bescheidenheit und Fleiß in der Fremde zu Wohlstand, gar Reichtum kamen und sich in ihrer Heimatgemeinde durch Wohltätigkeit verbunden zeigen. Diese Lobreden gewinnen in den Spendenaufrufen zur Gut- und Wohltätigkeit ihre direkte Nutzanwendung. Aber auch Pressemeldungen nicht genauer lokalisier- und personalisierbarer Ereignisse, meist in anderen europäischen Ländern angesiedelt, berichten über vorbildliche situative Verhaltensweisen von Menschen. So vom armen Mann in Brighton, der vom Freund eine Kiste für ihn nicht brauchbarer Instrumente erbt und sie an einen Quäker verkauft. Der ehrliche Käufer findet darin die eigentliche Erbschaft von 14.000 Gulden und bringt diese dem Erben zurück (DZ 25, 21.6.1823). Eine Meldung von vielen, in der Fiktion und Lebensrealität streckenweise verschwimmen.

Aber es tauchen auch offensichtlich erfundene Meldungen auf. Die Figur des „Juden Itzig auf dem Jahrmarkt zu Plundersweiler" steht, alte Vorurteile und literarische Moden (Goethes Spiel für die Ettersburg) aufnehmend, für betrügerische Taschenspielerei und unehrliche Geschäfte allgemein. „Dr. Eisenbart" tritt bei Nachrichten über Scharlatanerie und Kurpfuscherei auf. Beide Figuren werden mit kolorierten Holzschnitten eingeführt, ebenso das Dorf „Flachsensingen" mit einer derben Darstellung von sog. „Geldhintenvonsichgebern". Meldungen aus diesem Ort berichten spöttisch von unvernünftigem und unsinnigem Verhalten (z.B. Verschwendungssucht) der Bewohner. Ermahnende, ironische, bisweilen scharf formulierte Kommentare rahmen manche Meldung zum Weltgeschehen ein.

Aus der philanthropischen Grundeinstellung der Zeitungsmacher erwuchs das Eintreten für die Verbesserung der sozialen und wirtschaftlichen Lage der bäuerlichen und heimarbeitenden Bevölkerung. Vor dem zeitgeschichtlichen Hintergrund der ersten Hälfte des 19. Jahrhunderts ist das Antreten gegen die Bauernlasten, gegen die wachsende Not in den thüringischen Walddörfern, die gesundheitsschädliche Haus- und Dorfindustrie sowie die daraus resultierenden Auswanderungswellen zu erkennen. Carl Hohnbaum kommentierte im Februar 1818 in einem Brief an den in Rom lebenden Carl Barth die Herausgabe des neuen Blattes: „ohngedacht dieser ungünstigen Zeitverhältnisse haben auch wir hier, außer mir Nonne, mein Vater u.a. angefangen, ein Volksblatt unter dem Namen 'Dorfzeitung' herauszugeben. Schon die ersten Blätter, die wie ein Lauffeuer durch die ganze Gegend, besonders in den Dörfern bey den Bauern umherliefen, haben uns die Aufmerksamkeit der höheren Behörden zugezogen. Unter anderem ist darin gesagt: Die Bauern läsen jetzt nichts als die Regierungsblätter, die fingen an: Wir von Gottes Gnaden etc. befehlen Euch, ihr Bauern, ihr sollt geben und endigten: Bey Vermeidung der Execution etc. Wenn nicht Bibel und Gesangbuch wären, so verlernten sie das lesen wohl ganz. In unserem Blatte soll nichts von alledem, nichts von Steuern usw. vorkommen. Das lief gewaltig wider. Wahrscheinlich bringen wir's damit nicht bis zum künftigen Jahre" (zit. n. Braungart, S. 387) Hohenbaums Befürchtungen in Anbetracht restaurativer Zensurpolitik sollten sich nicht bewahrheiten. Über ein Jahrhundert bestand die „Dorfzeitung". Seit 1845 entwickelte sie sich unter Nonnes Sohn in der zweiten Hälfte des 19. Jahrhunderts zum thüringischen Heimatblatt und endete, nachdem sie 1923 vom Vogel-Verlag Pößneck übernommen worden war, 1932 in der „Thüringer Tageszeitung", dem Organ der NSDAP.

Ihr Verbreitungsgebiet umfaßte im Laufe der ersten Hälfte des 19. Jahrhunderts ganz Mitteldeutschland mit Bayern. Allem Anschein nach machte die bayerische Rezipientengruppe einen beachtlichten Anteil aus. Diesen suchte man durch „Nachrichten", aber auch durch Abdruck fiktiver und realer Leserbriefe vornehmlich aus der thüringischen Nachbarregion, dem heutigen Unter- und Oberfranken, gerecht zu werden. Ein Bericht der Regierung von Unterfranken an das Ministerium des Inneren in München 1840 wies auf die 'Dorfzeitung Hildburghausen' hin, „die vorzüglich unter dem Landvolk gelesen" würde (Füsser, S. 112). Die in Regierungsberichten und zeitgenössischen Publikationen genannten Auflagenzahlen von 900-1.000 Exemplaren für das Jahr 1819, schließlich ca. 5.000 für 1829 und einem Höhepunkt in den dreißiger Jahren von ca. 8.000 Stücken bestätigen eine beachtliche Verbreitung. 1846 berichtet Meyers „Großes Conversationslexikon für die Gebildeten Stände" unter dem Stichwort „Dorfzeitung", das „kleine unansehliche Blatt habe sich so viele Gönner und Freunde in Hütten und Palästen erworben", „die Sphäre seiner Verbreitung dergestalt erweitert, daß es selbst in die neue Welt vorgedrungen und in Pariser Lesekabinetten neben dem mächtigen Moniteur friedlich" zusammenliege.

Die geschickte Konzeption der „Dorfzeitung" mit ihrem Entwurf zweier (Gegen-)welten von Land und Stadt deckte nicht nur die verschiedenen Informationsbedürfnisse von ländlichen Bewohnern und dem Bürgertum der Kleinstädte Thüringens, sie bot auch beiden Lesergruppen je spezifische Identifikationsmöglichkeiten. 1819 sind allein für Hildburghausen 50 Abonnenten genannt. Neben den Einzelabnehmern spielten für die breite Rezeption der Zeitungen allgemein die seit den sechziger Jahren des 18. Jahrhunderts auch in kleineren Städten bestehenden Zeitungslesezirkel oder bürgerlichen Lesegesellschaften (Hildburghausen 1786, Meiningen 1796) eine wichtige Rolle. Sie boten Gelegenheit auch überregionale Journale, Fachzeitschriften und Zeitungen einzusehen. Für den bayerischen Raum sind beispielsweise die „Gesellschaft der Dorfzeitungsleser Fürth" durch eine Zuschrift 1820 als Bezieher dokumentiert, oder die Lesegesellschaft in Ulm, aus deren Nachlaß einige Jahrgänge des inzwischen seltenen Dorfzeitungs-Bestandes erhalten blieben.

Inwieweit das Wochenblatt im ländlichen Raum seine offiziell benannte Zielgruppe, die „Bauern" erreichte, ist nur vage einzuschätzen und nicht pauschal zu beantworten, zumal die Alphabetisierung während der ersten Hälfte des 19. Jahrhunderts durch den Ausbau des Schulwesens gerade in den territorialen Kleinstaaten vergleichsweise rasch zunahm. Hier wird noch weitere Rezeptionsforschung nötig sein.

Wenigstens die dörflichen Honoratioren, Schulze, Bürgermeister, Pfarrer und Lehrer können als Leser angenommen werden. 1823 wird angesichts

Abb. 24 *„Doktor Eisenbart", Dorfzeitung Hildburghausen (Ausschnitt), 16. Blatt vom 25. April 1818.*

der „vielen geistlichen Leser in Bayern" ausführlich von den dortigen evangelischen Provinzialsynoden berichtet (DZ 46, 15.11.1823). Immerhin sind für Thüringen bereits Ende des 18. Jahrhunderts auch dörfliche Lesegesellschaften zu entdecken, und im Hildburghäusischen sollen sie in den dreißiger Jahren des 19. Jahrhunderts einen nicht geringen Aufschwung erlebt haben (Marwinski, S. 138). Ludwig Bechstein stellte jedenfalls 1843 fest: „Gar viele Leute lesen jetzt in den Dörfern, wohin sonst kaum ein Buch drang, außer Bibel, Katechismus, Gesangbuch" (Bechstein, S. 153). Drei Jahre später heißt es an anderer Stelle „im hennebergischen und den angrenzenden Thüringen, im Voigtlande, in Franken und einem Theile von Hessen gibt es kaum ein Dorf, wo die Dorfzeitung nicht wenigstens in einem Exemplare gehalten wird" (Conversationslexikon, Sp.1036).

Das Überleben des Blattes über die Zeit politischer Restauration hinweg lag einmal am geschickten Jonglieren von Redaktion, Herausgeber und landesherrlicher Regierung, wie der Zensurbehörde. Mit letzterer stand man meist in 'gutem' Einvernehmen, denn der Blick des Blattes richtete sich im allgemeinen ins benachbarte Ausland, und Intervenierungen kamen dann auch von dort. Den „bisher wirklichen Mangel" an „inländischen Angelegenheiten" kommentierte die „Dorfzeitung" 1832 damit, es sei „nicht ihre Schuld, daß sie über ihr Vaterland fast schwieg" (DZ 58, 31.3.1832). Die Zeitung war zwar nach den Karlsbader Beschlüssen 1819 und den späteren Verschärfungen der Pressezensur im Vormärz betroffen, in ernsthafte Bedrängnis geriet sie aber kaum. Zudem hatte sich das Blatt mit seiner ständig wachsenden Anzeigenbeilage, dem „Beiwagen", deren Umfang den des Hauptteiles nach 1825 sogar überbot, zu einem der wirtschaftlich einträglichsten Unternehmungen im kleinen Herzogtum Hildburghausen entwickelt.

Zum anderen gehörte die „Dorfzeitung" aufgrund ihrer Zielgruppe nicht zu den demokratisch ausgerichteten Blättern, in deren Mittelpunkt die Kommentierung staatspolitischer Ereignisse und

Verhältnisse stand. Publikationsinitiativen dieser Ausrichtung sind im nächsten Umfeld der „Dorfzeitung“ auszumachen. Für ein knappes Jahr erschien 1823 in Hildburghausen die „Bürgerzeitung“ durch Hannibal Fischer. Mit ihrem Verständnis als „staatwissenschaftliche Volksschrift“ war sie inhaltlich als Gegenpol konzipiert. Sie „füllte in ihrer Bestimmung nach eine Lücke der DZ“, wie es in einer Empfehlung für Interessenten in der populären „Dorfzeitung“ hieß (DZ 51, 20.12.1823). Der von Philipp Jacob Siebenpfeiffer und Joseph Meyer im März 1832 gegründete „Hausfreund“ wurde gleich nach der ersten Probenummer von der meiningischen Regierung verboten. Auch Meyers zweiter Ansatz mit dem „Volksfreund. Ein Blatt für Bürger in Stadt und Land“ fiel der Pressegesetzgebung zum Opfer. Bereits am 6. September desselben Jahres wurde das couragierte, demokratisch-liberale Blatt durch die deutsche Bundesversammlung verboten (Sarkowski, S. 42).

Die „Dorfzeitung“ dagegen verband mit ihrem Konzept einer unterhaltenden allgemeinen Volksbildung eine sozialkonservative Haltung. Ein zeitgenössischer Kritiker nahm 1823 in der Neckarzeitung das durch die „Dorfzeitung“ vermittelte ‘folklorisierende’ Bild vom Dorf und seinen ‘unverbildeten’, ‘schlichten’ Menschen auf und bemerkte spitzzüngig, die Zeitung „sey nicht an dem Orte, von dem sie sich nenne groß geworden. Das verstellte einfältige Landmädchen gebe manchen verschmitzten Städter auf zu rathen, und es habe nur das knappe Leibchen und das kurze Röckchen angelegt, weil die vornehmen und gestrengen Herren es mit einem lustigen Dorfmädchen so streng nicht nehmen würden“. Die „Dorfzeitung“ entgegnete zu ihrer Verteidigung, das Bild beibehaltend: „Das thun sie aber wohl, und ob sie gleich wissen, daß das einfältige Dorfmädchen kein verstelltes, sondern nach Geburt und Sinn, wie nach Sprache und Tracht dem Dorfe angehörig ist und nur zuweilen bei Verwandten in der Stadt einspricht, übrigens bei allen Fehlern doch ehrlich und wohlmeinend ist, so lassen sie ihm doch nichts hingehen und oft hat es, wenn es an nichts arges denkt und bloß in seiner Sprache erzählt, was es sonst gehört hat unversehens ein NB [Notabene-Vermerk]“ (DZ 50, 13.12.1823). Der einfache, bisweilen naiv anmutende Ton war vordergründig weniger als Stilmittel versteckter Kritik der Verhältnisse eingesetzt. Als zentraler Beweggrund kann tatsächlich der volksbildnerische Impetus gelten. Die hintergründige Interpretierbarkeit wurde dabei zum günstigen, einkalkulierten Nebeneffekt.

Daß an diesem Weg im Zuge einer gesteigerten politischen Öffentlichkeit nicht mehr festzuhalten war, zeigte sich bereits 1828 in einer strukturellen Veränderung der Zeitung. Sie erschien nun wöchentlich zweimal, im redaktionellen Teil vor allem um die moralischen Geschichten und erbaulichen Erörterungen beschnitten. Diese wanderten in das „geheime Plauderstübchen“, die neue Beilage. Der „Kalendermann“ mit seinen Geschichten tauchte nur noch selten auf, bis 1831 schrumpfte dieser ‘belehrende’ Teil völlig zusammen. Ganz in der traditionellen unterhaltsamen Form wurden die Leser auf den Wandel aufmerksam gemacht. In einem „Fühlingsgruß an die Dorfzeitungsgemeinde“ vom April 1831 entgegnen die Gemeindeglieder dem wandernden Erzähler in dem fiktiven Gespräch vor dem Hintergrund vermehrter politischer Unruhen und Umtriebe des Vormärz: „Wir erinnern uns wohl [an die Geschichten]. Aber die Zeiten haben sich seitdem verändert. Man hat jetzt ganz andere Dinge im Kopf. Weiß er vielleicht etwas neues zu erzählen... etwa aus Polen, oder von Bürgerkönigen und Königsbaronen...?“ (DZ 63, 2.4.1831).

Trotz dieser zeitspezifischen Neuerungen bemerkte der Volksschulpädagoge Friedrich Adolf Wilhelm Diesterweg 1857: „Was Nonnes Dorfzeitung, d.h. ihre zeitgemäße und ohne Zweifel ihre treffliche Art und Weise betrifft, so ist zu sagen: ihre Zeit ist um, oder es bedarf für unsere Zeit noch einer anderen Art und Weise. Humor und Witz, Behaglichkeit und Gemüthlichkeit, selbst gesunder Menschenverstand, kurz die Eigenschaften der Dorfzeitung allein genügen nicht mehr. Unsre ernste Zeit fordert Ernst, unser jetziges Volk bedarf der grundlegenden Belehrung und tieferen Aufklärung über die Verhältnisse der Zeit und ihre Fragen“ (Demme, S. 38).

Angela Treiber

Quelle

DZ = Dorfzeitung, Hildburghausen Jgg. 1818-1848

Literatur

Böhning, Holger: Zeitungen für das „Volk“. Ein Beitrag zur Entstehung periodischer Schriften für einfache Leser und zur Politisierung der deutschen Öffentlichkeit nach der Französischen Revolution. In: Böhning, Holger (Hg.): Französische Revolution und deutsche Öffentlichkeit: Wandlungen in Presse und Alltagskultur am Ende des 18. Jahrhunderts (= Deutsche Presseforschung 20). München 1992, S.467-526.

Braungart, Margarete: „Bildung macht frei“ und „Wahrheit bei aller Vorsicht“. Hildburghäuser Druckerzeugnisse des 19. Jahrhunderts. In: John, Jürgen (Hg.): Kleinstaaten und Kultur in Thüringen vom 16.-19. Jahrhundert. Weimar 1994, S. 385-395.

Das große Conversationslexikon für die gebildeten Stände (Meyer). Hildburghausen 1846, Bd. VII, Sp.1035-36.

Demme, Wilhelm Ludwig: Carl Ludwig Nonne. In: Pädagogisches Jahrbuch für Lehrer und Schulfreunde 7 (1857), S. 1-38.

Füsser, Gerhard: Bauernzeitungen in Bayern und Thüringen von 1818-1848. Ein Beitrag zur Geschichte des deutschen Bauernstandes und der deutschen Presse (= Zeitung und Leben 8). Hildburghausen 1934.

Greiling, Werner: Presse, Publizistik und Öffentlichkeit in Thüringen im 18. und 19. Jahrhundert. Ein Beitrag zur Genesis der bürgerlichen Gesellschaft. Unveröffentl. Habil.-Schrift. Univ. Jena 1996.

Hebel, Johann Peter: Schatzkästlein des Rheinländischen Hausfreundes. Tübingen ²1816 [= Erzählungen aus den Kalendern des Rheinischen Hausfreundes].

Kaiser, Ernst: Dr. Ludwig Nonne der Schulreformator und „Pestalozzi Thüringens“ (= Heimatbücher, Kreisstelle für Heimatforschung Hildburghausen). Weimar 1848.

Lichtenberg, Heinz Otto: Unterhaltsame Bauernaufklärung. Ein Kapitel Volksbildungsgeschichte (= Volksleben 26). Tübingen 1970, S.99-131.

Marwinski, Felicitas: Lesen in Gesellschaft. Gelehrte, literarische und Lesegesellschaften in Thüringen vom Anfang des 18. Jahrhunderts bis in die dreißiger Jahre des 19. Jahrhunderts. In: Jahrbuch für Regionalgeschichte 12 (1989), S.116-140.

Sarkowsky, Heinz (Hg.): Das Bibliographische Institut. Verlagsgeschichte und Bibliographie 1826-1976. Mannheim 1976.

Hausforschung und damit Ansätze zu einer breit angelegten, auch ländliche Bauwerke umfassenden präventiven Denkmalpflege im oberfränkisch-thüringischen Raum stellt, wenn man so will, teilweise noch immer ein Desiderat dar, dem man um die Jahrhundertwende abhelfen wollte. Als Ende des letzten Jahrhunderts das umfassende Werk „Das Bauernhaus im deutschen Reich" entstand, zählte man im Textbeitrag von Hans Lutsch das Coburger Land verständlicherweise zu Thüringen, während über dreißig Jahre früher der Verfasser der Landeskunde von Sachsen-Meiningen, Georg Brückner, 1865 ein Grundschema des nordfränkischen Bauernhauses entwickelte, dessen Verbreitungsgebiet er vom Thüringer Wald über die Rhön bis in die Mainlande gehen ließ.

Beeinflußt vom Heimatschutzgedanken bemühte sich der Meininger Oberbaurat Eduard Fritze (1849-1926) neben seinen amtlichen und politischen Verpflichtungen um die Erforschung und bautechnische Aufnahme der ländlichen Fachwerkbauten im Bereich der ehemals hennebergischen Gebiete, wenngleich in der Veröffentlichung von 1909 nur Bauaufnahmen von Häusern des sachsen-meiningischen Gebietes berücksichtigt sind. In seiner Eigenschaft als Brücken-, Straßen- und Wasserbaumeister konnte der nachmalige Direktor des „Hennebergisch-altertumsforschenden Vereins" (1893 bis 1926) außerdem auf Landschaftsgestaltung und Wasserbau wesentlichen Einfluß nehmen. Fritze steht, was die regionale Zuordnung seiner südthüringischen Heimat anbelangt, in der Tradition von Georg Brückner: In den Schilderungen aus der Kindheit im Geburtsort Veilsdorf bei Hildburghausen bezeichnet er den Heimatort als Frankendorf. Mit der Publikation über „Fränkisch-Thüringische (althennebergische) Holzbauten" 1892 betrat Fritze sozusagen Neuland, da für Nordbayern oder gar Franken eine ähnliche Untersuchung in dieser Zeit nicht vorlag.

Die „Aufnahmen altbäuerlicher Gehöfte aus vormals hennebergischen Bezirken", die von Studenten des Technikums Hildburghausen durchgeführt wurden, besitzen im nordbayerischen Raum ebenfalls Seltenheitswert und fanden lediglich durch die gleichartigen Bemühungen der herzoglichen Baugewerkschule Coburg Nachahmung. Hier wurden um 1909/1910 die Postkartenserien „Perlen Coburger Holzbaukunst", „Coburger Dorfbilder" und „Zur Förderung des Heimatschutzes" herausgegeben sowie Bauaufnahmen durchgeführt. Auf das Erscheinen solcher Postkartenserien wies z. B. die „Heimatschutzchronik" der Monatsschrift „Bayerischer Heimatschutz" jeweils hin.

Der Heimatschutzgedanke, der umfassender als der Gedanke des Denkmalschutzes eine ganzheitliche Sicht von Natur, Landschaft und kultureller Umwelt vertrat, gipfelte erst 1904 in der Gründung der Vereinigung „Deutscher Bund Heimatschutz". Er forderte gesetzliche Maßnahmen für Heimat- und Naturschutz. Im Bereich Denkmalschutz gab es in Preußen bereits seit 1815 und 1853 gesetzliche Regelungen, die in Bayern mit ähnlichen Verordnungen zum Schutz von Bodenfunden, beweglichen und immobilen Kunst- und Geschichtsdenkmälern aus den Jahren 1808, 1827 und 1869 eine nahezu gleichartige gesetzliche Grundlage hatten. Ab 1868 wurde eine „Sachverständigenkommission zum Schutz der Denkmäler" eingerichtet. Das Generalkonservatorium von 1848 wandelte man 1908 in das „Bayerische Landesamt für Denkmalpflege" um, als es in Preußen seit 1906 die „Staatliche Stelle für Naturdenkmalpflege" gab.

Anläßlich der Gründung des „Bundes Heimatschutz" 1904 wurden die Ziele des Bundes formuliert. Man wollte u. a. Nationalparks als „Heiligtümer des Volkes" errichten und die Unverletzlichkeit von alten Bäumen, besonderen Wiesen und Bachläufen gewährleisten. Veränderungen in der bäuerlichen Flur sollten durch Sachverständigenkommissionen, ausgestattet mit einem Vetorecht, unter historischen und ästhetischen Gesichtspunkten bewertet werden. Eine große Rolle spielte der Schutz des Landschaftsbildes, einschließlich der Ruinen, und der Schutz der bedrohten Tier- und Pflanzenwelt, sowie der geologischen Eigentümlichkeiten.

Dieses Gedankengut war in Bayern bereits in der Säkularisation aufgegriffen worden: Der heute als „Hain" den Bewohnern Bambergs bekannte Park wurde 1803 als „Wald am unteren Wöhrd" vom Bayerischen Staat gekauft, um den vorhandenen alten Baumbestand zu schützen, und in den „Theresienhain" umgewandelt. Ab 1824 wurde diesem in ähnlicher Weise der Luisenhain angefügt. Die Sicherung der Tropfsteinhöhlen des Fränkischen Juras 1815, oder in den 40er Jahren die Schutzmaßnahmen für Felsen und Gebiete an Donau, Isar und Altmühl sind weitere Beispiele für frühe Naturschutzbemühungen. Privatinitiativen, wie die von Gabriel von Seidl, der in München 30.000 Mark für den Erhalt eines Stückes der Isarlandschaft (Englischer Garten) sammelte, waren wertvolle Exempel für die Verfechter und Apologeten des Naturschutzes auch in Thüringen. Noch 1958 beruft sich Ernst Kaiser in seinen Ausführungen zu Natur- und Heimatschutz in Südthüringen ausdrücklich auf Hugo Conwentz (1855-1922) als den Begründer des behördlichen Naturschutzes, der unter anderem die Seidl'sche Initiative als nachahmenswert propagierte. Bei Kaiser findet sich auch eine Zusammenstellung der Naturschutzgebiete des Südthüringer Raumes, die durch das Naturschutzgesetz der DDR vom 4. August 1954 wieder der neuen staatlichen Obhut unterstellt wurden.

Eine Besonderheit innerhalb der Heimat- und Naturschutzbewegung stellt der Vogelschutz dar, nicht zuletzt deshalb, weil der Ziehvater des Meininger Bibliothekars und Literaten Ludwig Bechstein, der Thüringer Forstrat Matthäus Bechstein (1757-1822), als der Begründer des Vogelschutzes in der Neuzeit gilt. Neben seinen Handbüchern, die er als Leiter der Forstakademie Dreißigacker verfaßte, war er der Autor mehrerer ornithologischer Werke.

Abb. 25 *Fachwerkhaus in Haina, 1906.*

Die Entwicklung von Denkmal-, Natur- und Heimatschutz ist ineinander verwoben und ideengeschichtlich nicht zu trennen von romantischen Bestrebungen und ernster Sorge um die Veränderungen der Umwelt seit Beginn, aber stärker noch in der 2. Hälfte des 19. Jahrhunderts. Im Bereich der staatlichen Regelung spielte immer wieder das Königreich Preußen eine Vorreiterrolle, wie sich dies auch für die Coburger Gesetzgebung erweist. In die Betrachtung der Gesamtbestrebungen zur Heimatpflege und Heimatschutz einbezogen werden müssen die historischen Vereine, wie der von Ludwig Bechstein 1832 in Meiningen gegründete „Hennebergisch-altertumsforschende Verein“, der 1852 gegründete „Verein für Thüringische Geschichte“ oder der für Teile von Thüringen und auch Sachsen wirksame „Vogtländisch Altertumsforschende Verein Hohenleuben", der 1825 ins Leben gerufen wurde. Zu nennen wäre hier auch der bis heute bestehende „Thüringer Waldverein", gegründet 1880. Die Aufgabenstellung dieser und ähnlicher Vereine war immer ganzheitlich auf die Heimatregion ausgerichtet, ausgehend von der Sammlung historischer und prähistorischer Sachzeugen über den Erhalt der Ruinen oder markanter landschaftlicher Besonderheiten und der Orte von historischer Bedeutung. – Unter Einfluß der Schriften Wilhelm Heinrich Riehls wurde in der 2. Hälfte des 19. Jahrhunderts auch die Volkskunde der betreffenden Region zum satzungsgemäßen Thema der Vereinsgründungen. So darf es nicht wunder nehmen, daß die Heimatschutzbewegung, sozusagen als Konglomerat aus historischem und gegenwärtigem Interesse zusätzlich zum Naturschutz alle Ziele auch der historischen und altertumsforschenden Vereine und Gesellschaften auf ihre Fahnen schrieb. Der Arbeitsplan, der in Dresden 1904 bei der Gründung des „Deutschen Bundes Heimatschutz" aufgestellt wurde, umfaßte daher folgende Zielvorgaben: - Erhaltung des ungeschädigten und unverdorbenen deutschen Volkstums, - Schutz der deutschen Heimat mit ihren Denkmälern und der Poesie ihrer Natur vor weiterer Verunglimpfung. - Pflege der Denkmäler und Bestandschutz der ländlichen und bürgerlichen Bauweise, - Schutz der Natur, der Ruinen, der einheimischen Tier- und Pflanzenwelt und der geologischen Eigentümlichkeiten, - Schutz und Pflege der Volkskunst, Sitten, Gebräuche, Feste und Trachten, - Veröffentlichungen und Rechenschaftsberichte aus den genannten Teilbereichen.

Die Vorreiterrolle Preußens und Bayerns in der Gesetzgebung um Denkmal-, Heimat- und Naturschutz und der Einfluß des Heimatschutzgedankens werden deutlich, betrachtet man die gesetzgeberischen Maßnahmen im Herzogtum Coburg an der Wende zum 20. Jahrhundert. In der „Begründung zu dem Entwurf eines Gesetzes gegen die Verunstaltung von Ortschaften und landschaftlich hervorragenden Gegenden" von 1909 wird unter anderem Bezug genommen auf bereits länger bestehende Gesetze in Bayern, Hessen, Sachsen, Württemberg und Preußen. Die bis dahin in Coburg geltende Bauordnung von 1888 sei unzureichend, da sie nur Schutzbestimmungen für die Denkmäler an sich, aber nicht für die Umgebung und die Eigenarten ganzer Orts- oder Straßenbilder enthalte. Im Hinblick auf den heute so genannten „Ensembleschutz" müßten die Interessen der Denkmalpflege stärker berücksichtigt werden. Allgemeine Regelungen, die den Eigenarten mancher Orte nicht gerecht werden könnten, wollte man mit der Schaffung eigenständiger Ortsstatuten umgehen.

Ziel der neuen Gesetzgebung war neben dem Schutz der bestehenden Denkmäler, eine Verunstaltung der Dörfer und Städte durch Reklameschilder zu bekämpfen. Am 7. Februar 1908 legt das herzogliche Staatsministerium dem Landratsamt Coburg den preußischen „Runderlaß, betreffend Maßnahmen gegen bauliche Verunstaltungen in Stadt und Land" vor. Die Reaktion des Landratsamtes besteht darin, Mittel „zur Erhaltung und Wiederherstellung alter schöner Bauernhäuser von kunsthistorischem Interesse, sowie zur Pflege heimatlicher Kunst- und Bauweise“ zur Verfügung zu stellen. Im August 1908 erteilt das Staatsministerium die Anweisung, daß das Landratsamt bei Dacheindeckungen bunte oder schwarze Ziegeln, vor allem aber die Eindeckung von Mustern oder Namen zu verhindern habe. „Derartige Geschmacklosigkeiten und Auswüchse sind in ihrer widerwärtigen, reklameartigen Ausführung nur geeignet, den Eindruck unserer anmutigen und trauten Städte- und Dorfbilder zu verunzieren und zu entstellen.“ Im weiteren Fortgang des Schriftwechsels wird beklagt, daß die „alten, schönen, fränkischen Bauernhäuser mit ihren malerischen Lauben“ verschwänden, obwohl die herzogliche Baugewerkschule seit acht Jahren bemüht sei, „heimatliche Kunst, Überlieferung zu pflegen und durch Vorführung guter Beispiele und Anfertigung von Modellen, sowie durch Inventarisierung und Aufnahmen älterer Bauwerke von kunsthistorischem Werte die heimische Bauweise zu fördern“. Es ergehen an einzelne Ortschaften dezidierte Anweisungen über bauliche Maßnahmen zur Gestaltung der Ortsbilder.

Wie ernst man außer den gesetzgeberischen Maßnahmen den Heimatschutzgedanken in der Verwaltung nahm, belegt z. B. die Beiheftung der Zeitschrift „Thüringer Dorfbote“, der von der „Thüringer Vereinigung für Heimatpflege“, gegründet 1903 unter dem Vorsitz des Pfarrers D. Franke in Vogelsberg in Thüringen, herausgegeben wurde. Die baulich umgesetzten Manifestationen eines vorläufig noch nicht identifizierten Zeitungsartikels aus dem gleichen Schriftakt lassen sich an manchen Beispielen noch heute unschwer erkennen. Ein engagierter Autor fordert hier die „Anpassung der Forsthäuser an volkspoetische Vorstellungen“ und berichtet: „Man geht jetzt zum ersten Mal daran, das deutsche Forsthaus, das in unserer Märchen- und Volkspoesie eine ungewöhnliche Rolle spielt, auch in seiner Bauart und harmonischen Ausgestaltung dem deutschen Gemütsleben und der deutschen Volksvorstellung anzupassen. Auch die Inneneinrichtung des Forsthauses soll praktisch und schön werden. Um den einheitlichen Charakter der deutschen Waldlandschaft völlig zu sicher, werden auch Baupläne für Waldwärterhäuser und Waldarbeiterhäuser entworfen“.

Damit greift der Autor des Artikels die Hinweise im „Zentralblatt der Bauverwaltung“ vom 29. Januar 1908 auf, in dem neben dem bereits erwähnten Runderlaß auch der Hinweis auf Maßnamen zur Aufklärung und Belehrung für das „bauende Publikum“ gegeben wird. Für Fachvorträge weist man hier auf einschlägige Veröffentlichungen hin, wie z. B. Schultze-Naumburg: „Kulturarbeiten“, „Mitteilungen des Bundes Heimatschutz“, „Das Bauernhaus im Deutschen Reiche“, Kühn: „Der neuzeitliche Dorfbau“ oder Schmidt: „Forsthäuser und ländliche Kleinwohnungen in Sachsen“. Noch ein Beispiel mag die Ernsthaftigkeit der Bemühungen der Coburger Behörden, die Gedanken des Heimatschutzes umzusetzen, illustrieren: Im Oktober 1911 fordert der Verband der Reklame-Interessenten in Mannheim die gesetzlichen Vorschriften an, da „im Herzogtum Sachsen-Koburg-Gotha neuerdings gegen die Reklame mit besonderer Strenge vorgegangen“ wird.

Lothar Hofmann

Quellen

Zentralblatt der Bauverwaltung Nr. 8, 29 Januar 1908.

Statuten des Vogtländischen Altertumsforschenden Vereins zu Hohenleuben in der Fassung von 1826, 1874, 1891, 1929 (freundliche Zusendung von 1. Vors. Friedrich Trebge).

Statut des Hennebergisch-Fränkischen Geschichtsvereins e.V. von 1990 (freundliche Zusendung von Dr. G. Wölfing)

StACoburg LRAmt 5207 (Begründung zu einem Gesetz gegen die Verunstaltung von Ortschaften und landschaftlich hervorragenden Gegenden)

Literatur

Aufnahmen altbäuerlicher Gehöfte aus vormals Hennebergischen Bezirken, Hildburghausen[2] 1909, 3 mal Blätter, aufgenommen durch das Technikum Hildburghausen unter Leitung von C. Ebeling und L. Geißler mit einem Vorwort von Eduard Fritze.

Bedal, Konrad: Hausforschung. In: Edgar Harvolk (Hg.), Wege der Volkskunde in Bayern (= VVK 25) München. Würzburg 1987, S. 71-86.

Brückner, Wolfgang: Die verwaltete Region. Das 19. Jahrhundert als Quellenproblem der Volkskunde. In: Konrad Köstlin (Hg.): Historische Methode und regionale Kultur. Karl-Sigismund Kramer zum 70. Geburtstag. (= Regensburger Schriften zur Volkskunde 4). Berlin 1987, S. 25-52.

Ders: Angewandte Volkskunde zwischen Heimatschutz und Moderne. In: Volkskunde und Brauchtumspflege im NS (= Salzburger Beiträge zur Volkskunde 8). Salzburg 1996, S. 35-56.

Dölling, Regine: Denkmalschutz und Denkmalpflege in der Bundesrepublik Deutschland. In: Denkmalpflege in der Bundesrepublik Deutschland. Geschichte, Organisation, Aufgaben, Beispiele. Ein Beitrag zum Europäischen Denkmalschutzjahr 1975. München 1974, S. 9-20.

Doering-Dachau, O.: Heimatschutz. (= Frankfurter Zeitgemäße Broschüren 28), Hamm 1909.

Erck, Alfred und Hannelore Schneider: Eduard Fritze, Persönlichkeit, Lebenswerk und Wirken für den Hennebergisch alterumsforschenden Verein. In: Jb. des Hennebergisch-Fränkischen Geschichtsvereins 1995, S. 9-29.

Fischer, Manfred F. (Hg.): Zeitschriften deutscher Denkmalpflege 1899-1933, o.O., 1991.

Fritze, Eduard: Fränkisch-Thüringische-Althennebergische Holzbauten aus alter und neuer Zeit. Meiningen 1892.

Ders.: Fünfzig Jahre Geschichte eines Frankendorfes. Zur Kulturgeschichte des fränkisch-thüringischen Dorfes. (Sonderdruck von „Dorfbilder II“ aus „Neue Beiträge zur Geschichte deutschen Altertums, herausgegeben von dem Hennebergischen altertumsforschenden Verein in Meinigen“). Würzburg 1913.

Griebel, Matthias: Heimatpflege in Sachsen. In: BBV 4/1990, S. 279-282.

Hofmann, Lothar: Hausforschung im Coburger Land. Ein Überblick über Literatur und Quellen. In: Haus - Hof - Landschaft. Festschrift zum 80. Geburtstag von Karl Bedal, hg. von Kilian Kreilinger und Georg Waldemer, Hof 1994, S. 43-59.

Kaiser, Ernst: Natur- und Heimatschutz im südlichen Thüringen. In: Thüringer Heimatkalender, 1958, S. 50-51.

Klueting, Edeltraut (Hg.): Antimodernismus und Reform. Zur Geschichte der deutschen Heimatbewegung. Darmstadt 1991.

Knaut, Andreas: Zurück zur Natur. Die Wurzeln der Oekologiebewegung. Landschafts- und Heimatschutz (= Suppl. 1.3. Jb. f. Naturschutz und Landschaftspflege Bonn). Bonn 1953.

Marwinski, Konrad: Der Hennebergisch altertumsforschende Verein zu Meiningen 1832 bis 1935 (= Südthüringer Forschungen 18) 1983.

Roth, Hans: Auftakt zur Heimatpflege in den neuen Bundesländern. In: Schönere Heimat 4/1990, S. 264-267.

Schoenichen, Walther: Naturschutz, Heimatschutz. Ihre Begründung durch Ernst Rudorff, Hugo Conwentz und ihre Vorläufer, Stuttgart 1954.

Wölfing, Günther: Aspekte landesgeschichtlicher Forschung und Kulturpflege im Henneberger Land. In: BBV 4/1990, S. 273-278.

Ders.: Neugründung des Hennebergisch-Fränkischen Geschichtsvereins, Gründungsbericht und Festrede. Würzburg 1990.

Die bekannten unterfränkischen Trachtengraphiken von Margarethe Geiger und Peter Geist aus den Jahren 1808 und 1856 tangieren mit Darstellungen aus Rhön und Grabfeld die unmittelbare Nachbarschaft zu Südthüringen. Dort allerdings sucht man fast vergebens nach Parallelen zu den künstlerisch anspruchsvollen Blättern, wie sie im damaligen Königreich Bayern auf königlichen Wunsch und durch staatliche Förderung geschaffen werden konnten. Der seit dem Ende des 18. Jahrhunderts von wandernden Gelehrten und Schriftstellern ebenso wie von erholungssuchenden Badegästen stark frequentierte Thüringer Wald inspirierte zwar zahlreiche Verfasser von Reiseschilderungen, touristischen Taschenbüchern und landeskundlichen Werken, zog aber nur wenige Künstler an, die der Nachwelt die Darstellungen von Bewohnern abgelegener Dörfer hinterlassen hätten, wie wir es aus Oberbayern und den Alpenländern seit der Wende zum 19. Jahrhundert kennen. Trachten stellen in der Reiseliteratur Thüringens kein zentrales Thema dar, allenfalls wird die besondere Kleidung der Bewohnerinnen der am Großen Inselsberg gelegenen Orte Ruhla, Tabarz, Kabarz und Brotterode erwähnt. Hier richtete sich aber das Interesse an den Gewerben geprägten Ansiedlungen inmitten des Waldes gleichermaßen auf andere Besonderheiten der Bewohner, etwa Charakter und Physiognomie, Dialekt und Tänze.

So treten Trachtengraphiken in den südthüringischen Kleinstaaten zunächst nur sporadisch und in unterschiedlichem Kontext auf. Coburg beispielsweise ist neben Würzburg, Schweinfurt und Bamberg in der Serie „Costumes des femmes de Hambourg, du Tyrol, de la Hollande, de la Suisse, de la Franconie, de l'Espagne" des Pariser Kupferstechers Georges Jacques Gatine nach Vorzeichnungen von Louis Lanté aus dem Jahr 1827 sogar mit vier Blättern vertreten. Die „Dame de Cobourg" auf Blatt 82 und 83 mit kurzem Rock und Schnürmieder wurde später für das große Kostümwerk von Racinet, in der deutschsprachigen Ausgabe 1888 erschienen, als Repräsentantin der Coburger Tracht ausgewählt. Vorbild für Gatine und Lanté war eine Darstellung im „Herzoglich Sachsen-Coburg-Saalfeldischen Hof-Calender für 1790" bezeichnet als „Jeune Femme de Cobourg (Saxe)" und signiert von einem Pariser Kupferstecher. Dieses Beispiel macht einen für das Phänomen Tracht typischen Vorgang deutlich, den Wolfgang Brückner treffend als „Fund und Erfindung" bezeichnet. Ausgangspunkt für die vorgebliche Coburger Tracht ist die Darstellung eines Kostüms, das seine Rolle wohl eher bei den im 18. Jahrhundert beliebten höfischen Inszenierungen idyllischen Landlebens als in der Realität gespielt hat.

Den Wandel, der sich in der ländlichen Kleidungsweise seit dem Ende des 18. Jahrhunderts vollzog, führen drei kolorierte Lithographien vor Augen, mit denen ein nicht näher identifizierbarer Autor namens C. Schmied im Jahr 1829 seine Argumentation über Thüringer Volkstrachten unterstreicht. Polemisch ruft er zur Abkehr von der „abschreckenden und geschmacklosen" Kleidung der Frauen unter dem Einfluß des französischen Modediktats auf und begrüßt das neue weibliche Erscheinungsbild, das er als das Ergebnis verbesserter Erziehung und Bildung interpretiert. Die Karikatur einer Marktfrau in schreienden Farben, mit plumpen Schuhen, kurzem unförmigen Rock und einem das Gesicht verdeckenden hypertrophen Schutenhut soll dabei die „alberne unzweckmäßige Mode" aus Frankreich verkörpern. Ihr steht das „niedliche Landmädchen" gegenüber, gekleidet nach dem Vorbild der Empiremode, schlicht und in dezenter Farbigkeit. Als Relikt einer angeblich besseren Vergangenheit sieht Schmied die „ehrsame Bürgerin" im blauen Kirchgangsmantel, wie ihn auch Gatine und Lanté abbildeten.

Im Verlag C. Hellfarth in Gotha erschienen 1852 unter der Signatur des aus Coburg gebürtigen, später in Gotha in herzoglichen Diensten stehenden Malers Heinrich Justus Schneider sechs kolorierte Lithographien mit der Darstellung Thüringer Trachten, die später Eingang in die volkskundliche Literatur Thüringens gefunden haben. Im Auftrag Herzog Ernst II. von Sachsen-Coburg und Gotha benutzte der Coburger Hofmaler Georg Conrad Rothbart diese Blätter als Vorlage für eine Serie von Aquarellen, der er eine Studie coburgischer Trachten hinzufügte, um sie als Geschenk an die englische Königin Victoria und den Prinzgemahl Albert, Ernsts Bruder, zu senden. Die Aquarelle entstanden unmittelbar nach dem Besuch des Paares in Coburg im Jahr 1845. Victoria, die selbst die Eindrücke ihrer Reise in einem Skizzenbuch festhielt, hatte sich während ihres Besuches in Alberts Heimat mehrfach begeistert über die ihr dort präsentierte ländliche Tracht geäußert.

Zu den Trachtengraphiken im üblichen Sinne zählen zwar nicht die zahlreichen Porträts, die vor allem im 19. Jahrhundert im bürgerlichen und bäuerlichen Milieu entstanden sind, ebenso nicht die von Figurinen in zeitgenössischer Kleidung bevölkerten Ansichten von Städten oder Marktplätzen, doch wäre ihre Erfassung durchaus lohnend, beispielsweise des in Südthüringen, im Coburger Land und im Frankenwald verstreuten Werkes des Wandermalers Louis Fritze. Seine realistischen Porträts in Pastell sind für die Kleidungsforschung eine Quelle par excellence.

Überhaupt unterscheidet sich die Quellenlage für diesen Forschungsbereich in Südthüringen von der in Bayern beträchtlich. Bauern in verordneter Kleidung bzw. als Landleute kostümierte Bürger spielten zwar bei den höfischen Festen, die in den Sommerresidenzen der Coburger und Meininger Herzöge seit dem Ende des 18. Jahrhunderts stattfanden, die fast allerorten übliche Rolle, doch wuchs sich dies unter Ernst I. nie zu einem wirklichen Interesse an der Tracht aus. Unter seinem Nachfolger Ernst II. fanden die überkommenen Inszenierungen von Heuernte und Plantanz ohnehin ein Ende. Getragen durch den freien Geist der

Aufklärung suchte Georg I. von Sachsen-Meiningen die Bindung zwischen Regenten und Untertanen durch gemeinsam begangene Familienfeiern und Volksfeste zu stärken. Diesem Vorbild folgte sein Sohn Bernhard II. Erich Freund. Zur Taufe seiner Tochter Auguste Luise im Jahr 1843 lud er 23 durch eine freie Wahl ermittelte Patinnen aus allen Landesteilen ein. Vorschriften für die Kleidung der Gäste, wie wir es für die Münchner Hochzeit 1842 kennen, ließen sich weder bei der Taufe 1843 noch bei vorangegangenen Feiern dieser Art nachweisen.

Gleicherweise unbekannt sind in beiden südthüringischen Staaten die dem Interesse des bayerischen Königs entspringenden Maßnahmen zur Untersuchung der regionalen Kleidungsweise, die Enquête von 1852. Damals entstanden im gesamten Königreich nicht nur schriftliche, sondern auch bildliche Quellen, die bereits den Bearbeitern der Kapitel über die Tracht in der „Bavaria" aus der Verlegenheit halfen, die charakteristische Kleidung einer Region beschreiben zu müssen, die sie selbst nie mit eigenen Augen gesehen hatten.

Vielleicht weniger durch das Vorbild der bayerischen Trachten-Enquête und die Vorarbeiten zur „Bavaria" inspiriert, als die Arbeit am eigenen Werk weiterverfolgend, bemühte sich seit den 50er Jahren des 19. Jahrhunderts der Meininger Landeshistoriker Georg Brückner (1800-1881) um eine flächendeckende Erforschung der Kleidungsweise in Südthüringen. Der studierte Theologe hatte sich in besonderem Maße für das sich als Wissenschaft etablierende Fach Geographie begeistert und von dort wesentliche Anregungen für seine landeskundlichen Studien bezogen. Sein größtes und bemerkenswertestes Werk, die Landeskunde für das Herzogtum Sachsen-Meiningen, erschien in den Jahren 1851 und 1853. Seine Zeitgenossen bescheinigten ihm rastlosen Arbeitseifer, und tatsächlich legte er neben seinen zahlreichen kleineren Publikationen eine breitgefächerte Materialsammlung an, die außer den historischen und volkskundlichen Themen auch das Sammeln von Idiotismen, Sprichwörtern, Ortsnamen u. ä. umfaßt. Brückner bediente sich dabei vor allem seiner zahlreichen Gewährspersonen, mit denen er bis über die Grenzen des Herzogtums hinaus Kontakt pflegte.

Ein Teil seines Nachlasses, nämlich eine Sammlung von Handzeichnungen, steht der Forschung erst seit den 70er Jahren unseres Jahrhunderts zur Verfügung, freilich unvollständig und stark beschädigt. Die rund 140 Darstellungen sind aus ihrem ursprünglichen Kontext gerissen, z. T. beschnitten und damit ihrer Beschriftung beraubt. Nur in einem Fall ist ein Begleitschreiben erhalten, häufiger der Ortsname, manchmal Signatur und Jahreszahl. Das augenfälligste Charakteristikum der in einer Klebemappe zusammengefaßten Zeichnungen ist ihre Uneinheitlichkeit. Georg Brückner hat die Werke von mindestens 30 Zeichnern zusammengetragen, die neben ihren höchst unterschiedlichen Begabungen auch abweichende Auffassungen der Aufgabenstellung demonstrierten. Er wünschte offensichtlich farbige Darstellungen der anlaßgebundenen Kleidung nebst Detailskizzen für regionale Besonderheiten.

So komponierten manche Zeichner Szenen aus dem dörflichen Leben, andere ließen sich von Genrevorlagen leiten, weniger Begabte reihten die Figurinen nebeneinander auf andere stellten die „ältere Zeit“ der „jetzigen“ gegenüber. Umgekehrt bot ein Zeichner mit den Initialen R. R. sein Können auf, um bei der Darstellung des Marktplatzes von Milz an einem Sonntagnachmittag im Jahre 1858 eine Momentaufnahme zu schaffen. Nur selten signierten sie ihre Werke. Identifizieren ließen sich bisher zwei Pfarrer, der „Tischler und Bildhauer“ Friedrich Dauer aus Gleichamberg sowie der Meininger Hofmaler Samuel Diez. Als Schöpfer der manchmal winzig kleinen, doch mit geübter Hand schwungvoll aufs Papier gebrachten Figurinen darf man sicher einige der im Meininger Oberland so zahlreichen Porzellan- oder Glasmaler vermuten.

Die Farbskizzen von Samuel Diez lassen erkennen, daß Georg Brückners Sammlung nicht nur aus den in Auftrag gegebenen Zeichnungen seiner Gewährspersonen besteht, sondern aus jedwedem Material, dessen er zu diesem Thema habhaft werden konnte. In diesem Fall sind es Studien, die Diez im Jahr 1843 als Vorarbeiten für das große Gemälde als Erinnerung an die Taufe der meiningischen Prinzessin anfertigte. Dazu porträtierte er die bei der Feier anwesenden Patinnen, die sich teilweise in traditioneller Kleidung mit Schürze, Mieder, Halstuch, rotem Bänderschmuck und Flitterkrone oder Haube präsentierten.

Die Kenntnis darüber, daß aus dem einstigen Bestand unter anderem weitere Studien von Samuel Diez verlorengegangen sind, ist der Meiningerin Clara Reinhard-Hormuth zu verdanken, die sich um 1889 die originalen Zeichnungen aus dem Nachlaß Georg Brückners geliehen hatte. Sie fertigte daraus 60 Kopien an und widmete sie im Jahr 1891 dem um die Trachtenpflege bemühten Thüringerwald-Verein.

Noch ist die Bearbeitung der zahlreiche Trachtengraphiken nicht abgeschlossen. Vielleicht war es bislang die überraschende Vielfalt der abgebildeten Kleidung, die eine Bearbeitung erschwerte und eine Einengung in „Trachtenlandschaften“ nicht zuließ.

Birgit Jauernig-Hofmann

Abb.: s.S. 122/123

Karte: Nr. XIII, s.S. 121

Quellen

Staatsarchiv Coburg, LA A 7821 (G. Rothbart).
Landesbibliothek Coburg L. sel. 90 (Südthüringer Trachtengraphiken).

Literatur

Bindmann, Magdalena: Volkstrachten zwischen Rennsteig und Rhön. In: Südthüringer Forschungen 15 (1980), S. 15-48.
Brückner, Georg, 1851/53: [siehe Lit. Verz.]
Griebel, Armin 1991: [siehe Lit. Verz.]
Jauernig-Hofmann, Birgit: Südthüringer Trachtengraphik des vorigen Jahrhunderts. In: JbfVk NF 18 (1995), S. 191-206.
Koutek, Barbara 1990: [siehe Lit. Verz.]
Müllner, Angelika 1992: [siehe Lit. Verz.]
Schmied, C.: Ueber Volkstrachten. In: Thüringens Merkwürdigkeiten 3. Heft. Arnstadt 1829, S. 138-143.

Landesweite Trachteninitiativen, wie die von König Max II. in Bayern nach 1850 veranlaßten, hat es in den thüringischen Herzogtümern nicht gegeben. Georg II. legte in seinem „liberalen Musterland“ Sachsen-Meiningen größten Wert auf die „Selbständigkeit seiner Bürger“. Jegliche Überhöhung der ländlichen Tracht zu einer Art Gesinnungskleid mußte ihm fremd sein. Als er für drei Teilnehmerinnen des Heimat- und Trachtenfestes in Milz 1909 silberne Pokale stiftete, trugen diese die schlichte Widmung „Z. Erhaltung der Ortstracht“.

Im Herzogtum Sachsen-Meiningen, wie auch in Sachsen-Coburg und Gotha waren es die Frauen der herzoglichen Familien, die sich begeistert für die Trachtenerhaltung einsetzten. 1904 bereiste das Erbherzogliche Paar, die preußische Prinzessin Charlotte, eine Schwester Kaiser Wilhelms II. und der meiningische Erbprinz Bernhard Friedrich, quasi in Stellvertretung des zurückgezogen lebenden Herzogs, per Automobil das Meininger Land. In Häselrieth und Vachdorf trafen sie auf Schulkinder in Tracht. In den Hildburghäuser „Täglichen Nachrichten“ vom 24.7.1909 hieß es: „Wiederholt versicherte die hohe Frau, wie sehr sie sich über diesen Anblick und diese Tracht freue und wünsche, daß dieselbe erhalten bleiben möge“. Auch sie selbst griff gelegentlich zum bäuerlichen Kleidungsstück, was ein Foto belegt, das Eugen Hönn seiner 1910 erschienenen, dem Erbherzoglichen Paar gewidmeten Milzer Dorfchronik voranstellte.

Besonders als Vorsitzende des „Vaterländischen Frauenvereins“ trat die Erbherzogin für Trachten ein. Armin Human, der Superintendent des Kreises Hildburghausen, bemühte sich seit 1902 um die Gründung solcher sozialengagierter Vereine. 1909 gehörten in Sachsen-Meiningen 15.914 Mitglieder in 169 Ortschaften dazu (Kirchenblatt 1909, S. 40). Wie selbstverständlich wurde von der Erbherzogin 1910 neben Kranken-, Gemeinde- und Kinderpflege „die Pflege der alten Trachten allen Vereinen warm empfohlen“. Für die Vereinskasse fanden unter anderem „Theater-Veranstaltungen“ statt, wobei der Superintendent allerdings „Vergnügungsgefahr“ witterte. Enormen Vorschub gab dem Trachteninteresse in diesen Kreisen das 1909 im Anschluß an die Jahresversammlung der Frauenvereine in Milz abgehaltene Heimat- und Trachtenfest. Die Frau des dortigen Pfarrers Eugen Hönn war Vorsitzende des Frauenvereins, Hönn selbst Obmann der „Thüringer Vereinigung für Heimatpflege“.

Zur Aufgabe der Frauenvereine gehörte die Organisation von hauswirtschaftlichen Fortbildungskursen. Auf dem Ausbildungsplan der speziell für den ländlichen Unterricht auf dem Gut Amalienruh in der Nähe Meiningens oder im Landseminar in Sülzfeld ausgebildeten Lehrerinnen stand „Handfertigkeitsunterricht (mit dem Ziel der Wiederbelebung der Volkskunst)“. Eine im Kreis Hildburghausen tätige Wanderlehrerin, die sich nachweislich mit der Herstellung von Trachten beschäftigte, war Frau Bechmann aus Hildburghausen (Kirchenblatt 1910, S. 6). Sie erstellte zusammen mit der Kaufmannsgattin Bertha Weidmann eine „Hildburghäuser Tracht“.

Auch in Sachsen-Coburg und Gotha trat Trachtenvolk vor die herzogliche Familie. Die Landesteile agierten in steter Konkurrenz, wobei die Trachtenbegeisterten im Gothaischen einen organisatorischen Vorsprung besaßen, weil sie bereits auf präsentable Trachtengruppen aus den touristisch erschlossenen Orten des Thüringer Waldes zurückgreifen konnten. In Coburg gab dem Herzog Leopold Carl Eduard zum Amtsantritt 1905 eine „reitende Eskorte in ländlicher Tracht“ Ehrengeleit. Zu seiner kurz darauf stattfindenden Vermählung mit Adelheid Viktoria organisierten hohe Landwirtschaftsbeamte einen Festzug, in dessen ländlicher Abteilung Trachten als wesentliches Gestaltungselement in Erscheinung traten. Zum Einzug des Herzogspaares in Gotha kamen „Mädchen aus den Dörfern, besonders aus Finsterbergen und dem Waldstädtchen Ruhla. Ehrenplätze waren diesen Trägerinnen der Volkstracht eingeräumt“ (DL 1907/08, S. 87).

Der Kontakt zum Volk in Tracht riß nicht mehr ab. Auf Landpartien begrüßte die Herzogin zum Beispiel in Nazza und Leina „Dorfjugend in der schönen, alten Thüringer Bauerntracht“ (ebd.). 1907 kam es auf ihre Anregung hin zur Gründung des ersten thüringischen Trachtenerhaltungsvereins in Gotha. Den Vorsitz führte der im „Bund der Landwirte“ aktive Kommerzienrat C. F. Grübel. Die Vereinsarbeit ging nach dem Muster der in Baden und Württemberg unter dem Einfluß Heinrich Hansjakobs gegründeten Vereine gleicher Art vonstatten. Ziel war laut Vereinssatzungen „die Freude an den althergebrachten, kleidsamen Trachten allenthalben neu zu erwecken in der Hoffnung, daß diese Trachten alsdann wieder mehr in Ehren gehalten und getragen werden“. Die 1907 und 1908 vom Verein organisierten Trachtenfeste waren natürlich mit Huldigungen an die junge herzogliche Familie verbunden. Den Mitwirkenden des ersten Festes gewährte man freie Fahrt nach Gotha, Verpflegung und die Möglichkeit zur Besichtigung von Residenzschloß und Landesmuseum.

Später wurde streng reglementiert, wer zu Trachtenfesten zuzulassen war, denn die Masse der Zuschauer nahm überhand. Die Herzogin verteilte an einzelne Trachtenträgerinnen Schmuckstücke mit Porträts der herzoglichen Familie. Um „Altertumshändlern“ das Handwerk zu legen, stellten Vereinsmitglieder Erhebungen darüber an, welche Trachtenstücke sich in den Dörfern noch erhalten hatten. Eine Trachtensammlung auf der Veste Wachsenburg, deren Einrichtung nach dem Vorbild des Germanischen Nationalmuseums in Nürnberg Pfarrer Bonsack aus Nazza betreute, erhielt die Aufgabe, den „Sinn für die im Aussterben begriffenen Volkstrachten neu zu beleben“ (DL 1901/02, S. 93). In Ortschaften, in denen „keine Aussicht besteht, die Trachten zu erhalten bezw. wieder einzuführen“, sollten Stücke für die Sammlung angekauft werden. In anderen stiftete man „Konfirmandinnen, die sich verpflichten, die Bauerntracht weiter zu tragen, Leibchen, Röcke, Jacken usw." (Jahrbuch 1909, S. 142). 1910 und 1912 stellten sich der Herzogin einige Konfirmandinnen aus Finsterbergen in ihren neuen, „originalgetreuen" Trachten vor. Über die „heeres- und heimatgeschichtliche Sammlung" auf der Wachsenburg schrieb Zeyß 1909: „Die Trachten und Schmuckstücke sind am zahlreichsten vertreten. Steife Wachsfiguren sind es, die sich in der Tracht und in dem Schmucke der ehemaligen gothaischen Dorfbewohner präsentieren."

Der Coburger Trachtenerhaltungsverein begann seine Arbeit 1911. Die Herzogin hatte anläßlich des Auftritts von 30 Meederer Trachtenmädchen unter Leitung von Lehrer Götz auf einem Wohltätigkeitsbazar finanzielle Unterstützung in Aussicht gestellt. Nach einem Aufruf von Landschulinspektor Lotz an die Lehrerschaft des Landes wurde die Erstellung eines Trachteninventars eingeleitet, das schließlich 230 vollständige Frauentrachten, 25 Männeranzüge und weitere Einzelteile umfaßte. In Planung stand zudem ein städtisches Trachtenmuseum und die Vervollständigung der internationalen Trachtenbildsammlung auf der Veste Coburg mit einheimischen Beiträgen. Auch im Coburgischen fanden bis 1913 mehrere Trachtenfeste statt. Am aktivsten blieb die Gruppe aus Meeder. Nach dem Ersten Weltkrieg wurde es ruhig um die städtischen Dachorganisationen. In den dreißiger Jahren wird in Gotha und Coburg nur noch die Auflösung der Vereine wegen Mitgliederschwund aktenkundig. Die städtischen Vereine konnten das Trachtenwesen wohl nur solange zentrieren, wie sie herzogliche Gelder oder zumindest Ehrenbezeugungen zu verteilen hatten, um die vor Ort aktiven Lehrer oder Pfarrer zu unterstützen.

Im bürgerlichen Vereinswesen war das Eintreten für die „Trachtensache" unterschiedlich akzentuiert. Einmal verbunden mit dem Interesse, Fremdenverkehr und Heimatschutz zu fördern (Thüringerwald-Verein), ein andermal, um Volkskunst als Wertgegenstand zu sammeln (städtische Geschichtsvereine). Schließlich konnte dies alles noch mit sozialem Engagement zur allgemeinen Wohlfahrt verbunden sein (Thüringer Vereinigung für Heimatpflege). In den Vereinen waren vor allem Pfarrer, Lehrer und Beamte aktiv.

Karte XIII:	*Trachtengrafik/Trachtenfeste*
Karte XIV:	*Weber im 19. Jahrhundert*
Abb. 26	*Bürgersfrau auf dem Kirchgang, Lithographie 1829.*
Abb. 27	*„Der alte Salzunger", gekleidet in Justaucorps, langer Weste, Kniehose und Dreispitz, verkörpert die Mode des 18. Jahrhunderts.*
Abb. 28	*Frau mit Splittentragekorb, Lithographie 1829.*
Abb. 29	*Samuel Diez: Drei Wahljungfrauen, 1843. Studie zum Gemälde: Taufe der Prinzessin Auguste von Sachsen-Meiningen, 1843.*

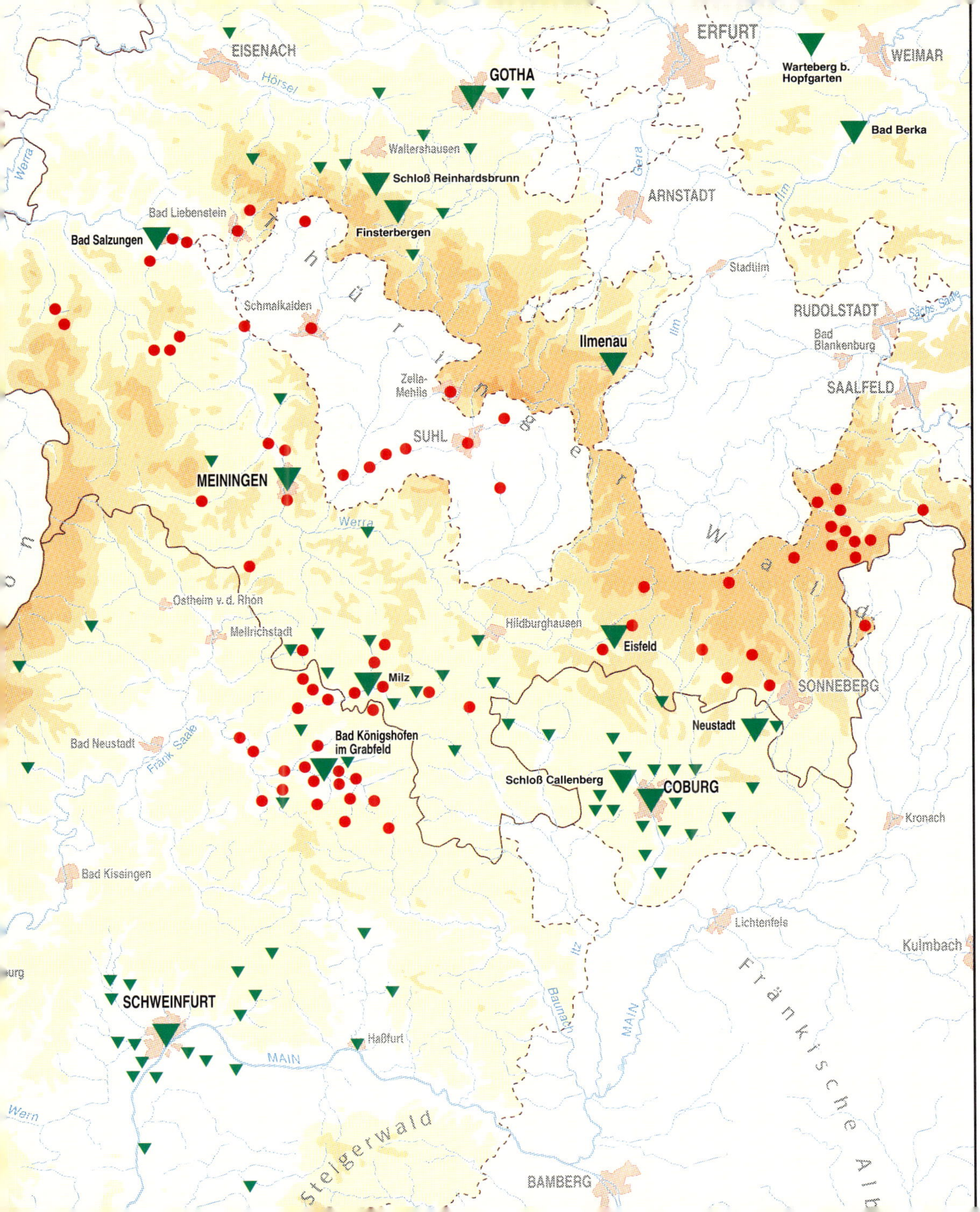

Karte XIII

Trachtenfeste 1889 – 1914

Trachtenfeste

an Trachtenfesten beteiligte Orte

nicht bearbeitete Gebiete

Trachtengraphik um 1850

Orte mit Bilddokumentation

Heutige Landesgrenzen

Höhenschichten (in Meter)

über 900

600 – 900

450 – 600

300 – 450

150 – 300

0 5 10 15 20 km

Bearbeitet von M. Ständecke, B. Jauernig-Hofmann

Kartographie: W. Weber, Geographisches Institut, Universität Würzburg

Karte XIV

Weber im 19. Jahrhundert

- ■ Leinenweber um 1814/15
- ● Wollweber um 1814/15
- ■ Leinenweber um 1860
- ● Wollweber um 1860
- ■ Leinenweber um 1900
- ● Wollweber um 1900
- ▲ Plüschweber um 1900

Quellen:

Um 1814/15
Schultes (1794)
Kunze (1928)
W. Brückner (1985)
G. Brückner (1851/53)
Regel (1897)
Schad (1971)
Gesellenbuch (1808–1922)

Um 1860
G. Brückner (1851/53)
Regel (1897)
Schad (1971)
Gesellenbuch (1808–1922)

Um 1900
Regel (1897)
Schad (1971)
Gesellenbuch (1808–1922)

nicht bearbeitetes Gebiet

Heutige Landesgrenzen

Höhenschichten (in Meter)
über 900
600 – 900
450 – 600
300 – 450
150 – 300

0 5 10 15 20 km

Bearbeitet von M. Ständecke

Kartographie: W. Weber, Geographisches Institut, Universität Würzburg

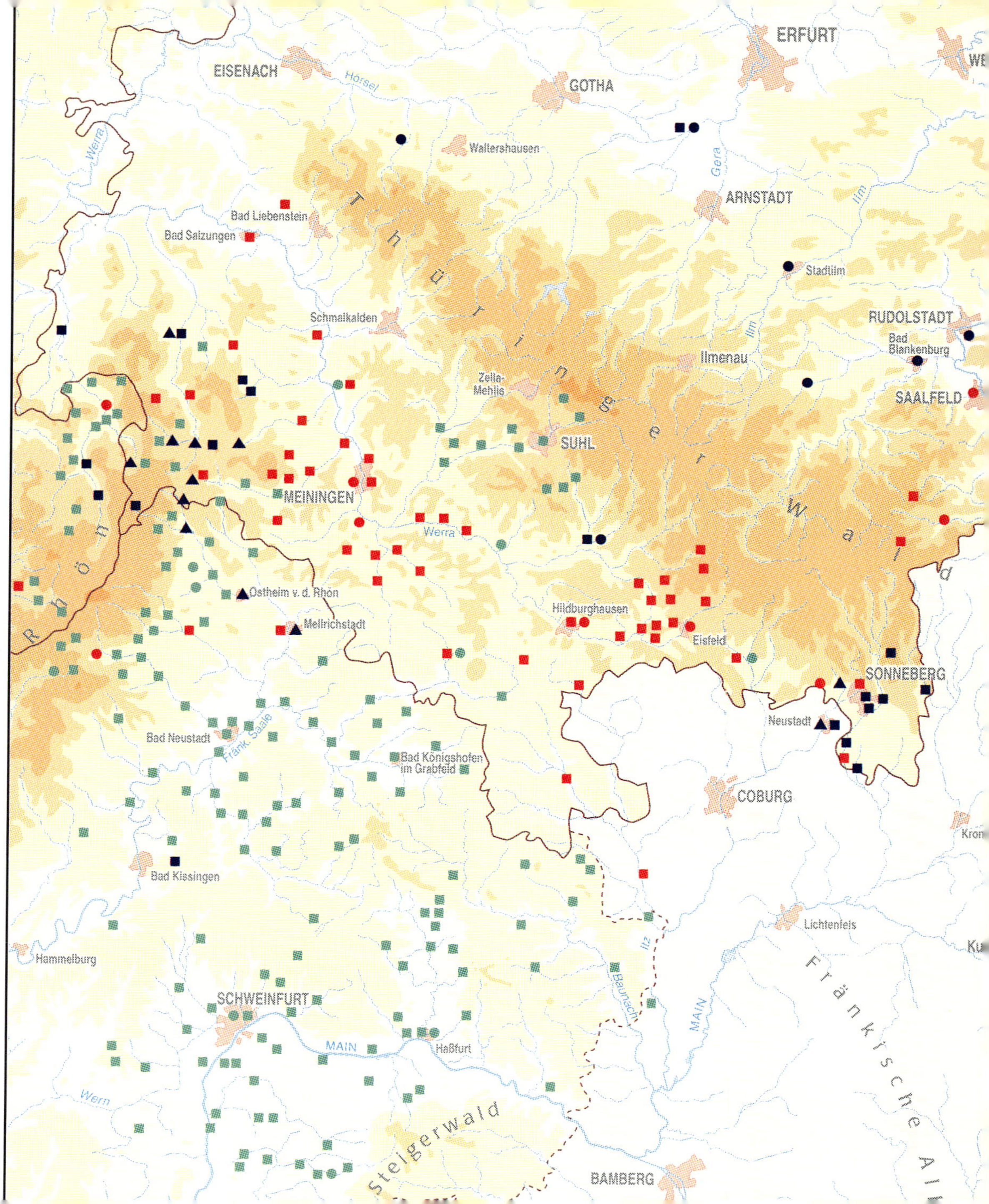

Der „Thüringerwald-Verein" wurde 1879 mit dem Ziel gegründet, die touristische Erschließung des Thüringer Waldes und seiner Randgebiete voranzutreiben. Zur Pflege und Sammlung ländlicher Kulturgüter trug zum Beispiel die Erfurter Vereinssektion bei, indem sie zur „Thüringischen Gewerbe- und Industrieausstellung zu Erfurt" 1894 den Nachbau eines „altthüringer Hauses" als „ein kleines Museum alter, deutscher Trachten und Haushaltungsgeräthschaften jeder Art" einrichtete (Monatsblätter 1896, S. 58f). Während der Ausstellungszeit bevölkerte eine Finsterberger Trachtengruppe das Haus und führte dem Publikum einen Hochzeitszug und eine Kindstaufe vor. Die Weimarer Sektion veranstaltete besonders phantasiereiche Trachtenfeste. 1901 kamen die Mitglieder unter dem Motto „Ortsjubiläum des Dorfes Oberhof" in Kostümen „vom reichen Ortsbauern und seiner Ehehälfte herab bis zum armen Knecht und der Gänsehüterin" zusammen (DL 1901/02, S. 93). 1903 wurde dort das Heimatstück „Schnozelborn" von Pfarrer August Ludwig aus Herbsleben uraufgeführt, das daraufhin einen Siegeszug durch ganz Thüringen antrat (DL 1907/08, S.225f).

Auch ins Meininger Land brachte der Thüringerwald-Verein Trachtenerhaltungsgedanken. 1896 hielt Justizrat Dr. B. Schmidt vor der Sektionsversammlung in Meiningen den Vortrag „Die thüringischen Volkstrachten; welche Mittel giebt es, dem völligen verschwinden derselben zu begegnen?". „Stilvoll ist die Losung des Tages, und ich sollte meinen, daß die heute gleichsam aus der Vergangenheit wieder hervorgezogenen Trachten zu unseren herrlichen Thüringer Bergen und Thälern die passendsten, und uns, wie unsern Thüringer Sommergästen, am meisten anmutend erscheinen dürften". Der Redner schilderte wie mit den Bemühungen um die „nationale Tracht" die Landjugend traditionsbewußt erzogen und der Bauernstand gestärkt werden könne. Er regte die Bildung von „Vereinen zur Erhaltung der Volkstrachten" nach Vorbildern in Tirol und Bayern an. „Möge es bei uns ähnlich werden!" - schloß er seine Ausführungen. Die fast ausschließlich unter dem Aspekt der Fremdenverkehrsförderung verfaßte Rede rief im größtenteils landwirtschaftlich geprägten Sachsen-Meiningen keine unmittelbare Wirkung hervor. Ganz anders mögen solche Reden im Thüringer Wald aufgenommen worden sein.

Geschichtsvereine wirkten auf die Eröffnung von Museen hin, in denen Trachten unabdingbar zum Bestand der bäuerlichen Altertümer zählten. Ein Beweis für die Wertschätzung, der sich manche der eigentlich abgelegten, veralteten Kleidungsstücke in Kreisen des Bildungsbürgertums erfreuten. 1910 trat das „Thüringer Museum" in Eisenach mit einer Trachtenausstellung an die Öffentlichkeit. „Das Thüringer Museum in Eisenach beabsichtigt eine Ausstellung zu veranstalten, die Thüringer Trachten, in erster Linie Thüringer Bauerntrachten, umfassen soll. Es soll damit ihre Farbenfreudigkeit, ihr Zusammenhang und der Unterschied von Vergangenheit und Gegenwart vorgeführt werden." Dazu ergänzte man die am Museum bereits vorhandene Sammlung historischer Kleidungsstücke mit privaten Leihgaben aus mehreren thüringischen Landesteilen. 1914 konnte auch die Dauerausstellung des Eisenacher Museums eine „reiche Sammlung altthüringer Trachten, die Leihgabe einer der besten Kennerinnen dieses Gebietes“ vorweisen. Diese Leihgeberin dürfte Luise Gerbing gewesen sein. Die Lehrerin und passionierte Heimatforscherin hatte für ihr 1925 in Erfurt erschienenes Buch „Thüringer Trachten“ eine „eigene hübsche Trachtensammlung allmählich, wandernd und fragend, zusammengebracht und vielfach vergleichend benutzt“. Sie empfahl zum Studium der „fränkisch-thüringischen Volkstrachten“ derzeit außer den bereits genannten „das Museum des Hennebergischen Geschichtsvereins Meiningen; das Museum des Hennebergischen Vereins auf der Wilhelmsburg in Schmalkalden; das Dorfmuseum in Benshauen bei Suhl“. Die ebenfalls von ihr erwähnte Sammlung Kestner aus Waltershausen ging in die von der „Vereinigung für gothaische Geschichte und Altertumsforschung“ 1929 eröffneten Schauräume zur bäuerlichen Kultur im Gothaer Schloß ein.

Die 1903 gegründete „Thüringer Vereinigung für Heimatpflege“ wollte Mittelpunkt für „alle auf die wirtschaftliche und geistige Hebung der ländlichen Bevölkerung sowie auf Weckung und Pflege des Heimatgefühls in Thüringen gerichteten Bestrebungen“ sein. Man beabsichtigte, zum Wohle der Landbevölkerung nicht nur „ihre Lebenshaltung, ihre Häuser und Wohnungen freundlicher zu gestalten, sondern auch ihr Geistes- und Gemütsleben, ihre Sonn- und Festtage, ihre Winterabende in echt volkstümlicher Weise zu beleben und den Leuten dadurch das Dasein auf dem Lande wieder anheimelnd zu machen“ (Jahrbuch 1903/08, S. 7). Deswegen fehlten „Alte historische Trachten“ weder im Konzept eines typischen Museums des „Westthüringischen Bauerndorfes“, noch bei den zwischen 1906 und 1913 anläßlich der Vereinsversammlungen veranstalteten Theateraufführungen, Familienabende und Volksfeste. Das Ressort Tracht und Trachtenfeste betreute wiederum Luise Gerbing. Auf der Vereinsversammlung im Januar 1909 in Eisenach war die „Trachtenfrage“ hochaktuell - weniger eine Diskussion um Sinn und Zweck, als um geeignete Methoden zur Trachtenerhaltung (Jahrbuch 1909, S. 23-27). Die Trachtenbeauftragte berichtete: „Die Reste der tatsächlich noch vorhandenen und auch von Dorfbewohnern getragenen Kleidung (Kindermäntel, Kopflappen) beschränken sich auf einzelne wenige, charakteristische Teile in den Waldorten. Auch diese letzten Triebe eines einst lebensvollen Baumes werden, wenn nicht dagegen gearbeitet wird, in 20-30 Jahren gestorben sein.“

Über „Die Möglichkeit der Erhaltung der Trachten und die Trachtenfeste“ sprach Pfarrer Ludwig aus Herbsleben. Was an Trachten den Anforderungen der Hygiene und dem Schönheitsempfinden der Zeit nicht entsprach, sollte seiner Ansicht nach keine Beachtung finden. Die den Kopf belastende „Weimarische Mütze“, den ungekämmte Haare verdeckenden „Kopflappen“ oder den enganliegenden, kurzen Rock der Altenburger Bäuerin rechnete er unter die musealen Altertümer. In den Städten, „wo die Mode schon so manches Alte wieder in Ehren brachte“ sollte die Trachtenbewegung ihren Ausgangspunkt haben. Dort wäre bereits ein Gefühl für Heimatkunst entstanden, das die Einführung einer „kleidsamen Tracht“ ermöglichen würde. Auch der städtischen Dienstbotenschaft, oder den Kindern reicher Städter, bei denen sowieso gerade folkloristische Tiroler- und Matrosenanzüge in Mode waren, empfahl er besser „Kleidung des Landes“ zu tragen. Von der Herstellung „stilgerechter“ Puppen in Tracht seitens der Spielwarenindustrie versprach sich der Referent weiteren Erfolg. Wenn am Ende „der Landwirt wieder stolz wird auf seinen Stand, diesen Jungbrunnen nicht nur körperlichen, sondern auch der geistigen Kraft unseres Vaterlandes, damit er von neuem Liebe zu seiner heimischen Scholle gewinnt und seine Eigenart in Sitte, Sprache und Tracht bewahrt“, hatte man den eigentlichen Adressaten der Bemühungen erreicht.

Unangemessen schienen den Wohlfahrtspflegern lediglich Trachtenveranstaltungen, die allzu vordergründig kommerziell ausgerichtet waren und unkontrolliert dem reinen Vergnügen dienten, wie Kirmes, Maskerade und Lustspiel. Das „Ehrenkleid“ sollte nur von dazu berechtigten Personen getragen werden, wozu die bäuerliche Bevölkerung und Persönlichkeiten zählten, die vorbildlich auftraten, wie die Erbprinzessin von Sachsen-Meiningen oder die am Milzer Trachtenfest beteiligten Pfarrfauen. Nur ein Jahr nachdem das Eisenacher Credo zur Trachtenerhaltung verfaßt worden war, hieß es in Berliner Wohlfahrtspflegekreisen: „das Landvolk will nicht mehr für etwas geringeres gehalten und bevormundet werden. Der Bauer wird die alte Tracht genau so lange tragen, wie es ihm paßt, aber nicht einen Tag länger, selbst wenn man Preise deswegen aussetzt. Und deswegen ist die Volkstrachtenfrage gar keine Frage, sondern eine Sache, die sich schon von selbst ergeben wird und deswegen vom Arbeitsplan der Heimatschutzbewegung am besten verschwindet“ (DL 1910/11, S. 101).

Monika Ständecke

Literatur

Das Land [DL]. Zeitschrift für soziale und volkstümliche Angelegenheiten auf dem Lande. Hg. v. Heinrich Sohnrey. Berlin 10 (1901/02) - 19 (1910/11).

Gerbing, Luise: Die Ausstellung Thüringer Trachten im Thüringer Museum zu Eisenach. In: Thüringer Monatsblätter 18 (1910/11) H. 4, S. 46.

Gerbing, Luise: Die Thüringer Trachten. Erfurt 1925.

Griebel, Armin 1991: [siehe Lit. Verz.]

Heß, Ulrich: Geschichte Thüringens 1866-1914. Weimar 1991.

Hönn, Eugen 1910: [siehe Lit. Verz.]

Jahrbuch [der Thüringer Vereinigung für Heimatpflege]. Erfurt 1 (1903/08) - 9 (1919/20).

König, Egon: 100 Jahre Trachtengruppe Finsterbergen. Von den Anfängen bis zur Gegenwart. In: Festschrift zum 2. Landestrachtenfest des Freistaates Thüringen. Finsterbergen 1995, S. 15-28.

Koutek, Barbara 1990: [siehe Lit. Verz.]

Sachsen-Meiningisches Kirchenblatt 3 (1909) f. [Staatsarchiv Meiningen]

Schmidt, B.: Die thüringischen Volkstrachten. In: Wartburg-Herold 1 (1896), S. 104 f. u. 127 f.

Ständecke, Monika 1995: [siehe Lit. Verz.]

Tägliche Nachrichten. Bilder aus der Zeit und dem Leben. Red. v. E. Maultzsch. Hildburghausen 1909 f. [Kreisarchiv Hildburghausen].

Thüringer Monatsblätter. Verbandszeitschrift des Thüringerwald-Vereins. Eisenach 3 (1896), 11 (1903), 14 (1906).

Zeyß, E.: Die Feste Wachsenburg. In: Das Thüringer Fähnlein 1 (1932), S. 159 f.

Trachtenfeste um die Jahrhundertwende

Erst mit dem Aufkommen des Heimatschutzgedankens um die Jahrhundertwende wurde die Zusammenkunft von Trachtenleuten zum Anlaß für öffentliche Feste genommen. Der hessische Pfarrer Karl Spieß stellte 1907 in der Einleitung seiner „Trachtenkunde" klar heraus: „Volkstum und Volkstracht wurde - und wird noch - vielfach in einer Weise identifiziert, als müsse sich volkstümliche Eigenart auf jeden Fall auch in einer volksmäßigen Kleidung nach außen kundtun und als sei da, wo die Volkstracht ausgestorben ist, die volkstümliche Sonderart nicht mehr in voller Ursprünglichkeit und Frische vorhanden." Trachten sollten also mehr als nur bunter Rahmen für Landesfeiern oder Landwirtschaftsschauen sein.

Im Laufe des 19. Jahrhunderts schenkte man ländlicher Tracht vorerst als Kostüm zur Repräsentation einzelner Landesteile Beachtung, dann auf Anregung der Regenten als Bekleidung von Gratulationsdelegationen zu Hochzeiten und Taufen der Landesherrschaft. Seit der Mitte des 19. Jahrhunderts war letzteres eher wieder unüblich. Die zu solchen Gelegenheiten in München veranstalteten Umzüge wirkten vorbildlich auf die Konzeption von Central-, Bezirks- und schließlich Kreislandwirtschaftsfesten. Zum gängigen Repertoire ländlicher Festzugsabteilungen gehörten Ende des 19. Jahrhunderts die Themen Spinnstube, Ernte, Hochzeitszug, Taufgesellschaft, Plantanz und Kirchweihfeier. Letztere jeweils nach örtlichen Bräuchen variiert, wie zum Beispiel mit Kirmespredigt und Hammelschlagen im thüringischen Grabfeld.

Unsere Karte zeigt, soweit dies den verwendeten Quellen zu entnehmen war, wo zwischen dem großangelegten Kreislandwirtschaftsfest in Schweinfurt 1889 und dem Ersten Weltkrieg größere Feste mit Trachtenauftritten stattfanden und welche Gemeinden sich daran beteiligten. Im Fränkischen sind es vor allem landwirtschaftliche („Oktober"-)Feste mit Trachtenauftritten als Teil des Umzuges oder während einer Ausstellung. Huldigungen mit Trachtenauftritten konnten natürlich nur da stattfinden, wo Regenten weilten, also in den Residenzstädten (einer in Gotha, Meiningen, Coburg), Sommerresidenzen (Schloß Altenstein bei Bad Liebenstein, Schloß Reinhardsbrunn bei Friedrichsroda) oder anläßlich landesweiter Reisen der Herrschaften. Fränkische Trachtengruppen aus der Rhön, dem Schweinfurter- und Grabfeldgau reisten 1894 zum Beispiel zur Einweihung des Frankoniabrunnens nach Würzburg, zum Empfang des Prinzregenten nach Schweinfurt, 1895 zum Münchner Oktoberfest oder 1914 zur Centenarfeier wiederum nach Würzburg.

Im Thüringischen wirkten die um die Wohlfahrt der Landbevölkerung besorgte „Thüringer Vereinigung für Heimatpflege" sowie die in Gotha

Abb. 30 *Heimat- und Trachtenfest Milz, Kinderreigen, farbige Postkarte 1909.*

1907 und Coburg 1911 gegründeten Vereine zur Erhaltung der einheimischen Trachten. Die frühesten unterfränkischen Trachtenvereine, Geselligkeitsvereine altbayerischer Arbeiter in Schweinfurt (1902) und Würzburg (1903), pflegten oberbayerische Tänze in entsprechendem Gewand.
Auf ein Beispiel sei im folgenden näher eingegangen, das „Trachten- und Heimatfest“ in Milz, einer protestantischen Gemeinde inmitten unseres Beobachtungsraumes, am 14. 7. 1909. Schon im Titel des Festprogramms fiel dort als erstes der Begriff Tracht. Im Milzer Fest fließen alle damals aktuellen Motivationen für derartige Unternehmen zusammen. Anlaß war die Jahreshauptversammlung der „Vaterländischen Frauenvereine“ des Herzogtums Sachsen-Meiningen. Die Schirmherrschaft übernahm das erbherzogliche Paar Bernhard und Charlotte von Sachsen-Meiningen, die Organisation Beamte, Lehrer und Pfarrer der Kreise Meiningen und Hildburghausen, die

Durchführung das Landvolk derselben Region. Über 8.000 Besucher strömten herbei. Eigens erwähnt werden außer dem hohen Paar und einigen Honoratioren nur die Weitgereisten aus Dresden, Leipzig, Würzburg, Frankfurt und Darmstadt.

Vorbild für das Fest war eine Veranstaltung unter dem Motto „Kirchweih in Thüringer Landen" vor Schloß Reinhardsbrunn im Gothaischen, im Sommer 1908. Für den auf Veranlassung der Herzogin von Sachsen-Coburg und Gotha gegründeten ersten thüringischen Trachtenerhaltungsverein in Gotha war dieses Trachtentreffen bereits die zweite größere Veranstaltung. Der Milzer Pfarrer Eugen Hönn, verantwortlich dafür, daß das Trachtenfest von 1909 in Milz stattfand, besuchte das Treffen und kommentierte es als engagiertes Mitglied der „Thüringer Vereinigung für Heimatpflege" kritisch. Für seinen Geschmack war bei der stattgehabten Veranstaltung vor allem zu wenig an die Bedürfnisse des trotz der sommerlichen Hitze teilweise in dunkle, schwere Trachten gekleideten Landvolkes gedacht worden. Wegen des Besucherandranges beschloß der Gothaer Vereinsvorstand: „Für die Zukunft sollen bei Trachtenfesten außer den Leuten, die Tracht tragen, nur noch Bauersfrauen und -töchter in Tracht als Teilnehmer zugelassen werden." (Jahrbuch 1909, S. 142). Der Beobachter einer entsprechenden Veranstaltung zwei Jahre später bemerkte, wie schwach das „Mannsvolk" dort vertreten sei, was er sich damit erklärte, „daß Kleidersache - Frauensache ist" (Sohnrey 1909/10).

Daß es in Sachsen-Gotha derart früh zur Gründung eines Vereins kam, der sich ausschließlich der Erhaltung von Heimattrachten widmete, hängt mit dem Gebirgstourismus zusammen. In den von Sommerfrischlern zunehmend frequentierten Orten des Thüringer Waldes fanden seit der Jahrhundertwende sogenannte „Wald- und Trachtenfeste" statt. Die Reiseschriftstellerin und Ethnographin Rose Julien verglich dies 1902 zurecht mit oberbayerischen Schuhplattelvorführungen: „Festlichkeiten, bei denen die Bäuerinnen den ‘Fremden’ zu Ehren in der Tracht erscheinen, und der ‘Verschönerungsverein’ einer kleinen Sommerfrische ... als ‘Attraktion’ der Saison die hübschesten Mädchen im Kleid ihrer Großmütter auf dem ‘Kurhaus’ die alten Lieder singen" läßt. 1907 berichtete die „Thüringer Warte" über das alljährlich von der Thüringerwald-Vereinssektion Finsterbergen im Lainagrund organisierte Fest. Neben den einheimischen Mädchen und Frauen erschienen dazu mit Vorliebe „zur Kur weilende junge Damen" im „Altthüringer Gewande", und „eine nach Tausenden zählende fröhliche Menschenmenge" strömte zum Zuschauen herbei. Im gleichen Jahr luden die Oberhofer mit einem Artikel in den „Thüringer Monatsblättern" zu einem viertägigen „Wintersportfest" mit „Thüringer Kirmeß" ein.

Sachsen-Meiningen bot kaum Ausflugsziele für Sommerfrischler oder Wintersportler. Die Gegend um Milz war eine ertragreiche Agrarlandschaft. Die beiden einzigen konservativen, dem „Bund der Landwirte" entstammenden Volksvertreter des meiningischen Landtages kamen seit einigen Jahren regelmäßig aus den Wahlbezirken Heldburg und Römhild. Wenn Frauen im Rahmen der vom örtlichen „Vaterländischen Frauenverein" abgehaltenen Familienabende mit Gesang und Theaterszenen in Trachten zusammenkamen, wurden sie in der Öffentlichkeit deswegen nicht eigens gewürdigt. Dies änderte sich mit der Diskussion um das im Juli 1908 zur 5. Hauptversammlung der „Thüringer Vereinigung für Heimatpflege" in Meiningen organisierte „Dörfliche Musikfest". Es fand im Anschluß an eine landwirtschaftliche Landesausstellung statt (Hanff 1909). Unter den Gästen waren die herzogliche Familie und hohe Beamte. Umrahmt von den musikalischen Darbietungen einer Kapelle aus Behrungen hielt Heinrich Sohnrey eine Ansprache über „echte" Dorfmusik. In Tracht gekleidete Stepfershäuser Schulmädchen sangen Volkslieder und Behrunger Mädchen inszenierten eine Spinnstube, auch Schülerinnen aus Metzels führten „die schöne alte Tracht der Heimat" vor.

Diese Auftritte scheinen das Engagement für die Trachtenerhaltung im Meiningischen entfacht zu haben. Man zitierte auf der nächsten Versammlung der Heimatpflegevereinigung in Eisenach im Januar 1909 einen Berichterstatter des Meininger Tageblattes, der meinte, „daß wohl die jungen Dorfmädchen in der kleidsamen Volkstracht das Auge erfreuten, es aber einem umsoschwerer aufs Herz falle, da auf diesem Spezialgebiete unser Kampf eine Danaidenarbeit sei, indem seit 30 Jahren keine Tracht mehr vorhanden sei" (Hanff 1909). Den Beweis des Gegenteils sollte darum im Sommer des gleichen Jahres das Milzer „Trachten- und Heimatfest" erbringen. Neben den bereits in Meiningen engagierten Gemeinden meldeten sich über 20 weitere Ortschaften mit geeigneten Beiträgen beim Festleiter Eugen Hönn, dem seit 1893 in Milz amtierenden evangelischen Pfarrer. Im vorbereitenden Komitee standen ihm unter anderen Generalleutnant v. Viehbahn und der Hildburghäuser Landrat Götting zur Seite.

Kurz vor dem Fest erschien in Hildburghausen das von Pfarrer Hönn verfaßte Heft „Das Dorf Milz einst und jetzt", reich illustriert mit Zeichnungen von Milzer Fachwerkfassaden und Fotografien von Frauen und Jugendgruppen in Milzer Tracht. Zum Fest, das mit Vorführungen einzelner Gruppen begann und nach einem Umzug auf einer Festwiese außerhalb des Ortes endete, gehörte auch eine Ausstellung ländlicher Altertümer. Oberbaurat Eduard Fritze, Regierungskommissar am Technikum Hildburghausen, hatte die Räume zusammen mit der Pfarrersfrau Emmy Hönn eingerichtet. Alles weist darauf hin, daß man hier wirklich in erster Linie ein Heimatfest feiern wollte.

Der Termin wurde auf den Tag der Landesversammlung der meiningischen Frauenvereine gelegt, der diesmal in Römhild stattfand. Von dort aus besuchte dann auch das erbherzogliche Paar das Fest im nahegelegenen Milz. Natürlich huldigte man auch hier den hohen Herrschaften in Vertretung des Landesherren, im Vordergrund stand jedoch die Selbstdarstellung der ländlichen Bevölkerung in ihrer heimatlichen Umgebung. Verdient hatten diesmal nicht Wirte und Fremdenunterkünfte, sondern der Milzer Frauenverein. Mit dem Erlös aus dem Verkauf von Trachtenpostkarten, Eintrittsgeldern für die noch einige Wochenenden nach dem Fest zur Besichtigung offenstehende Ausstellung und der nach dem Fest nochmals als Dorfchronik aufgelegten Schrift des Pfarrers konnte der Bau eines ortseigenen Kindergartens beginnen.

Milzer Trachtengruppen tauchten seither immer wieder als Repräsentanten ihrer Region auf. Luise Gerbing betonte in ihrem Trachtenbuch 1925: „Nicht besonderen Vorzügen oder Abweichungen von der Tracht anderer Orte verdankt Milz seine Berühmtheit, sondern den Bemühungen seines Geistlichen." Milzer Jugendliche nahmen 1910 am Kreislandwirtschaftsfest im bayerischen Königshofen teil, und zwar zusammen mit den Darstellern des Eichaer Hochzeitszuges, die den Königshöfer Honoratioren gegenüber unaufgefordert ihre Heimatliebe beteuerten. Sie traten 1911 beim „Deutschen Trachtenfest" des Schriftstellerinnenverbandes im Berliner Opernhaus auf, 1914 beim ersten „Deutschen Trachtenfest" in Mainz und 1935 beim Reichsbauerntag in Weimar. Nach dem Zweiten Weltkrieg entschloß man sich, vor Ort eine „Trachtenkirmes" Tradition werden zu lassen. Die allgemeine Diskussion um Sinn oder Unsinn der Trachtenfeste stand stets in Zusammenhang mit einer Idee von „Tracht". Je nach vorherrschender Ideologie wurde der „bäuerlichen" Kleidung ein bestimmter kulturhistorischer, staatskonservativer oder völkischer Wert beigelegt. Aus den bei Armin Griebel zum Thema „Trachtenfeste und Trachtenvereine" zitierten, um die Jahrhundertwende entstandenen Quellen geht hervor, daß sich Kulturhistoriker und wohlfahrtspflegerisch denkende Politiker durchaus in der Ablehnung derartiger Feste einig sein konnten, während Personen mit sozialromantischer Denkart und gleichem Arbeitsfeld zu positiven Wertungen kamen.

Karte: Nr. XIII, s.S. 121

Literatur

[Anonym]: Verein zur Erhaltung der Volkstrachten im Herzogtum Gotha. In: Jahrbuch [der Thüringer Vereinigung für Heimatpflege] 2 (1909), S. 142.

Brückner, Wolfgang (Hg.): Fränkisches Volksleben. Wunschbilder und Wirklichkeit. Würzburg 1985, S. 55-62, 133-143 u. 150-158.

Fritsch, Regina: Landwirtschaftliche Feste in Unterfranken und ihre Umzüge von 1814 bis 1914 (= VVK 27). Würzburg 1988.

Gerbing, Luise: Die Thüringer Trachten. Erfurt 1925, S. 66.

Griebel, Armin 1991: [siehe Lit.-Verz.]

Hanff, Ludwig: Jahresbericht. In: Jahrbuch 2 (1909), S. 23-27 u. 32 ff.

Hönn, Eugen 1910: [siehe Lit.-Verz.]

Ders.: Das Trachtenfest in Reinhardsbrunn. In: Das Land. Zeitschrift für soziale und volkstümliche Angelegenheiten auf dem Land 16 (1907/08), S. 479 f.

Julien, Rose: Alt-Thüringer Reminiscenzen. In: Vom Fels zum Meer. Stuttgart 22 (1902), S. 632 ff.

Koutek, Barbara 1990: [siehe Lit.-Verz.]

Rubrik Wintersportfeste. In: Thüringer Monatsblätter 14 (1907), S. 136.

Sohnrey, Friedrich: Das Trachtenfest zu Reinhardsbrunn. In: Das Land 18 (1909/10), S. 541-543.

Spieß, Karl: Trachtenkunde. In: Deutsche Geschichtsblätter 8 (1907) H. 6/7, S. 145.

Ständecke, Monika 1995: [siehe Lit.-Verz.]

Thüringer Warte. Monatsschrift für die geistigen, künstlerischen und wissenschaftlichen Interessen Thüringens 4 (1907/08), S. 235.

Glas aus Lauscha, Spielzeug aus Sonneberg und Tabakspfeifen aus Ruhla - wenn von derartigen Erzeignissen die Rede ist, so wurde und wird damit eine spezielle Produktionsform in Verbindung gebracht, für die sich die Bezeichnung Hausindustrie in Mitteleuropa eingebürgert hat. Sie kennzeichnet eine Form wirtschaftlichen Handelns, bei dem die Produktion dezentral, meist in der Wohnung der Hersteller geschah, während der Vertrieb der Erzeugnisse sowohl über das Verlagssystem als auch über Hausierer oder andere Kleinhändler erfolgten.
Den Begriff geprägt hat die „Historischen Schule" der deutschen Nationalökonomie in der zweiten Hälfte des 19. Jahrhunderts. Aufgrund der Forschungen von Karl Bücher und Wilhelm Stieda grenzte man die Hausindustrie als besondere Form der Produktion sowohl gegen das Handwerk als auch gegenüber der Industrie ab. Die mehrteilige Studie über die „Hausindustrie in Thüringen" des Österreichers Emanuel Sax (1882 ff.) stellte dies erstmalig generalisierend dar, besonders deren soziale Schattenseiten. Zeitgleich rückten die Erzeugnisse in das Interesse breiterer Bevölkerungsschichten. Die Weltausstellungen in Paris (1867) und Wien (1873) haben diesen Prozeß verstärkt. In ihrem Gefolge wurden jene Erzeugnisse als „Volkskunst" beschrieben, wie es Alois Riegl 1894 in seiner Studie „Volkskunst, Hausfleiß und Hausindustrie" als erster tat.
Vor allem aber die sozialpolitische Motivierung empirischer Untersuchungen von Seiten des „Vereins für Socialpolitik" bestimmten die weiteren Forschungen zur Hausindustrie. Besonders in den 20er und 30er Jahren entstanden an den Universitäten Jena und Leipzig zahlreiche betriebswirtschaftliche Dissertationen, die die sozialen Verhältnisse in der Hausindustrie zum Gegenstand hatten. Nach 1945 entstanden zwar einige bemerkenswerte Einzelmonographien zum Kleineisengewerbe Schmalkaldens, der Sonneberger Spielzeugindustrie und der Glasindustrie in Lauscha, die aber kaum über die wesentlichen Aussagen der „Historischen Schule" hinausgingen. Modernere Forschungsansätze, wie die These von der Protoindustrialisierung und die Diskussion über die Entstehung gewerblich verdichteter Regionen während der frühen Neuzeit in Mitteleuropa, wurden fast gar nicht aufgegriffen.
Während der frühen Neuzeit entstanden in Mitteleuropa besonders in den Mittelgebirgsregionen Gewerbezentren. Voraussetzungen dafür waren das Vorhandensein der notwendigen Roh- und Hilfsstoffe sowie entsprechend qualifizierter Arbeitskräfte und die Organisation des Vertriebes, vor allem in Gestalt des Verlagswesens. Diese Entwicklung setzte im Bereich des Thüringer Waldes ab 1650 ein. Eine weitgehend auf gewerblichen Zuerwerb neben der Landwirtschaft angewiesene ländliche Bevölkerung fand frühzeitig ihr

Auskommen in der Verarbeitung des Holzes als Holzhauer, Köhler, Pechsieder oder Flößer. Zahlreiche Personen suchten Lohn und Brot in dem sich entwickelnden Gewerbe, z.B. dem Kleineisengewerbe um Schmalkalden, Steinbach-Hallenberg, Schweina und Steinbach bei Bad Salzungen, der Waffenherstellung um Suhl und Zella-Mehlis, der Herstellung von Holzwaren und Spielzeug um Sonneberg sowie der Lampenglasbläserei in den Gebieten Lauscha-Neuhaus am Rennweg sowie zwischen Ilmenau und Stützerbach. Daneben bestand in der Rhön, im Gebiet um Suhl und Meiningen sowie im Bereich des Frankenwaldes in Oberfranken, eine verbreitete Weberei. Holzverarbeitung, Schieferabbau und Glasveredelung fußten auf dem Nebenerwerb bäuerlicher Unterschichten im Bereich des Thüringer Waldes, während Metallverarbeitung und Textilgewerbe auf ursprünglich selbständige Handwerksmeister in späterer Abhängigkeit von Verlegern und Kaufleuten zurückgingen. Die hausindustrielle Lampenglasbläserei entstand erst mit der Einführung der Öllampe im letzten Drittel des 18. Jahrhunderts, erlebte ihre eigentliche Ausweitung jedoch erst durch die Bereitstellung von Leuchtgas als Brennmaterial durch den Bau von Gaswerken ab 1860. Ähnlich verhielt es sich mit der Spielwarenfertigung, wo mit der Einführung von Gipsformen in der Papiermachéverarbeitung ab etwa 1820 eine Ausweitung der Hausindustrie einherging.

Seit dem Ende des 18. und zu Beginn des 19. Jahrhunderts verstärkte sich der Trend zur Hausindustrie, verursacht durch Bevölkerungsanstieg (Pockenschutzimpfung!), begleitet vom Wegbrechen traditioneller Erwerbsmöglichkeiten in Handwerk, Textilindustrie, Fuhrwesen und Bergbau, sowie einer Zersplitterung der ohnehin ertragsarmen landwirtschaftlichen Flächen infolge der Realteilung. Verbreiteter Pauperismus war die Folge. Perspektiven für die Bevölkerung bestanden damals entweder in der Auswanderung oder in der Suche nach neuen Erwerbsmöglichkeiten. Beide Alternativen wurden in unterschiedlicher Weise von Seiten der Kleinstaaten gefördert.

Während des 19. Jahrhunderts entstanden aufgrund staatlicher Einflußnahme neben den bereits bestehenden Hausindustrien neue, während andere Gewerbezweige, wie die Textilherstellung, wegen der Konzentration im Osten Thüringens (Apolda, Gera, Greiz) sowie im Frankenwald und der Rhön fast gänzlich verschwanden. Als typische „Notindustrie“ galt die Korbflechterei, die sich während des ersten Drittels des 19. Jahrhunderts besonders vom oberen Maintal um Michelau aus bis in das Herzogtum Sachsen-Coburg und das Oberland des Herzogtums Sachsen-Meiningen ausweitete. Die preußische Provinzialverwaltung führte 1846 die Schachtelmacherei als „Notindustrie“ im Landkreis Schleusingen ein. Ab den 1890er Jahren entstanden in der Schieferverarbeitung unter Einfluß der sachsen-meiningischen Regierung sogenannte Großhütten, so daß dort die dezentrale Produktion gänzlich verschwand. Andererseits führte die Industrialisierung zu neuen Hausindustrien. So beschäftigten die seit Ende des 18. Jahrhunderts entstandenen Porzellanfabriken hausindustrielle Former und Maler.

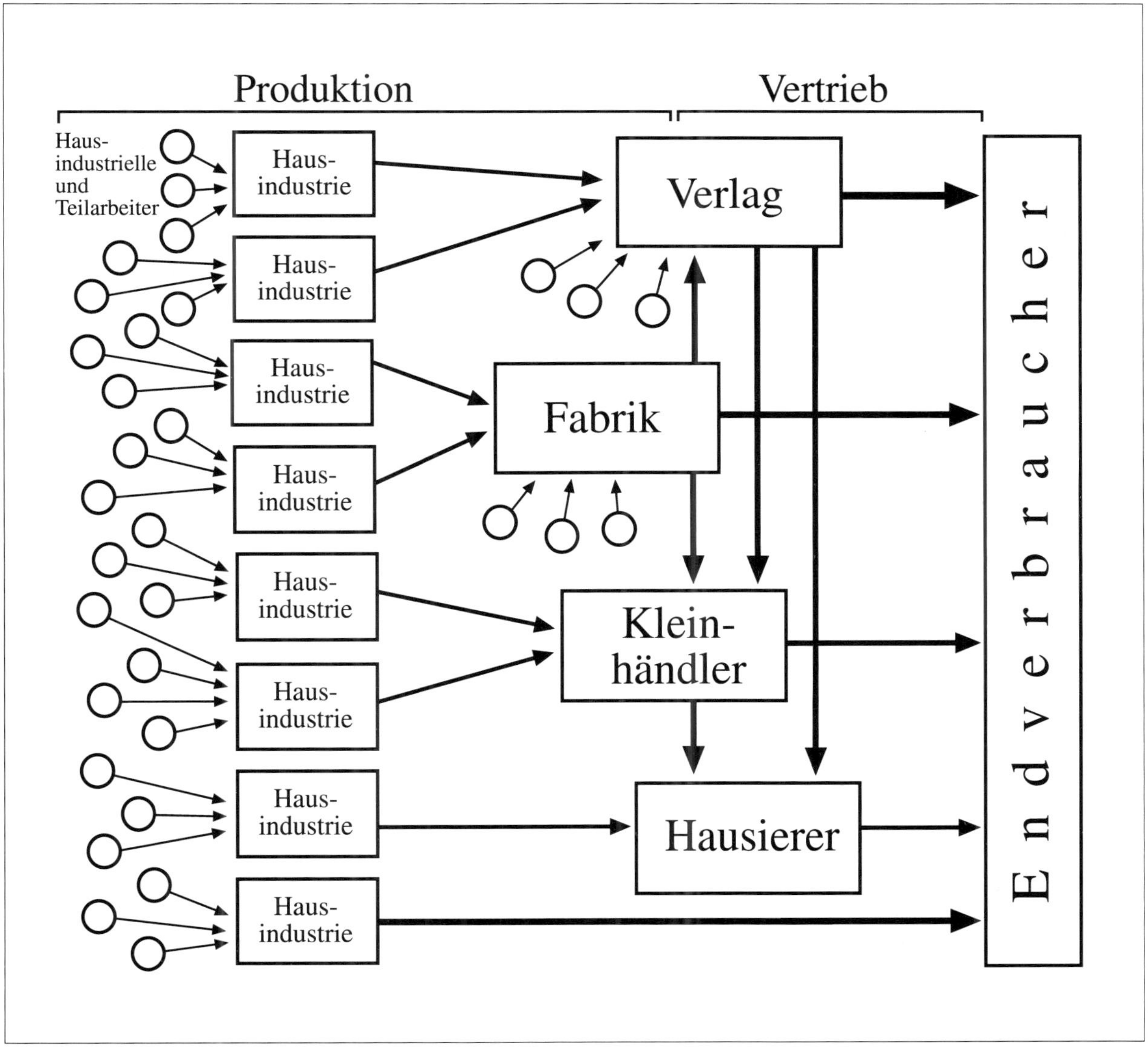

Abb. 31 *Hausindustrie: Vertriebswege.*

Insgesamt erlebte hier die Hausindustrie entgegen den von den Vertretern der Protoindustrialisierungstheorie aufgestellten Thesen während des 19. Jahrhunderts eine Ausweitung. Um 1850 hatte sie sich über den gesamten Thüringer Wald ausgebreitet und erfaßte in der zweiten Hälfte des 19. Jahrhunderts auch zahlreiche Ortschaften der Vorlandgebiete des Gebirges im Süden und Norden. Innerhalb des geschlossenen Verbreitungsgebietes der Hausindustrie gab es kleinere Regionen, die auf einen Gewerbezweig spezialisiert waren, wie die Metallverarbeitung im westlichen Thüringer Wald, die Glasindustrie um Lauscha und Ilmenau oder die Korbflechterei im oberen Maintal und im Coburger Land. Hier erfolgte vor Ort die spezialisierende Arbeitsteilung. In der Spielzeugindustrie gab es zwischen 1870 und 1914 im Sonneberger Raum Dörfer, die auf Teilarbeiten spezialisiert waren. Dadurch entstanden mannigfache Abhängigkeitsverhältnisse. Die Teilarbeiter waren abhängig von einem „Fertigmacher“, der seinerseits vom Verleger oder Kaufmann abhängig war. Daneben gab es aber auch hochspezialisierte Teilarbeiter, wie die Augeneinsetzer in der Spielzeugindustrie, die aufgrund ihrer Qualifikation überdurchschnittliche Einkommen bezogen.

Daß sich bis in das 20. Jahrhundert die Hausindustrie im Bereich des Thüringer Waldes behaupten konnte, lag vor allem an der Flexibilität ihrer Betreiber wie an der kostengünstigen Produktion. Da die Subsistenz der Hausindustriellen zum Teil durch die nebenher betriebene Landwirtschaft gesichert wurde, konnten die Stückpreise für ihre Erzeugnisse relativ niedrig gehalten werden. Die Hausindustriellen arbeiteten bis weit in das 20. Jahrhundert hinein effizienter und preiswerter als die Fabriken. Hinzu trat seit dem 18. Jahrhundert ein gut organisierter Vertrieb. Dabei bestanden im Thüringer Wald Verlagshandel und Hausiererwesen sowie Klein- und Kramhandel zeitweilig nebeneinander. Das Verlagswesen dominierte vor allem im Bereich der Kleineisenindustrie im Raum Sonneberg, was 1789 durch ein „Privilegium exclusivum“ festgeschrieben wurde und auch nach der Gewerbefreiheit 1862 keinen Kleinhandel aufkommen ließ.

Bis in die Mitte des 19. Jahrhunderts spielte vor allem für den Raum Gräfenthal und das obere Schwarzatal der Handel der örtlichen Fuhrleute eine größere Rolle. Sie vertrieben die Produkte der Glashütten, der Glasbläser und der holzverarbeitenden Gewerbe bis nach Bamberg, Erfurt und Saalfeld, wo sie die notwendigen Getreidevorräte für die Waldregionen aufkauften. Begünstigt durch die Errichtung des Zollvereins, entstanden ab den 1830er Jahren zahlreiche Klein- und Kramhandlungen im Thüringer Wald mit Manufakturwaren und Erzeugnissen der Hausindustriellen. Daneben betätigten sich auch Porzellan- und andere Fabriken als Aufkäufer und vertrieben die zum Teil branchenfremden Waren.

Soziale Mißstände wie niedrige Arbeitslöhne, Trucksystem, Kinderarbeit und schlechte hygienische Verhältnisse riefen bereits 1880 den Einspruch des „Vereins für Socialpolitik“ hervor. Die in mehreren Enquetten niedergelegten Vorschläge konzentrierten sich auf die Verbesserung der Ausbildung zur Wertsteigerung der Produkte und auf den Zusammenschluß der Hausindustriellen zu Genossenschaften. Die seit Ende des 18. Jahrhunderts angelegten „Industrieschulen“ dienten zunächst der „Verfleißigung“ der Unterschichten und zielten vor allem auf die Erlernung von Fertigkeiten, die später eine Existenz als Hausindustrieller ermöglichen sollte. Ab den 1860er Jahren richtete sich der Blick der staatlichen Wirtschaftsförderung mehr auf die „Hebung“ der Produkte. Die Kunstgewerbebewegung führte zur Gründung zahlreicher Industrie- und Fachschulen in der Region: Sonneberg (1826/1883), Ruhla (1833), Neustadt bei Coburg (1854), Lichte-Wallendorf (1862), Eisfeld (1864), Empfertshausen, Lauscha, Schalkau (1881), Oberneubrunn (1884), Schwarzenbrunn (1888), Limbach (1894), Schmalkalden (1902), Rauenstein (1903), Lichtenfels (1904).

Größere Bedeutung erlangten diese Schulen vor allem für die Ausbildung von Modelleuren in der Porzellan- und Spielzeugindustrie sowie von Meistern auf dem Gebiet der Schnitzerei und der Korbflechterei. Da der Vorteil der Hausindustrie jedoch auf den geringen Produktpreisen beruhte, blieb die Wirkung der Schulen gering. Von lokaler Bedeutung waren die ab den 1890er Jahren entstandenen Genossenschaften, besonders in der Glasindustrie und dem Kleineisengewerbe. Ihr Vorteil, z. B. in der Christbaumschmuckherstellung durch einen Versandhandel vor Weihnachten Marktnischen zu besetzten, bestand in der Gewinnbeteiligung der Teilhaber ohne Verleger.

Nach dem Ersten Weltkrieg geriet die Hausindustrie in eine Krise. Hervorgerufen wurde diese vor allem durch den Aufschwung der Konsumgüterindustrie. Die Einführung moderner Maschinen im Bereich der Metallverarbeitung und die in den USA ab den 20er Jahren praktizierte Fließbandarbeit ermöglichte eine preiswertere Fertigung in zentralisierten Produktionsstätten. Seit 1928 veränderten sich deshalb die staatlichen Fördermaßnahmen einschneidend. Nun wurde eine Abkehr von der traditionellen Hausindustrie gefordert. Umsiedlung von jüngeren Arbeitskräften erfolgten ins Mitteldeutsche Industriegebiet um Halle/S. und Merseburg, ab 1934 auch Versuche der Reagrarisierung im Thüringer Wald. Eine Forschergruppe der „Notgemeinschaft der deutschen Wissenschaft“ beschäftigte sich zwischen 1933 und 1935 mit der Hausindustrie in Thüringen, ebenso zwei studentische Projekte der Universität Jena über Sonneberg (1935) und Schmalkalden-Suhl (1936). Alle räumten der Hausindustrie keine Perspektive mehr ein.

Nach 1945 wurden die kleineren selbständigen Hausindustriellen als Handwerker eingestuft und in der Folge zunächst zu Einkaufs- und Liefergenossenschaften zusammengeschlossen, die in den 50er Jahren zu Produktionsgenossenschaften des Handwerks umgebildet wurden. Die größeren hausindustriellen Betriebe mit mehr als 20 Beschäftigten galten als Privatbetrieb und mußten ab den 60er Jahren staatliche Beteiligung annehmen. 1972 erfolgte die Verstaatlichung der letzten Privatbetriebe und die Umbildung zu Volkseigenen Betrieben (VEB). Einher mit der Verstaatlichung gingen in der Spielwaren-, Glas- und metallverarbeitenden Industrie weitere Konzentrationen. Letzteres war aber keine alleinige Erscheinung in der DDR, sondern betraf auch ähnlich gelagerte Branchen in der Bundesrepublik.

Hausindustrie bestand jedoch in Gestalt der Heimarbeit von abhängig Beschäftigten teilweise weiter und erfährt zur Zeit in der Spielwarenindustrie eine erneute Belebung.

Thomas Schwämmlein

Karte: Nr. XVII, s.S. 150

Literatur

Borchardt, Karl: Der Heimarbeitsbezirk Sonneberg. Seine sozial- und wirtschaftspolitische Lage im Sommer 1935. Weimar 1936.

Brückner, Wolfgang: Gewerbeforschung und Volkskunsttheorie. Versuch eines Einstiegs. In: JbfVK NF 18 (1995), S. 29-42.

Bücher, Karl: Die gewerblichen Betriebssysteme in ihrer geschichtlichen Entwicklung. In: Ders.: Die Entstehung der Volkswirtschaft. Vorträge und Aufsätze. 1. Sammlung. Tübingen [17]1926, S. 161-196 [Zuerst 1893].

Ders.: Die Hausindustrie auf dem Weihnachtsmarkt. In: Ders.: Die Entstehung der Volkswirtschaft. Vorträge und Aufsätze. 2. Sammlung. Tübingen 1926, S. 145-196.

Das Büchsenmacherhandwerk und Kleineisengewerbe im Thüringer Wald. Weimar 1938.

Deneke, Bernward: Das ländliche Hausgewerbe im Zeitalter der frühen Weltausstellungen. Anpassungsprozesse zwischen ökonomischen Zwängen und der Ästhetisierung des Industrieprodukts. In: JbfVK NF 18 (1995), S. 43-67.

Engel, Wilhelm 1927: [siehe Lit.-Verz.]

Guth, Klaus: Hausindustrie als volkskundliches Forschungsproblem für Thüringen und Franken. In: JbfVK NF 18 (1995), S. 67-79

Häntzsch, Leopold: Zur Konjunkturempfindlichkeit der Verlagsproduktion insbesondere die Wirkung der Wirtschaftskrise auf die wichtigsten Grundindustrien der thüringischen Heimarbeit. Leipzig 1937.

Hoffmann, Rudolf: Zur sozialen Lage der Werktätigen in der Lauschaer Glasindustrie unter den Bedingungen kapitalistischer Produktionsverhältnisse. Lauscha 1977.

Kaufhold, Karl-Heinrich: Gewerbelandschaften in der frühen Neuzeit. In: Pohl, Hans (Hg.): Gewerbe- und Industrielandschaften vom Spätmittelalter bis ins 20. Jahrhundert. (= Vierteljahresschrift für Sozial- und Wirtschaftsgeschichte. Beiheft Nr. 78), Stuttgart 1986, S. 112-202.

Lohse, Hans: 600 Jahre Schmalkalder Eisengewinnung und Eisenverarbeitung vom 14.-20. Jahrhundert. Ein Beitrag zur Wirtschaftsgeschichte Südthüringens (= Südthüringer Forschungen 1). Meiningen 1965.

Meyfarth, Brunhild 1981: [siehe Lit.-Verz.]

Pontius, Martina, Hennig, Egon und Kaspar, Karin: Heimarbeit und Lohnarbeit in Thüringen. Erfurt 1989.

Riegl, Alois: Volkskunst, Hausfleiß und Hausindustrie. Berlin 1894 [Reprint Mittenwald 1978].

Ronniger, Rudolf: Die Lebensbedingungen der Schmalkalder Kleineisenindustrie. Coburg 1933.

Sax, Emanuel 1882-88: [siehe Lit.-Verz.]

Schultz, Helga: Landhandwerk im Übergang vom Feudalismus zum Kapitalismus. Vergleichender Überblick und Fallstudie Mecklenburg-Schwerin (= Forschungen zur Wirtschaftsgeschichte 21). Berlin 1984.

Stenbock-Fermor, Alexander Graf von: Deutschland von unten. Reise in die proletarische Provinz 1930. Luzern/Frankfurt a. M. o.J. [1930].

Stieda, Wilhelm: Litteratur, heutige Zustände und Entstehung der deutschen Hausindustrie (= Schriften des Vereins für Socialpolitik 39). Leipzig 1889.

Sy, Margarete 1929: [siehe Lit.-Verz.]

Weddigen, Walter (Hg.): Die Thüringische Heimarbeit in der Wirtschaftskrise. Die Krisenwirkung und ihre Bekämpfung durch den Nationalsozialismus. Leipzig 1935.

Der Sonneberger Wirtschaftsraum um 1845 und 1930

Dies war das Thema einer Dissertation von Ernst Fugmann 1938 in Würzburg, deren Ergebnisse noch heute gültig sind und in ihren 5 Kartenbeilagen die gesamte Bandbreite lokaler Ansiedlung von Hausgewerbe und industrieller Produktion im Südthüringer Wald und einigen Teilen Nordost-Oberfrankens zeigt. Für unsere Fragestellungen bleiben besonders interessant zwei Übersichtskarten zur Verteilung der Industrien im Sonneberger Wirtschaftsraum für die Jahre 1840/50 und 1928/29. Als grundlegendes Datenmaterial ermittelte der Autor die Arbeiterzahlen in den einzelnen Gewerbe- und Industriebereichen. Diese erschließen zwar keine exakten Angaben zur Produktionsmenge, aber der ähnlich aussagekräftige „Arbeitskoeffizient" liefert hier einen nachvollziehbaren Ansatz. Ergänzend wird vor allem die Übersichtskarte zum Hausgewerbe mit konkreten Zahlen der Beschäftigten in den einzelnen Berufsgruppen unterfüttert.

Fugmann wertete statistische Angaben der Topographien des 18. und 19. Jahrhunderts aus (Keßler von Sprengseysen u.a.), weiterhin Chroniken, Seelenregister, Akten der Bergämter und Staatsarchive sowie die Karteien der „Allgemeinen Ortskrankenkassen" und der Betriebsversicherungen. Die Daten für die Jahre 1928/29 stammen zum Großteil aus eigenen Befragungen des Autors vor Ort, während für die Jahre 1840/50 nur Annäherungswerte vorliegen, weil die große Zahl Heimarbeiter schon damals unmöglich zu ermitteln war. Die Arbeiterzahlen verweisen also nicht auf den Wohn-, sondern auf den Arbeitsort.

Die daraus gewonnenen Angaben über die Arbeiterzahlen setzte Fugmann für die Jahre 1840/50 und 1928/29 quantitativ um, indem er verschiedene Punktgrößen (12, 25 bzw. 100 Arbeiter) auf der Karte aneinanderreihte. Diese Darstellungsart in sogenannter „Kleingeldmethode" haben wir in Kreisdiagramme umgesetzt und entsprechend veranschaulicht. Die Schichtung der Kreise läßt eine Konzentration einzelner Gewerbe innerhalb der Region erkennen, vermittelt weiterhin über die Kreisgröße die Anzahl der Gesamtbeschäftigten und zeigt schließlich die Gewichtung der einzelnen Gewerbe.

Fugmanns Ergebnisse veranschaulichen eine in dieser Ausführlichkeit erstmals durchgeführte, kulturgeographische Bearbeitung einer Wirtschaftsregion. Im Thüringer Raum mit seiner geschlossenen wirtschaftlichen, aber politisch äußerst heterogenen Geschichte war dies ein aufwendiges Unterfangen in den Archiven der ehemaligen Herrschaftsbereiche. Durch die Kriegsverluste ist für uns heute vieles davon nicht mehr erreichbar. Auch die von Fugmann zitierten unveröffentlichten Tabellen und Auswertungen sind beim Angriff auf Würzburg 1945 verbrannt.

Matthias Wagner

Karte: Nr. X/XI, s.S. 58-59

Abb. 32 *Ruhla, Postkarte um 1915.*

Der frühere Marktflecken Ruhla, heute längst eine Stadt, im Nordwesten des Thüringer Waldes gelegen, war von jeher ein beliebtes Ziel für Wanderer und Sommerfrischler. Vertraut man den zahlreichen Reisebeschreibungen und Wanderführern des 19. Jahrhunderts, in denen Ruhla stets als eine der sehenswertesten Wegstationen geschildert wurde, so besaß diese schmucke Ansiedlung im Tal der Ruhla alle Eigenschaften, um ein attraktiver Fremdenverkehrsort zu sein. Da sind zunächst die „hochromantische Gebirgslage" nahe dem Großen Inselsberg, die gute Waldluft und ein um 1737 entdeckter Gesundbrunnen. Sagenhaft und mysteriös sei die Geschichte Ruhlas und seiner Bewohner, so kann man in dem 1854 erschienenen Reisehandbuch von Franz Fritze oder in der „culturgeschichtlichen Ortskunde" für „Badegäste, Touristen und Einheimische" von A. Ziegler aus dem Jahre 1867 lesen. Es unterscheiden sich nämlich die Ruhlaer hinsichtlich ihrer Sprache, Physiognomie und ihres Charakters so grundlegend von den Menschen in ihrer Umgebung, daß man über ihre Herkunft die unterschiedlichsten Vermutungen aufgestellt hat. Widerlegt werden konnte die Ansicht, ihre Vorfahren seien Bergleute aus dem Harz gewesen. Dies ließ weiteren gewagten Mutmaßungen freien Lauf, etwa ihre Abstammung von Sorben und Wenden, sogar von Ungarn, Tirolern oder gar Orientalen. Arbeitssam und heiter gleichermaßen seien die Ruhlaer, schön die hiesigen Mädchen, allesamt begabt mit Mutterwitz und aufgeschlossen dem Schönen, vor allem der Musik. So lassen sich neben Erfindern und dem Schriftsteller Ludwig Storch einige aus Ruhla gebürtige Musiker und Komponisten aufzählen.

Bekannt sind auch die großen Leidenschaften der Ruhlaer, nämlich die Zucht von Singvögeln, Tauben und Blumen. Man sieht es ihnen nach, wenn sie ihr gesamtes Vermögen aufs Spiel setzen, um einen besonders guten Sänger oder eine teure Nelkensorte ihr eigen nennen zu können, überwiegt doch „der rührige Gewerbefleiß" der findigen Ruhlaer und ihre „an Holland erinnernde Reinlichkeit", so daß der Ort das „thüringische Kleinmanchester" genannt und im gleichen Atemzug mit Karlsbad verglichen werden könne. Es gäbe keine Bettler in Ruhla, betont Ziegler, die, wie im benachbarten Brotterode, dem Besucher lästig fallen könnten, und meint damit den höheren Erholungswert für den Badegast, der, statt mit aufdringlicher Armut konfrontiert zu werden, unbeschwert das fleißige Ruhlaer Volk in seiner kleidsamen Nationaltracht beobachten könne, die allerdings, so schränkt Ziegler ein, immer mehr schwinde.

Gut fügen sich zu diesem Bild von Ruhla die hier ausgeübten Gewerbe, nämlich nicht etwa triste Baumwollspinnereien, sondern die Herstellung von Meerschaumpfeifen und sämtlichem Zubehör, von Billardkugeln und Alabasterarbeiten. Fritze mußte zwar bereits 1854 einen langfristigen Rückgang der vormals blühenden Tabakpfeifenherstellung konstatieren, sah aber mit Erleichterung, daß die findigen Ruhlaer sich bereits zu helfen wußten und eine neue Erwerbsquelle im Kurbetrieb sahen. Doch nicht nur das, was die Natur von sich aus gibt, nämlich die gute Luft und das Heilwasser, wollte man nutzen, sondern Ruhla sollte ein Heilbad mit Kaltwasserheilanstalt, Dampfbad, Fichtennadelbalsamischem Bad und Molkenanstalt werden.

Schließlich darf eine Attraktion nicht unerwähnt bleiben, die Ruhla einen prominenten Platz in der thüringischen Geschichte verschafft hat. Im Jahre 1161 nämlich habe sich Landgraf Ludwig während der Jagd verirrt und sei über Nacht von einem Waldschmied beherbergt worden, der dem jungen Landesherrn berichtete, wie die Adeligen das Volk bedrückten. Dem beschwörenden Ausruf des Schmieds bei seiner Arbeit, „Landgraf, werde hart!“ und dem rigorosen Durchgreifen Ludwigs nach dem nächtlichen Besuch in der Schmiede habe der Landgraf den Beinamen „der Eiserne“ zu verdanken. Nicht zuletzt war es Ludwig Bechstein, der mit seinen erfolgreichen Sagenpublikationen dem „Schmied von Ruhla“ einen hohen Bekanntheitsgrad verschaffte.

Tatsächlich ist die Geschichte Ruhlas eng mit der Eisenverarbeitung verbunden. Hier bildeten sich, ebenso wie in Schmalkalden und seinem Hinterland, frühe Spezialisierungen im Schmiedehandwerk heraus, auf den Export ausgerichtet und fest in der Hand von Verlegern. In Ruhla dominierte die Erzeugung von Messern, mit der man es zu Beginn des 18. Jahrhunderts auf eine jährliche Produktion im Wert von 140.000 Reichstaler brachte. Der Absatzmarkt lag vor allem im benachbarten Preußen, weiterhin in Schlesien und Polen. Erste Absatzschwankungen machten sich um 1719 bemerkbar, verursacht zunächst durch Kriege, später durch die Etablierung eigener eisenverarbeitender Industrien in den Verkaufsländern. Besonders gravierend wirkte sich neben dem steigenden Holzexport im eigenen Land und dem zwangsläufig folgenden Mangel an Holzkohle die preußische Gewerbepolitik aus. Um der neugegründeten Stahlwarenfabrik in Neustadt-Eberswalde bei Berlin eine gute Basis zu verschaffen, warb der preußische König nicht nur Schmiede und Schlosser aus Ruhla und Schmalkalden an, sondern sperrte 1754 die Messe in Frankfurt/Oder für thüringische Kaufleute.

Alarmiert durch die stetige Abwanderung der mit technischem Können begabten Handwerker, stellten die betroffenen Staaten Nachforschungen an. Im Falle von Ruhla, durch das seit dem Beginn des 17. Jahrhunderts eine Landesgrenze in Gestalt des gleichnamigen Flüßchens verlief, waren dies das Herzogtum Sachsen-Gotha und das Großherzogtum Sachsen-Weimar. Die Beamten kamen einem Trucksystem von bedrückendem Ausmaß auf die Spur, doch letztlich griffen die vielfältigen Reformversuche nicht. Die Not der Arbeiter blieb und erreichte mit dem „Hungertyphus“ von 1772 einen Höhepunkt. Die Qualität der Produkte sank, und die Abwanderung ging weiter.

Die Landesgeschichte von Mosch und Ziller aus

dem Jahr 1813 berichtet, daß sich ab 1739 das Beschlagen von Tabakpfeifenköpfen einbürgerte, die vorwiegend aus den thüringischen Porzellanmanufakturen angeliefert, aber auch aus heimischen Hölzern von Heimarbeitern in der Rhön geschnitzt wurden. Allein im gothaischen Teil Ruhlas lebten um 1813 rund 200 Personen von der Pfeifenherstellung, die zwar an keine Zunft gebunden, wohl aber von den Verlegern beherrscht war, die den Kreis ihrer Abhängigen auch auf die Bewohner der Rhöndörfer ausgedehnt hatten.

Wenn man den wirtschaftlichen Fortgang Ruhlas weiterverfolgt, so muß man staunen über den nächsten Schritt, die Etablierung der Meerschaumschnitzerei und weiterer, meist von Frauen und Kindern ausgeübten Erwerbszweigen: die Herstellung von Pfeifenschnüren und Quasten, ledernen Handschuhen, gestrickten Strümpfen und „Tabacksbeuteln von buntem Leder, mit Seehund belegt und mit Seide gestickt“. Die Erfindung einer künstlichen Masse aus den Abfällen der Meerschaumverarbeitung blieb lange ein in Ruhla sorgsam gehütetes Geheimnis. Auch der Nationalökonom Emanuel Sax, der 1884 seine Untersuchungen über die Thüringer Heimindustrie veröffentlichte, bekundete seine Verwunderung darüber, wie sich gerade in dem abgelegenen, durch die politische Zerrissenheit benachteiligten Ruhla die Tabakpfeifenindustrie entwickeln konnte, die ihre Rohstoffe aus Kleinasien und ähnlich weit entfernten Regionen beziehen mußte.

Sax hatte sich mit seinen Publikationen nicht nur die Feindschaft der Industriellen in Sonneberg zugezogen, sondern auch den Mythos vom unbekümmerten Gewerbefleiß der Ruhlaer zerstört. Bewundernd schrieb er zwar: „Mit seltenem Geschick haben es die Ruhlaer verstanden, den veränderten Bedürfnissen und Zusammenhängen des Weltmarktes sich anzupassen; dreimal haben sie ihr Hauptgewerbe von Grund aus geändert“. Gleichzeitig aber offenbarte er neben Zitaten aus amtlichen Berichten über die Ausweglosigkeit der Arbeiter, sich den bedrückenden Konditionen der Verleger zu entziehen, die hohe Zahl der Auswanderer aus Ruhla im 19. Jahrhundert. Allein im gothaischen Teil waren es im Zeitraum von 1851 bis 1874 430 Personen. Miteingeschlossen in diese Zahl sind übrigens auch die jeweils Ärmsten, die auf Gemeindekosten außer Landes geschafft wurden.

Infolge steigender Armut verschlechterte sich im Ort die Wohnsituation. Sie erreichte zwar nicht das in Sonneberg herrschende Ausmaß, doch ließen sich, wie Sax bedauerte, die Folgen der Pauperisierung in Ruhla wegen des Fehlens zuverlässiger Statistiken, etwa zur Sterblichkeit, nicht belegen. Zweifel an der eingangs geschilderten Idylle im Kurort Ruhla erweckt auch die von Sax genannte Summe der an die Armen ausgeteilten Mahlzeiten aus der Suppenanstalt, die 1879 im weimarischen Ortsteil eingerichtet werden mußte. Sprichwörtlich war das „Rühler Beefsteak“, ein Brot mit Salz und Kümmel.

Ausführlich beschrieb Sax das Verlagssystem, in Ruhla charakterisiert durch den Ausspruch: „Die Kaufleute machen ihr Geschäft schon vor der Messe“. Es gab hier, so schreibt Sax, alle Formen des hausindustriellen Verlagssystems, von der Verbindung eigener Produktion und Verlag bis hin zum Verleger ohne Manufaktur, der nur die Produktionsschritte leitete und Verpackung und Versand betrieb. Kaufmännische Unfähigkeit und erbitterter Konkurrenzkampf führten nicht nur zu einem schädlichen Unterbieten der Preise und somit zu fortschreitend niedrigen Löhnen und schlechter Warenqualität, sondern im Endeffekt zu Absatzschwierigkeiten und Not unter den Arbeitern. Fatal wirkte sich die abgeschiedene Lage Ruhlas aus. Den von den Verlegern Abhängigen fehlte jegliche alternative Erwerbsmöglichkeit. Der empfindlichste Punkt der Ruhlaer Arbeiter, den die Kaufleute und Verleger schon früh erkannt hatten und der ihnen bereits die Handwerker ausgeliefert hatte, war die mangelnde Selbstversorgung des Ortes mit Nahrungsmitteln. Rauhes Klima und fehlende Anbauflächen zwangen zu größten Bemühungen im Bereich der Viehzucht, des Obst- und Gartenbaues. In Körben trugen die Frauen den Schleifstaub, der bei der Bearbeitung des Horns für die Messerschalen angefallen war, zum Düngen auf die hochgelegenen Weiden. Mit barem Geld, so wurde seit Ende des 18. Jahrhunderts bemerkt, mußte all das bezahlt werden, was trotzdem noch zum täglichen Bedarf benötigt wurde.

In vergleichbarer Abhängigkeit lebten sicher auch die Bewohner von Brotterode oder Steinbach bei Bad Liebenstein, ebenfalls durch frühe Industrie geprägte Orte und in einer für die Landwirtschaft abträglichen Gegend. Ruhla allerdings kam in den Genuß einer beispiellosen Verbrämung der nackten Wirklichkeit, nicht nur als Erbe des Schmieds von Ruhla und wegen der rätselhaften Herkunft der Bewohner, sondern mehr noch durch den frühen Fremdenverkehr und den ab 1760 anlaufenden Kurbetrieb. Daß der Dialekt keineswegs exotisch ist, sondern lediglich ältere fränkische Anleihen aufweist, kann man schon in dem Werk von W. Buchholtz, „Das Bad zu Ruhla", aus dem Jahr 1795 nachlesen. Dort findet man außerdem folgendes Zitat: „Vormals hatten die Einwohner von Ruhla auch eine eigene, unterscheidende Kleidertracht, die aber in den neueren Zeiten fast ganz ausser Gebrauch gekommen ist, so, dass man itzt noch selten etwas davon sieht." Sinngemäß wurde es 1807 von Hoff und Jacobs übernommen, und auch Mosch und Ziller mußten 1813 gestehen, daß sie das Phänomen der „Trachten der Altvordern" nicht mehr fassen konnten; was sie als Ruhlaer Tracht beschrieben, erweist sich nach heutiger Kenntnis als die in ländlichen Abgeschiedenheit zu erwartende zeitgemäße Kleidung. Die wirkliche Entstehungszeit der Ruhlaer Tracht, so wie sie später von Luise Gerbing geschildert wurde, ist vermutlich erst in der zweiten Hälfte des 19. Jahrhunderts zu suchen, in der Ära der Volksschauspiele und der folkloristischen Darbietungen.

Birgit Jauernig-Hofmann

Karte: Nr. XVIII, s.S. 151

Literatur

Buchholtz, Wilhelm Heinrich Sebastian: Das Bad zu Ruhla. Nebst einer kurzen geographischen, historischen und statistischen Beschreibung des Ortes Ruhla. Eisenach 1795.

Fritze, Franz: Der Nordwesten des Thüringer Waldes oder zehn Tage in Ruhla. Ein Reisehandbuch und Wegweiser. Berlin 1854.

Gerbing, Luise: Die Ruhlaer Tracht. Eine volkskundliche Wanderung durch fünf Jahrhunderte (= Aus Ruhlas alten und neuen Tagen 3). Ruhla 1909.

Heß, Ulrich: Geschichte Thüringens 1866-1914. Weimar 1991.

Hoff, K. E. A. und Jacobs, C. W.: Der Thüringer Wald besonders für Reisende geschildert, Bd. 1. Gotha 1807.

Mosch, Carl Friedrich und Ziller, Friedrich Carl Christian: Versuch einer Beschreibung der Sachsen-Gothaischen Lande. Gotha 1813.

Regel, Karl: Die Ruhlaer Mundart. Weimar 1868.

Rosenkranz, Heinz: Die sprachlichen Grundlagen des thüringischen Raumes. In: Patze, Hans u. Schlesinger, Walter (Hgg.): Geschichte Thüringens. 1. Bd. Köln u. Graz 1968. S. 113-173.

Sax, Emanuel 1882-88: [siehe Lit.-Verz.]

Ziegler, Alexander 1867: [siehe Lit.-Verz.]

Weitere Literatur zur Pfeifenherstellung

Müller, Johannes: Die thüringische Industrie. Eine wirtschaftskundliche Darstellung, zugleich ein Beitrag zur Lehre von den Standortfaktoren der Fertigindustrie. Jena 1930, S. 98f.

Müller, Karsten: Die Tradition der Pfeifenherstellung in Thüringen (= Thüringer Traditionen 3). Rudolstadt 1996.

Raufer, G. M.: Die Meerschaum- und Bernsteinwarenfabrikation. Wien 1876.

Karte: Nr. XVIII, s.S. 151

Pfeifenherstellung in Ruhla

Die Herstellung von Pfeifen machte einst den Namen Ruhlas über die Grenzen Deutschlands bekannt. Über zweihundert Jahre war dieses Handwerk ein wesentlicher Teil des Broterwerbs der „Rühler". Porzellanpfeifen aus Oberfranken wurden hier bemalt und zusammengebaut. Pfeifen aus künstlichem und echtem Meerschaum, Bryereholzpfeifen, Ton- und Lavapfeifen waren beliebt und preiswert. Die Pfeifenherstellung löste das niedergehende Messerschmiedehandwerk ab. Vorreiter hierfür war Simon Schenk. Er kam aus Zillbach in der Rhön nach Ruhla und führte dort 1739 das Pfeifenbeschlägerhandwerk ein.

Die Fertigung erster Meerschaumpfeifen begann angeblich um 1740. „Ein Einwohner Ruhlas, Namens Wolfgang Iffert, kaufte einst eine Kiste roher Meerschaumköpfe von einem Juden auf der Leipziger Messe. Er schnitt und bearbeitete einen Theil derselben, doch litt er durch das Brennen derselben und da er ihre Behandlung nicht vorstand großen Schaden, besser gelang es ihm bei dem Reste, sein Vortheil war groß". (Mosch 1813, S. 124). Das Kirchenbuch weist jedoch 1745 als Geburtsjahr Ifferts aus, so daß hier etwas nicht stimmen kann.

Der Rückgang des Messerschmiedehandwerks war nicht der einzige Grund für die Entwicklung des Pfeifenhandwerks. Vielmehr ermöglichte Simon Schenk das in Ruhla existierende Bergrecht, das neue Gewerbe in dem kleinen Bergdorf anzusiedeln. Des weiteren existierten keine hinderlichen Zunftvorschriften für die Pfeifenhersteller. Auch gab es keine Beschränkungen über herzustellende Stückzahlen, Höhe der Löhne, Anzahl der Arbeiter usw. So breitete sich das Pfeifenhandwerk rasch in Ruhla und Umgebung aus. Dies gilt ebenso für eine große Anzahl von Zulieferbetrieben der Etuimacher, Rohrdrechsler, Porzellanmaler, Phantschler, Bernsteindrechsler usw. Auch für diese Handwerksbetriebe und deren Erzeugnisse gab es keinerlei Beschränkungen.

Besonders diese Art arbeitsteiliger Hausindustrie trug wesentlich zum Erfolg der Ruhlaer Umgebung bei. Die in Thal, Kittelsthal, Schwarzhausen, Schmerbach, Wutha, Seebach, Schweina, Dermbach, Diedorf, Farnroda und Mosbach hergestellten Einzelteile wurden meist zu Fuß nach Ruhla geliefert. Hier erfolgte der Zusammenbau und der Versand der fertigen Pfeifen in alle Welt. Pfeifenhersteller und Zulieferbetriebe stellten in den Jahren 1833 bis 1860 folgende Waren her: 540.000 Stück echte Meerschaumköpfe in verschiedenen Formen und Größen. (d.h. rohe Köpfe, „Wachsköpfe", „Ölköpfe") - 400.000 Stück künstlicher Meerschaumköpfe in allen Größen und Formen - 9.600.000 Stück beschlagene Porzellanpfeifenköpfe mit Malereien und sonstigen Verzierungen - 4.800.000 Stück lackierte, polierte und beschlagene Holzköpfe mit Schnitzereien und Verzierungen - 2.700.000 Stück Ton- und Lavapfeifenköpfe - 15.000.000 Stück Pfeifenrohre aus verschiedenen Holzarten in unterschiedlicher Größe und Form mit vielerlei Verzierungen - 27.000.000 Stück messingne, neusilberne und silberne Pfeifenbeschläge verschiedener Größe und Form - 144.000 Stück Etuis für Meerschaumpfeifenköpfe und Zigarrenspitzen in allen Formen und Größen, mit vielerlei Verzierungen. Meist waren sie aus Holz, Leder oder Papier. Teure Meerschaumpfeifenetuis wurden mit Samt, Seide oder Satin ausgeschlagen. Der Preis der Etuis war durch die Art der verwendeten Materialien sowie die Qualität der Verarbeitung bestimmt - 19.800.000 Stück Schläuche, Ketten, Schnüre, mit und ohne Quasten in allen Formen, Größen und Variationen. Diese Artikel wurden meist aus Roßhaaren, Seide oder Glanzgarn hergestellt. Die Preise waren von Länge und Verarbeitung abhängig - 10.200.000 Stück Spitzen für Tabakpfeifen sowie zusammengesetzte Zigarettenspitzen aus Bernstein, Horn, Holz, Kokosnuß, in allen Formen und Größen - 15.000.000 Stück zusammengesetzte Tabakpfeifen mit Köpfen, Rohren, Schläuchen, Beschlägen und Spitzen. Formen, Farben und Qualität waren verschieden. (Ziegler 1878, S. 119).

Damit erzielten die Ruhlaer einen Gesamtumsatz von 6 Millionen Reichsmark oder 2 Millionen Talern pro Jahr. Außerdem exportierten die Ruhlaer nach England, Rußland, Italien, Frankreich, Belgien und Holland. Ein Handel innerhalb Deutschlands kam aufgrund der territorialen Zersplitterung nur begrenzt zustande.

Die Lagerstätten der besten Meerschaumqualität liegen in der Gegend um Eski Schehr in der Türkei. Einheimische Arbeiter graben die meist faustgroßen Magnesiumsilikat-Brocken mit primitiven Werkzeugen ca. 5 bis 50 Meter unter der Erdoberfläche im Bergbauverfahren aus. Farbe, Härte und Gewicht des Meerschaumes variieren je nach Fundort. Meist besitzt er eine weiße Färbung, das Gewicht des Meerschaums ist manchmal steinartig schwer, bisweilen sehr leicht. Dies hängt am Anteil der Kieselerde. Im Zusammenhang mit dem Gewicht des Meerschaumes steht dessen Härte. Sie schwankt von wachsartig bis „steinhart". Die wichtigsten Bestandteile des Meerschaumes sind: Kieselerde, Magnesia, Wasser, Kohlensäure und Tonerde.

Im Zusammenhang mit dem Rückgang des Pfeifenhandwerks steht die Entwicklung einer Kleinmetallwarenindustrie. Diese entwickelte sich ab 1630. Christian Bardenheuer erweiterte das Verkaufssortiment seiner Beschlägefabrik. Neben Pfeifenzubehör stellte er Korsettösen, Zündkapseln, Buchbeschläge und Metallkreisel her. Nach 1871 wurde das Sortiment nochmals um Militäraufträge erweitert. Außerdem begann man mit der Fertigung von Taschenlampen und Scheinwerfern sowie der Herstellung von Rückstrahlern und Verschraubungen an Fahrrädern, Motorrädern und Automobilen.

Die Uhrenindustrie entwickelte sich ab 1879. Die Firma „Gebrüder Thiel", welche sich anfangs mit der Herstellung von Pfeifenbeschlägen befaßte, stellte zuerst nur Kinderuhren her. 1890 begann man mit dem Bau der ersten Taschenuhr, der „Rühler Kartöffel". Die Nachfrage war so groß, daß schon bald große Umsätze damit erzielt werden konnten.

Ein weiterer Grund für den Niedergang des Pfeifenhandwerk war eine Veränderung der Rauchergewohnheiten. Nach dem Ersten Weltkrieg begann der Siegeszug der Zigarette. 1940 hatte sich die Krise soweit zugespitzt, daß nur noch die „Gebrüder Ziegler" sowie die Meerschaumschnitzerei „Donath Thiel" Pfeifen fertigten. Mit dem Bau der Mauer 1961 und der damit verbundenen Reduzierung des Bryereholzes mußten auch die „Gebrüder Ziegler" ihre Produktion einstellen. Damit waren Franz und Helene Thiel die letzten, welche Pfeifen herstellten. Auch diese Ära ging 1980 mit dem Tod von Franz Thiel zu Ende.

Karsten Müller

Auf den folgenden Seiten:

Karte XV: Übersichtskarte zu XVI, XVIII, XIX, XX
Karte XVI: Keramik in Ummerstadt/Porzellan
Karte XVII: Hausindustrie im 19. Jahrhundert
Karte XVIII: Möbel aus Schnett, Pfeifen aus Ruhla
Karte XIX: Steine und Erden
Karte XX: Glashütten im 19. Jahrhundert

Karte XV

Übersicht der Karten Keramik/Porzellan (A), Glashütten (B), Schiefer und Farberden (C, D)

—— Heutige Landesgrenzen

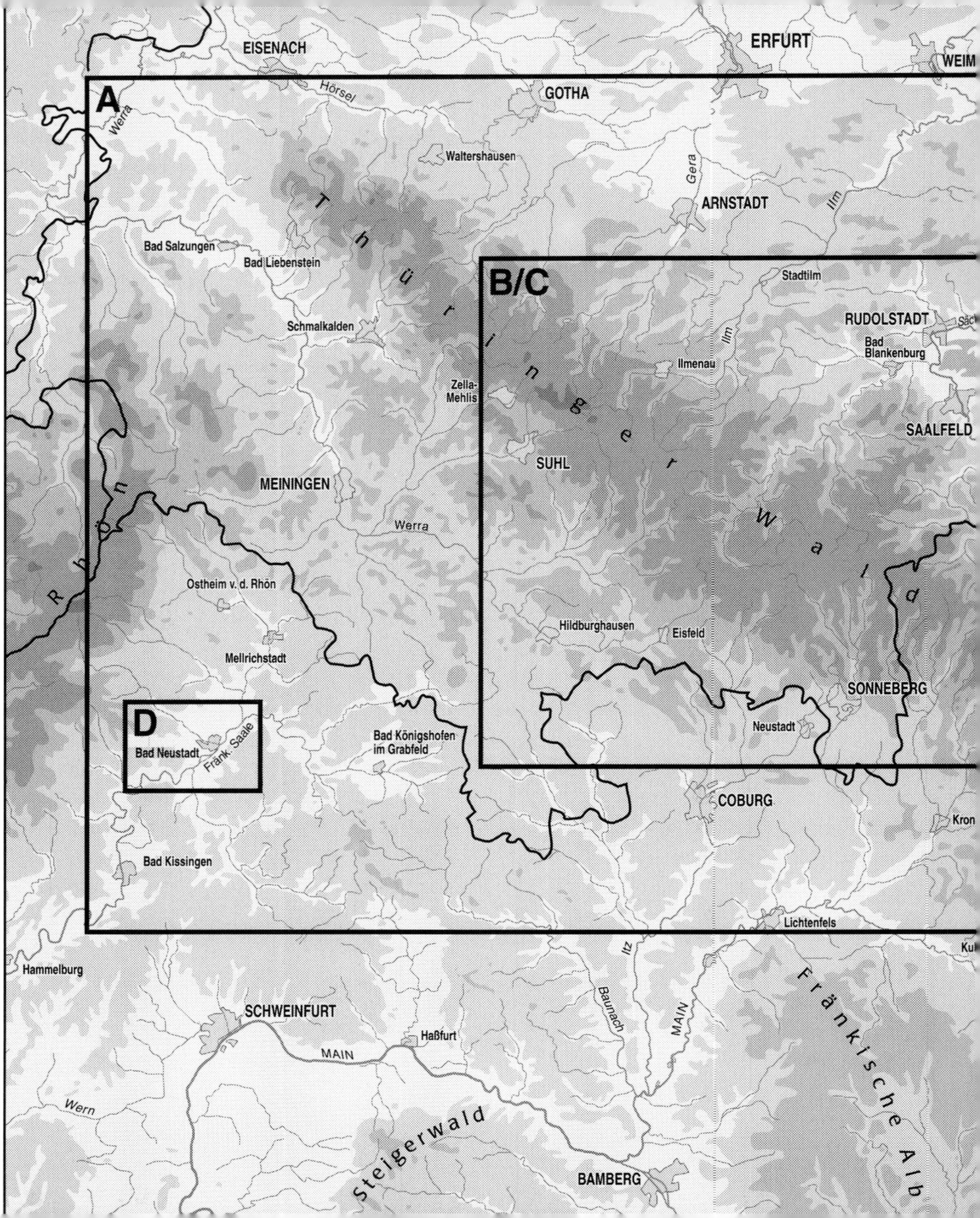

Höhenschichten (in Meter)

- über 900
- 600 – 900
- 450 – 600
- 300 – 450
- 150 – 300

0 5 10 15 20 km

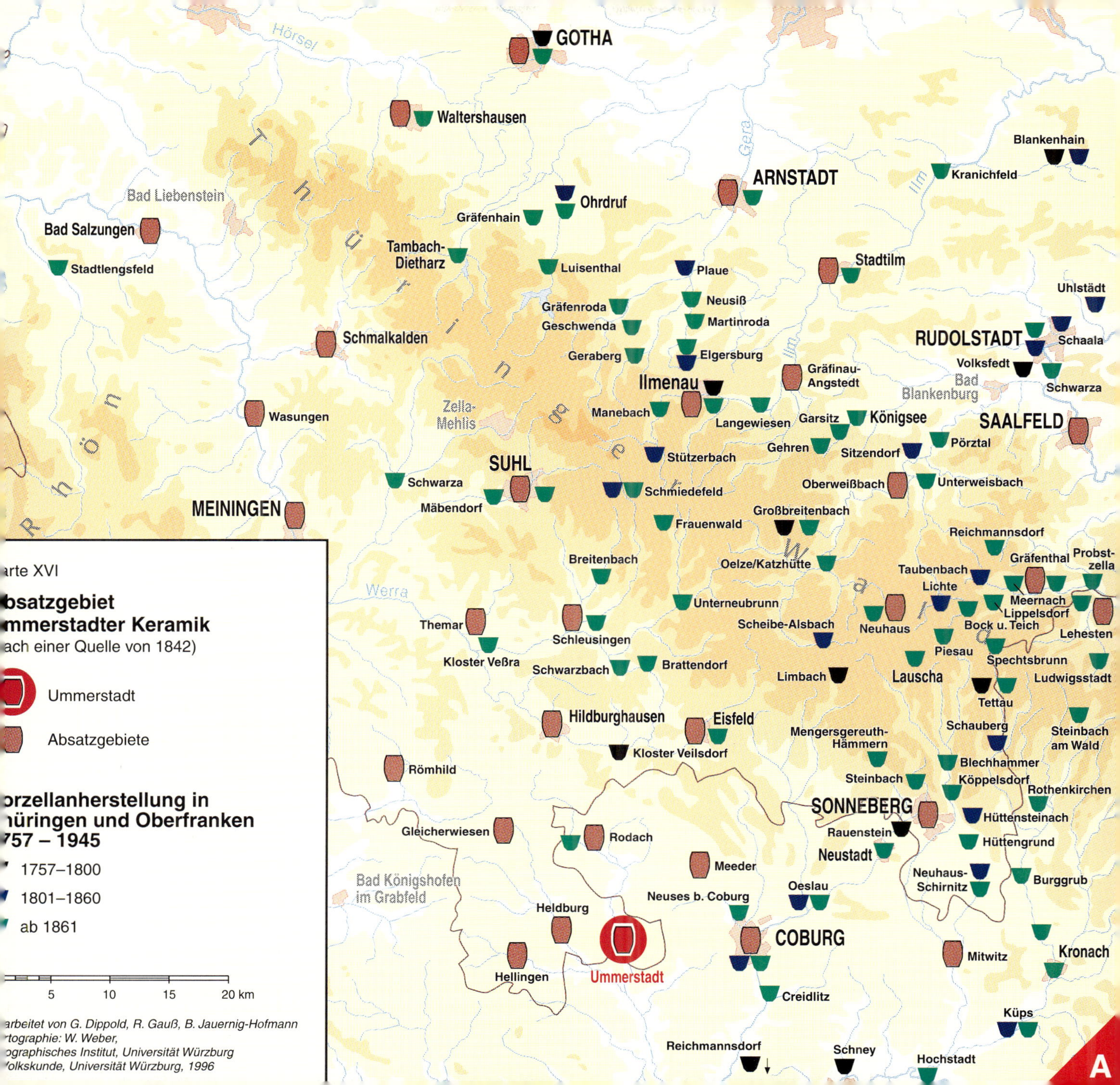

GOTHA
Hörsel
Waltershausen
Bad Liebenstein
Bad Salzungen
Stadtlengsfeld
Gräfenhain
Ohrdruf
Tambach-Dietharz
Luisenthal
ARNSTADT
Gera
Ilm
Blankenhain
Kranichfeld
Stadtilm
Plaue
Neusiß
Martinroda
Elgersburg
Gräfenroda
Geschwenda
Geraberg
Uhlstädt
RUDOLSTADT
Schaala
Volksfedt
Schwarza
Bad Blankenburg
Schmalkalden
Gräfinau-Angstedt
Ilmenau
Manebach
Langewiesen
Garsitz
Königsee
SAALFELD
Gehren
Sitzendorf
Pörztal
Zella-Mehlis
Wasungen
Thüringer Wald
Rhön
Stützerbach
SUHL
Schwarza
Mäbendorf
Schmiedefeld
Oberweißbach
Unterweisbach
MEININGEN
Großbreitenbach
Frauenwald
Reichmannsdorf
Breitenbach
Oelze/Katzhütte
Gräfenthal
Probstzella
Taubenbach
Lichte
Meernach
Lippelsdorf
Bock u. Teich
Werra
Unterneubrunn
Scheibe-Alsbach
Neuhaus
Lehesten
Themar
Schleusingen
Kloster Veßra
Piesau
Spechtsbrunn
Schwarzbach
Brattendorf
Limbach
Lauscha
Ludwigsstadt
Tettau
Hildburghausen
Eisfeld
Kloster Veilsdorf
Mengersgereuth-Hämmern
Schauberg
Steinbach am Wald
Römhild
Blechhammer
Steinbach
Köppelsdorf
Rothenkirchen
SONNEBERG
Hüttensteinach
Rauenstein
Gleicherwiesen
Rodach
Hüttengrund
Neustadt
Meeder
Neuhaus-Schirnitz
Burggrub
Bad Königshofen im Grabfeld
Oeslau
Neuses b. Coburg
Heldburg
COBURG
Mitwitz
Kronach
Hellingen
Ummerstadt
Creidlitz
Küps
Reichmannsdorf
Schney
Hochstadt
arte XVI
bsatzgebiet
mmerstadter Keramik
ach einer Quelle von 1842)
Ummerstadt
Absatzgebiete
orzellanherstellung in
hüringen und Oberfranken
757 – 1945
1757–1800
1801–1860
ab 1861
5 10 15 20 km
arbeitet von G. Dippold, R. Gauß, B. Jauernig-Hofmann
rtographie: W. Weber,
ographisches Institut, Universität Würzburg
Volkskunde, Universität Würzburg, 1996
A

Karte XVII

Hausindustrie 19. Jahrhundert

Produktion

Polystrukturell (Mehrere Industriezweige)

geschlossenes Verbreitungsgebiet

Monostrukturell (Regionen, in denen ein Industriezweig dominierte)

Metallverarbeitung/ Waffenherstellung

Glas-Hausindustrie

Korbflechterei

lokale Hausindustrie außerhalb des geschlossenen Verbreitungsgebietes

Handel

Klein- und Kramhandel

Umschlagorte für den Klein- und Kramhandel

Verlagshandel

Heutige Landesgrenzen

nicht bearbeitetes Gebiet

Höhenschichten (in Meter)

über 900

600 – 900

450 – 600

300 – 450

150 – 300

0 5 10 15 20 km

Bearbeitet von Th. Schwämmlein

Kartographie: W. Weber, Geographisches Institut, Universität Würzburg

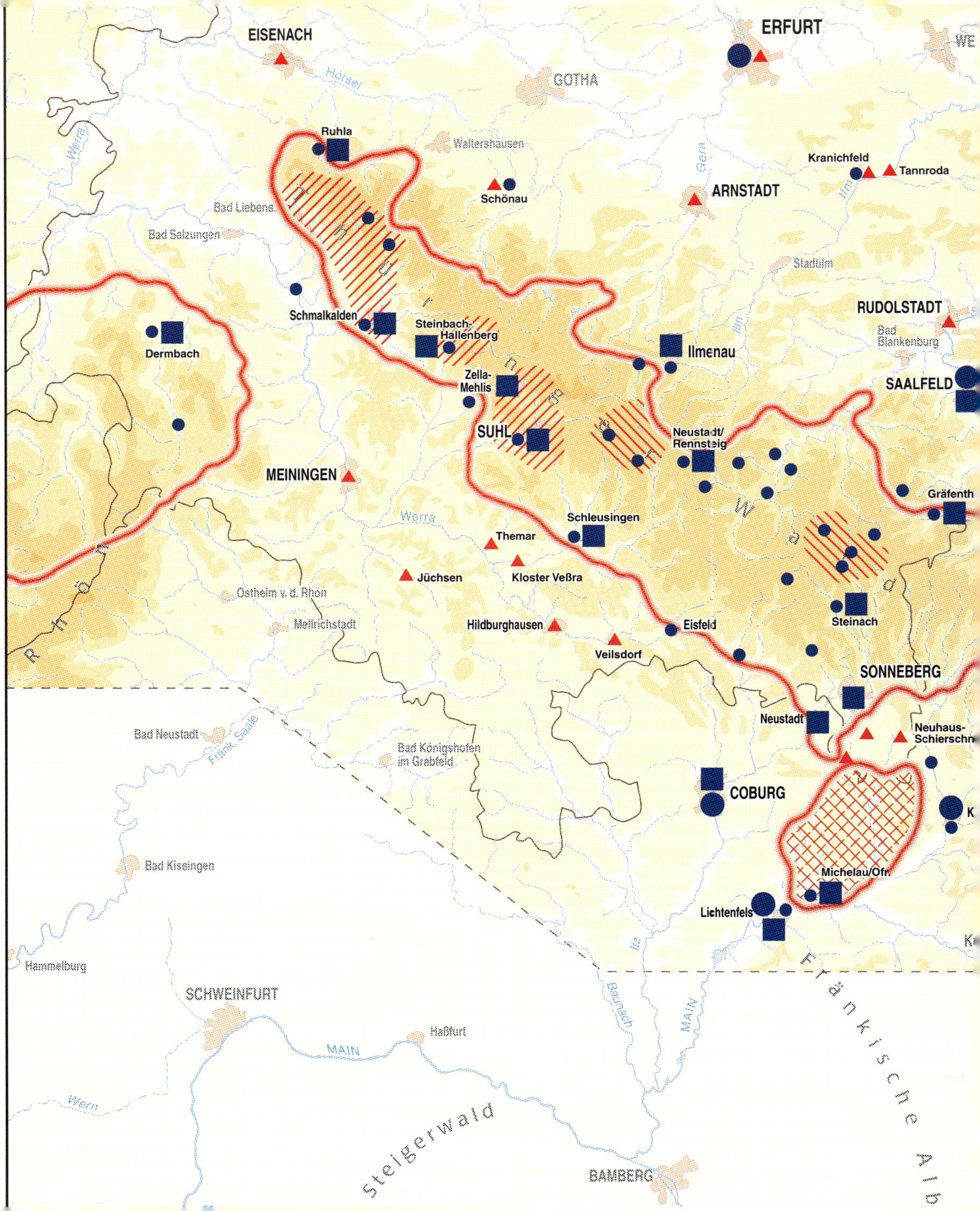

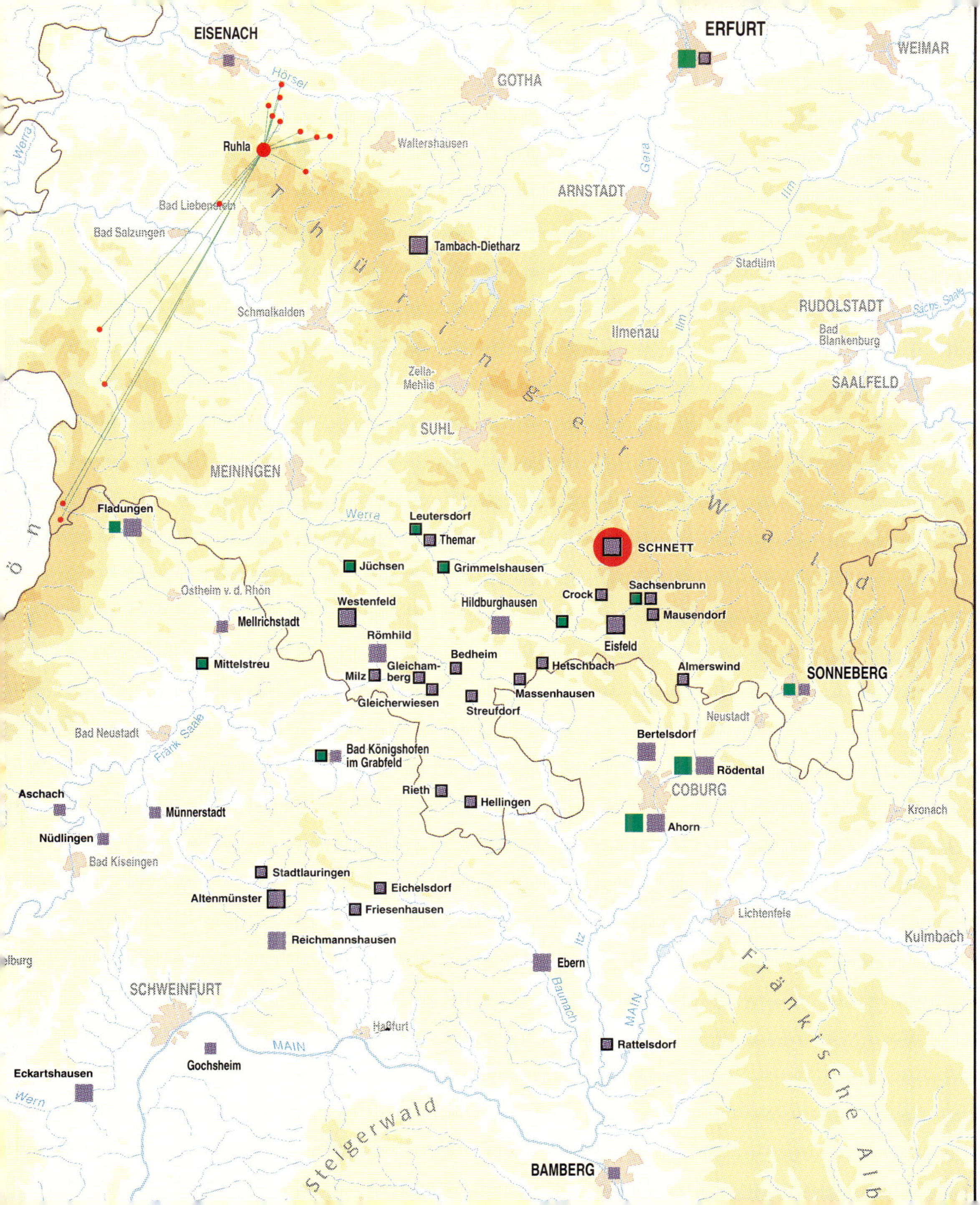

Karte XVIII

Fund- und Standorte Schnetter Möbel

Mit Linienumrandung = Fundort
Ohne Linienumrandung = Standort

Ältere Schnetter Ware
(Ende 18. bis Anfang 19. Jahrhundert, Schränke, Truhen)

- 1 Stück
- Mehrere Stücke

Jüngere Schnetter Ware
(19. bis Anfang 20. Jahrhundert Schränke, Truhen/Trühchen, Betten)

- 1 Stück
- Mehrere Stücke

Gewerbeort Ruhla

Zulieferorte der Pfeifenherstellung

Heutige Landesgrenzen

Nicht bearbeitetes Gebiet

Höhenschichten (in Meter)

- über 900
- 600 – 900
- 450 – 600
- 300 – 450
- 150 – 300

0 5 10 15 20 km

Bearbeitet von H. Gauß, K. Müller

Kartographie: W. Weber, Geographisches Institut, Universität Würzburg

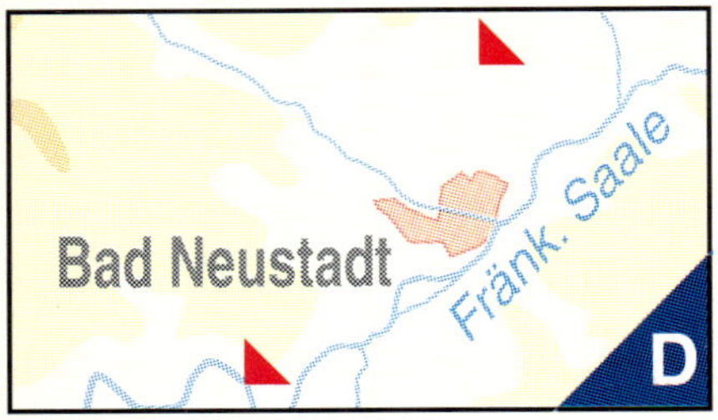

Karte XIX

Schiefer und Farberden

Schiefer-Hauptabbaugebiete

- Bereich Schwarzatal
- „Steinacher Griffelschiefer"
- Gebiet um Lehesten
- Gebiet um Ebersdorf
- Loquitztal „Unterland"
- Loquitztal – Lauenstein/Falkenstein
- Steinbach an der Heide
- Ludwigsstadt

Schieferabbau (über und unter Tage)

- Unterloquitz mit Betriebsteilen Probstzella, Reichenbach, Bocksberg, Kölditz
- Lehesten mit Betriebsteilen Schmiedebach, Röttersdorf
- Sonneberg
- Steinheid

Schiefer-Herstellung und -Industrie

- „Tafelindustrien"
- „Griffelindustrie" Raum Steinach

Stanniolverzierte Schiefer-Hausfassaden nach Zeichnungen von Alfred Arndt

- Vorhandene Häuser
- Abgebrochene Häuser

Farberden-Abbau

Bearbeitet von K. Knoth, S. Krönung, M. Seuling
Kartographie: W. Weber,
Geographisches Institut, Universität Würzburg

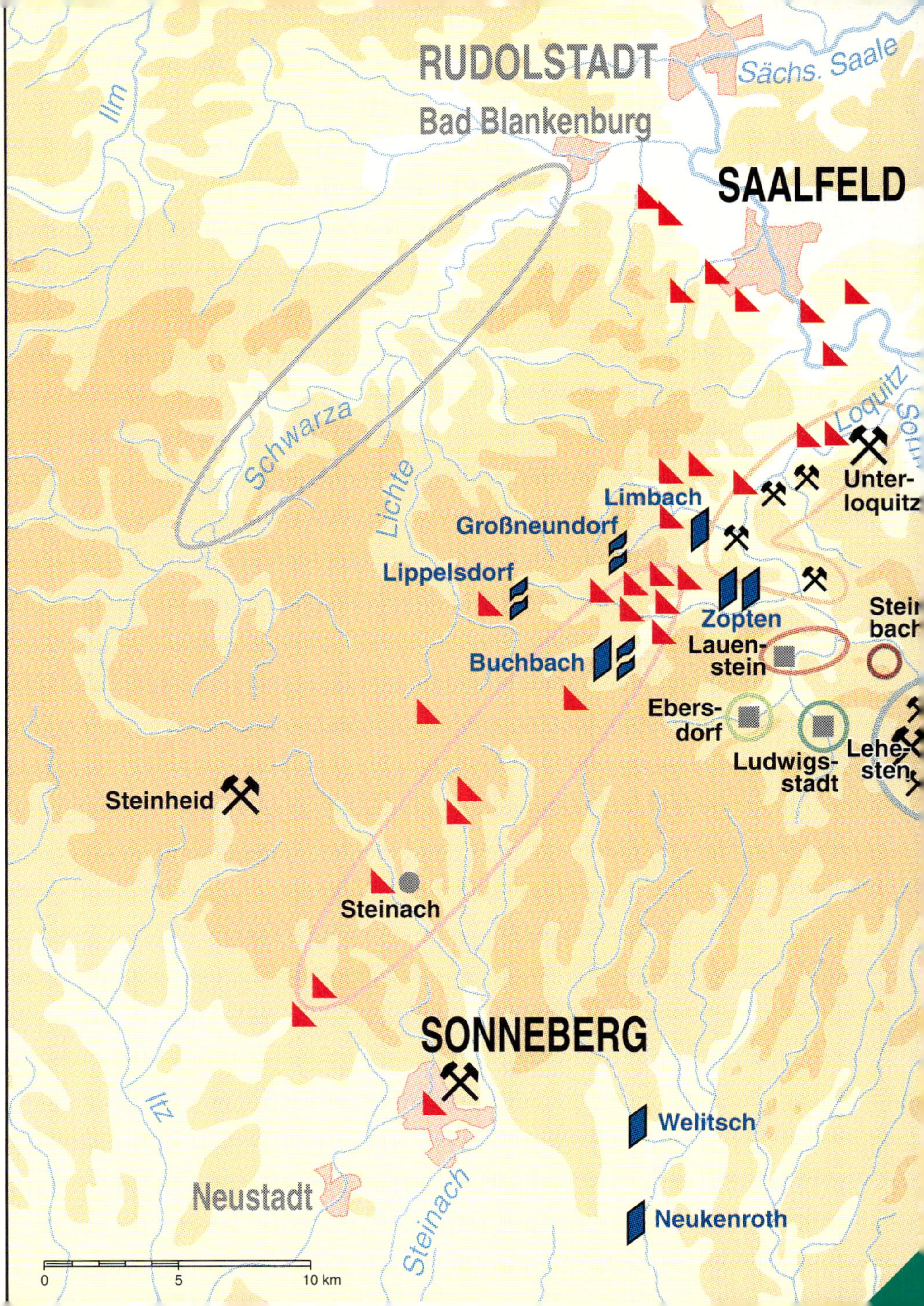

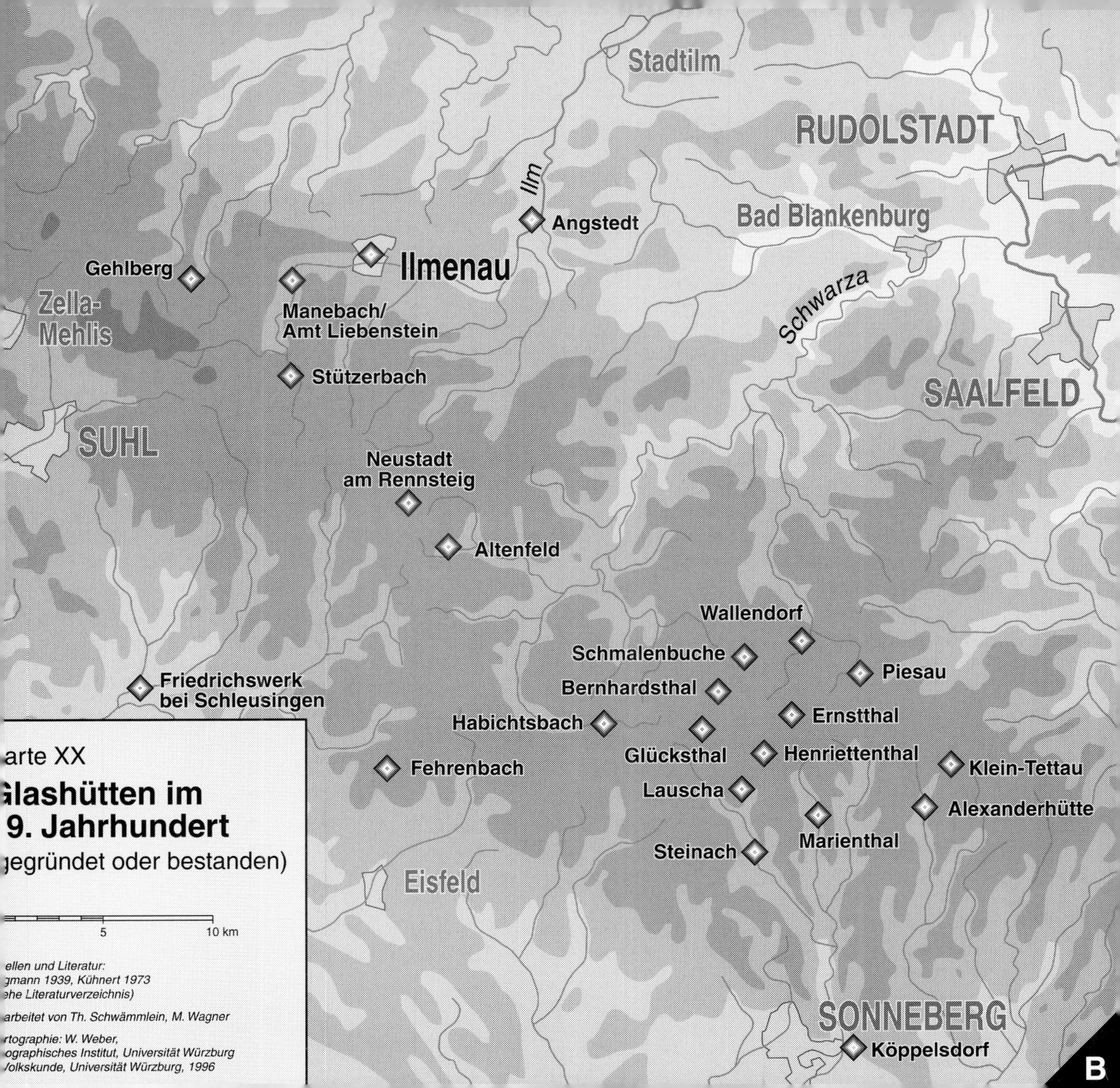

Stadtilm
RUDOLSTADT
Ilm
Angstedt
Bad Blankenburg
Gehlberg
Ilmenau
Zella-Mehlis
Manebach/
Amt Liebenstein
Schwarza
Stützerbach
SAALFELD
SUHL
Neustadt
am Rennsteig
Altenfeld
Wallendorf
Schmalenbuche
Piesau
Friedrichswerk
bei Schleusingen
Bernhardsthal
Habichtsbach
Ernstthal
Glücksthal
Henriettenthal
Klein-Tettau
Fehrenbach
Lauscha
Alexanderhütte
Marienthal
Steinach
Eisfeld
SONNEBERG
Köppelsdorf
B
arte XX
Glashütten im
9. Jahrhundert
gegründet oder bestanden)
5
10 km
ellen und Literatur:
gmann 1939, Kühnert 1973
ehe Literaturverzeichnis)
arbeitet von Th. Schwämmlein, M. Wagner
rtographie: W. Weber,
ographisches Institut, Universität Würzburg
Volkskunde, Universität Würzburg, 1996

Zu den textilen Produkten Frankens und Thüringens zwischen Rhön und Thüringer Wald gehörten Leinen-, Baumwoll- und Wollgewebe, Wirk-, Strick-, Schlauchwaren und Bänder. Die Sekundärliteratur behandelt zum Großteil nur die Herstellung gewebter Meterware. Archivalien zum Textilgewerbe sind bisher kaum erschlossen. Das städtische Zunfthandwerk ist punktuell gut erforscht, das ländliche kaum. Vor allem die sogenannte Hausweberei in der Rhön ist mehrmals untersucht worden, weil der Staat in diesem bekanntermaßen armen Landstrich fördernd eingreifen wollte. Was sich so einfach und verständlich mit dem Begriff Gewerbe fassen läßt, war im 19. Jahrhundert in den verschiedensten Formen und Graden organisiert. Textiles wurde im zünftigen oder freien Handwerk hergestellt, in Manufakturen, im Hausgewerbe und, außerhalb des behandelten Gebietes, auch in Fabriken.

Die Quellen des 19. Jahrhunderts geben nebeneinander eine Vielzahl von Bezeichnungen für Beruf, Arbeitsfeld oder Stand der Textilgewerbetreibenden an: Bauer, Hüttner, Hausierer, Strumpfweber, Strumpfwirker, Sortierer, Kartätscher, Spinner, Tuchmeister, Tuchscherer, Färber, Fabrikant, Zwischenmeister, Faktor, Verleger, Unternehmer, Händler. Erst auf den zweiten Blick läßt sich zuordnen, auf welche Beschäftigte eine oder mehrere Benennungen zutrafen und welche Hierarchien zwischen den einzelnen Berufsgruppen existierten. So arbeiteten zum Beispiel die Sortierer, Kartätscher oder Spinner genannten im Auftrag des Tuchmachermeisters für Stücklohn, während Tuchscherer und Färber sich eher eigenständig neben dem Tuchmachermeister behaupteten.

Zünftig organisierte Gewerbetreibende waren neben den Webern zum Beispiel auch die „Strumpfweber" in Stockheim/Rhön, deren Geschäft bis in die 1830er Jahre blühte. Fünfzig Jahre später verdienten unter anderem in diesem Gewerbe freigesetzte Kräfte mit der im Verlagssystem eingeführten Plüschweberei ihr Geld. Einige Randgebiete der Textilproduktion können hier nur genannt werden. So werden in der städtischen Armenindustrie um 1850 zum Beispiel Stricker und Häkler aktenkundig. In Thüringen rüsteten Ende des 19. Jahrhunderts Weber zwischen Eisfeld und Sonneberg auf Metalldrahtweberei um. In Langenleiten in der Rhön arbeiteten in den 1920er Jahren Filetstickerinnen in gemeinschaftlichen Werkstätten, wofür sich der katholische Ortsgeistliche einsetzte.

In unserer Region verarbeitete man Leinen, Wolle und Baumwolle. Seide verwendeten fast ausschließlich Bandweber und Posamentiers, die größtenteils im meiningischen Amt Saalfeld ansässig waren. Hanf wurde vornehmlich in der Ende des 19. Jahrhunderts in Cabarz, Catterfeld, Waltershausen und weiteren Orten am Nordrand des Thüringer Waldes florierenden Schlauch- und Gurtfabrikation gebraucht (Wettig). Wolle und Leinen lieferte die Landwirtschaft der Region, allerdings nur in mittelmäßiger Qualität. Versuche, für die Herstellung feinerer Waren geeignete Flachssorten oder Wollvliese durch Züchtung vor Ort zu gewinnen mißlangen. Baumwolle wurde spätestens seit Ende des 18. Jahrhunderts für die gewerbliche Weberei importiert. Schultes berichtete 1794 in der „Historisch-Statistischen Beschreibung der gefürsteten Grafschaft Henneberg", die „Barchendfabrik" in Suhl liefere jährlich 70.000 Stück Stoff in verschiedene Messeorte. Auch Meiningen und Kaltensondheim hätten „starke Barchendwebereien", Ostheim eine „ansehnliche Zwillig-Manufaktur", Salzungen „Plüsch- und Zeugfabriken" die „sämmtlich ihre Waaren meist im Auslande absetzen".

Am Beispiel des Barchent läßt sich zeigen, wie empfindlich die Weberei auf den Rohstoffmarkt reagierte. Das köperbindige Gewebe wurde Ende des 18. Jahrhunderts meist mit Leinenkette und Baumwollschuß gearbeitet, seit den 1830ern jedoch mit Vorliebe als rein baumwollenes Gewebe gekauft. Baumwolle war teurer als Leinen, Rohstofflieferanten schlugen die Frachtkosten auf den Baumwollpreis auf, das fertige Gewebe konnte jedoch kaum zu höheren Preisen verkauft werden als zuvor, also blieb für den Weber ein umso kleinerer Stücklohn. Seine Arbeit wurde vollkommen unrentabel.

Den Warenvertrieb übernahm als Händler oder Hausierer der Hersteller selbst, sonst ein Verleger oder Kaufmann. Zu den Handelszentren im Flachland gehörten zum Beispiel Fulda, Umschlagplatz für Garne, und Erfurt, früher Standort der Konfektionsindustrie. Auf die Einträglichkeit der Weberei wirkte sich auch die Ansiedelung von Veredelungsbetrieben wie Bleichereien, Färbereien, Druckereien und verarbeitenden Gewerben aus. Zu letzteren zählten Spielwarenhersteller, Möbel- und Schuhfabrikanten, Schneider und Konfektionshäuser. Zu Zentren der industriellen Textilherstellung in Deutschland entwickelten sich im 19. Jahrhundert das Rheinland (Baumwoll- und Seidenprodukte), Württemberg, das sächsische Vogtland (Wollwaren) und ein Teil Oberfrankens. Ihnen gegenüber produzierten das südliche Thüringen und das östliche Unterfranken nur unbedeutende Mengen an Textilien.

Weben durfte jeder, soweit er damit nur den Eigenbedarf seines Haushaltes deckte. Die gewerbliche Weberei in Stadt und Land war bis in das zweite Viertel des 19. Jahrhunderts durch Zunftregeln eingeschränkt. Im Bayerischen wurde die Leinenweberei auf dem Lande 1825 freigegeben (Schad). Auch die überlieferten Handelsbestimmungen traten langsam außer Kraft. So stritt etwa der Webmeister Friedrich Dehler aus Neustadt bei Coburg von 1840 bis 1844 mit dem Coburger Gericht um eine Erlaubnis zum Tuchhandel, den er schon längere Zeit betrieb.

Leinenweberei wurde als Handwerk bis ins 20. Jahrhundert betrieben, doch war dies kaum rentabel. Ein zeittypischer Eintrag in dem 1808 als „Gesellen-Buch des Leineweberhandwerks" in Oberlind bei Sonneberg begonnenen und nach 1869 lediglich für Werkstattnotizen genutzten

Wir Ober- und andere
Meister des Handwerks der E. Weber
bekennen hiermit, dass

E. Weber HANDWERK in Oberlind

Abb. 33 *Gesellenbrief eines Webers, 1845.*

Buches lautet: „Handarbeit hört auf. Maschine geht an. 1917 wurde der Webstuhl verbrannt, da es kein Holz gab. Johann Althaus." In Auftrag gegeben wurden bei diesem Weber bis 1902 Tischtücher, Bettücher, Zwillich und Sacktuch. Verwebt hat er das ihm von den Auftraggebern aus der Umgebung gelieferte Leinengarn meist unter Zugabe von Baumwolle.

Neben städtischen Weberinnungen gab es auch ländliche. Belegt sind diese für die Gegend um Suhl und südöstlich von Sonneberg. Georg Brückner vermerkte in der Sachsen-Meiningischen Landeskunde von 1851/53 in den meisten Landgemeinden nur „nebenbei Weberei". In einigen

Ortschaften der vorderen Rhön (Geisa, Dermbach, Hümpfershausen, Friedelshausen, Kaltensundheim) und des Sonneberger Kreises (Neustadt, Oberlind, Steinbach, Heinersdorf) konnten Leinenweber im Hauptgewerbe noch in der zweiten Hälfte des 19. Jahrhunderts angetroffen werden.

Seit den 1830er Jahren wurde erfolglos versucht, den Rhönprodukten durch Qualitätsauszeichnungen sogenannter Leg-, oder Beschauanstalten einen Platz auf dem Absatzmarkt zu erobern. Nach 1850 unterhielt der „Polytechnische Verein für Aschaffenburg und Unterfranken“ zu diesem Zweck ein ständiges „Rhöndepot“ in Würzburg. Die Vereinsmitglieder versuchten darüber hinaus, auch in der Rhön selbst fördernd einzugreifen. Ob die 1853 in Gotha und 1861 in Weimar von städtischen Gewerbevereinen ausgerichteten „Allgemeinen Thüringischen Gewerbeausstellungen“ in die gleiche Richtung gewirkt haben, wäre noch zu untersuchen. 1859 stellte die bayerische Regierung Rhöner Webern Jacquardwebstühle in Aussicht, die das Herstellen gemusterter Damaste erleichtern konnten. Zum Erstaunen der Regierung bewarben sich nur wenige Weber darum. Niemand hatte bedacht, daß die im Vergleich zu den herkömmlichen Webstühlen um einen knappen halben Meter höheren Jacquardstühle in Häusern mit niedrigen Räumen nicht aufgestellt werden konnten (Schad). Höhl berichtete 1881 auf den Messen gehe man „achtlos ... an den Firmen vorüber, deren Inhaber nicht versäumen, ihren Heimatsorte Poppenhausen, Thalau u.s.w. beizufügen ‘in der Rhön’, um den Hausfrauen anzudeuten, daß sie hier hausgemachte Waare, Rhönleinen bekommen, das etwas unscheinlicher und teurer, aber desto solider und dauerhafter ist“.

Die in den Mittelgebirgsregionen produzierten Webwaren konnten bezüglich Feinheit, Veredelung und Preis nicht mit industriell gefertigten Textilien konkurrieren. Allein mit Hausmacherqualität zu werben, war ein schwieriges Unterfangen. In Gotha trat zur Unterstützung der verarmten Weber um 1900 der „Weber-Verein“ zusammen. Wie erfolgreich dessen Mitglieder, teilweise hochgestellte Beamte, für den Vertrieb handgemachter Webwaren aus Schwarzhausen und Umgebung eintraten, bleibt noch zu erforschen. Jansen verglich 1929 Verdienst und Stand hausindustriell arbeitender Holzschnitzer, Besenbinder und Korbflechter in der Rhön. Er stellte fest: „Noch geringer ist der Verdienst der wenigen Leinenweber, alter Leute, die schon vielfach das 65. Lebensjahr überschritten haben. Sie weben nur grobes Tuch wie Scheuertuch, Sackleinen, grobe Handtücher, in seltenen Fällen auch Taschentücher. Die Webarbeiten werden im Winter, wenn sonst überhaupt keine Arbeit vorliegt, ausgeführt; der Tagesverdienst von 1,50 M., allerhöchst 2,00 M. bewirkt, daß sich niemand mehr dieser Elendsindustrie zuwendet.“

Eine zumindest in den 1880er Jahren rentable Spezialisierung der Weber in und um Ostheim, Fladungen, Stockheim, Kaltennordheim und Dermbach war die Plüschweberei. Dazu mußte Fachwissen erworben, sowie geeignete Rohstoffe (Baumwolle, Leinen, Kammgarn) und Plüschwebstühle in die Vordere Rhön gebracht werden. Als Arbeitskräfte standen dort unter anderem brotlos gewordene Strumpfwirker und Leinenweber zur Verfügung. Letztere konnten innerhalb kurzer Zeit erlernen, Gewebe mit Flor herzustellen, andere mußten in eigens errichteten Werkstätten eine gewöhnlich zweijährige Lehre absolvieren. Die erste dieser Werkstätten richtete der Elberfelder Kaufmann Muthmann 1884 in Ostheim ein. Von Hand gearbeitete Plüsche banden die Florfäden fester in das Grundgewebe ein, als es mit Maschinen derzeit möglich war. Um 1890 beschäftigten zwanzig Verlegerfirmen zwölf Faktoren (Zwischenmeister) in der Gegend. Jansen berichtete, daß 800 Heimarbeiterfamilien in über zwanzig Ortschaften in den Kreisen Dermbach und Mellrichstadt mit Verdienst versorgt gewesen seien. Der Plüsch ging zu Beginn vor allem an die Firma Muthmann & Sohn, später auch nach Westfalen, ins Rheinland und nach Berlin. Gegen 1900 war die Anzahl der Plüschweber stark rückläufig. Neue Maschinen erlaubten inzwischen, zwei Gewebelagen übereinander herzustellen, so daß die Preisdiskrepanz zwischen Maschinenware und handgearbeitetem Plüsch immer größer wurde. Zudem sank modebedingt die Nachfrage nach jeglicher Plüschware. Viele gaben die Weberei auf und verdienten ihren Unterhalt in der damals neu aufkommenden Peitschenflechterei, als Wanderarbeiter im Kalibau (Werragebiet) oder in Ziegeleien (Eisenach, Frankfurt). Nach 1920 verzeichnete Jansen in den genannten Kreisen nur noch 17 Weber, von denen 6 ausschließlich Plüsch herstellten. Die meisten hatten ihr Handwerk noch vor dem Ersten Weltkrieg erlernt, Nachfolger fehlten. Die Elberfelder Firma unterhielt noch drei Faktoren, die geschickte Weber anhielten, bessere Plüschqualtitäten und seit 1912 auch Seidenbroché für Damenbekleidung und Decken zu produzieren. Der wegen der Erfindung des elektrischen Staubsaugers erhoffte Rückgriff der Käufer auf feste, handgewebte Plüscharten für Decken und Teppiche blieb aus.

In der Wollweberei entstanden Tuche (fest gewebt, leinwandbindig) und Rasche (locker, köperbindig) verschiedener Ausrüstung (gewalkt, gerauht, geschert, gesengt, etc.). Bekannt waren vor allem halbwollene Qualitäten wie Flanell (weicher Griff, Hemden- und Futterstoff), „Kasemir" (heute Cassinet genannt, Westen- und Anzugstoff) und „Azor" (vermutlich aus sog. Azurgarn hergestelltes Gewebe). Als Kette wurde Baumwoll- oder Leinengarn verwendet, als Schuß kurzfaseriges Streichgarn oder Azurgarn (Reißwolle aus gewalkten Tuchen). Tuch- und Raschmacher gehörten in der Regel städtischen Zünften an.

Für ein größeres Absatzgebiet arbeiteten bis ins erste Viertel des 19. Jahrhunderts Meister aus Bischofsheim. Sie verwebten in der Regel zu Streichgarn verarbeitete, kurzfaserige Schafwolle. Die entstehenden Tuchqualitäten waren mit den feinen niederländischen und englischen Waren der Zeit nicht zu vergleichen. Das grobe, eher kratzige Bischofsheimer Tuch war allgemein unter dem Spottnamen „Böschemer Sammet" bekannt. Auf Anregung des Würzburger Fürstbischofs Ludwig Franz v. Erthal finanzierten acht Tuchmachermeister um 1800 dem Tuchscherer

Aegidius Hahn aus Verviers den Aufbau einer Werkstatt in Bischofsheim, um in der Art der Niederländer veredelte Ware anbieten zu können. Doch selbst das half dem Gewerbe nicht sehr weit. Für das 1806 bis 1815 bestehende Großherzogtum Würzburg sollte und konnte das Bischofsheimer Handwerk noch den Gesamtbedarf an Militärtuch decken. 1843 angestellte Überlegungen, dort auch Tuche für das griechische Militär in Auftrag zu geben, scheiterten bereits an der mangelnden Konkurrenzfähigkeit der inzwischen verarmten Zunfthandwerker (Schad). Die Auflösung von Zunfteinrichtungen, wie zum Beispiel gemeinsam genutzter Walkmühlen oder Scherrahmen, erschwerte den Tuchmachern ihr Geschäft. Es konnte nur mit einem erheblich höheren Aufwand an Fachkenntnis und Kapital weiterhin betrieben werden. In diesem Punkt unterschied sich die Wollweberei grundlegend von der Leinenweberei. Letztere konnte sich vor allem als Neben- und Winterarbeit bis in die zweite Hälfte des 19. Jahrhunderts halten.

Die Aufbereitung der Rohwolle zu feineren Kammgarnqualitäten erforderte zum Beispiel finanzkräftiges Unternehmertum und spezielle Maschinen, wie sie in England bereits seit Ende des 18. Jahrhunderts in Gang waren. Im deutschen Raum waren vergleichbare Maschinen erst in den 1840ern allgemein verbreitet. Eingeführt wurden sie durch Christian Weiß, den Sohn eines Kaufmanns aus Langensalza. Er hatte einige Zeit in einer englischen Wollfabrik gearbeitet und dort mit Wasser- und Dampfkraft betriebene Spinnmaschinen studiert, so daß er sie schließlich erstmals auf deutschem Boden nachbauen konnte (Engel). Schon 1824 liefen Spinnfabriken nach englischem Muster in Langensalza, Eisenach und Glücksbrunn bei Schweina. Sie belieferten das 1830 bis 1867 als gemeinsame Verkaufsstelle geführte „Vereinigte Garnkontor“ in Gotha. 1897 stellte Fritz Regel in seiner Landeskunde die „Kammgarnspinnerei Wernshausen“ als zweitgrößtes Thüringer Unternehmen vor. Verarbeitet wurden die Garne allerdings zum Großteil außerhalb unseres Gebietes. Eine deutsche Hauptregion der Kammgarnerzeugung und -verarbeitung war das sächsische Vogtland in der Nachbarschaft Thüringens.

In der begleitenden Karte wurde bei Eintragung der Punkte die zeitliche Schichtung der Quellen berücksichtigt. Die Markierungen zeigen lediglich, wo Weber ansässig waren, nicht wieviele an einem Ort. Quantitative Angaben ließe nur die für Franken zugrundegelegte Montgelas-Statistik zu. Entsprechende Zahlenreihen für die Jahre 1814/15 listet der Ausstellungskatalog „Fränkisches Volksleben“ auf. Verzeichnet ist dort die Anzahl der Webmeister pro Ort, ohne nähere Angaben zur hergestellten Ware. Es kann jedoch davon ausgegangen werden, daß auf dem Land wie üblich nur Leinenweberei betrieben wurde. Die Barchentweberei um Suhl behandelte nach Johann Adolph Schultes auch Friedrich Kunze, letzterer anhand archivalischer Quellen des ausgehenden 18. und beginnenden 19. Jahrhunderts. Über die Weberei im Herzogtum Sachsen-Meiningen um 1850 berichtete annähernd flächendeckend Georg Brückner. Unklar bleibt, ob die von ihm erwähnten ländlichen Weber im Handwerk gelernt hatten. Das Rhöngebiet erforschte Peter Schad, der für seine 1971 herausgegebene Dissertation über „sogenannte Hausgewerbe der bayerischen Rhön“ eine Vielzahl von Aufsätzen auswertete. Hermann Wettig zählte die in Sachsen-Gotha gegen 1885 für Weberei bekannten Orte auf. Bei Fritz Regel sind etliche Statistiken zum Textilgewerbe in Thüringen zu finden, allerdings ohne Ortsangaben. Auf der Karte verzeichnete Weberorte im Sonneberger Raum konnten durch die im Gesellenbuch des Leineweberhandwerks von Oberlind zwischen 1808 und 1869 eingetragenen Freisprechungen belegt werden. Trotz aller Unzulänglichkeiten der Karte zeichnet sich ab, daß in den landwirtschaftlich wenig ertragreichen Mittelgebirgsregionen bis Ende des 19. Jahrhunderts Textilgewerbetreibende angesiedelt waren. Dazu zählten mehrere Orte im fuldischen Ulstertal um Hilders, in der Vorderen Rhön Geisa, Dermbach, Kaltennordheim und einige ihrer Nachbarorte sowie am Rand des Schiefergebirges östlich von Sonneberg und Neustadt gelegene Dörfer. Mitausschlaggebend für den Bestand des Handwerks war der in diesen Gegenden betriebene Flachsanbau. Die städtische oder um Städte zentrierte Barchent-, Woll- und Raschweberei blühte nur noch im ersten Drittel des 19. Jahrhunderts. Außer der maschinellen Konkurrenz beschleunigten der Fall der Zunftzwänge, der innerdeutschen Zollschranken, sowie die Erleichterung des massenhaften Warentransports über große Entfernungen durch den Bau von Straßen und Eisenbahnlinien den Niedergang der handwerklichen Weberei. Nischen konnte dieses Gewerbe nur in den Bereichen finden, in denen die Maschinentechnik noch entwickelt werden mußte (Plüsch, Metalldrahtweberei) oder Investitionen und Ideen zur Förderung der Handarbeit griffen.

Monika Ständecke

Karte: Nr. XIV, s.S. 124

Quellen

Archiv des Deutschen Spielzeugmuseums Sonneberg: Akt IV/20, Gesellen-Buch des Leineweberhandwerks 1808-1922; Akt 343, Gesellenbrief von 1831.

Stadtarchiv Neustadt: Akt 1006, Verhandlung betr. Tuchhandelserlaubnis 1840-44; Werkstattbuch des Webers Bernhard Grempel [ohne Nr., ca. 1879-1889].

Literatur

Brückner, Georg 1851/53: [siehe Lit.-Verz.]
Brückner, Wolfgang 1985: [siehe Lit.-Verz.]
Höhl, Leopold: Rhönspiegel. Kulturgeschichtliche Bilder aus der Rhön. Würzburg 1881.
Horn, Franz: Ueber die Tuchfabriken in Unterfranken, insbesondere zu Bischofsheim vor der Rhöne. Ein Beitrag zur Gewerbs-Geschichte und Statistik in Unterfranken und Aschaffenburg. Würzburg 1842.
Jansen, Wilhelm: Die Heimarbeit in der Rhön. Jena 1929.
Kohl, Ernst: Illustrierter Bericht über die allgemeine thüringische Gewerbeausstellung mit Streifblicken auf Thüringens Industrie. Weimar 1862.
Kunze, Friedrich: Zur Geschichte des ehemaligen Suhler Weberhandwerks. In: Schriften des Hennebergischen Geschichtsvereins Nr. 15. Schleusingen 1928, S. 1-34.
Engel, Wilhelm 1927: [siehe Lit.-Verz.]
Regel, Fritz 1897: [siehe Lit.-Verz.]
Schad, Peter 1971: [siehe Lit.-Verz.]
Schultes, Johann Adolph: Historisch-Statistische Beschreibung der gefürsteten Grafschaft Henneberg. Hildburghausen 1794.
Wettig, Hermann: Heimatkunde des Herzogtums Gotha. Gotha [1]1885.

Der Stand der Forschungen zur Geschichte der Möbel und ihrer Herstellung ist in Thüringen und Franken sehr unterschiedlich. Für den fränkischen Raum liegt eine Reihe von Veröffentlichungen vor, die teils als Examens- und Projektarbeiten im Fach Volkskunde an der Universität Würzburg, teils als Begleitpublikationen zu Ausstellungsvorhaben in Museen, etwa im Fränkischen Freilandmuseum Bad Windsheim, entstanden sind. Sie alle sind in die Gemeinschaftsausstellung „Möbel aus Franken“ des Bayerischen Nationalmuseums München und des Germanischen Nationalmuseums Nürnberg von 1991 eingeflossen, die einen vorzüglichen Überblick über das Gebrauchsgut Möbel in Franken geliefert hat. Diese Gesamtdarstellung zeigt aber auch die Forschungsdefizite auf, die vor allem das Beziehungsgefüge zwischen „Oberflächen und Hintergründen“ betreffen. Auf die Gattung der bemalten Möbel bezogen, fehlen noch Untersuchungen über Produktionsorte, Werkstattkreise und die Verbreitung ihrer Erzeugnisse, die sich auf Sammlungsbestände und archivalische Quellen stützen und die über die Beschreibung regionaler Merkmale hinausgreifen. In Thüringen sind bislang kaum Untersuchungen zur Geschichte von Möbelherstellung und Möbelhandel veröffentlicht worden. Deshalb ist es angeraten, die Darstellung auf die bemalte Schreinerware aus dem südthüringischen Ort Schnett, Lkr. Hildburghausen, zu beschränken, denn die Schnetter Ware hat seit 1985, angesichts der außerordentlich weiten Verbreitung ihrer schlichten Truhenform mit der charakteristischen Bemalung, eine eingehende Bearbeitung erfahren (Assion 1985 u. 1987; Gauß 1992).

Das Schreinerhandwerk in der Thüringer-Wald-Gemeinde Schnett, die sich in 720 m Höhe auf der Südabdachung des 780 m hohen Simmersberges erstreckt, dürfte gegen Ende des 17. Jahrhundert entstanden sein. Als frühester Beleg ist die Erwähnung des Schnetter Schultheißen und Schreinermeisters Conrad Luther im Seelenregister von 1647 ansehen. Im Laufe des folgenden Jahrhunderts muß dieses Handwerk in Schnett und den benachbarten Ortschaften eine solche Bedeutung erlangt haben, daß es erfolgreich seine Lostrennung von der Eisfelder Stadtinnung der Schreiner und Glaser und die Gründung einer Landinnung betreiben konnte, die am 12. Februar 1774 von Herzog Ernst Friedrich III. Carl von Sachsen-Hildburghausen bestätigt wurde. Neben Schreinermeistern aus den benachbarten Ortschaften Heubach, Gießübel und Oberneubrunn gehörten 6 Schnetter Meister dieser „Landinnung der Schreiner im Amt Eisfeld“ an. Offensichtlich sind unsere Landmeister durch die übermächtige Konkurrenz in Thüringen und Franken und durch die bis in das 19. Jahrhundert hinein wirkenden Zunftschranken auf die Fertigung billiger bemalter Weichholzmöbel abgedrängt worden, um die Bedürfnisse unbemittelter Käuferschichten zu befriedigen.

Nur so erklärt sich der außerordentlich hohe Absatz bemalter Truhen aus Schnett besonders in den Jahren zwischen 1840 und 1880 in Hessen, wo vor allem Dienstmägde aus ländlichen Gegenden die Abnehmer waren, aber auch in Franken und Nordbaden. Der Absatz von Truhen, auch von Schränken und Betten, in Südthüringen, Hessen und Franken hat während des letzten Drittels des 18. Jahrhundert begonnen, wie die in verschiedenen Museen und Sammlungen dieser Region aufbewahrten datierten Stücke belegen. Er kam jedoch durch die Wirren der napoleonischen Kriege vorübergehend zum Erliegen. Auch die süddeutschen Zollgrenzen wirkten sich in den Jahren nach dem Wiener Kongreß bis zum Beitritt Sachsen-Meiningens zum preußisch-bayerischen Zoll- und Handelsverein im Jahre 1833 hemmend auf den Export Schnetter Schreinerwaren aus. Offensichtlich entwickelte sich Hessen zum wichtigsten Absatzgebiet, da in zeitgenössischen Quellen für die bemalten Truhen aus Schnett die Bezeichnung „Hessenladen" verwendet wird. Tatsächlich bestätigen schriftliche Quellen und die große Zahl der in hessischen Sammlungen erhaltenen Belegstücke diesen Sachverhalt.

Die begrenzten Erwerbsmöglichkeiten in der Mittelgebirgsregion und die Bevölkerungszunahme im Verlaufe des 19. Jahrhunderts verstärkten den Zustrom zu den holzverarbeitenden Gewerben. Nach einem von Amtsassessor von Todenwarth verfaßten Bericht über die soziale Situation der arbeitenden Bevölkerung im Amt Eisfeld, der höchstwahrscheinlich 1839 abgefaßt worden ist, gehörten dem „Schreinerhandwerk auf dem Lande" 50 Meister an, von denen der Berichterstatter jedoch kritisch vermerkt, daß ein „großer Theil ... kaum die Benennung des Meisters (verdient), da er nur Kisten und Laden zusammenzufügen versteht". Interessant sind die Angaben über die Ausfuhrmengen an Kisten und Laden in diesem Bericht: 1834 betrug das Gesamtgewicht 629 Zentner, 1837 1.598 Zentner und 1838 1.960 Zentner. Eine noch größere Produktion verhinderte jedoch der immer spürbarer werdende Holzmangel in den Waldungen des Amtes Eisfeld, wie der umfangreiche Schriftverkehr beweist, den die Schreiner zwischen 1835 und 1859 mit den zuständigen Behörden über die für sie lebensnotwendige Holzzuteilung aus den staatlichen Forsten führten. Diese reichte in der Regel nur für einen Teil der Jahresproduktion der Landmeister aus. Ihren Höhepunkt erreichte die Truhenfertigung und deren Export zwischen 1840 und 1880. Einem Geschäftsbuch der Porzellanfabrik Kloster Veilsdorf kann entnommen werden, daß in den Jahren 1859 bis 1864 269 „bunte Laden" als Transportbehälter für Porzellan verschickt worden sind (Gauß 1994). Adressaten waren 32 Kunden der Porzellanfabrik, davon 30 allein in Hessen, vermutlich Händler und Hausierer, da es sich in der Regel um kleine Posten an Geschirrporzellan zweiter oder gar dritter Wahl handelte.

Der Transport der Truhen erfolgte in jener Zeit bereits per Eisenbahn, den die Inbetriebnahme der Werrabahn zwischen Lichtenfels und Eisenach

Abb. 34 *Schrank aus Schnett, 1839.*
Abb. 35-37 *Schnetter Truhen von 1817, 1846 und 1893.*

über Coburg - Eisfeld - Hildburghausen - Meiningen im Jahre 1858 ermöglichte. Vordem wurden die Truhen per Fuhrwerk befördert; so sind für 1833 zwei verschiedene Fuhren mit Truhen und anderen Holzwaren bezeugt, die das Kurfürstentum Hessen über die Zollstationen Rasdorf bzw. Netra erreichten. Die Grenze zwischen Sachsen-Meiningen und Bayern wurde nach Angaben aus den Jahren 1825/26 bei Eußenhausen, Tann und Trappstadt passiert. Denkbar ist auch die Benutzung der Straßenverbindung von Eisfeld durch das Lautertal nach Coburg und von dort aus weiter nach Bamberg, das als Umschlagplatz für die Mainschiffahrt von Bedeutung war.

Das einigermaßen florierende Geschäft mit den bemalten Truhen führte noch nach der Jahrhundertmitte zu einer Zunahme der Hersteller, deren Zahl nach Wegfall der Zunftschranken und der Einführung der Gewerbefreiheit keinen Einschränkungen mehr unterworfen war. So weist eine Gewerbestatistik für den Amtsgerichtsbezirk Eisfeld 1878/79 in Schnett 79 mit der Herstellung von Truhen und Schachteln befaßte Selbständige mit 17 Gehilfen und 173 Angehörigen aus. Eine 1880 veröffentlichte Übersicht gibt für Schnett 40 Schreiner und 15 Schachtelmacher an, während im benachbarten Heubach, einst Sitz der Landinnung, nur noch 16 Tischler, 1 Schachtelmacher und 1 Kistenmacher tätig waren. Während der 1890er Jahre ließ der Absatz der Truhen spürbar nach, ohne jedoch völlig zum Erliegen zu kommen. Bei Ausbruch des Ersten Weltkrieges 1914 erlebte die Schnetter Truhenfertigung eine kurze Spätblüte, die 24 Koffer- und Ladenschreinern sowie 7 Truhenmalern ausreichend Arbeit gab. Die in 13 verschiedenen Größen gefertigten Truhen wurden in Hessen, Bayern, Westfalen und im Rheinland abgesetzt.

Während der Nachkriegszeit hielt die Herstellung von Truhen innerhalb der von Krisen geschüttelten Holzindustrie noch den günstigsten Stand. Die katastrophale Erwerbslage der Bevölkerung im Waldgebiet während der Weltwirtschaftskrise führte zur Gründung der „Werksgemeinschaft der Nothilfe Fehrenbach - Heubach - Schnett“ im Jahre 1931, in deren für die drei Orte zentral in Heubach gelegenen Betriebsstätte auch Schreiner beschäftigt wurden. Ein Katalog der „Wernofeh“ von 1937 enthält ein breites Angebot an bemalten „Bauernmöbeln“, deren Ausgestaltung ganz dem Zeitgeschmack verpflichtet war, unter Aufgabe der für Schnett typischen Malerei. Einen nur mehr regionalen Absatz finden dann während des Zweiten Weltkrieges bemalte Kästchen, der Schnetter Tradition folgend, mit Spruch und Jahreszahl versehen. Die Möbelproduktion hingegen war zugunsten kriegswichtiger Produkte eingestellt worden, um nach Kriegsende für kurze Zeit wieder aufgenommen zu werden.

Fortan erfolgte die Anfertigung bemalter Truhen und Kästchen in bescheidenem Umfang bis in die Gegenwart als „Hobbyproduktion“, ohne an die traditionelle Malweise anzuknüpfen. Als ein Zeichen für die wiedergewonnene Wertschätzung der einheimischen Tradition der Möbelmalerei darf die 1981 erfolgte Ausmalung der Schnetter Kirche mit überlieferten Schnetter Motiven des frühen 19. Jahrhunderts angesehen werden.

Kennzeichnend für bemalte Schnetter Möbel sind florale Ornamente in einer ganz typischen Ausprägung, die über einen längeren Zeitraum relativ unverändert Verwendung fanden. Übergreifende Merkmale sind der blaue oder grüne Grund, die in Rot-, Braun-, Grün- und seltener Blautönen unterlegten Ornamentfelder und stark stilisierte Blumenarrangements, für die die runde Form der Blüten charakteristisch ist. Die Blumen erscheinen als zwei oder mehrteiliger Sproß mit und ohne Vase in symmetrischer Anordnung, auch zu Kränzen arrangiert. Blumen, Blätter und Vasen zeigen weiße, seltener gelbe Kontur- und Binnenzeichnung. Die kennzeichnenden Blumenornamente treten auf der Schauseite von Truhen und Schranken paarweise in nahezu identischer Ausführung auf, so daß an die Verwendung von Schablonen für die Grundzeichnung der Motive zu denken ist. Seiten- und untergeordnete Flächen tragen gerahmte Felder, die durch getupfte, geschwämmelte, gestupfte oder in Wickeltechnik erzeugte Strukturen ausgefüllt sind. Figürliche Motive sind die Ausnahme. Die reichlich verwendete weiße Farbe bildet lineare Rahmungen, Tupfen- oder Linienornamente auf Rahmenflächen sowie Schriftzeichen.

In der Regel sind die Schnetter Möbel datiert. Auf Schränken und einigen (wenigen) Truhen finden sich die Namen der Besteller oder Erstbesitzer. Die Truhen tragen meist einen Spruch, der dem zeitgenössischen Spruchgut entstammt, wie es auch auf Erzeugnissen der Schachtelmacher und der Töpfer zu finden ist. Plastische Gliederungselemente sind die aufgelegten Front- und Deckelrahmen an Truhen, Profilleisten, profilierte Schlagleisten an Schranktüren sowie Architekturelemente wie Dreiecksgiebel, Zahnstockfries, Diamantierung und auch säulenartig gestaltete Türschlagleisten.

Für die ältere Schnetter Ware des 18. und frühen 19. Jahrhunderts, Schränken mit abgeschrägten Kanten und Truhen mit Arkadenfeldern an der Vorderfront, ist eine stark flächige Gestaltung der Blumenornamente kennzeichnend. An hervorragender Stelle, auf den Türfeldern und in den Arkaden der Schauseite, erscheint ein aus vier runden und ovalen Blüten bestehender Strauß, umgeben von spitzovalen Blättern, in „Draufsicht" angelegt. Der Blumenfries auf den Schrägen der Schränke erinnert an die Zargenbemalung von Spanschachteln. Im zweiten Jahrzehnt des 19. Jahrhunderts trat der Vasensproß als Leitmotiv der Schnetter Ware auf. Unter Beibehaltung der antinaturalistischen Grundhaltung wurden die Blumensträuße in den Vasen, Töpfen oder Körben schlanker, bewegter und in der Seitenansicht wiedergegeben. Die Blätter erinnern an Farne. Das Tulpenmotiv der älteren Ware wich Blumenkränzen auf Türfeldern und Truhendeckeln mit Leistenrahmen, oft als Rahmung für Schrift.

Gegen Ende des 19. Jahrhunderts trat das Vasenmotiv hinter dem Blumensproß zurück, bis auch dieser in den 30er Jahren zugunsten der regional untypischen „Bauernmalerei" aufgegeben wurde, die im NS-Staat und auch später großen Anklang fand. Material und Konstruktion der Ware aus Schnett entspricht ganz den allgemein für bemalte volkstümliche Möbel aus Weichholz kennzeichnenden Merkmalen. Ähnliches Interesse wie die Schnetter Möbel finden im thüringisch-fränkischen Grenzgebiet verbreitete Truhen mit Architekturmalerei, für die man eine thüringische Provenienz annimmt, und der als „Flößertruhe" bezeichnete charakteristische Truhentyp, dessen Herstellungsgebiet aus guten Gründen im Frankenwald vermutet wird (Wagner 1983, S. 26 u. 1986). In diesen beiden Fällen steht jedoch eine umfassende Katalogisierung der in öffentlichen und privaten Sammlungen vorhandenen Belegstücke noch aus, so daß sie hier keine weitere Berücksichtigung finden können.

Abschließend soll noch auf einige sehr signifikante Zeugnisse aus anderen Produktionsorten und Werkstätten hingewiesen werden, die einer näheren Untersuchung unterzogen werden müßten. Eine Truhe von 1780 in der Sammlung Herold/Coburg-Bertelsdorf und ein Schrank von 1786 im Museum Eisfeld zeigen so starke Übereinstimmungen in Motivwahl und Farbgebung auf, daß sie aus einer Werkstatt stammen dürften (Herold). Im Bestand des Freilandmuseums Bad Windsheim befindet sich ein datierter Schrank von 1796, der nach einem handschriftlichen Vermerk unter dem Gesims aus der Werkstatt des Schreiners Johann Caspar Fisch(er) aus Bad Colberg, Lkr. Hildburghausen, stammt. Er ist mit floralen Ornamenten und mit Sternmotiven in der Manier, wie wir sie als Einlegearbeit an höfischem und bürgerlichem Barockmöbel kennen, bemalt.

Hans Gauß

Karte: Nr. XVIII, s.S. 151

Literatur

Assion, Peter: Thüringer Truhen in Hessen. Zum Möbelhandel und zur Sachkultur des Gesindes im 19. Jahrhundert. In: Hessische Heimat 35 (1985) H. 2, S. 64-72.

Ders.: Truhenexport aus dem Thüringer Wald. In: Volkskunst 37 (1987) H. 3, S. 5-10.

Bedal, Konrad: Möbel aus Unterfranken. Ziermotive vom 16. bis 19. Jahrhundert. Bad Windsheim 1990.

Ders. (Hg.): Bemalte Möbel aus Franken. Ausstellung des Fränkischen Freilandmuseums in Bad Windsheim. München/Bad Windsheim 1980.

Ders. (Hg.): Bemalt - Unbemalt. Neuerworbene Möbel der Jahre 1981-84 (= Katalog zur gleichnamigen Ausstellung). Bad Windsheim 1984.

Forkel, Martina: Die Werkstattbücher der Schreinerei Ruckdeschel in Wunsiedel ab 1874 (= VVK 26). Würzburg 1987.

Gauß, Hans: Bemalte volkstümliche Möbel aus Schnett, Landkreis Hildburghausen (= Katalog der Bestände im Museum „Otto Ludwig" Eisfeld). Eisfeld 1992.

Ders.: Schnetter Truhen und Veilsdorfer Porzellan. In: Jahrbuch 1994 des Hennebergisch-Fränkischen Geschichtsvereins 9, S. 207-210.

Heidrich, Hermann: Möbel aus Oberfranken (= Katalog zur gleichnamigen Ausstellung). Bad Windsheim 1988.

Rawitzer, Barbara: „Flößertruhen" - ein Thüringer Exportschlager in Franken. In: Brückner, Wolfgang (Hg.): Fränkisches Volksleben im 19. Jahrhundert. Würzburg 1985, S. 77-81.

Seidel, Joachim: Möbelherstellung und Möbelhandel 1850-1914 mit Ausblicken auf Unterfranken (= VVK 21). Würzburg 1986.

Möbel aus Franken. Oberflächen und Hintergründe (= Katalog zur gleichnamigen Ausstellung). München 1991.

Nach dem Dreißigjährigen Krieg wurde der von Sonneberger Kaufleuten betriebene Fernhandel bedeutsam. Er gründete sich auf die vor Ort gewonnenen und verarbeiteten Stein- bzw. Schieferprodukte (Wetzsteine, Schiefertafeln und Büchlein, Griffel), schloß jedoch zunehmend andere Erzeugnisse des Raumes ein und förderte damit deren Produktion. Neben Pech und Ruß waren es vor allem einfache Holzerzeugnisse: Spiegelrahmen, Schachteln, Dosen, Hausgeräte, Spritzen, Schränkchen etc. Eine Schilderung der örtlichen Handelsverhältnisse für 1735 belegt unter den Holzerzeugnissen erstmals „allerhand Kinderwaaren“: einfache Holzspielzeuge (Degen, Pistolen, Flinten, Pfeifen, Geigen, Kegelspiele, Nußknacker, Klappern u. ä.).

In die Herstellung der Holzwaren waren bereits Teile der Bevölkerung der umliegenden Walddörfer einbezogen. Auch ohne Handelsprivileg gab es teilweise direkte Abhängigkeitsverhältnisse zwischen Holzwarenproduzenten und Sonneberger Kaufleuten. Für einen Teil der Holzerzeugnisse wurde das Bemalen von großer Bedeutung, allerdings scheint Spielzeug dabei noch keine herausragende Rolle gespielt zu haben. Die 1764 erlassenen Innungsstatuten für die Sonneberger Wismutmaler fixierten rechtlich die Trennung zwischen den vorwiegend ländlichen Produzenten von Holzerzeugnissen, den „Weißmachern“ und den „Fertigmachern“, und waren zugleich Ausdruck der Auseinandersetzungen um die Vertriebsrechte.

In der zweiten Hälfte des 18. Jahrhunderts erlangte die Verfeinerung der hölzernen Waren zunehmende Bedeutung. Dies geschah durch Bossieren, d.h. des Übermodellierens eines Holzkerns oder von Holzteilen (mitunter auch Draht) mit einer plastischen Masse aus geringwertigem Mehl und Leim. Die wachsende Bedeutung dieser Technik kommt vor allem darin zum Ausdruck, daß den „Pußirern und Puppenmachern“ 1781 ein eigenes Zunftstatut genehmigt wurde, welches diesem Gewerbe auch die zur Produktion notwendigen Holz- und Malarbeiten gestattete.

Die Arbeitsteilung zwischen den Holzwaren fertigenden Dörflern und den zumeist in der Stadt ansässigen Malern und Bossierern war ausgeprägt, doch lassen sich für 1781 auch in der Stadt selbst nicht wenige Gewerbe nachweisen, die vorrangig Spielzeug herstellten: 5 von 7 Drechslern produzierten ausschließlich für Kinder. Für den stark verbreiteten Artikel „Guckuck“ waren allein 5 weitere Produzenten tätig, und auch ein Trommelmacher arbeitete ausschließlich für Kinder. Der Handel mit Holzwaren reichte über die Erzeugnisse des Sonneberger Raumes hinaus und schloß sächsische, Nürnberger, Berchtesgadener und Salzburger Waren ein. Ein wichtiges Kinderspielzeug, welches von den Sonneberger Handlungshäusern vertrieben wurde, produzier-

ten die seit der 2. Hälfte des 18. Jahrhunderts entstandenen und sich in den Flußtälern rasch ausbreitenden Märbelmühlen, die zugleich zahlreichen Tagelöhnern („Märbelpicker“) bei der Beschaffung der Steine Arbeit boten.
Zwischen den Sonneberger Handlungshäusern und jenen im benachbarten Neustadt, die gleichfalls - wenn auch in geringerem Umfang - „Sonneberger Waren“ vertrieben, gab es eine ausgeprägte „Preistreiberei“ zu Lasten der Produzenten. Nicht zuletzt daraus erwuchs das merkantilistischen Erwägungen entspringende Handelsprivileg für die Sonneberger Kaufmannschaft aus dem Jahre 1789, welches die wirtschaftlich-soziale Verfassung des Meininger Oberlandes für viele Jahrzehnte prägte. Es sicherte 30 Kaufleuten, davon 26 aus Sonneberg, das fast ausschließliche Recht des Vertriebs von „Sonneberger Waren“ zu. Die im Privileg enthaltenen Schutzbestimmungen für die Produzenten erwiesen sich in der Folgezeit als weitgehend wirkungslos.
Um 1800 arbeiteten etwa 650 Personen für die Sonneberger Kaufmannschaft, wobei zu berücksichtigen ist, daß diese wiederum jeweils 3-4 Gehilfen beschäftigten, so daß über 2.000 Menschen einbezogen waren. Hinzu kamen noch jene Hersteller, die vorrangig in Landwirtschaft bzw. Waldgewerbe tätig waren und die nur im Winter „hölzerne Waren“ verfertigten. Für Spielzeug kann man dabei einen Anteil von etwa 1/3 der Produktion annehmen.
Die von den Bossierern genutzte Masse, der sogenannte „Taig“, bot hinsichtlich ihrer Zusammensetzung ein Arbeitsfeld für vielfältige Experimente. Als sicher kann gelten, daß bei ihrer Verarbeitung auch Formen genutzt wurden. 1805 erhielt der Sonneberger Bossierer Johann Friedrich Müller ein Privileg zur Fertigung und zum Vertrieb von Waren aus Papiermaché. Für die Nutzung der neuen Masse wurden wenig später weitere Konzessionen in Thüringen gewährt: Johann Andreas Voit 1806 in Eisfeld, ab 1822 Hildburghausen; Martin Gräbner ab 1814 in Hildburghausen; Johann Daniel Kestner 1815/1822 in Waltershausen. Deren Produktionsstätten wurden teilweise zu Keimzellen bedeutender Standorte der Spielzeugproduktion, am ausgeprägtesten in Waltershausen.
Die Nutzung von Formen für die Herstellung von Puppenköpfen und Figuren aus Papiermaché ist für 1822 erstmals belegt. Der wachsende Einsatz des neuen Materials und von Drückerformen aus Gips (später: Schwefel) veränderte die traditionell handwerkliche Arbeit des Bossierers. Die ursprünglich künstlerisches Vermögen erfordernde Arbeit wurde zur rein mechanisch zu verrichtenden Tätigkeit des „Drückens“, die auch von ungeschulten Arbeitskräften - welche das Sonneberger Hinterland reichlich bot, in Heimarbeit rationell als Massenproduktion ausgeübt werden konnte.
Die technischen Neuerungen, der nach den napoleonischen Kriegen zu verzeichnende Wirtschaftsaufschwung und die wachsende Nachfrage nach „reizvollen“ Spielzeug für die bürgerlichen Kinderstuben intensivierten die Spielzeugproduktion. 1845 beschäftigten die Sonneberger Handlungshäuser bereits 111 Familien als reine Papiermachéarbeiter, 441 Familien arbeiteten als

Abb. 38 *Spielzeugherstellung in Heimarbeit, Sonneberg um 1910.*

Bossierer. Weit größer war freilich die Zahl der Drechsler und Holzschnitzerfamilien (264), die unter anderen weiterhin einfaches Holzspielzeug produzierten (Degen, Gewehre, Hörner, Pfeifen, Geigen, Kegelspiele, Docken, Reiterlein, Ratschen, Puppenmöbel, Steckenpferde, Peitschen, Schachteln, Kinderfahrzeuge, Rasseln, Klappern, Spritzen etc.), zugleich aber auch den relativ großen Bedarf an Holzteilen für die hochwertigeren Spielzeuge mit Bossier- bzw. Papiermachéarbeiten befriedigten. Unverkennbar war das Bemühen, Spielzeuge durch einfache Bewegungs- und Stimmechanismen attraktiver auszustatten.

Während in Sonneberg die Bestimmungen des Statutes der Bossierer faktisch keine Rolle mehr spielten, wurden im benachbarten coburgischen Neustadt die Festlegungen einer 1799 gegründeten Bossierer-Innung streng beachtet, so daß sich dort der wirtschaftliche Aufschwung nicht im gleichen Maße vollzog. Die Gesamtzahl der für den Sonneberger Handel Arbeitenden wird 1844 auf knapp 7.000 Personen geschätzt. Der von Adolf Fleischmann unternommene Versuch der fabrikmäßigen Herstellung von Papiermachéwaren endete trotz großer Erfolge, als sein Unternehmen in den Revolutionstagen 1848 auf Druck der notleidenden Bevölkerung schließen mußte. Mitte des 19. Jahrhunderts ernährten sich in etwa 20 Orten des Meininger Oberlandes 8.000 Menschen im wesentlichen von der Spielwarenproduktion.

Seit den 1850er Jahren erlangte die Produktion einfacher, nur mit einem Hemdchen gekleideter Puppen mit beweglichen Gliedern (sog. „Täuflinge“) zunehmende Bedeutung. Ihre qualitätsvollste Ausprägung erfuhren sie in den Fabriken von Waltershausen. Künstliche Haarfrisuren, bewegliche Glasaugen (in Lauscha produziert), Papa- und Mama-Stimmen, ausgeklügelte Gelenkkonstruktionen und wachsierte Gesichter machten die Puppen immer menschenähnlicher und bedingten eine aufwendige Produktion. Ihren Höhepunkt fand diese Entwicklung in den sogenannten „Modellköpfen“, die aus Wachs gegossen wurden und mit Papiermaché hinterlegt waren.

Die 1863 eingeführte Gewerbefreiheit ließ zwar die Zahl der Handlungstreibenden wesentlich anwachsen, doch an der Produktionsorganisation, der Heimarbeit, änderte sich nichts Wesentliches. Die Fabrikproduktion blieb zumeist auf das abschließende „Fertigmachen“ der von Heimarbeitern gelieferten Teile bzw. die Herstellung besonders hochwertiger Erzeugnisse beschränkt. Von den 1880 in Sonneberg bestehenden 481 Exportgeschäften und 321 Spielwarenbetrieben hatten lediglich 9 mehr als 20 Beschäftigte; 273 Betriebe arbeiteten ohne bzw. mit bis zu 4 Gehilfen. Die Ausweitung der Produktion für den Export nach den USA und England und die ständige Vervollkommnung der Waren aufgrund der zunehmenden Bedeutung gekleideter Puppen führten zu einer immer stärker in arbeitsteilig betriebener Heimarbeit organisierten Produktion (vgl. die daraus resultierenden Berufsdifferenzierung in Drücker, Drechsler, Schnitzer, Gelenkmacher, Stopfer, Augenmacher, Augeneinsetzer, Puppenschuhmacher, Perückenmacher, Puppenfriseur, Puppenputzmacher usw.) und zu einer Einbeziehung weiterer, vormals bäuerlichepräg-

ter Dörfer in die Fertigung von Spielwaren. Während die Bedeutung der Glas- und einfachen Holzspielwaren zurückging, erlangten neben der Puppen- und Spielzeugherstellung auch die Produktion „gedrückter“ Masken für Sonneberg große Bedeutung. In den ursprünglich von Sonneberg abhängigen Produktionsstandorten Manebach und Ohrdruf entstand so eine bedeutende eigenständige Karnevalsindustrie.
Die massenhafte Gründung von Porzellanfabriken in der 2. Hälfte des 19. Jahrhunderts, die zumeist Puppenköpfe in ihr Sortiment aufnahmen, die zunehmende Verkehrserschließung und der Siegeszug des Porzellanpuppenkopfes seit den 1880er Jahren weiteten insbesondere die Puppenproduktion in Thüringen erheblich aus. Besonders bedeutsam wurden die Gebiete um Waltershausen und Königsee, wo die Herstellung stärker fabrikmäßig organisiert werden konnte. Für den Bau von Schaukelpferden erlangte seit den 1880er Jahren Ohrdruf internationale Geltung. Die seit 1882 in Rudolstadt produzierten „Anker-Steinbaukästen“ wurden ein Welterfolg. Auch der Neustädter Raum entwickelte sich zu einem bedeutenden, allerdings von Sonneberg abhängigen, Standort der Puppenproduktion und von Füllwaren aus Papiermaché (Attrappen). Das Produktionsprofil des Sonneberger Raumes wurde nach der Jahrhundertwende durch Stoffspielzeuge erweitert. Die Herstellung von Steinmärbeln erreichte für den Raum Coburg-Neustadt, Eisfeld, Schalkau-Effelder eine große Bedeutung. Seit der Jahrhundertmitte kamen dazu die in Lauscha gefertigten Glasmärbel.
Die soziale Lage der Spielzeugproduzenten und ihrer Familien, die sich zwar teilweise wegen ihrer rechtlich selbständigen Stellung „Fabrikanten“ nannten, war aufgrund ihrer Abhängigkeit vom Vertrieb, der Konkurrenzsituation und des Saisoncharakters der Produktion teilweise katastrophal, was seit den 1880er Jahren zunehmend die Aufmerksamkeit von Sozialkritikern auf sich zog. Dessen ungeachtet konnte Sonneberg um 1900 mit Fug und Recht als „Weltspielwarenstadt“ gelten: Von den rund 62.000 Einwohnern des Kreises waren über die Hälfte wirtschaftlich von der Spielwarenindustrie abhängig. Auf den Sonneberger Raum entfielen nahezu 50 % der deutschen Spielzeugproduktion.
Nach dem Ersten Weltkrieg vermochte das Sonneberger Gebiet seine einst dominierende Stellung im Weltspielzeughandel nicht wieder zu erreichen. Neue Techniken, wie das Prägen von Pappe, erlangten neben dem seit der Jahrhundertwende nicht nur gedrückten, sondern auch als Gußmasse verwendeten Papiermaché für die Formgebung Bedeutung. Nach einem kurzen Aufschwung kam es im Verlauf der Weltwirtschaftskrise zum Zusammenbruch zahlreicher Unternehmen und zur Massenarbeitslosigkeit. Die Ansiedlung neuer Wirtschaftszweige und die spätere Umstellung auf die Rüstungsproduktion im Zweiten Weltkrieg veränderten das Produktionsprofil.
Die deutsche Teilung trennte nach 1945 den ehemals zusammengehörigen Wirtschaftsraum Sonneberg-Neustadt. Zahlreiche Spielzeugbetriebe wurden enteignet, andere später in Betriebe mit staat-

licher Beteiligung umgewandelt und 1972 schließlich in Volkseigentum überführt, die Kleinproduzenten in Genossenschaften zusammengeschlossen. Die Gründung von volkseigenen Betrieben und Kombinaten zentralisierte die Produktion bei zunächst weiterer stark zersplitterter Fertigung. Sonneberg entwickelte sich zum bedeutendsten Produktionsstandort sowie zum wirtschaftsleitenden Zentrum der Spielwarenindustrie der DDR. Eine stärker fabrikmäßig organisierte Produktion drängte die Heimarbeit in immer größerem Maße zurück. Den Zentralisationsprozeß beförderte die zunehmende Nutzung rationell und kostengünstig zu verarbeitender Kunststoffe. Die für die plastische Formung von Spielzeug ehemals bestimmenden Techniken des Drückens und Prägens wurden damit immer bedeutungsloser, die Holzverarbeitung weiter mechanisiert.

Der Neustädter Raum in Bayern, der nach 1945 viele ehemals in Sonneberg beheimatete Facharbeiter und Spielzeugbetriebe aufnahm, entwickelte sich zu einem selbständigen bedeutsamen Standort der Spielzeugproduktion, insbesondere von Puppen. Mit der Wiedervereinigung Deutschlands kam es aufgrund des Wegfalls der Absatzmärkte in den Ostländern sowie der nunmehr neuen Konkurrenzsituation auf Binnen- und Auslandsmarkt zu einer drastischen Reduzierung der Zahl der Betriebe und Beschäftigten in der Thüringer Spielzeugindustrie, die auch durch Ansiedlung einiger neuer Betriebsstätten im Raum Sonneberg nicht kompensiert werden konnte. Mit etwa 1.000 Beschäftigten in der Spielzeugfertigung des Kreises Sonneberg steht dieser Raum heute eindeutig im Schatten des Neustadt-Coburger Herstellungsgebietes. Aber auch aus Bayern wurden immer mehr Produktionsstätten in Billiglohnländer verlagert.

Ernst Hofmann

Literatur

Bätz, Erich: Die Spielwarenindustrie des Meininger Oberlandes. (Diss.) Jena 1924.

Bittner, Herbert: Verlag und Fabrik in der Spielwarenindustrie Sonnebergs. (Diss.) Halle 1927.

Die Deutsche Spielwarenindustrie (= Verhandlungen und Berichte des Unterausschusses für allgemeine Wirtschaftsstruktur 19). Berlin 1930.

Dokument zur Entwicklung der Spielzeugindustrie im Bezirk Suhl. Sonneberg 1960.

Doms, Otto: Wirtschaftsstruktur und Arbeitseinsatz im Südthüringer Raum unter besonderer Berücksichtigung der Spielwarenindustrie. (Diss.) Leipzig 1943.

Gauß, Hans, Gürtler, Sonja und Volk, Gudrun: Spielzeug gestern und heute. [2] Sonneberg 1989

Lehmann, Emmy: Die Sonneberger Puppe. In: Thüringer Heimat 2 (1957) H. 4, S. 210-217.

Dies.: Die Sonneberger Puppenmacher. In: Deutsches Jahrbuch für Volkskunde. Berlin 4 (1958) H. 2, S. 393-424.

Leidner, Udo: Der Beruf Bossierer. Sonderausstellung (= Schriftenreihe des Museums- und Heimatvereins e. V.). Neustadt b. Coburg 1991.

Meyfarth, Brunhild 1981: [siehe Lit.-Verz.]

Neumann, Karl: Spielzeugland Sonneberg. Gotha 1939.

Reichmann, Karl (Hg.) 1924: [siehe Lit.-Verz.]

Sy, Margarete 1929: [siehe Lit.-Verz.]

Zu den wichtigsten Gewerbezweigen der Holzverarbeitung im Thüringer Wald gehörte ab dem 17. Jahrhundert die Herstellung von Spanschachteln. Der Bedarf nach dauerhaften Behältnissen für die kleinen Dinge im Haushalt, aber auch nach einem universellen Verpackungsmittel ließ diesen Gewerbezweig in der frühen Neuzeit aufblühen. Vor allem die Mittelgebirge und die Alpenvorländer gehörten zu den Gebieten, in denen sich vom 16. Jahrhundert an Schachtelmacher in größerer Zahl nachweisen lassen.

Das Verbreitungsgebiet der Thüringer Schachtelmacherei umfaßte den Raum des Schiefergebirges zwischen Schleusingen im Westen und Gräfenthal im Osten. Lediglich in der zweiten Hälfte des 17. Jahrhunderts arbeiteten Schachtelmacher auch im Gebiet des westlichen Thüringer Waldes um Tambach bei Gotha. Gebunden war die Schachtelmacherei neben einem Vertriebsnetz vor allem an das Vorhandensein von Fichtenholz als spaltbarem Material. Dem kamen die ausgedehnten Forste des Schiefergebirges, in denen seit Ende des 17. Jahrhunderts die Fichte dominierte, entgegen.

Im Thüringer Wald wurden die ersten Schachtelmacher vor 1639 im Gebiet um Sonneberg erwähnt. Während des 17. Jahrhunderts breitete sich das Gewerbe im wesentlichen in den Ämtern Sonneberg, Eisfeld und Gräfenthal des Herzogtums Sachsen-Coburg und der Oberherrschaft des Fürstentums Schwarzburg-Rudolstadt aus. Die Schachtelmacherei war ein Gewerbe der dörflichen Siedlungen. Nur kurzfristig - während des 17. Jahrhunderts in Eisfeld und während des 18. Jahrhunderts in Gräfenthal - gab es auch einzelne Schachtelmacher in Städten. Lokalisieren läßt sich die Schachtelmacherei ab dem 17. Jahrhundert fast immer in der Nähe von Handelszentren. Einerseits war dort der Vertrieb der Spanschachteln gesichert, andererseits bestand ein großer Bedarf als Verpackungsmaterial. Die Hersteller von Holzwaren und Spielzeug um Sonneberg, die Glasindustrie um Lauscha und der Medizinalienhandel um Oberweißbach waren die potentiellen Abnehmer von Spanschachteln. Daneben waren die Schachteln selbst, zum Teil in bemalter Form, ein Exportgut.

Die Technik der Schachtelmacherei baute zum Teil auf vorhandenes Wissen im dörflichen Bereich auf. So war das Abziehen der Späne von der Leuchtspanfertigung her bekannt; zum Teil konnten die gleichen Werkzeuge verwendet werden. Ähnlich war die Herstellung von Siebrändern und später die Spankorbfertigung. Ausgangsmaterial bildete immer Fichtenholz, von dem Späne abgezogen wurden. Dazu mußte das Holz vorher gewässert und zum Teil gekocht werden. Das Abziehen der Späne für die Zargen (Schachtelränder) - in der Region als „Läfte“, „Läufe“ oder „Schleißen“ bezeichnet - erfolgte mit einem

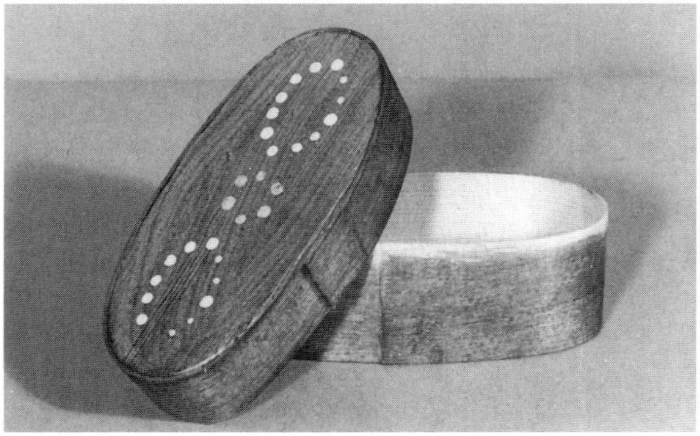

Abb. 39 *Spanschachtel, um 1900.*

Messer. Ab der Mitte des 18. Jahrhunderts verwendete man spezielle Spanhobel, ab etwa 1850 vereinzelt Spanziehmühlen.

Die Späne wurden über Formen gebogen, die Zargen bei größeren Schachteln durch kleinere Späne befestigt. Die kleineren Schachteln mußten mit Kaseinleim geklebt werden. Ab etwa 1830 wurden die Zargen auch mit Metallklammern geheftet. Die Deckel und Böden der Schachteln konnten aus stärkerem Holz ausgestanzt oder ausgemeißelt sein.

Der Vertrieb erfolgte ab dem 17. Jahrhundert sowohl durch Kaufleute aus der Region als auch durch Hausierhandel der Produzenten selbst. Bereits um 1700 brachten die Sonneberger Kaufleute auch den Handel mit Spanschachteln unter ihre Kontrolle. Verstärkt wurde diese Abhängigkeit der Schachtelmacher durch die Gründung der Innung der „Wismutmaler" in Sonneberg 1764. Danach war nur den Innungsmeistern das Bemalen der Spanschachteln erlaubt (s.o.). Die Sonneberger Kaufleute betrieben während des 18. Jahrhunderts einen umfangreichen Meßhandel. Sie besuchten Frankfurt am Main, Leipzig und Braunschweig. Dort wurden die Spanschachteln sowohl an andere Kaufleute als auch an Hausierer verkauft. Hauptexportrichtung der Sonneberger war Nord- und Westdeutschland. Letzteres deckt sich mit den Untersuchungen Kurt Dröges über bemalte Spanschachteln, nach denen thüringische vor allem dort zu finden waren. Über Fuhrleute erfolgte der Vertrieb von bemalten und unbemalten Spanschachteln aus den Ämtern Gräfenthal und Eisfeld sowie aus der schwarzburgischen Oberherrschaft. Umschlagpunkte der Fuhrleute für Spanschachteln waren im Süden Bamberg für die Mainschiffahrt und Erfurt für den weiteren Handel in nördliche Richtung.

Die relativ unkomplizierte Technik und der zunächst vorhandene große Bedarf an Spanschachteln führte zu einem beträchtlichen Anstieg der Beschäftigtenzahlen in diesem Gewerbe am Ende des 18. Jahrhunderts. Dieser Trend verschärfte sich ab 1800 besonders durch den Niedergang anderer Gewerbezweige wie der Glasindustrie, dem Bergbau und der Eisenhammerwerke. Arbeiteten um 1800 alleine im Meininger Oberland um Sonneberg 68 Schachtelmacher, so erhöhte sich deren Anzahl bis 1850 auf etwa 200. Für einige Orte wie Lauscha, Steinach und Steinheid im Meiniger Oberland oder Mellenbach und Meuselbach in Schwarzburg-Rudolstadt, war die Schachtelmacherei ein wichtiger, wenn nicht der wichtigste Erwerbszweig.

Daß die Schachtelmacherei im Thüringer Schiefergebirge ab 1830 sprunghaft anstieg, ist vor allem dem hohen Bedarf für Schuhcreme und Medizinalien zu verdanken. Der Schwerpunkt der Fertigung lag ab 1830 deshalb vor allem bei kleinen und kleinsten Schachteln. Daneben besaß der Export bemalter Schachteln noch größere Bedeutung. Die Musterbücher Sonneberger Kaufleute enthielten solche ab 1830. Noch 1850 verschickten die Steinacher Schachtelmaler „ganze Wagenladungen" bemalter Spanschachteln. Im preußischen Landkreis Schleusingen wurde 1846 die Schachtelmacherei zielgerichtet eingeführt, so daß man in Frauenwald und Schmiedefeld am Rennsteig bis in die 70er Jahre des 19. Jahrhunderts Spanschachteln herstellte. Im Gefolge entstanden Schachtelmanufakturen in Schleusingen und Suhl.

Neben der größeren Konzentration der Fertigung in Manufakturen traten auch technische Verbesserungen hervor. In Katzhütte (Schwarzburg-Rudolstadt) wurden um 1860 vorgefertigte Schachtelzargen an die Schachtelmacher abgegeben, in Steinach um 1870 der Schrubb-Hobel eingeführt, mit dem mechanisch Brettchen und Schachtelzargen gehobelt werden konnten.

Im 19. Jahrhundert vertrieben neben den Sonneberger Kaufleuten auch Manufakturen und Fabriken Spanschachteln. Um die Mitte des 19. Jahrhunderts hatten solche die Cursdorfer Zündholzfabrik, wie auch die Farbenfabriken in Saalfeld im Angebot. Die Schiefertafel- und Glaswarenhändler sowie die Glashütten des Raumes Gräfenthal vertrieben bis 1870 ebenfalls Spanschachteln.

Abb. 40 *Spanschachtel mit Wismutmalerei, um 1850.*

Die soziale Situation der Schachtelmacher war denkbar schlecht wegen der Preisschere zwischen immer weiter steigenden Holzpreisen einerseits und sinkendem Erlös für Spanschachteln andererseits. Die Holzverteuerung in der ersten Hälfte des 19. Jahrhunderts besaß ihre Gründe in einer tatsächlich überhand nehmenden Holznachfrage. Diese konnte im Gebiet des Thüringer Waldes ohne größere Schäden für die Waldungen kaum noch gedeckt werden. Die Einschränkungen der Staaten trafen die Schachtelmacher besonders hart, stellten sie doch spezielle Anforderungen an das Holz. Folgen waren Verschuldung der Schachtelmacher und zunehmender Holzdiebstahl, insbesondere zwischen 1845 und 1850.

Besonders hart getroffen wurde neben dem Meininger Oberland das Obere Schwarzatal. Ab 1860 versuchte die schwarzburg-rudolstädtische Regierung die Schachtelmacherei in Mellenbach und Meuselbach einzuschränken. Einschneidend wirkte die Einführung des sogenannten Verstrichsystems ab 1862. Danach verteilte man das Holz nicht mehr „nach altem Herkommen“ an Berechtigte, sondern versteigerte es an den Meistbietenden. Da die Schachtelmacher kaum in der Lage waren, bar zu zahlen, gerieten sie in immer größere Abhängigkeit der Händler, die das nötige Geld borgten. Von der Schachtelmacherei alleine konnte 1861 kaum noch jemand leben. In Meuselbach, Mellenbach und Steinach wurde die Schachtelmacherei eine reine Winterbeschäftigung.

Mit der Einführung der Pappschachtel und der Blechdose um 1865 begann der eigentliche Rückgang der Schachtelmacherei. Die Beschäftigten wanderten ab in die Glas- und Porzellanindustrie sowie in die Spielzeugherstellung. Nur noch in geringem Umfang konnte sich das Gewerbe bis in das 20. Jahrhundert in Steinach, Steinheid und Meuselbach halten. Zum Teil kam den Schachtelmachern der aufkommende Folkorismus entgegen. Vor allem größere Kaufhäuser bezogen in den letzten Jahrzehnten des 19. Jahrhunderts bemalte Spanschachteln. Die Steinheider Schachtelmacher stellten um 1900 herzförmige Schachteln her. Daneben wurden bis in die 60er Jahre noch Spanschachteln als Verpackungsmaterial für Schuhcreme, Käse und Bohnerwachs gefertigt.

Thomas Schwämmlein

Karten: Nr. XXI-XXIV, s.S. 177-180

Quellen

Thüringisches Staatsarchiv Gotha:
Regierung Erfurt, Präsidialbüro, Nr. 2462
Thüringisches Staatsarchiv Meiningen:
Staatsministerium, Abteilung Inneres „alt“, Nr. 42.1277; 42.1285;
Staatsministerium, Abteilung Inneres „neu“, Nr. 2558; 3369
Kreis Sonneberg, Nr. 3697; 3698;
Kreis Saalfeld, Nr. 30.2a; 30.2c; 30.2d-f
Thüringisches Staatsarchiv Rudolstadt:
Ministerium Rudolstadt, Abteilung Inneres, Nr. 2795, 3528, 4459, 4831
Ministerium Rudolstadt, Abteilung Finanzen, Nr. CI.16; CI.25; CI.60; CI. 171
Ministerium Sondershausen, Nr. 1784
Landratsamt Arnstadt/Gehren, Nr. 1425

Literatur

Bauersachs, Ewald: Die Holzschnitzerei im Meininger Oberland und ihre Beziehung zur Preispolitik der meiningischen Staatsforstverwaltung. (Diss.) München 1923.
Bericht der Handels- und Gewerbekammer zu Sonneberg auf die Jahre 1878-1882. Sonneberg 1884.
Brückner, Georg 1851/53: [siehe Lit.-Verz.]
Creutzburg, Nikolaus: Das Lokalisationsphänomen der Industrien. Am Beispiel des nordwestlichen Thüringer Waldes (= Forschungen zur deutschen Landes- und Volkskunde 23). Leipzig 1925.
Dressel, Hans 1909: [siehe Lit.-Verz.]
Dröge, Kurt u. Pretzell, Lothar 1986: [siehe Lit.-Verz.]
Fleischmann, Adolf 1876: [siehe Lit.-Verz.]
Fugmann, Ernst R. 1939: [siehe Lit.-Verz.]
Johannes: Die Steinacher Holzmaler. In: Thüringer Monatsblätter. Eisenach 15 (1908) Nr. 11, S. 140-143.
Reichmann, Karl (Hg.) 1924: [siehe Lit.-Verz.]
Sax, Emanuel 1882-88: [siehe Lit.-Verz.]
Schwämmlein, Thomas: „Volkskunst“ aus Thüringen. Spanschachteln. Erfurt 1996 [im Druck].
Wiswe, Mechthild 1986: [siehe Lit.-Verz.]

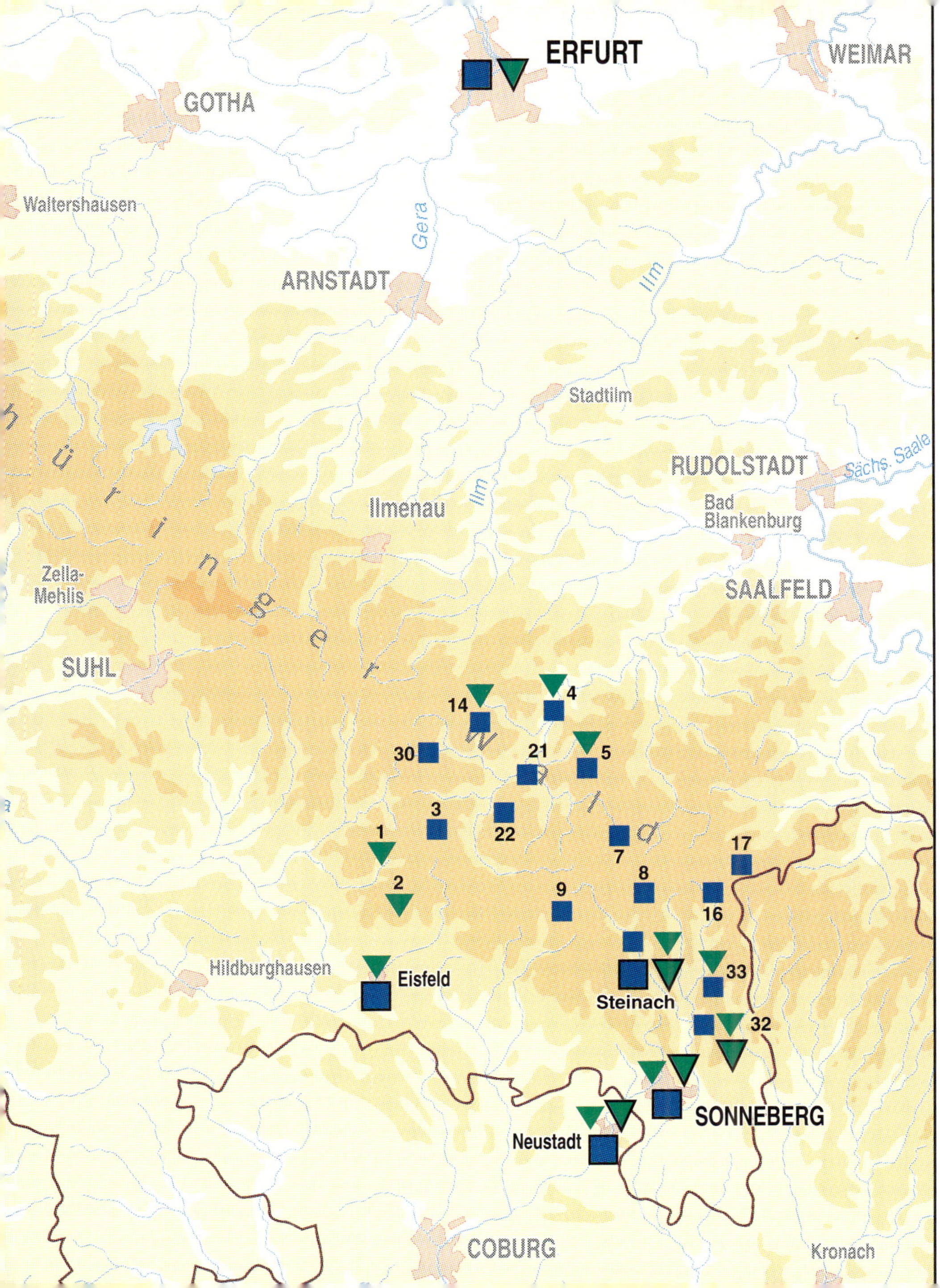

Karte XXI

Schachtelmacher 1800–1825

Schachtelmacher

Vertriebszentrum

Erfurt
Sonneberg
Eisfeld
Neustadt
Lauscha
3 Masserberg
4 Mellenbach
5 Meuselbach
7 Neuhaus am Rennsteig
8 Lauscha
9 Steinheid
14 Großbreitenbach
16 Hasenthal
17 Spechtsbrunn
21 Katzhütte
22 Oelze
30 Altenfeld
32 Judenbach
33 Neuenbau

Wismutmaler 1800–1825

Maler

Vertriebszentrum

Erfurt
Sonneberg
Eisfeld
Neustadt
Lauscha
1 Schnett
2 Fehrenbach
4 Mellenbach
5 Meuselbach
14 Großbreitenbach
32 Judenbach
33 Neuenbau

Rot: Orte in allen vier Zeitstufen belegt
Blau: Orte in drei Zeitstufen belegt

0 5 10 15 20 km

Bearbeitet von Th. Schwämmlein
Kartographie: W. Weber,
Geographisches Institut, Universität Würzburg

Karte XXII

Schachtelmacher 1826–1850

■ Schachtelmacher

■ Vertriebszentrum

Saalfeld
Sonneberg
Eisfeld
Neustadt
Steinach
1 Schnett
2 Fehrenbach
3 Masserberg
4 Mellenbach
5 Meuselbach
6 Meura
8 Lauscha
9 Steinheid
13 Allzunah
15 Mengersgereuth-Hämmern
16 Hasenthal
17 Spechtsbrunn
18 Gräfenthal
19 Piesau
20 Großneundorf
21 Katzhütte
22 Oelze
23 Cursdorf
24 Deesbach

Wismutmaler 1826–1850

▼ Maler

▼ Vertriebszentrum

Eisfeld
Neustadt
Steinach
1 Schnett
2 Fehrenbach
14 Großbreitenbach
32 Judenbach

0 5 10 15 20 km

Bearbeitet von Th. Schwämmlein
Kartographie: W. Weber,
Geographisches Institut, Universität Würzburg

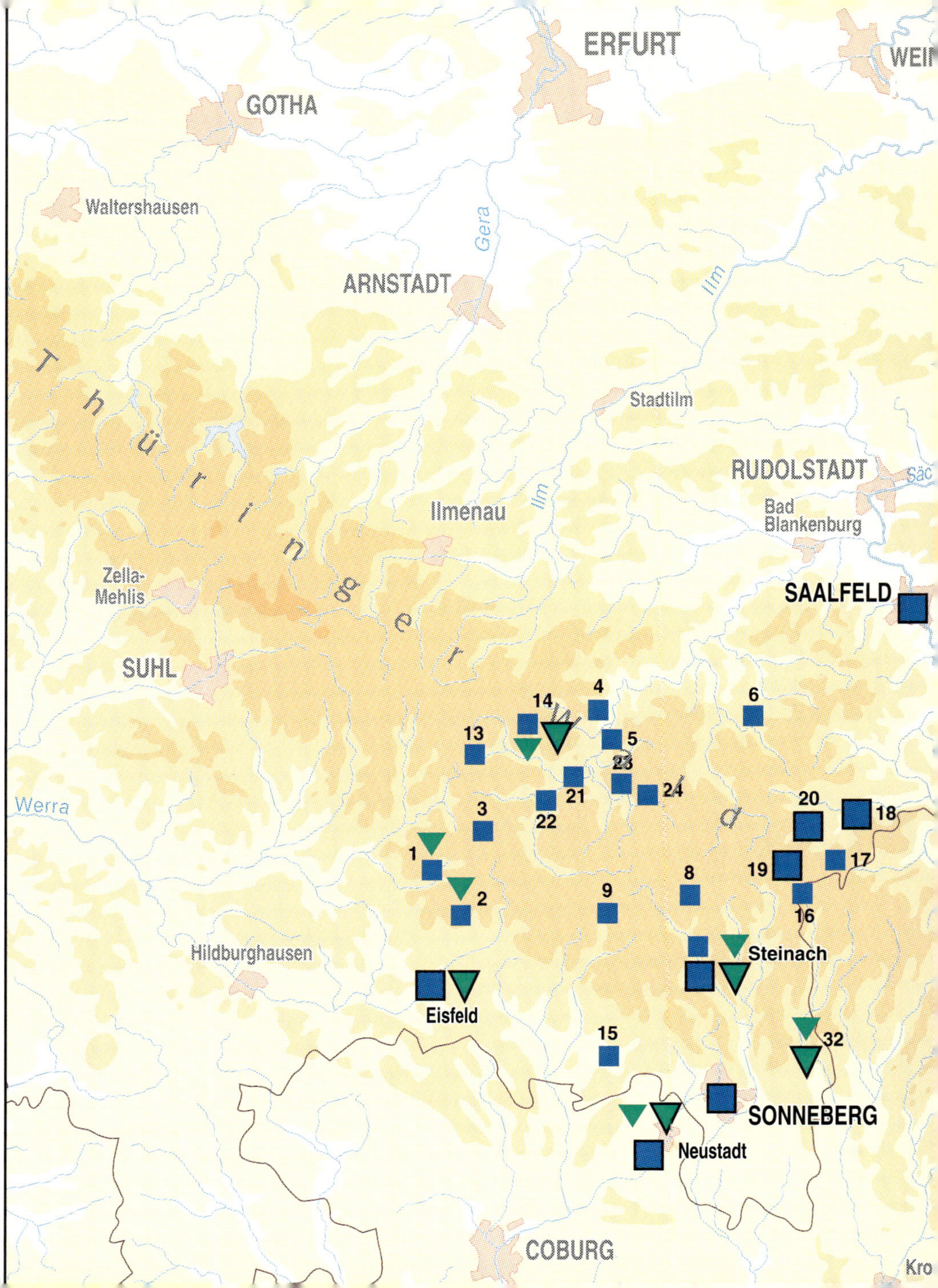

Karte XXIII

Schachtelmacher 1851–1875

Schachtelmacher

Vertriebszentrum

Manufaktur

Saalfeld
Sonneberg
Suhl
Neustadt
Eisfeld
Schleusingen
Gräfenroda
Steinach
1 Schnett
2 Fehrenbach
3 Masserberg
4 Mellenbach
5 Meuselbach
6 Meura
7 Neuhaus am Rennsteig
8 Lauscha
9 Steinheid
14 Großbreitenbach
15 Mengersgereuth-Hämmern
16 Hasenthal
17 Spechtsbrunn
18 Gräfenthal
20 Großneundorf
21 Katzhütte
22 Oelze
27 Schmiedefeld am Rennsteig
28 Frauenwald
29 Neustadt am Rennsteig
30 Altenfeld
34 Oberweißbach
35 Cursdorf

Wismutmaler 1851–1875

Maler

Vertriebszentrum

Sonneberg
Neustadt
Eisfeld
Steinach
1 Schnett
14 Großbreitenbach

0 5 10 15 20 km

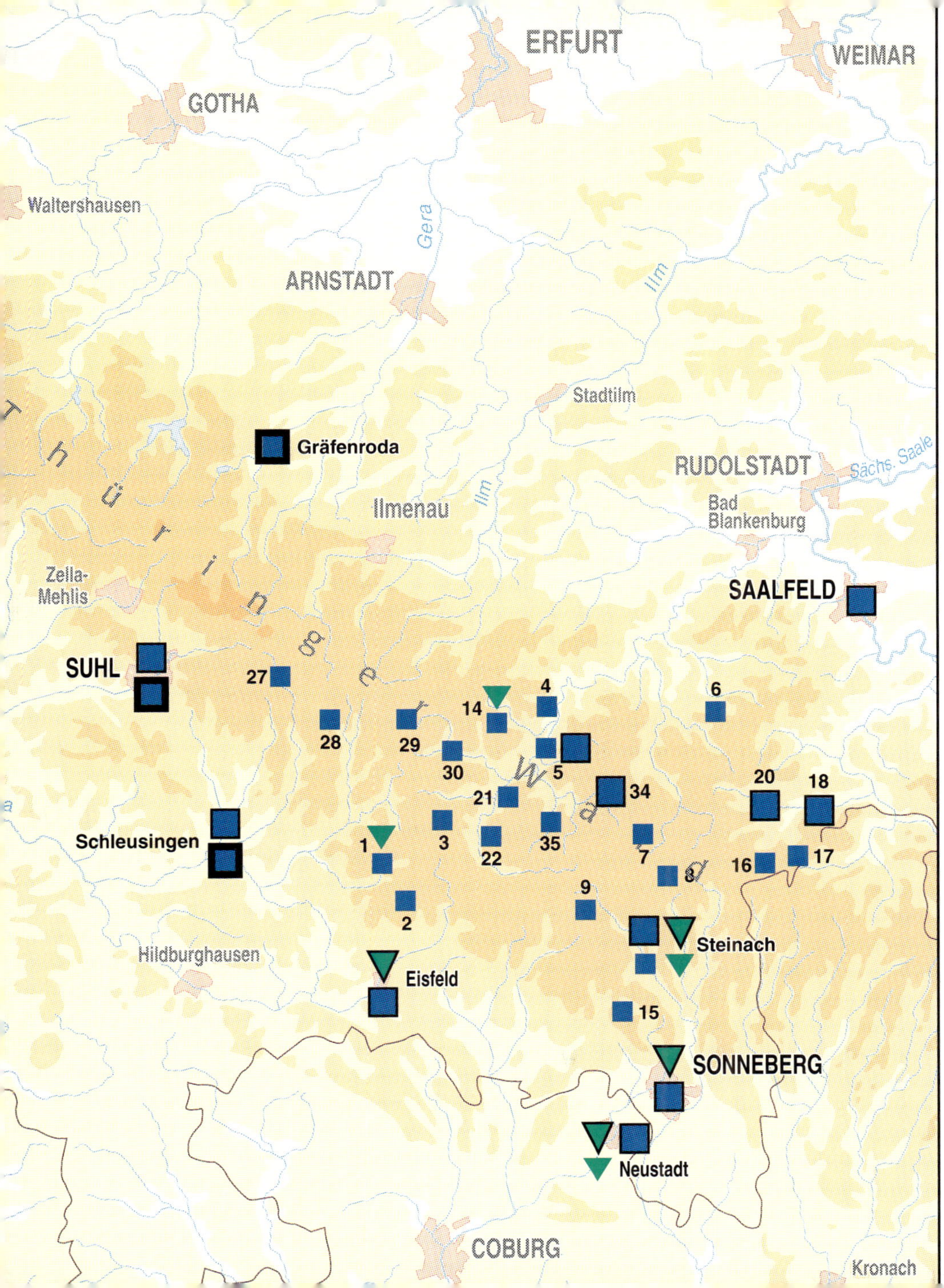

Bearbeitet von Th. Schwämmlein
Kartographie: W. Weber,
Geographisches Institut, Universität Würzburg

Karte XXIV

Schachtelmacher 1876–1900

Schachtelmacher

Vertriebszentrum

Sonneberg
Coburg
Eisfeld
Neustadt
Steinach
1 Schnett
2 Fehrenbach
3 Masserberg
4 Mellenbach
5 Meuselbach
6 Meura
7 Neuhaus am Rennweg
8 Lauscha
9 Steinheid

Wismutmaler 1876–1900

Maler

Vertriebszentrum

Sonneberg
Coburg
Eisfeld
Neustadt
Steinach
1 Schnett
2 Fehrenbach
7 Neuhaus am Rennsteig

Heutige Landesgrenze

0 5 10 15 20 km

Bearbeitet von Th. Schwämmlein
Kartographie: W. Weber,
Geographisches Institut, Universität Würzburg

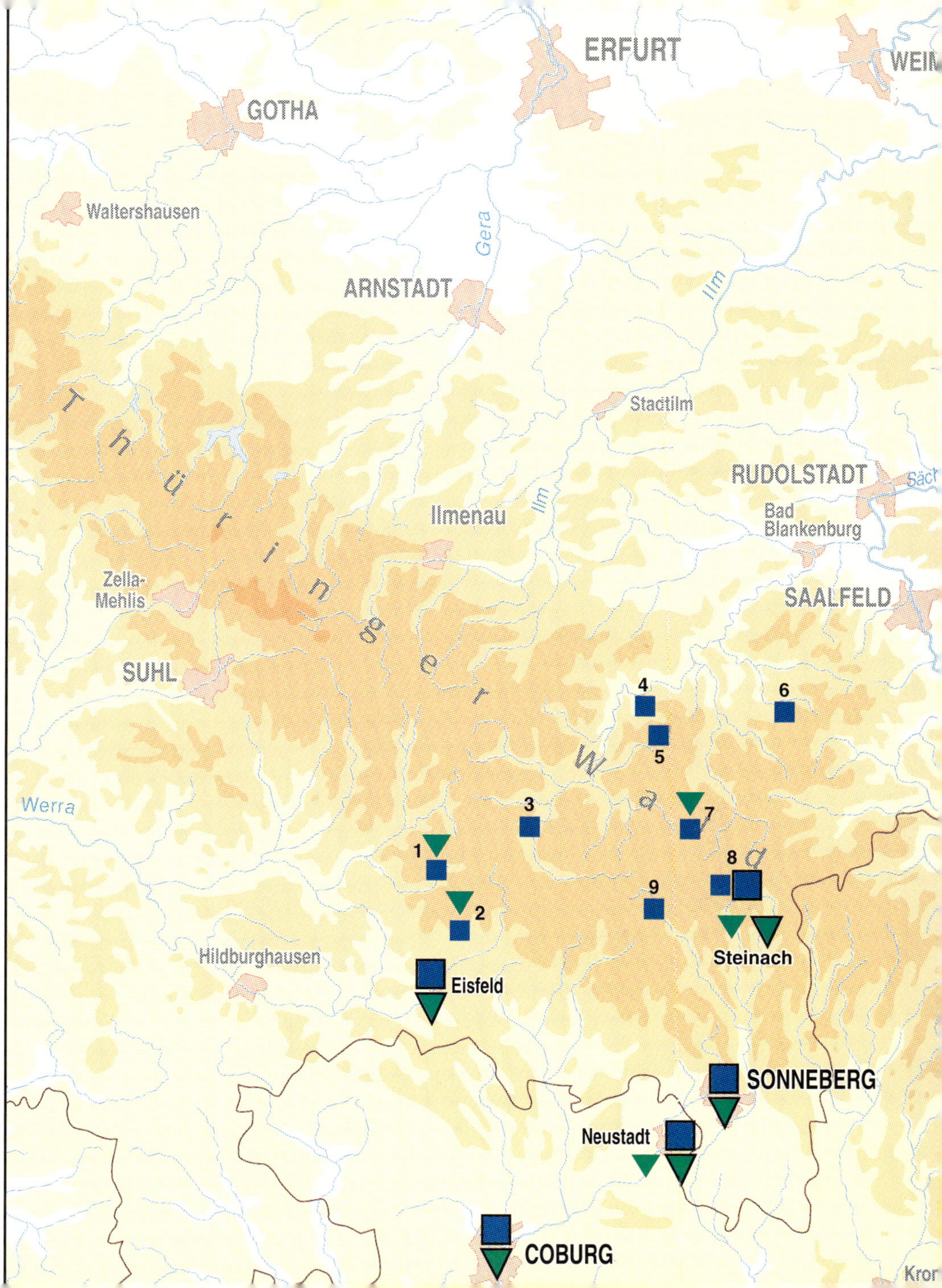

Wismutmalerei im südlichen Thüringen

Im Zuge der Entwicklung eines verlagsmäßig organisierten Exportgewerbes während der frühen Neuzeit im Gebiet des Thüringer Waldes bildete sich dort ein auf die Bemalung von Kästchen, Kleinmöbeln und Spanschachteln, später auch von Spielzeug spezialisiertes Malergewerbe heraus. Zentrum der Maler war die Stadt Sonneberg und deren Umgebung, die bis 1735 zum Herzogtum Sachsen-Coburg und später zu Sachsen-Meiningen gehörten. Für das Gewerbe bürgerte sich ab dem 18. Jahrhundert die Bezeichnung „Wismutmaler" ein.

Die Wismutmalerei im engeren Sinn ist eine Technik, bei der mit Öl- oder Temperafarben auf eine Grundierung des silbrigen Metalls gemalt oder auch Flächen mit Wismut ausgefüllt wurden. Diese Technik war seit dem 16. Jahhundert vor allem in Süddeutschland (Nürnberg, Ulm, Augsburg) verbreitet. Der Name bezog sich bereits im 18. Jahrhundert jedoch nicht allein auf die eigentliche Technik dieses Namens, sondern auf die zu bemalenden Gegenstände, wie Kästchen, Schränkchen und Spanschachteln. So wurden 1790 die Nürnberger Wismutmaler zugleich als Schachtelmaler bezeichnet. In Sonneberg verstand man unter Wismutmalerei einzig das Bemalen der „hölzernen Waren".

Zu einer beruflichen Trennung zwischen sogenannten „Weißmachern" (Schnitzer, Drechsler, Schachtelmacher) einerseits und „Malern" andererseits kam es im 16. und 17. Jahrhundert in allen Regionen, in denen sich ein auf Export orientiertes holzverarbeitendes Gewerbe entwickelt hatte. Diese Produktion stellte an die Qualität und die Haltbarkeit der Waren höhere Ansprüche, die nur von den entsprechend ausgebildeten Fachkräften erfüllt werden konnten. 1579 wird der erste Maler und 1672 der erste „Schachtelmaler" in der Stadt Neustadt, sie lag an der Handelsstraße Nürnberg-Leipzig, erwähnt, 1641 der erste Maler in Sonneberg, 1666 ein Glas- und Schachtelmaler in der Industriesiedlung Steinach bei Sonneberg. Ende des 17. und Anfang des 18. Jahrhunderts arbeiteten Schachtelmaler auch in Steinheid bei Sonneberg, in Sachsendorf bei Eisfeld sowie in den benachbarten schwarzburg-rudolstädtischen Orten Neuhaus und Scheibe. In der zweiten Hälfte des 18. Jahrhunderts wurde das Gewerbe in den beiden Orten Judenbach und Neuenbau bei Sonneberg heimisch.

Obwohl in der Literatur immer wieder behauptet wird, die Wismutmalerei sei von Nürnberg nach Sonneberg verschleppt worden, kann in den Quellen kein eindeutiger Hinweis für diese These gefunden werden. Der Personenkreis der Maler entstammt zum Teil den alteingesessenen Sonneberger Familien. Während der zweiten Hälfte des 17. Jahrhunderts lassen sich auch wandernde Schachtelmalergesellen in Sonneberg nachweisen. Wesentlichen Anteil an der Herausbildung eines selbständigen Malerhandwerks in und um Sonneberg hatten die seit dem frühen 17. Jahrhundert in der Region tätigen Glasemaillemaler. Letztere verfügten über die entsprechenden Kenntnisse sowohl beim Umgang mit Farben als auch beim Gestalten der Bemalung. Ab 1666 wurden mehrfach Söhne von Glasemaillemalern als „Glas- und Schachtelmaler“, später nur noch als „Maler“ und „Schachtelmaler“ bezeichnet.

1670 wirkten in Sonneberg und Steinach bereits 12 Maler, die in einer „Lade“ zusammengeschlossen waren. 1764 entstand auf landesherrlichen Befehl eine „Innung derer Wismuth-Maler“ für das Amt Sonneberg. Die sachsen-meiningische Regierung ließ sich dabei von merkantilistischem Denken leiten. Einerseits sollte die Reglementierung eine Überproduktion verhindern, denn das Bemalen sämtlicher Gegenstände aus Holz mit figürlichen Darstellungen war künftig nur den Innungsmitgliedern gestattet, andererseits diente die Innung als ein Mittel der staatlichen „Gewerbepolizei“. Die privilegierte Position der Maler als „Fertigmacher“ der „Sonneberger Waren“, wie ab etwa 1700 die hölzernen Erzeugnisse genannt wurden, erlaubte es einigen Malern, sich zu Kaufleuten zu entwickeln und selbst zum Verleger aufzusteigen. Ernstlich konnten sie jedoch die etablierten Kaufleute, die sich während des 16. und 17. Jahrhunderts zunächst mit Steinhandel und später auch durch Handel mit Holzwaren von der Vorherrschaft Nürnberger Kaufleute emanzipiert hatten, nicht verdrängen. Die Maler blieben ebenso wie die anderen Produzenten der Holzwaren von den Verlegern abhängig.

Noch zu Beginn des 18. Jahrhunderts spielte für die Maler die Fertigung von Spielzeug kaum eine Rolle. Bemalt wurden um 1730 vor allem Spanschachteln, Köfferchen, Kästchen und Schränkchen. Die Gegenstände wurden meist mit flächigen Blumenornament sowie Figuren ohne räumliche Tiefe dekoriert. Ein Wandel in der Bemalung war vom Ende des 18. Jahrhunderts an zu beobachten, als sich naturalistische Nelken- und Rosendarstellungen sowie figürliche Bilder durchsetzten. Erst die Einführung neuer Materialien, wie des „Teiges“ - einer Masse aus Mehl und Leimwasser - vor 1740, ermöglichte auch die Herstellung von figürlichem Spielzeug. Die Maler fertigten ab 1740 die ersten Teigfiguren und bemalten sie. Ende des 18. Jahrhunderts kam es zur Trennung zwischen den neuen Handwerkern, den Bossierern und den Malern. Die Bossierer erhielten 1781 in Sonneberg eine eigene und 1799 im benachbarten Neustadt eine gemeinsame Innung mit den Malern.

Seit der Gründung der selbständigen Bossiererinnung in Sonneberg beschränkte sich die Tätigkeit der Sonneberger Wismutmaler fast ausschließlich auf die Bemalung von Spanschachteln und Kästchen, meist mit Genreszenen, teilweise auch Chinoiserien. Die Anzahl der Meister im Meininger Oberland um Sonneberg hielt sich bis Mitte des 19. Jahrhunderts zwischen 18 und 20. Noch in den 1830er Jahren wurden „ganze Wagenladungen“ mit bemalten Spanschachteln nach Nord- und Südamerika verschickt. Der Vertrieb geschah über die Sonneberger Verlagshäuser, die sowohl bemalte Spanschachteln als auch Koffer und Kästchen im Angebot führten. Bis in die 1870er Jahre wurden diese Artikel auch in den Musterbüchern der Sonneberger Handelshäuser abgebildet. Neben dem reinen Fernhandel nach Übersee bedienten die Sonneberger Kaufleute auch größere Mengen an Hausierern. Ab 1850 machte sich jedoch die Konkurrenz von Pappschachtel und bedruckter Blechdose bemerkbar. Mit Einführung der Gewerbefreiheit 1862 in Sachsen-Meiningen endete die Existenz der Malerinnung in Sonneberg. In Steinach hielten sich die Maler bis um die Jahrhundertwende, in Neustadt starb der letzte Schachtelmaler 1942.

Für die Maler in Steinach und Neustadt brachten die Jahre nach der Reichsgründung von 1871 nochmals einen Aufschwung. Vor allem die „Entdeckung" der Volkskunst durch das Kunstgewerbe ließ im Raum Sonneberg die Schachtelmaler in den Interessenkreis breiter Käuferschichten rücken. Der genannte letzte Schachtelmaler in Neustadt, Bernhard Friedrich Greiner (1851-1942), arbeitete für einen Coburger Kaufmann, der vorwiegend Kaufhäuser innerhalb Deutschlands belieferte. Die Renaissancevorliebe des deutschen Bürgertums nach der Reichsgründung lenkte den Blick der Gewerbeförderung auf die ursprüngliche Wismutmalerei. So wurde an den Gewerbeschulen in Sonneberg und Neustadt die alte Wismuttechnik gelehrt. Nach dem Vorbild süddeutscher „Wismutkästchen" entstanden Schülerarbeiten, und nach 1901 wurde das Bemalen von Spanschachteln in den Lehrplan der Sonneberger Industrieschule aufgenommen. Dabei sollte im Sinne des Kunstgewerbes die Malerei „gehoben" werden für neue Bedürfnisse. Vorbild war nun eine Blumenmalerei nach alpenländischem Vorbild.

Interesse für die Wismutmalerei kam vor allem um 1905 von der Heimatschutzbewegung. Einer ihrer institutionellen Träger in Thüringen, der Thüringerwald-Verein, veröffentlichte in seiner Zeitschrift 1908 einen Artikel über die „Steinacher Holzmaler". Letzte Versuche, die Wismutmalerei in Thüringen zu reaktivieren, gab es 1927. Der Maler und Grafiker Kurt Wendler (1893-1980) initiierte in jenem Jahr eine eigene Kunstausstellung mit Tafelbildern in Wismuttechnik. Dabei wies er ausdrücklich auf den letzten noch lebenden Maler in Neustadt hin. Wendler selbst wollte sich um die weitere Förderung dieser „alten Kunst" in Thüringen bemühen.

Thomas Schwämmlein

Karten: XXI-XXIV, s.S. 177-180

Quellen

Staatsarchiv Coburg:
Coburger Landesarchiv, LA F, Nr. 3296

Thüringisches Staatsarchiv Meiningen:
Kreis Sonneberg, Nr. 1069, 1147, 1185, 1214, 1808, 1847
Staatsministerium, Abteilung Inneres „alt", Nr. 42.2690
Staatsministerium, Abteilung Inneres „neu", Nr. 3369
Finanzarchiv, Konzessionen, Nr. 1792
Thüringisches Staatsarchiv Meiningen, Außenstelle Suhl: Firmen, Firma Cuno & Otto Dressel, Nr. 412
Deutsches Spielzeugmuseum Sonneberg, Bibliothek: Akt IV.4

Literatur

Brückner, Georg 1851/53: [siehe Lit.-Verz.]
Dressel, Hans 1909: [siehe Lit.-Verz.]
Dröge, Kurt u. Pretzell, Lothar 1986: [siehe Lit.-Verz.]
Fleischmann, Adolf 1876: [siehe Lit.Verz.]
Fugmann, Ernst R. 1939: [siehe Lit.-Verz.]
Gold, Renate: Bismuth Painting: Development of a Sixteenth-Century European Decorative Technique. In: Abstracts of Papers at Painted Wood. Williamsburg/Virginia 1994, S. 9.
Johannes: Die Steinacher Holzmaler. In: Thüringer Monatsblätter 15 (1908) H. 11, S. 140-143.
Keßler von Sprengseysen 1781: [siehe Lit. Verz.]
Kühnert, Herbert 1934: [siehe Lit.-Verz.]
Lehmann, Emmy: Die Sonneberger Puppenmacher. In: Deutsches Jahrbuch für Volkskunde 4 (1958), S. 393-424.
Reichmann, Karl (Hg.) 1924: [siehe Lit.-Verz.]
Sax, Emanuel, 1882-88: [siehe Lit.-Verz.]
Schwämmlein, Thomas: Produzierte Volkskunst. Industrieschulen und Gewerbeförderung im Meininger Oberland 1850-1914. In: JfVK NF 18 (1995), S. 81-88.
Stockbauer: Die Nürnberger Wismutmaler. In: Vierteljahresschrift für Volkswirthschaft, Politik und Kulturgeschichte 15 (1878) H. 3, S. 76-89.
Wiswe, Mechthild 1986: [siehe Lit.-Verz.]

Abb. 41 *Geschoßkorbfabrikation im Ersten Weltkrieg.*

Seit dem 16. Jahrhundert wurden am Obermain immer wieder vereinzelt Korbflechter genannt. Zu einer weiten Verbreitung des Korbflechterhandwerks hier kam es aber erst um 1760, als man dazu überging, die Weidenruten zu schälen und mit diesen „weißen Weiden" Korbwaren zu flechten. 1770 genehmigte der Bamberger Fürstbischof als Landesherr den Zusammenschluß der Handwerker zu einer Zunft der Korbmacher, als deren Sitz schon um 1790 Michelau erscheint. Zu dieser Zeit kam es hier dann zur Einführung der Technik der Feinflechterei. Die Weidenruten werden dabei aufgespalten und geschmälert und aus diesen millimeterdünnen Weidenschienen filigrane Zierkörbchen und ähnliche Kunstgegenstände hergestellt. Da diese Flechtartikel vom Obermain „wegen ihrer Schönheit" schon um 1780 außerhalb Frankens großen Absatz fanden, machten immer mehr Familien die Korbmacherei zu ihrem Hauptberuf: Diese Waren besaßen kaum Konkurrenz in Deutschland.

Absatzmärkte waren um 1780/90 die Niederlande, Hamburg, Preußen, aber auch Schlesien und Rußland. Zu Beginn des 19. Jahrhunderts gelangten die Korbwaren schon bis nach Nordamerika. Den Verkauf besorgten damals die Korbmacher selbst, die mit hochbepackten Schubkarren auf Handelsreisen zogen. Im Verlauf des 19. Jahrhunderts änderte sich die Vertriebsart, und es entstanden die ersten Korbhandelshäuser. Flechter, die über längere Zeit erfolgreiche Handelsreisende gewesen waren, stiegen zu Händlern auf. Um die Mitte des 19. Jahrhunderts belieferte zum Beispiel den Korbhändler Konrad Gagel in Michelau etwa zwei- bis dreihundert Flechter.

Bis zum Ersten Weltkrieg stieg die Zahl der Korbmacher in der Obermainregion - bedingt durch den anfangs guten Verdienst - stetig an. Sie übten ihr Handwerk in Heimarbeit in den eigenen vier Wänden aus. So gehörten im Jahre 1815 der erneuerten Michelauer Zunft über 100 Meister allein aus Michelau selbst an. Mit der Aufhebung der Zunftverfassung 1845 stieg die Zahl im Jahr 1847 auf 800 Korbmacher und 1861 auf 1700.

Der Verdienst eines Flechters war relativ gut gewesen, was sich nun mit dem Überangebot an Korbflechtern änderte. Ab 1866 begann der Niedergang, der sich bis zum Tiefpunkt in den 1880er Jahren fortsetzte: Das Verlegersystem konnte sich durchsetzen und die Abhängigkeit vom Korbhändler wurde um so größer, je mehr Korbflechter es gab. Das führte dazu, daß sich das sogenannte „Trucksystem" ausbreiten konnte. Das bedeutete, daß der Händler den liefernden Korbmacher nicht mehr mit Bargeld, sondern mit Lebensmitteln, Flechtmaterial und anderen Gütern aus seinem eigenen Laden „bezahlte". Doch selbst nach dem Verbot des Trucksystems blieben die Preise für Korbwaren niedrig.

„Der Korbmacher steht früh auf, im Sommer um

halb fünf, im Winter, sobald es nur graut, und arbeitet fort, so lange das Licht erlaubt, im Hochsommer bis halb neun Abends, im Winter bei der Lampe bis spät in die Nacht. Dann ist er todmüde und sucht sein Bett auf; das steht in der Arbeitsstube bereit, oder in einem benachbarten Raum, der zugleich als Rumpelkammer dient. Unter Tags wird keine Pause gemacht, nur zu Mittag... Im öden Einerlei wechseln sich so Tag für Tag, Woche für Woche ab, und glücklich noch, wer Beschäftigung hat: es giebt wenige Ersparnisse, eine längere Stockung bringt also fast sicheren Untergang..." (Sax 1888). Die Lebensumstände der Handwerker und ihrer Angehörigen hingen vom möglichen Verdienst ab. Emanuel Sax berichtete 1888 weiter über unhaltbare Wohn- und Lebensverhältnisse.

Um 1900 waren allein in Oberfranken rund 15.000 Menschen mit der Korbflechterei in Heimarbeit beschäftigt, ein knappes Viertel aller Heimarbeiter in Bayern. Während andere Handwerke wie Weberei und Spinnerei frühzeitig durch Einführung von Maschinen ihre ehemaligen Heimarbeiter an Industriebetriebe abgaben, nahm dagegen die Zahl in der Korbflechterei weiter zu. Erst um 1900 erreichte sie ihren höchsten Stand, und auch heute noch läßt sich die Flechterei nicht mit Maschinen erledigen.

Angesiedelt war die Korbmacherei um 1906 vor allem im ländlichen Bereich. Zwei Drittel der oberfränkischen Korbmacher waren Heimarbeiter, ein Drittel selbständige Gewerbetreibende. Der Verlag als Produktabnehmer stellte den Flechtern das Material zur Verfügung, das zu Hause gegen Stücklohn verarbeitet wurde. Diese Gebundenheit der Heimarbeit an die Wohnung oder das Haus gehört wesentlich zur Korbmacherei als Hausindustrie vom 18. bis ins 20. Jahrhundert, zum Teil bis in die aktuelle Gegenwart. Der Großabnehmer sorgt für Vertrieb und Verkauf der Ware sowie Auftragssteigerungen; der Arbeiter versucht im Akkord sein Einkommen zu verbessern, indem er immer höhere Stückzahlen herstellt. Das ermöglichte ein großes Angebot in der Produktpalette. 1914 heißt es: „Diejenigen [Kataloge] der bedeutenderen Firmen enthalten 30.000 und mehr Nummern; rechnet man die verschiedenen Größen, so birgt ein derartiges Musterbuch ungefähr die Beschreibung von 150.000 verschiedenen Körben". Um 1908 bestanden im Bezirk Lichtenfels 32 Handelshäuser, wovon die 14 in der Stadt Lichtenfels ansässigen die bedeutendsten waren.

Um 1900 kam es in Oberfranken zu einer Absatzkrise. In den Kleinbetrieben, in denen meist bis zu fünf Leute arbeiteten, machte sich der Verdienstrückgang deutlich bemerkbar. 1905 kostete ein Kilo Ochsenfleisch 140-162 Pfennige, ein Kilo Butter 200-204 Pfennige, ein Liter Bier 20 Pfennige und ein Ei 6-7 Pfennige. Für ein Kilo Roggenbrot mußte man 26-30 Pfennige bezahlen. Ein Flechter verdiente damals in Heimarbeit etwa sieben bis neun Mark pro Woche, 1906 im Durchschnitt 5,21 Mark. Das heißt, in einer Korbflechterfamilie mußten alle Familienmitglieder soweit und so lange wie möglich mitarbeiten, damit sie wenigstens auf einen Wochenverdienst von etwa 25-28 Mark kamen. Zum Vergleich: Der Durchschnittslohn eines in der mechanischen Spinnerei beschäftigten Arbeiters betrug 4,20 M am Tag. Eine Denkschrift aus dem Jahr 1906 spricht davon, daß für eine fleißige Familie demnach von einem Wochenverdienst von 18-25 Mark für Feinflechterei, 10-12 Mark für einfachere Arbeiten auszugehen sei. Da die meisten nebenher noch eine kleine Landwirtschaft betrieben, soll die Ernährung der Familien trotzdem ausreichend gewesen sein. In der Regel diente das Wohnzimmer dem Korbmacher als Arbeitsraum; oft wurde es noch als Schlafzimmer und/oder Küche benutzt. Für das Jahr 1906 wird berichtet, daß die Wohnverhältnisse insgesamt aber zufriedenstellend seien: „... in Michelau, Marktzeuln, Schney, Schwürbitz und anderen Orten...“ besaß der größte Teil der Korbmacher „... eigene, wenn auch kleine Häuschen, die sie meist sehr sauber halten.“ Kurz vor dem Ersten Weltkrieg wohnten etwa 60 % der Korbmacherfamilien im Obermaingebiet in einem eigenen Haus. Zum Teil wurde Arbeitsteilung praktiziert, das heißt, eine Person flocht bei einem Korb zum Beispiel den Deckel, eine andere den Henkel, eine dritte setzte den Henkel ein. Die leichteren Arbeiten wie die Vorbereitung des Materials (Einweichen, Sortieren, Spalten und Hobeln der Weidenschienen) verblieben den Frauen und Kindern.

Mit der Gründung der Staatlichen Fachschule für Korbflechterei in Lichtenfels 1904 sollte die Lage und Ausbildung der Korbflechter verbessert werden, um ihnen günstigere Verdienstmöglichkeiten zu gewähren. Hier wurden zum einen die alten Traditionen weitergegeben, zum anderen aber auch Innovationen in Form und Material vermittelt, um neue Wettbewerbschancen auf dem Weltmarkt zu erwirken.

Einen großen Aufschwung erlangte die Flechterei durch die beiden Weltkriege: Zu Hunderttausenden stellte man in den Betrieben und in den Häusern Geschoßkörbe für Granaten her. Seit 1908 hatten die großen Händler wie etwa Konrad Gagel in Coburg oder Heinrich Krauss in Lichtenfels bereits diese Produkte für das Militär geliefert. Sie machten beste Geschäfte, aber auch die Bezahlung der Korbmacher war so gut wie nie zuvor. Um so schwerer fiel es der Korbwarenindustrie nach dem verlorenen Krieg 1918 und den ausbleibenden Aufträgen durch das Militär wieder die Geschäftsverbindungen ins Ausland zu knüpfen. 1918 wie 1945 erlebte man schwere Krisen, doch erholte sich die Industrie wieder. In den 1950er Jahren begann die Einfuhr von billigeren Flechtartikeln aus dem Ausland, so daß die heimische Korbindustrie und das Korbmacherhandwerk unter Druck gerieten. In der Flechtbranche war in den letzten Jahren und Jahrzehnten ein starker Rückgang in der Zahl der Firmen und Flechter zu bemerken, doch von einem Aussterben des Berufes kann man nicht sprechen.

Die Ausstrahlungen aus dem oberfränkischen Raum nach Thüringen waren eher begrenzt. Eines der Zentren lag in Kranichfeld. Bereits im Jahre 1714 schlossen sich die Korbmacher hier zu einer Zunft zusammen. Deren Ordnung bestimmte, wie andernorts auch, welche Stücke fremde Korbmacher vorlegen mußten, die Meister werden wollten; einheimische Prüflinge brauchten nur ein einziges Stück aufzuweisen. 1911 gründete man in

Kranichfeld eine Korbfachschule, um genau wie im Lichtenfelser Raum den Ausbildungsstand der Korbmacher zu heben und damit ihre Wettbewerbschancen auf dem Markt zu vergrößern.
Das typische Erzeugnis der Thüringer Korbmacher bildete der rechteckige Splittentragkorb mit eingeflochtenen Motiven wie Sonne, Sterne, Herzen, Fichtenbäume, Monogramme oder Jahreszahlen. Die Körbe fertigte man aus geschälten Weiden, die Verzierungen aus Weidenschienen. Diese Rückentragekörben dienten dazu, die landwirtschaftlichen Erzeugnisse zum Markt zu transportieren. Neben Weiden verwand man in Thüringen aber auch Schienen aus Haselholz.
Ein weiteres Flechtzentrum in Thüringen war das wenige Kilometer von Kranichfeld entfernt liegende Tannroda, wo man zu Beginn des 20. Jahrhunderts Korbmöbel herstellte. Die „Weimarsche Korbkunstindustrie“ von August Bosse ließ bei dem berühmten Designer Henry van de Velde Korbmöbel entwerfen. 1905 eröffnete Ernst Schmiedeknecht in Tannroda eine weitere Werkstätte für Korbmöbelbau. Hier hielt früh der Jugendstil Einzug. Auch die Kranichfelder Genossenschaft, die im Jahre 1899 gegründet wurde, richtete noch vor dem Ersten Weltkrieg eine Werkstatt für Gestellarbeit ein.
1952 schlossen sich in der DDR unter dem Druck der politischen Verhältnisse die Einkaufs- und Lieferungsgenossenschaften von Kranichfeld und Tannroda zusammen. 1971 gründeten die Korbmacher in Thüringen eine Einkaufs- und Liefergenossenschaft. 1989 lebten ihre Mitglieder verstreut in Tannroda, Kranichfeld, Schönau v.d. Walde, Erfurt, Weimar, Bad Langensalza, Sömmerda, Rittersdorf, Grünstedt, Apolda, Dornheim, Ichtershausen, Achselstädt und Bad Berka. Auch hier scheint das Flechthandwerk in geringerem Ausmaß weiterexistieren zu können.

Bernd Wollner

Literatur

Benecke, Fred: Die Korbflechtindustrie Oberfrankens (= Wirtschafts- und Verwaltungsstudien mit besonderer Berücksichtigung Bayerns 57). Leipzig 1921.
Beyer, Friedrich: Die deutsche Korbwarenindustrie. (Diss.) Halle-Wittenberg. Stendal 1921.
Dippold, Günter: Deutsches Korbmuseum Michelau (= Schriften des Deutschen Korbmuseums 2). Michelau 1994.
Ders.: Korbmacherei und Korbhandel am Obermain 1770-1850. In: Vom Main zum Jura 1 (1985), S. 23-77.
Ders.: Die Einführung der Feinkorbmacherei am Obermain. In: Vom Main zum Jura 1 (1985), S. 79-94
Dressel, Hans 1909: [siehe Lit.-Verz.]
Guth, Klaus: Korbmacher und Korbmacherei in Oberfranken um 1900. Versuch einer Analyse handwerklicher Heimarbeit in Bayern. In: Archiv für Oberfranken 61 (1981), S. 227-242.
Heine, Hans: Die Korbflechterei in Oberfranken. Ein Beitrag zur Beurteilung ländlicher industrieller Arbeit. (Diss.) Erlangen. München/Berlin 1910.
Kahl, Wolfgang: Studien zur Korbmacherei in Thüringen. Kranichfeld 1989.
Lang, Johann Alois: Die hausgewerbetreibenden Korbmacher in der Sozialversicherung. (Diss.) Würzburg. Forchheim 1935.
Sax, Emanuel 1882-88: [siehe Lit.-Verz.]
Steigerwald, Eva: Zu Handwerk und Berufssprache der Korbmacher in Süddeutschland. (Diss.) München. München 1959.

Zu den verschiedenen Rohstoffen, die für Franken und Thüringen typisch sind, zählt der Schieferstein. Spuren für dessen einstige Bedeutung findet man in der Landschaft, durch eine große Anzahl meist stillgelegter Gruben, Brüche und Bergwerke. Auch das Erscheinungsbild der dazugehörigen Städte und Dörfer mit schiefergedeckten und -verkleideten Bauten verdeutlicht die Dominanz dieses Baumaterials.
Zudem hatte der sogenannte „blaue Stein“ im 19. und in der ersten Hälfte des 20. Jahrhunderts den Alltag und das Erwerbsleben der Menschen in den Schieferbrüchen, Spalthütten, Schiefertafelfabriken und in der Heimarbeit nachhaltig geprägt.
Schiefervorkommen treten neben zahlreichen kleineren Gebieten im thüringisch-fränkischen Schiefergebirge hauptsächlich im Umkreis von Lehesten auf, „Oberland“ genannt, wo die größten Schiefergruben Europas zu finden sind, und bei Unterloquitz bei Saalfeld.
Spuren der Schiefergewinnung in Thüringen sollen angeblich bis ins 13. Jahrhundert zurückgehen. Die ältesten bekannten Nachweise stammen aus dem letzten Viertel des 15. Jahrhunderts. Die erste sichere Urkunde ist auf den 6. September 1499 datiert. Dort erwähnt das Lehensbuch des Abtes Georgius von Thüna in Saalfeld ein Schieferbergwerk, „den alten Hau am Unnütz“. Daneben findet sich in einem Zinsbuch für Unterloquitz ein Beleg des dortigen Schieferbergbaus sowie in einer Bamberger Amtsrechnung ein weiterer für den Lehestener Bergbau und Handel aus dem Jahre 1485.
Die Gewinnung des Schiefers erfolgte seit dem Spätmittelalter zunächst im Tagebau. Dieser war leicht anzulegen und konnte ohne größere Verluste bei schlechter Steinqualität wieder aufgegeben werden. Die Besitzer solcher Tagebaue waren meist kleine Familienbetriebe, Gewerke, die nach altem deutschen Bergrecht mit Kuxen (Anteilen), an Gewinn und Verlust der Grube beteiligt waren. Sie arbeiteten gewöhnlich selbst auf den Brüchen mit und waren teilweise auch als Dachdecker tätig. Seit etwa 1750 zog man sowohl Lohnarbeiter, sogenannte „Schieferknechte“, als auch Kinder hinzu.
Für Handel und Versand war eine besondere Zunft von Schieferfuhrleuten verantwortlich. Um 1860, als im Schieferbergbau die „Gründerzeit“ begann, wurde ein regelrechtes „Spekulationswesen“ mit den Brüchen betrieben, was auf Dauer dazu führte, daß sich kleinere Betriebe nicht behaupten konnten. Das Bankhaus Frege in Leipzig erwarb zahlreiche leistungsschwache Betriebe, um sie zu größeren Unternehmen zu vereinigen. Seit der Jahrhundertwende begann man den Schiefer auch unter Tage zu gewinnen, da der Tagebau aufgrund des anfallenden Abraums unwirtschaftlich wurde.

Die Arbeiter befanden sich zu diesem Zeitpunkt in schlechter sozialer Lage. Da alle Arbeiten im Schieferbruch ohne Schutzmaßnahmen gegen den äußerst gesundheitsschädlichen Staub ausgeführt wurden, war zudem die Staublunge (Silikose) so weit verbreitet, daß 70 % aller Bergleute in jungen Jahren daran starben. Trotz der schweren und ungesunden Arbeitsbedingungen traten die Schieferarbeiter jedoch erst zwischen 1922 und 1928 in den Streik, um primitive Forderungen für bessere Arbeitsbedingungen zu erzwingen.
Eine „Zweckentfremdung“ erfuhren die Gruben während des Zweiten Weltkrieges, da ihre unterirdischen Räume zur Produktion von Rüstungsgütern genutzt wurden. Die Thüringer Vertriebe gingen nach 1945 in Volkseigentum über, doch erst im Jahre 1948 setzte die Schieferproduktion erneut ein. Gleichzeitig begann man die geologische Situation des Gebirges einheitlich zu erfassen, Karten der Schieferlagerstätten herzustellen und für den weiteren Abbau auszuwerten. Somit war der Schieferbergbau als gleichberechtigter Bergbauzweig anerkannt und unterlag den gesetzlichen Bestimmungen des Bergbaues auf dem Gebiet des Arbeits- und Gesundheitsschutzes. Bis 1963 gab es zwei Großbetriebe: die „VEB Schiefergruben Lehesten“ und ein „Volkseigener Schieferbruch“ in Unterloquitz.
Neben den Gruben Thüringens, die den größten Teil des Dachschieferbedarfs in Deutschland produzierten, wurde auch im bayerischen Teil des thüringisch-fränkischen Schiefergebirges abgebaut. In der zweiten Hälfte des 19. Jahrhunderts hatte hier vor allem der Bergbau um Ludwigsstadt einen beträchtlichen Aufschwung zu verzeichnen. Er kam Ende der 50er Jahre zum Erliegen. In Betrieb sind heute noch die Schiefergrube „Glückauf“ bei Unterloquitz und das Schieferbergwerk in Lehesten, die allerdings nur noch von regionaler Bedeutung sind.
Der größte Teil des abgebauten Schiefersteins wurde zur Dachdeckung und als Wandverkleidung verwendet. Daneben spielte die Verarbeitung zu Schiefertafeln, zu Griffeln und zu Wandtafeln für den Schulbedarf bis Ende der 80er Jahre unseres Jahrhunderts eine bedeutende Rolle. Auch wurde der Schiefer für Bausteine, Fensterbänke, Treppen und sonstige Platten genutzt, sowie als Elektroschiefer zur Produktion von Schalttafeln und Spulenkernen verwendet. Nicht zu vergessen natürlich die Verarbeitung der in den Spalthütten anfallenden Restprodukte zu Schiefermahlerzeugnissen wie Schieferplättchen für Dachpappenbestreuung, Dachbestreuung oder Schiefermehl in der chemischen Industrie, Gummi- und Fahrradindustrie. Auch bei der Herstellung von Kleingegenständen und Zubehör wie Schreibzeug, Briefbeschwerer, Waschtischaufsätze usw. findet der Schiefer vielfältige Verwendung.
Bevor der Schieferstein jedoch zur Deckung und als Verkleidung des Hauses genutzt werden kann, muß er erst zu verdeckfertigem Schiefer verarbeitet werden. Der abgebaute Schiefer gelangt in die sogenannte Spalthütte, die etwa Mitte des 19. Jahrhunderts die frühere Mooshütte verdrängte und sich meist in unmittelbarer Nähe des Schieferbruchs befand. Es waren vor 1945 zumeist einfache, oft aus Schiefersteinen errichtete Ge-

bäude, in denen die Spalter, Zuschneider, Abzeichner, Auswieger und Verlader ihre schweren manuellen Arbeiten verrichteten. Früher bildete das Behauen oder Zurichten des Schiefers in aller Regel eine Winterarbeit an der Grube oder am Bergwerk, wenn nicht der Dachdecker den Rohschiefer übernahm und ihn an der Baustelle selbst zurichtete. Bis in die 60er Jahre unseres Jahrhunderts waren bei der Zurichtung in der Spalthütte oft 50 Arbeiter und mehr auf engstem Raum zusammengedrängt und somit durch den entstehenden Schieferstaub ebenso gefährdet wie der Bergmann im Tagebau oder unter Tage. Gespalten und geschnitten, entstand so zunächst die Form des sogenannten „altdeutschen Schiefersteins", die sowohl vom Zuschneider als auch vom Dachdecker ein gutes fachliches Können erfordert. Auf 3 bis 4 Größen sortiert, mit entsprechendem Beiwerk, geht der Schiefer nach dem Abwiegen in dem von altersher üblichen Zentnergewicht auf das Lager zum Versand. Die Spalthütten produzierten seit 1845 auch sogenannten Schablonenschiefer, d.h. solchen, der in vielen Sorten, aber stets in gleicher Größe zugeschnitten wird. - Es existieren unterschiedliche Formen wie mehreckige Schiefersteine (sechseckig, achteckig etc.) oder Rundschablonen, Fischschuppenschablonen und Literaschablonen. Der zu Schablonen bestimmte Rohstein ging bis in die 70er Jahre im Gegensatz zum „altdeutschen Schieferstein", vom Spalter erst zum Abzeichner. Dieser legte aus Eisen hergestellte Formen auf den Stein und zeichnete mit einer Reißnadel die Schablonenform ab. Danach schnitten und sortierten die Zuschneider, oftmals Frauen, den Schiefer. Seit den 70er Jahren hat die hydraulische Schieferschere mit Fußbedienung das vorherige Abzeichnen ersetzt. Der Schablonenschiefer wird nicht nach Gewicht, sondern nach Stück gehandelt.

Die Bedeutung des Schiefers als gängige Dachdeckung beginnt erst im 19. Jahrhundert, denn seit dem Mittelalter dominierte das Stroh- und Schindeldach. Schiefer war kirchlichen und adligen Bauten vorbehalten. Mit der industriellen Entwicklung im Bauwesen kam es zu einer erhöhten Nachfrage von Schiefer. Zudem führte die hohe Brandgefahr, die bei Stroh- und Schindeldächern gegeben war, auch auf dem Lande zu Verordnungen zugunsten von „festen" Dächern (in Bayern ab 1848), was ebenfalls eine Steigerung der Schiefernachfrage zur Folge hatte. Auch die Wandverkleidung schuf einen wirksamen Witterungsschutz samt Wärmeisolation für die einfachen Holzbauten.

Vermutlich läßt sich der Verkleidung mit Schiefer auch eine gewisse „Prestigefunktion" zuschreiben. Eine Deckung und Wandverschalung aus Schiefer, die ursprünglich nur den hervorgehobenen Bauten vorbehalten gewesen war, stellte auch die gesellschaftliche Position des Hausbesitzers heraus. Für diese These sprechen einerseits zahlreiche Bauten, die ausschließlich an der Schauseite oder der Giebelseite verkleidet sind. Auch die unterschiedlichen und vielfältigen Schmuckformen und -arten, die wir an den Schieferdeckungen finden, unterstreichen diese Vermutung. Der Ursprung des Schieferdeckerwesens im fränkisch-thüringischen Gebiet ist bei der

Lehestener Schieferdeckerinnung zu finden. Gegründet wurde sie am 6. Juli 1648. Daran schlossen sich im Laufe der Jahre sowohl alle mitteldeutschen als auch ein Großteil der norddeutschen Innungen an und erkannten Lehesten als ihren Hauptsitz an. Im Jahre 1865 löste sich die Innung mit der verordneten Gewerbefreiheit auf.

Um einer beklagten Verödung durch den Schablonenschiefer entgegenzuwirken, wurde am 17. Oktober 1910 durch mehrere Initiativen einiger Baumeister und Architekten die Dachdeckerschule in Lehesten eröffnet, finanziell unterstützt durch den 1919 gegründeten „Dachdeckerschulverein Lehesten“. Ihm gehörten alle Schiefergruben, Dachdeckerinnungen und später auch die thüringische Landesregierung an. Die Schule bestand bis 1961 und wurde 1991 erneut ins Leben gerufen.

Neben der einfachen Deckung von Dach und Wand findet man bei zahlreichen Häusern verschiedenartige Schmuckgestaltungen. Dabei treten Schmuckformen hauptsächlich an der Wandverschalung auf, vorzugsweise an der Schauseite, die meist die Giebelseite ist. Von den drei Möglichkeiten der Schmuckausbildung ist die Bemalung der Schieferplatten die früheste. Hierbei unterscheidet man zwei Arten, die sogenannte Stanniolmalerei und die Weißmalerei, die es beide schon vor 1840 gibt. Bei der Stanniolmalerei, auch Silberverschieferung bezeichnet, wurden verschiedene Ornamente und Figuren aus Stanniol geschnitten und mit Leinöl auf den Schieferbeschlag aufgeklebt. Die Weißmalerei bezeichnet das Bemalen oder auch Schablonieren der Fläche mit dem sogenannten Schieferweiß (= Zink- oder Bleiweiß). Wir kennen Blumenranken, Blattwerk,

Abb. 42 *Spalthütte Oertelsbruch, um 1930.*

Schriftzüge, Jahreszahlen, flächengliedernde Elemente wie Säulen und Friese, aber auch Motive aus dem religiösen und dem weltlichen Bereich und unterschiedliche Einzelmotive.
Mit der Anfertigung von Schablonenschiefer ab 1845 entwickelten die Schieferdecker als weitere Arten die Gestaltung mit verschiedenfarbigem Schiefer und das Verlegen von einfarbigen Schieferplatten. Erstere beinhaltet die Verzierung von dunklen Schieferflächen, die Eindeckung von horizontalen bzw. vertikalen Bändern oder anderen Mustern mit hellen Schieferplatten, wobei sich Motivreichtum und Formenvielfalt stark an die Weißmalerei anlehnen. Motive und Formen wurden übernommen und mit Hilfe der unterschiedlichen Schieferschablonen in schematischer Art und Weise nachgebildet. Allerdings ist diese Art der Schmuckgestaltung bereits bei ihrer ersten Anwendung auf große Kritik gestoßen. So wurde zwar die Belebung der Schieferfläche durch die Eindeckung von verschiedenen Mustern und die Verwendung verschiedener Schiefersteine anerkannt, aber ihre Herstellung als kunstlos betrachtet. Unstrittig ist, daß es sich für den Schieferdecker bei dieser Art der Schmuckgestaltung eher um eine sorgfältige Einteilung handelt als um ein kunstvolles Werk. Vorwiegend sind es Kreuze, Sterne, Dreieck- und Zickzacklinien, die an den Wandflächen erscheinen.
Durch das Verlegen einfarbiger, unterschiedlich geformter Schiefersteine in Form von Mustern und Ornamenten wurde ebenfalls Schmuckhaftigkeit erzielt. Häufig treten unterschiedliche Eindeckungen in den verschiedenen Geschossen (Erdgeschoß Schablonenschiefer, Obergeschoß „altdeutscher Deckstein“) sowie eine Gliederung der Fassade in vertikale und horizontale Zonen durch Zwischenleisten (in den Leisten Deckung mit einem von der Fassade abweichendem Schieferstein) auf. Ebenso finden sich zahlreiche Beispiele für die Eindeckung einer besonderen Zone am Haus. Diese Zone wird dann durch Halbkreisformen, sowie rosetten- oder radförmige Einlegungen, aber auch durch rautenähnliche Formen in verschiedenen Größen hervorgehoben.
Die Dachdeckerschule Lehesten nahm in den Jahren von 1920 bis 1928 die Stanniolarbeit in ihren Lehrplan auf. Ob den Schieferdeckern Musterbücher oder Vorlagen bekannt waren, konnte bis jetzt nicht geklärt werden. Lediglich ein Artikel von Oberbaurat Fritze, der die Schmuckgestaltung der Stanniolmalerei als Mittel zu Werbezwecken für die Schieferdecker ansah, bringt hierzu Informationen. Demnach könnten die „Schiefermaler“ im Kreise der Schieferdecker selbst zu suchen sein. So erwähnt Fritze, daß die Schieferdecker oftmals im Winterhalbjahr zuhause entsprechende Muster und Motive aus Pappe ausschnitten und vorbereiteten. In weiterer Literatur ist hier auch von „Dorfmalern“, die die Tätigkeit der Stanniolmalerei ausübten, die Rede. Die anderen genannten Schmuckarten blieben allein den Schieferdeckern überlassen.
Neben der Hauptverarbeitung zur Dachdeckung und als Wandverkleidung spielte die Herstellung von Schiefertafeln, Griffeln und Wandtafeln eine bedeutende Rolle, ja sie stellte in der zweiten Hälfte des vorigen Jahrhunderts einen Haupter-

werb für die Bevölkerung in Ludwigsstadt und im angrenzenden Thüringen dar. Ursache für den gestiegenen Bedarf war die Einführung der allgemeinen Schulpflicht. Ursprünglich hatte Sonneberg eine Monopolstellung im Tafel- und Griffelhandel inne. Ab Mitte des 17. Jahrhunderts verlagerte sich die Tafelherstellung allmählich nach Nordosten, da hier die ergiebigsten Schieferlager zu finden waren. Neben den Rohstoffquellen spielten auch die Verkehrswege eine wichtige Rolle, und so bildete sich in und um Ludwigsstadt im Zuge des Ausbaus der Eisenbahnlinien ein Zentrum der Schiefertafelherstellung. Anfangs war die Tafelmacherei hauptsächlich die Winterarbeit der Schieferbrucharbeiter, wenn der Abbaubetrieb ruhte. Die Tafelmacher kauften sich den Schiefer in gespaltenem Zustand vom Bruchbesitzer und brachten den Schiefer mit Tragekorb und Schubkarren nach Hause. Hier wurde die gesamte Familie in die Arbeit eingebunden. Zunächst handelten die Tafelmacher noch selbständig mit den Tafeln, nachdem sich jedoch die Produktion und das Absatzgebiet weiter ausdehnte, übernahmen sogenannte „Zwischenhändler", aber auch Genossenschaften den Handel. So wurde die Tafelmacherei zum Haupterwerb für die arme Bevölkerung und stellte damit einen wichtigen Wirtschaftsfaktor dar. Hauptorte der Tafelmacherei waren Lauenstein, Ludwigsstadt, Nordhalben und Ebersdorf. Die Blütezeit lag in den 60er Jahren des 19. Jahrhunderts. Es kam zur Gründung mehrerer Schiefertafelfabriken, die bessere Arbeitsbedingungen und höhere Löhne boten, so daß das Hausgewerbe langsam zum Erliegen kam. Ein rapider Rückgang in der Tafelherstellung ist bereits Ende des 19. Jahrhunderts zu verzeichnen. Endgültig zum Erliegen kommt die Schiefertafelherstellung 1989, als die letzte Schiefertafelfabrik 1989 in Ludwigsstadt ihren Betrieb einstellte.

Margrit Seuling

Karten: Nr. XIX, s.S. 152

Quellen

Aktenauszüge der Dachdeckerschule Lobenstein. Kreisarchiv Lobenstein. Auszüge aus Akten 514 (1916-1917), 513 (1937-1947), 512 (1937-1942).

Literatur

Dachdeckerschule Lehesten: Festschrift zum 50-jährigen Bestehen. Lehesten 1960.

Dengler, Hans: Die Heimarbeit im Frankenwald. Frankfurt/Main 1932.

Duhamel du Monceau und Louis, Henri: Die Kunst des Dachdeckers. Aus dem Französischen übersetzt von Daniel Gottfried Schreber (= Schauplatz der Künste und Handwerke). Leipzig 1767.

Freckmann, Klaus u. Wierschem, Franz: Schiefer - Schutz und Ornament. Köln 1982.

Jungblut, Nikolaus: Deutsche Schieferdeckung Bd. 1. Altdeutsche Deckung. Mayen 1940.

Körner, Johannes: Schieferverzierungen im nördichen Oberfranken. In: Jahrbuch der Bayerischen Denkmalpflege 33 (1979), S. 251-254.

Lange, Peter: Die historische Entwicklung der Dachschieferproduktion in Thüringen. Steinach 1988.

Mehr, Herbert: Die oberfränkische Schiefertafelindustrie. Nebst Anhang über die Griffelfabrikation. (Diss.) Würzburg 1920.

Olbricht, Alfons: Der Schieferbergbau im Thüringisch-Fränkischen Schiefergebirge [Unveröffentl.] Unterloquitz 1990.

Pfeiffer, Heinz: Schieferdeckerkunst in alter und neuer Zeit. In: Natur und Heimat. 5 (1956), S. 333-335.

Scheidig, Siegfried: Die Geschichte der Tafelindustrie im fränkisch-thüringischen Grenzgebiet. Steinach 1991.

Zentralverband des Dachdeckerhandwerks: Leitfaden für die altdeutsche Schieferdeckung. Neuwied 1949.

Gegen Mitte des 17. Jahrhunderts trat in der Region des Thüringischen Schiefergebirges, vor allem im Bereich der heutigen Landkreise Sonneberg und Saalfeld-Rudolstadt sowie im ostoberfränkischen Landkreis Kronach (vereinzelt auch im Landkreis Coburg und in den östlichen Teilen des Gebirges) eine besondere Eigenart des Hausschmuckes auf: Das Verzieren der schieferverkleideten Häuser mit silbrig glänzender „Stanniolmalerei“. In unserem Jahrhundert frischten Maler und Hausbesitzer, die den dekorativen Wert der Stanniolverzierung erkannten, diese mit der weniger aufwendigen und kostengünstigeren Bleiweißmalerei auf. Die bleiweißverzierten Gebäude um die Stadt Sonneberg wurden größtenteils von dem Kirchenmaler Ludwig Friedrich aus Mupperg (1909-1976) bemalt.
Die Technik der „Stanniolmalerei“ führten Schieferdecker aus. Mit Hilfe von Schablonen schnitt oder stanzte man Motive, die aus Musterbüchern stammten oder selbst entworfen waren, in Stanniolfolie oder -papier aus und klebte diese mit heißem Leinölfirnis auf die Schieferverkleidung des Hauses.
Anhand von Fassadendatierungen und Motivvergleichen läßt sich ein vermehrtes Auftreten der stanniolverzierten Schieferhäuser um 1850 feststellen, was unter anderem mit den behördlichen Brandschutzverordnungen zusammenhängt. Daß dieses Schieferhaus für die Vergangenheit sogar als „gebietstypisch“ bezeichnet werden kann, zeigt die auf der Weltausstellung in Brüssel 1910 präsentierte „Thüringer Kirmes“, die sich heute im Deutschen Spielzeugmuseum in Sonneberg befindet und dort eine Hauptattraktion darstellt. Das sich auf 72 qm erstreckende Arrangement zeigt das Kirmestreiben einer erdachten thüringisch-fränkischen Kleinstadt, deren Kulisse mit einigen fränkischen Fachwerkhäusern aus Miltenberg am Main und einem thüringischen Schieferhaus ausgestattet ist. Innerhalb von zwei Jahren modellierten 37 Sonneberger Firmen der Spielwarenindustrie und des Handwerks nach dem Entwurf des Bildhauers und Direktors der Sonneberger Industrieschule Reinhard Möller (1855-1912) dieses Schaustück, das auf der Weltausstellung mit einem „Grand Prix“ ausgezeichnet wurde. Tischler und Dekorationsmaler waren dabei für den Bau der Häuserkulisse zuständig.
Ortschroniken und Reiseliteratur des 19. Jahrhunderts lassen darauf schließen, daß weit mehr stanniolverzierte Gebäude über die gesamte Region des Schiefergebirges einschließlich der Randgebiete verteilt waren, als heute noch sichtbar sind. Bereits um 1910 beklagten denkmalpflegerisch aktive Personen der Heimatschutzbewegung über voranschreitende Vernichtungen, da billigere Ersatzstoffe für Wandverkleidungen den Schiefer in zunehmendem Maße verdrängten. Nur vereinzelt findet man Jugendstilgebäude mit Stanniol-

verzierung, die den Versuch des Wiederaufnehmens dieser Technik veranschaulichen. Oberbaurat Eduard Fritze aus Meiningen, Karl Paul, Ausbildungsleiter der Dachdeckerschule Lehesten, sowie Architekt Alfred Arndt, verdanken wir wertvolle Foto- und Zeichendokumente der heute größtenteils nicht mehr vorhandenen stanniolverzierten Gebäude auf Thüringer Gebiet.

Der 1898 in Elbe/Westpreußen geborene Künstler Alfred Arndt hatte von 1921 bis 1926 am Bauhaus in Weimar studiert. Er arbeitete ab 1929 als Meister der Abteilung Wandmalerei, in der Metall- und Möbelwerkstatt und erteilte Unterricht in Ausbaukonstruktion, Entwurfszeichnungen und Prospektive. Nach der Schließung des Bauhauses 1932 siedelte Alfred Arndt mit seiner Familie nach Probstzella über und war beruflich für Reklamearbeiten und ab 1935 als freier Mitarbeiter der AEG für Informationsschriften tätig. Von 1945 bis 1948 arbeitete Arndt als Leiter des Hochbau- und Planungsamtes der Stadt Jena, bevor er nach Darmstadt zog, wo er bis zu Tod 1976 als Architekt von modernen Industrieanlagen bekannt wurde.

In den 30er Jahren besaß Alfred Arndt viele Kunden in Ludwigsstadt und fuhr von Probstzella aus mit dem Auto in die nähere Umgebung. Dort zeichnete er die reich dekorierten Schieferhäuser oder einzelne Stanniolmotive gemeinsam mit einem Lehrling ab. Es sind kolorierte Tuschezeichnungen und Dekorationszeichnungen in Deckfarbe auf grauem und schwarzem Fotokarton und Tonpapier, entstanden im Zeitraum von 1933 bis 1948 während der Wintermonate, wobei die beiden sich auch nicht scheuten, die Häuser hinaufzuklettern. An manchen Tagen reisten auch Frau Arndt und ihre beiden Kinder mit, und die Kälte schien nicht zu stören, denn hier „wurde mit Leidenschaft und Passion gearbeitet". Schließlich war es für Alfred Arndt eine willkommene winterliche, denkmalpflegerische Freizeitbeschäftigung.

In unserer Karte sind die Orte der abgezeichneten Häuser aufgeführt. Zwei befinden sich auch heute noch in Welitsch und Neukenroth im Frankenwald, die restlichen sechs Schieferhäuser liegen im thüringischen Limbach, Zopten, Großneundorf, Lippelsdorf und Buchbach. Die Zeichnungen stellen einen wichtigen Hinweis für die Denkmalpflege dar, denn diese lassen wegen ihres detaillierten und maßstabsgetreuen Abzeichens genaue Rekonstruktionen der verbliebenen Schmuckstücke in Thüringen und Oberfranken zu. Um den regionalen Charakter der Gebäudelandschaft wieder stärker hervorzuheben, wäre nicht nur eine Restaurierung, sondern auch die Stanniolverzierung an „moderner" Wohnbauten denkbar.

Stefanie Krönung

Karte: Nr. XIX, s.S. 152

Quellen

Tusche- und Dekorationszeichnungen von Alfred Arndt, gezeichnet in den Jahren 1933-45.

Literatur

Alfred Arndt. Maler und Architekt (= Ausstellungskatalog Bauhausarchiv). Darmstadt 1968.

Fritze, Eduard: Zum Kampfe für die deutsche Schieferbedachung. Leipzig ²1915.

Häusele, Adolf: Erinnerungen an die Thüringer Kirmes. Sonneberg 1955.

Krönung, Stefanie: Dekorierter Schiefer als Hausschmuck im Thüringer Schiefergebirge. (Mag. Arb.) Würzburg 1996.

Museum Ostdeutsche Galerie Regensburg (Hg.): Alfred Arndt/Gertrud Arndt. Zwei Künstler aus dem Bauhaus. Regensburg 1991.

Neumann Eckhardt (Hg.): Bauhaus und Bauhäusler. Bekenntnisse und Erinnerungen. Stuttgart 1971.

Schmolitzky, Oskar: Das Bauernhaus in Thüringen. Berlin 1968.

Seuling, Margrit: Die Schieferverkleidung im Landreis Kronach unter besonderer Berücksichtigung ihrer Schmuckformen (Mag. Arb.) Bamberg 1992.

Abb. 43 *Schieferhaus mit Stanniolverzierung in Zopten, kolorierte Tuschezeichnung um 1940.*

Abb. 44 *Schieferhaus mit Stanniolverzierung in Großneudorf, kolorierte Tuschezeichnung um 1940.*

Farberden im Thüringer Wald und in der Rhön

Der Urspung der Farbenherstellung im Thüringer Wald und in der Rhön liegt nicht im Bedarf vor Ort, auch wenn er im Einzelfall einen Einfluß ausübte. Entscheidend für die Produktion von Erdfarben, Blaufarben, Bleiweiß und organischen Schwarzfarben aus Kienruß waren Standortfaktoren, die ihre Herstellung betrafen.

Erdfarben sind anorganische Pigmente (Körperfarben), die aus Farberden gewonnen werden. Auf die Schwierigkeit der Klassifizierung und Bezeichnung von Pigmenten im allgemeinen und Erdfarben im speziellen soll hier nicht näher eingegangen werden. Von Bedeutung für den Thüringer Wald waren rote Erden wie roter Ocker, Englisch-Rot, braune Umbra, auch Umbraun genannt, und vor allem gelber Ocker. Seltener spielte Schieferschwarz oder Ölschwarz aus Alaunschiefer eine Rolle, bzw. Silbergrau aus verwittertem Vitriolschiefer. Das färbende Prinzip aller Erdfarben besteht aus Metallverbindungen, meist Eisenoxide als Verwitterungsprodukte eisenhaltigen Gesteins. Ocker und Umbra enthalten Eisenhydroxid, das sich durch Brennen in rotes Eisenoxid überführen läßt. Erdfarben kommen in Verbindung mit anderen Gesteinen vor, z.B. Silikaten, Kalk, Schiefer oder Tonerden. Die Beimischungen beeinflussen Farbe, Eigenschaften und Qualität der Pigmente. Für die Farbenherstellung verwendete Erde weist einen kräftigen Farbton, also einen hohen Eisenanteil auf.

Die Förderung von Farberden ist dadurch an ein regional begrenztes Vorkommen gebunden. Aber nicht alle Farberdenvorkommen wurden auch gefördert. Im unterfränkischen Oberebersbach mußte im Jahr 1785 ein Beauftragter des Fürstbischofes die Besitzer der Ockergrube regelrecht zur deren Nutzung überreden, indem er Abbau und Vertrieb organisierte. Obwohl es weitere Farberdenvorkommen im nördlichen Unterfranken gab, blieb der Abbau eine Ausnahme. Im Thüringer Schiefergebirge wurde man in der Gegend von Saalfeld im Norden bis Sonneberg im Süden fündig, die wichtigsten Fundorte lagen bei Saalfeld, Gräfenthal und Steinach. Eine ökonomisch sinnvolle Ausbeutung der Erdfarbengruben erforderte Untertagebau und damit die Beschäftigung erfahrener Bergleute. Im Thüringer Wald boten sie eine Alternative für Bergarbeiter anderer Bereiche. Die zur Aufbereitung der Farberden notwendigen Rohstoffe gab es im Thüringer Wald in ausreichenden Mengen: Holz für den Grubenbau und für das Brennen von Ocker zu Englisch-Rot und Wasser. Seit der Mitte des 18. Jahrhunderts in größerem Maßstab betrieben, spielte die Erdfarbenproduktion bis in die 30er Jahre des 20. Jahrhunderts eine Rolle für die Herstellung von Farben.

1877 gab es laut Mutungsregister des Bergamtes im Saalfelder Revier 24 Umbragruben, 4 Gruben auf Silbergrau und 34 Ockergruben, im Gräfenthaler Revier 49 Ockergruben, dazu die Vetterschen Gruben bei Steinach und 12 Schwarzfarbengruben. Die Farberdenproduktion der Gräfenthaler Gruben stieg zwischen 1881 und 1887 von 12.000 auf 26.000 t, die Anzahl der Arbeiter, die in der Farberdengewinnung ihren Hauptverdienst fanden, von 74 auf 109. Allerdings weisen starke Schwankungen, denen die Anzahl der Arbeiter und die Fördermenge unterlagen, auf unregelmäßige Beschäftigung hin. In Oberebersbach waren zu Beginn des 20. Jahrhunderts im Abstand von zwei Jahren 30 Arbeiter für sechs Wochen beschäftigt. In dieser Zeit legten sie einen Vorrat von Rohmaterial an, der jeweils in den beiden Folgejahren verarbeitet und verkauft wurde.

Die Gewinnung von Erdfarben konnte in so bescheidenem Rahmen stattfinden, daß sie nicht aktenkundig wurde. Franz Anton Jäger berichtete von einer kleinen Höhle am Nordhang der Wasserkuppe, aus der sich die Bewohner der Gegend mit roter Erdfarbe versorgten. Sie diente ihnen offensichtlich ohne jede weitere Aufbereitung für den Hausgebrauch. Im Garnsdorfer Alaunschiefer- und Vitriolbergwerk „Jeremias Glück" schwemmte das Grubenwasser Ockererde als Nebenprodukt an. Farberdengewinnung als mehr oder weniger bescheidener Nebenerwerb von Bauern und Handwerkern, wie sie Jean-Charles Guillaume für die burgundische Ockerindustrie nachwies, läßt sich im Fall Oberebersbach bestätigen. Auch im Thüringer Wald gingen manche Ockergrubenbesitzer anderen Berufen nach. Mitglieder der Familie Vetter in Steinach firmierten als Gastwirte und Metzger, Johann Georg Rentsch aus Großneundorf als Hirte, Christian Heinrich Hammann aus Gösselsdorf als Oberförster. Viele Gruben waren als Gewerkschaften organisiert. Wie es um die finanzielle Ausbeute bestellt war, hing vom Einzelfall ab: von der Qualität der Farbe, der Sorgfalt ihrer Aufbereitung und dem unternehmerischen Geschick beim Vertrieb. Den Brüdern Schmitt in Oberebersbach hatte ihre Ockergrube zu Wohlstand verholfen. Ein Gesuch der Farbbruchbesitzer des Bergamtes Saalfeld von 1810 dagegen bat um Minderung der Abgaben, da mit dem Erdfarbenabbau kein großer Verdienst zu erzielen sei.

Die einfachste Aufbereitung von Farberden bestand darin, sie nach dem Trocknen in einer Mühle zu Pulver zu zermahlen. Falls es die Konsistenz des Materials erforderte, zerkleinerte man es zuvor in einem Pochwerk. Um bessere Qualität zu erzielen oder um schlechtere Erden verarbeiten zu können, wurde das Rohmaterial in einem Waschhaus mittels eines Rührwerkes mit Wasser aufgeschlämmt und in eine Reihe von Klärbecken geleitet. Verunreinigungen setzten sich von der Farbe ab. Nach dem Verdunsten des Wassers erfolgte das Ausstechen des Farberdteiges, der auf Darren in Portionen als „Kugel-Umbra" oder „Ballen-Ocker" an der Luft trocknete. Das Waschhaus konnte direkt neben der Grube liegen, wie es Johann Georg Rentsch in Großneundorf plante, wenn es dort ausreichend Wasser gab. Die Trennung von Farberdengewinnung und -aufbereitung führte zur Einrichtung zentraler Schlämmanstalten in Steinach und Saalfeld. Zumindest im Steinacher Ockerwerk

Abb. 45
Ockerwäscherei im Steinbachsgrund 1908.

kamen Naß- und Trockenverarbeitung parallel zur Anwendung.
Steinacher Goldocker galt als die beste Erdfarbe des Thüringer Waldes. Aufgrund seines hohen Eisengehaltes eignete er sich besonders für die Herstellung von Ölfarben. Früheste Nachrichten über den Erdfarbenabbau in der Mengersgereuther Gegend liegen aus der Zeit um 1700 vor. Im Jahr 1723/1738 erhielt Johann Paul Vetter in Sonneberg eine Konzession für ihren Abbau. Er wurde auch im Langenbach bei Steinach fündig. 1888 trennte man die Verarbeitung vom Bergwerk und verlegte sie in die Mittelmühle nach Steinach. 1892 übernahm die Farbenfabrik Voigt in Oelze/Katzhütte den Betrieb und führte ihn unter dem Namen „Steinacher Ockergrubengewerkschaft" als Zweigunternehmen weiter. Die Grubenförderung wurde 1926 eingestellt, doch das Ockerwerk in Steinach verarbeitete noch bis 1955 importierte Rohstoffe, seit 1953 als „VEB (K) Farbenfabrik Katzhütte".
Zwischen 1881 und 1887 förderte die „Steinacher Ockergruben-Gewerkschaft" zwischen 10.000 und 20.000 t Farberden pro Jahr, die sie für 50 bis 60 M/t absetzen konnte. Dieser Preis lag um das Zwei- bis Dreifache über dem, den andere Ockergrubenbesitzer in der Gräfenthaler Gegend erzielten.
In Saalfeld waren es nicht Grubenbesitzer, die ihre Erden verarbeiteten und auf den Markt brachten,

sondern vor allem Kaufleute und Fabrikbesitzer, die sich den Zugriff auf Rohstoffquellen sicherten. Die gewerkschaftliche Struktur ermöglichte es ihnen, an verschiedenen Gruben beteiligt zu sein und sowohl von Ocker-, als auch von Schwarz- und Braunfarbengruben zu profitieren. Die Saalfelder Erdfarbenindustrie entwickelte sich als ein Teil der gesamten Farbenherstellung, die in ihren Anfängen auf die Blau- und Bleifarben zurückgeht. Sie ist als Vorläufer einer chemischen Industrie zu sehen, entsprechend vielfältig waren ihre Techniken und Produkte. Die Steinacher Farbenproduktion dagegen beruhte ausschließlich auf der Verwertung von Farberden.

Zu Beginn des 19. Jahrhunderts häufen sich die Mitteilungen über die Nutzung von Farberdenvorkommen in der Saalfelder Gegend. 1814 wurde eine Schlämmanstalt errichtet. Christian Bohn brachte ab 1825 seine Farberden zur Stadt und verarbeitete sie dort weiter. „Bohn und Lindemann" waren Vorläufer der „Saalfelder Farbwerke". Um 1840 entstanden die Farbenfabriken „Gernhard und Schönherr" sowie „Bodenstein und Kästner", „Wohlfahrt und Barlösius" (1867) und „Kayser" (1871 als Knobloch und Co. gegründet), alle im östlichen Stadtgebiet an der Saale gelegen. Diese Farbenfabriken beschränkten sich weder auf ein einziges Produkt noch auf die Verarbeitung einheimischen Materials. Bei Bohn und Lindemann wurden 1877 Farbhölzer aus Übersee und Indigo zu Substratfarben verarbeitet, Blei- und Chromfarben produziert, Eisenvitriol in Pariserblau, Alaunschiefer in Ölschwarz, Rebenholz in Schwarzfarben verwandelt. Die Herstellung künstlichen Ultramarins gehörte zum Repertoire. Zu diesem Zeitpunkt hatte man die Herstellung ausgesprochener Giftfarben, z.B. des Schweinfurter Grüns eingestellt, dennoch war die Arbeit vor allem an den Farbmühlen gesundheitsschädlich. Jede Farbenherstellung, ob Erdfarben oder Mineralfarben, zog in erheblichem Maße ihr räumliches Umfeld in Mitleidenschaft, sei es durch Verschmutzung oder durch Vergiftung.

Der Begriff „Farbenfabrik" sagt nichts darüber aus, ob unter ihren Produkten nur Pigmente oder auch gebrauchsfertige Farben (Pigmente mit Bindemittel in Teigform) zu verstehen sind. Die Chronik der Farbenfabrik Voigt in Oelze (1830-1990) berichtet, daß um die Mitte des 19. Jahrhunderts die Bleiweißfabrikation mit Erd- und Buntfarbenherstellung kombiniert wurde. Saalfelder Ocker- und Umbraerden und Buntfarben aus Chrom und Zink verarbeitete man sowohl zu Pigmenten als auch zu Farbteigen. Voigt lieferte aber auch Schmelzfarben für die Porzellanindustrie und trieb Handel mit Farben anderer Hersteller. Im Verlauf der 2. Hälfte des 19. Jahrhunderts nahm die Anfertigung von Ölfarben für Bau- und Schiffsbedarf, Möbelmalerei und für Jalousien immer größeren Raum ein. In den 1870er Jahren erweiterte die Firma ihr Angebot auf Farbstoffe und Druckfarben. Angeregt durch die Sonneberger Spielzeugfabrikation entwickelten ihre Chemiker giftfreie Substratfarben auf Anilinbasis und ein „Puppenweiß" für die Puppenindustrie, von dem zeitweise ca. 60.000 kg pro Monat in Sonneberg Abnehmer gefunden haben sollen. Gleichzeitig stieg auch die Nachfrage nach Tapetenfarben.

Mit Hilfe der Eisenbahnen, die für den Transport von Farberden einen Sondertarif berechneten, konnten die Farbenfabrikbesitzer eine weiträumige und ausgefeilte Logistik einrichten. Der Saalfelder Fabrikant Gustav Bodenstein förderte Grünerde aus einer eigenen Grube bei Meißen. Die betriebseigene Farbmühle lag an der Bahnstrecke zwischen Meißen und Saalfeld, so daß dort auch Ocker aus der Oberpfalz weiterverarbeitet werden konnte. Die Bahn spielte auch für den Vertrieb der Farben eine wichtige Rolle. Schon zu Mitte des 19. Jahrhunderts exportierten die größeren Farbenwerke nicht nur in sämtliche europäischen Länder, sondern auch nach Amerika und Fernost.

Obwohl im 19. Jahrhundert Eisenoxidpigmente künstlich hergestellt werden konnten, nahm die Produktion von Erdfarben in der 2. Hälfte des 19. Jahrhunderts nochmals einen kräftigen Aufschwung. Im Zuge der Industrialisierung benötigte man große Mengen von Farben für Schutzanstriche von Eisen, für die sich Erdfarben nicht nur technisch anboten, sondern auch durch ihren immer noch vergleichsweise geringen Preis. Ein höherer Verbrauch im Bereich des Malerhandwerks durch einen Boom im Baugewerbe und neue Einsatzmöglichkeiten z.B. Fußbodenfarben spielte ebenfalls eine Rolle. In den 1920er Jahren kam die Erdfarbenproduktion fast völig zum Erliegen. Anlaß zu dieser Entwicklung gaben die billigen Importe französischer Erdfarben, die bunten Produkte der Großindustrie und technische Veränderungen im Bereich der Lackherstellung und -verwendung. Erdfarben, die mit Hilfe von Anilinfarbstoffen geschönt wurden, konnten sich in den 1920er und 30er Jahren noch als Malerfarben auf dem Markt halten. Dies betraf aber vor allem Grünerde, die im Thüringer Wald nicht vorkam, sondern nur in den Saalfelder Farbenfabriken zu Kalkgrün weiterverarbeitet wurde.

Karoline Knoth

Karte: Nr. XIX, s.S. 152

Quellen

Staatsarchiv Meiningen, K22 (Bergamt Saalfeld), 1492 ff.
Staatsarchiv Würzburg, Landratsamt Bad Neustadt a.d.S. 1831

Literatur

Anschütz, Rudolf 1904: [siehe Lit. Verz.]
Brückner, Georg 1851/53: [siehe Lit.-Verz.]
Curschmann, Fritzheinrich: Die Vorläufer der chemischen Industrie in Mitteldeutschland. Halle/Saale 1930.
Fleischmann, Adolf 1876: [siehe Lit.-Verz.]
Füßlein, O.: Die Saalfelder Farbenindustrie (= Saalfelder Weihnachtshefte). Saalfeld an der Saale 1877.
Fugmann, Ernst R. 1939: [siehe Lit.-Verz.]
Geschäftsleitung Saalfelder Feengrotten (Hg): Saalfelder Feengrotten Geschichte - Geologie - Mineralien. Saalfeld an der Saale 1994.
Guillaume, Jean-Charles: Une industrie rurale: le travail de l'oere dans l'Auxerrois 1763-1966. Auxerre 1991.
Pickel, Georg: Geschichte der Eisenerden-Grube zu Oberebersbach. Würzburg 1837.
Vogel, Jochen: Steinacher Goldocker. Steinach 1995.
Wohlfahrt, Arno: Die deutsche Erdfarbenproduktion unter besonderer Berücksichtigung des Standortproblems. Darmstadt 1928.
Wulf, Heinrich: Große Farbwarenkunde. [6] Köln 1963.
Landratsamt Sonneberg (Hg): Sonneberger Geschichten. Von Puppen, Griffeln und Kuckuckspfeifen. Bd. II., Hildburghausen 1996, S. 202-206.
100 Jahre Farbenfabrikation der Firma Carl Wm. Voigt. Neuwerk bei Oelze 1938.

Abb. 46 *Töpfermarkt Coburg, um 1920.*

Die Grenzregion von Bayern und Thüringen weist neben bedeutenden Tonvorkommen eine Vielfalt an keramischen Produkten auf, nämlich neben der handwerklichen Fertigung von Irdenware, wie sie fast überall verbreitet war, auch die Herstellung von Steinzeug in der Rhön, von Steingut und von Porzellan im Meininger Oberland und am Obermain. Im Landkreis Coburg stellt bis heute die keramische Industrie einen wichtigen Wirtschaftszweig dar. Für das 19. Jahrhundert konnte die volkskundliche Keramikforschung bisher mehrere Zentren des Töpferhandwerks in dieser Region konstatieren. In Unterfranken sind dies die ehemaligen Amtsgerichte Ebern, Hofheim und Gleusdorf sowie Oberthulba in der Rhön, in Südthüringen vor allem Ummerstadt und, am Oberlauf der Werra gelegen, Gerstungen und Umgebung, in Oberfranken schließlich Sonnefeld mit den umliegenden Dörfern.

Diese Tatsachen spiegeln sich in der Keramikforschung in unterschiedlicher Intensität. Seit den frühen 60er Jahren beschäftigte sich in Thüringen der Heimatforscher Arno Volland mit Gerstunger Keramik. Seine Aufzeichnungen über Grabfunde vom Ende des 19. Jahrhunderts publizierte Karl Baeumerth 1992 in einem Beitrag über Totenschüsseln. Während man in Thüringen die Schüsseln und Näpfe, die der Totenfrau zum Waschen der Leichen dienten, dem Verstorbenen mit ins Grab gegeben hatte, wurden sie im benachbarten Hessen durch eine Beschädigung dem weiteren Gebrauch entzogen. Schriftlichen Quellen zufolge war es üblich, die Totenschüsseln, meist Gefäße minderer Qualität, z. B. abgenutztes Gebrauchsgeschirr oder Fehlbrände, zu zerschlagen.

Weitere Impulse für die Erforschung der Gerstunger Keramik gab das Thüringer Museum in Eisenach, dessen Bestände die Autoren Arno Volland und Martin Scherf 1976 und 1986 zusammen mit Ergebnissen archivalischer Studien publizierten. Eine frühe Arbeit Vollands aus dem Jahr 1962 liegt bisher nur als Manuskript vor. Die Entwicklung des Töpferhandwerks im ehemaligen Amt Gerstungen verlief zunächst typisch, mit einem Aufschwung seit dem Ende des 30jährigen Krieges, dem zahlenmäßigen Höhepunkt mit 34 Meistern im Jahr 1856 und dem Niedergang in der zweiten Jahrhunderthälfte. Staatliche Förderung gegen Ende des 19. Jahrhunderts verdankten drei Töpfer ein Stipendium an der Kunstgewerbeschule in München.

Bedeutsam wirkte sich der Einfluß der Töpferei in Hessen aus. Hier waren im Kreis Schlüchtern und Fulda zahlreiche Werkstätten entlang der Grenze zu Thüringen und Bayern angesiedelt. Vor allem für die Spätzeit der handwerklichen Töpferei lassen sich hinsichtlich der Dekore deutliche Parallelen zwischen Thüringen und Hessen feststellen. Hier wie dort wurde, wohl um den schwindenden Absatz bei der schlichten Gebrauchsware auszugleichen, mit den unterschiedlichsten Dekortechniken experimentiert. So ist seit Ende des 19. Jahrhunderts die Nachahmung der „aufgelegten Ware“ aus Marburg/Lahn auch im thüringischen Werratal belegt. Die Töpfer aus Großensee bei Gerstungen hatten sich vollends darauf spezialisiert und nahmen um 1910 sogar Bestellungen eines Kaufhauses an. Auch die letzten Töpfer in Ummerstadt erprobten ihre Fertigkeit in der Applikationstechnik und am sogenannten Zieh- und Schütteldekor, wie er für Hessen als typisch gilt. Die „gedeckten Häfen“ mit ihrem zweifarbigen Schachbrett- und Rautenmuster, für die Ummerstadt bekannt ist, sind für den gleichen Zeitraum, nämlich ab 1910, auch für Marburg/Lahn und Homburg/Ohm nachweisbar.

Die thüringischen Töpferorte Bürgel, Ummerstadt und Gerstungen behandelt der 1987 erschienene Bildband von Martin Wendl. Zwar in erster Linie an die Sammler gerichtet, breitet Wendl unter Verwendung der Forschungen Vollands und Scherfs archivalische Quellen zur Handwerksgeschichte aus und zeichnet die letzte Periode der Töpferei nach, die unter den Auswirkungen der staatlichen Hilfsmaßnahmen stand, etwa die Einrichtung einer Modellierschule in Bürgel, die Beratung durch den an der Kunstgewerbeschule in Weimar tätigen Henry van de Velde, die Bemühungen von Denkmalpflege und Heimatschutz für die Töpfer in Ummerstadt und die Stipendien an der Töpferwerkstatt des Staatlichen Bauhauses.

Mit den Ummerstadter Töpfern beschäftigten sich außerdem zwei Beiträge im Jahr 1977: Waltraud Zieglers Zulassungsarbeit aus den Jahren 1940/41, für die sie damals noch die letzten Töpfer ihres Heimatortes befragen konnte, und ein „Katalog Ummerstadter Hafnergeschirre“ von Werner Schönweiß aus Weitramsdorf bei Coburg. Nach der Öffnung der Grenze setzte er seine Bemühungen um die Erfassung Ummerstadter Irdenware fort. Die Ergebnisse wurden 1994 zusammen mit den handwerksgeschichtlichen Studien von Birgit Jauernig-Hofmann veröffentlicht. In dem kleinen Städtchen im Landkreis Hildburghausen an der Grenze zu Unter- und Oberfranken hatte sich das Töpferhandwerk seit dem Ende des 30jährigen Krieges etabliert. Hier war es die freizügige Gemeindepolitik zusammen mit den Holzrechten aus den ausgedehnten Gemeindewaldungen, die den Zuzug auswärtiger Töpfer ermöglichte. Zu Beginn des 19. Jahrhunderts gab es rund 30 eingetragene Töpfermeister, die vorwiegend in einem eigenen Stadtteil wohnten und dort in unterschiedlicher Gewichtung von ihrem Handwerk und der Landwirtschaft lebten. Der Ton, aus dem sie ihre Ware fertigten, wurde aus Tongruben in der Nachbargemeinde Colberg und aus dem jenseits der meiningischen Landesgrenze gelegenen Ort Gemünda bezogen, der heute zum Landkreis Coburg zählt. Ihre Produkte verkauften sie ausschließlich in den thüringischen Herzogtümern. Handelsbeziehungen zum benachbarten Bayern gab es nicht. Der meiningische Landeskundler Georg Brückner bezeichnet um die Mitte des 19. Jahrhunderts die Ummerstadter Töpfer als marktbeherrschend im Herzogtum Sachsen-Meiningen. Sie belieferten regelmäßig zwölf „aus-

Abb. 47 *Töpfermeister Heinrich Berghold an der Drehscheibe, seine Frau dekoriert „Kaffeehäfen“ mit dem Malhorn, um 1906.*

ländische“ und 13 inländische Städte und Orte, z. B. Suhl, Gotha, Arnstadt und Coburg.
Unpubliziert blieb bisher die Arbeit von Kerstin Schneider über die Töpferei in Römhild. Greifbar ist lediglich ein älterer kurzer Beitrag zur Geschichte der Römhilder Töpferzunft. Auch die Untersuchung der vermutlich nur kurzen Geschichte der Herstellung von Steinzeugflaschen für das Friedrichshaller Bitterwasser in Lindenau (Landkreis Hildburghausen) steht noch aus. - Mit Ausnahme Coburgs ist der an Thüringen angrenzende Teil Oberfrankens hinsichtlich der handwerklichen Keramikproduktion fast völlig unbeachtet geblieben. Auf die Zentren des Töpferhandwerks in Sonnefeld und den benachbarten Orten sowie in Ummerstadt machte seit 1969 der Coburger Künstler und Kunsterzieher Karl Borneff durch zahlreiche Beiträge aufmerksam. Sein Interesse galt vor allem der Sonnefelder Töpferfamilie Hummel und ihrem überlieferten Bestand an Kacheln und Model seit dem Ende des 16. Jahrhunderts.
Für das ehemalige „Ortland zu Franken“, später Herzogtum Sachsen-Coburg, konnte B. Jauernig-Hofmann aufgrund der hervorragenden archivalischen Quellenlage die Geschichte der Töpferzunft, die bis ins 17. Jahrhundert auch die Töpfer im Umland von Hildburghausen über Rodach bis Sonnefeld miteinbezog, vom 16. Jahrhundert an erfassen. Über 70 Meister waren um 1600 tätig. Eine weitere Publikation der Autorin zeichnet den Werdegang der Töpfer in der Stadt Coburg nach, die sich wegen der Konkurrenz der Meister auf Herstellung und Reparatur von Kachelöfen spe-

zialisierten. Die Schwerpunkte der Veröffentlichungen liegen auf der Geschichte der Töpferzunft während der Umstrukturierung des Handwerks im 19. Jahrhundert und dem beruflichen Werdegang der Töpfer im Spannungsfeld zwischen konservativem Zunftdenken und innovativen Maßnahmen der Regierung. Im Herzogtum Coburg wurde die Gewerbefreiheit bereits 1859 durchgesetzt, zwei Jahre früher als in den übrigen thüringischen Staaten und neun Jahre früher als in Bayern.

Ausgeklammert blieben bisher die Sachquellen: die Produkte der Töpfer. Einen Anfang machte hier Werner Schönweiß mit einem Aufsatz über den letzten Töpfer in Coburg und die aus seiner Werkstatt und seinem Ladengeschäft erhalten gebliebenen Stücke. Eine Publikation über die Ausgrabungsfunde in Coburg, die bei der Altstadtsanierung geborgen wurden, ist in Vorbereitung. Bedeutende Bestände an historischer und zeitgenössischer Keramik, in den letzten Jahren ausgeweitet auf Europa, beherbergen die Kunstsammlungen der Veste Coburg. 1977 erschien ein Katalog zum Creussener Steinzeug, seit 1976 finden Ausstellungen zu künstlerisch-handwerklicher Keramik der Gegenwart statt. Ein Forum für internationale moderne Keramik bietet alljährlich das Museum Schloß „Glücksburg" im thüringischen Römhild.

Den letzten Stand der Keramikforschung in Unterfranken dokumentierte die Würzburger Ausstellung „Fränkisches Volksleben. Wunschbilder und Wirklichkeit" im Jahre 1985. So ist die kritische „Keramiknachlese", in der Werner Endres 1986 die Forschungsdesiderate für die Region prononcierte, auch heute noch aktuell. Die Beiträge zur Keramikforschung für den Norden Unterfrankens im gleichnamigen Katalog mußten sich weitgehend auf ältere Werke stützen. Eine Ausnahme bilden die Ergebnisse Uwe Zurecks über die Steinzeugproduktion in Römershag, Oberbach und benachbarten Orten seit der zweiten Hälfte des 18. Jahrhunderts. Bereits 1953 war über die Geschichte der Krugbäckereien in der Rhön, die vorrangig den Bedarf an Mineralwasserflaschen zum Versand des Heilwassers aus den Bädern Bocklet, Brückenau und Kissingen decken sollten, ein kleiner Aufsatz von Johannes Foersch erschienen. 1966/67 publizierte Paul Stieber über Rhöner Steinzeug. Eine ausführliche Monographie steht allerdings noch aus.

Detaillierte Forschungen zu dem in der Vorrhön gelegenen Töpferort Oberthulba liegen mit den Aufsätzen von Paul Stieber aus den Jahren 1962 und 1963 vor. Stieber, dem die Keramikforschung bedeutende Anstöße zu verdanken hat, beschränkte sich nicht allein auf die Beschreibung der außergewöhnlichen Oberthulbaer Irdenware des 19. Jahrhunderts, sondern untersuchte die Bevölkerungsstruktur des Ortes, stellte die Produkte der Töpfer in den Zusammenhang mit damaligen Nahrungsgewohnheiten und suchte im Vergleich mit anderen Regionen nach Einflüssen und Vorbildern.

Im Zusammenhang mit ihren Arbeiten über das Töpferhandwerk in Schweinfurt beschäftigte sich Inge Lippert mit der Frage nach dem Rohstoff Ton, den die zahlreichen Schweinfurter Töpfer im 19. Jahrhundert benötigten. Mit Hilfe der Montgelas-Statistik fand sie Hinweise auf reiche Tonvorkommen in der Nähe von Ebern sowie zahlreiche Werkstätten in den Verwaltungsdistrikten um Eltmann, Gleusdorf, Ebern und Hofheim. Insgesamt 55 Meister, verteilt auf verschiedene Orte, wurden 1814/15 statistisch erfaßt. Ein Zentrum des Töpferhandwerks, wie es sich in Ummerstadt gebildet hatte, ist für das nördliche Unterfranken nicht bekannt.

1829 erwarb der Schweinfurter Industrielle Wilhelm Sattler das in der Nähe von Bad Kissingen gelegene Schloß Aschach und richtete dort eine Steingutmanufaktur ein. Rohstoffe mußte er, ebenso wie die Rhöner Steinzeugproduzenten, aus Hessen beziehen. Der erhoffte wirtschaftliche Erfolg, der in Form von Arbeitsplätzen den Rhönbewohnern hätte zugute kommen sollen, stellte sich nicht ein. Der Betrieb wurde nach dem Tode Sattlers 1861 eingestellt. Nach Aufsätzen Max von Freedens seit 1958 erschien 1993 anläßlich einer Ausstellung in Schweinfurt ein Katalog von Andrea Brandl und Hans Graetz über Aschacher Steingut, der den schriftlichen Nachlaß wie Tagebücher, Rezepturen und Preislisten sowie die erhaltenen Stücke aus verschiedenen öffentlichen und privaten Sammlungen vorstellt.

Erwähnenswert sind die neueren Publikationen über die keramischen Funde des Mittelalters und der Neuzeit. Für Thüringen sind v. a. die Autoren Wolfgang Timpel und Ulrich Lappe zu nennen, für Oberfranken, das in Bamberg seit 1981 den ersten Lehrstuhl in Deutschland für Archäologie des Mittelalters und der Neuzeit besitzt, schrieb Hans Losert ein zweibändiges Werk über die mittelalterliche Keramik. Forschungsberichte über Ausgrabungen und Funde erscheinen unter der Autorschaft von Björn-Uwe Abels von der Außenstelle des bayerischen Landesamtes für Denkmalpflege auf Schloß Seehof bei Bamberg seit 1979 regelmäßig in der Zeitschrift „Geschichte am Obermain". Unterfranken ist in Georg Hausers zweibändiger Veröffentlichung über mittelalterliche Keramik in Franken von 1984 vertreten.

Begonnen hatte das Interesse an der Keramikproduktion in der Blütezeit der Statistik und der Landesbeschreibungen. Mit dem Niedergang der handwerklichen Töpferei wuchs die Begeisterung für die sogenannte Volkskunst. Steinzeug, Irdenware und Fayence zählten ebenso darunter wie bemalte Möbel und anderer verzierter Haushalt. Zusammenfassende Werke zur „Volkskunst" greifen daher vor allem die bekannten regionalen Besonderheiten und spektakulären Leistungen auf; in diesem Sinne spiegeln sie auch die Gewichtungen in der Forschung wider. Dabei stehen stellvertretend für die handwerkliche Keramik aus Franken in der Regel das Creussener Steinzeug und das Treuchtlinger Geschirr, in neueren Publikationen auch die charakteristischen Gefäße aus Oberthulba. Coburg, seit 1920 zu Bayern gehörig, fiel bisher regelmäßig durch die Maschen gleichermaßen thüringischer wie auch bayerischer Forschung. Seit langem bekannt und beachtet sind hingegen die Töpferorte Gerstungen und Ummerstadt. Abbildungen von Gerstunger Ware und den Wandfliesen des 18. Jahrhunderts aus Schloß Bedheim bei Hildburghausen, die

Schmolitzky leider kommentarlos den Ummerstadter Töpfern zuschreibt, sind in nahezu jedem Werk zur Volkskunst in Thüringen zu finden.

Birgit Jauernig-Hofmann

Karte: Nr. XVI, s.S. 149

Literatur

Baeumerth, Karl: Totenschüsseln aus Hessen und Thüringen. In: Hess. Heimat 42 (1992), S. 182-188.

Bauer, Ingolf: Keramikforschung. In: Wege der Volkskunde in Bayern. Hg. v. E. Harvolk (= VVK 25). München u. Würzburg 1987, S. 161-180.

Brandl, Andrea u. Hans Graetz (Hgg.): „dieser Schatz muß gehoben werden". Die Steingutfabrik (1829-1861) des Schweinfurter Industriellen Wilhelm Sattler (= Schweinfurter Museumsschriften 55). Schweinfurt 1993.

Buff, Armin: Die Zunftordnung der Töpfer in Römhild aus dem Jahre 1718. In: Das Thüringer Fähnlein. Monatsheft für die mitteldeutsche Heimat 10 (1941) H. 7/8/9, S. 216-220.

Endres, Werner: Keramikbibliographie I. In: BBV 5 (1978) H. 4, S. 225-248. Seit 1978 erscheint die Keramikbibliographie jährlich.

Ders.: Keramiknachlese zu Ausstellung, Begleitband und Symposium „Fränkisches Volksleben - Wunschbilder und Wirklichkeit". In: BBV 13 (1986) H. 3, S. 175-180.

Foersch, Johannes: Fränkische Krugbäcker: Die ersten Töpfer in der fränkischen Rhön. In: Der Frankenbund 5 (1953), S. 15-17.

Hauser, Georg: Beiträge zur Erforschung hoch- und spätmittelalterlicher Irdenware aus Franken (= Zs. f. Archäologie d. Mittelalters, Beiheft 3). Köln u. Bonn 1984.

Jauernig-Hofmann, Birgit u. Schönweiß, Werner: Die Töpfer in Ummerstadt und im Coburger Land. Aus der Geschichte des Handwerks vom 16. bis 20. Jahrhundert (= Schriftenreihe der Historischen Gesellschaft Coburg e.V. 9). Coburg 1994.

Keramik an Weser, Werra und Fulda. Minden 1981.

Kirchhoff, Werner: Wasserflaschen aus Römershag für das fuldische Bad Brückenau. In: Hessische Heimat NF 35 (1985), S. 119-122.

Lappe, Ulrich u. Römhild, Michael: Ein Haus des 13./14. Jahrhunderts am Stadtrand von Hildburghausen. In: Ausgrabungen u. Funde 35 (1990) 5, S. 251-258.

Losert, Hans: Die früh- und hochmittelalterliche Keramik in Oberfranken (= Zs. f. Archäologie d. Mittelalter, Beiheft 8). 2 Bde. Köln 1993.

Niehaus, Heinz: Friedrichshaller Bitterwasserversand. Von den Anfängen bis heute - Eine Mineralquelle in der DDR mit unsicherer Zukunft. In: Der Mineralbrunnen 1990, S. 470-476.

Scherf, Helmut: Bäuerliche Keramik aus dem Werragebiet. Leipzig 1986.

Ders. u. Volland, Arno: Bäuerliche Keramik Nordwestthüringens (Werra-Keramik). Ausst. im Thüringer Museum Eisenach. Eisenach 1976.

Schönweiß, Werner: Coburgs letzter Töpfer der alten Zunft. In: Jahrbuch der Coburger Landesstiftung 1992, S. 251-267.

Stolle, Walter: Volkstümliche Keramik aus Hessen vom 18. Jahrhundert bis zur Gegenwart dargestellt an Beispielen aus Mittel- und Südhessen. Kassel 1981.

Timpel, Wolfgang: Mittelalterliche Keramik im westlichen Thüringen (8.-12. Jahrhundert). Bd. II. Weimar 1990.

Ders.: Die frühmittelalterliche und hochmittelalterliche Keramik im westlichen Thüringen (8.-12. Jahrhundert). Hg. vom Thür. Landesamt f. Archäol. Denkmalpflege (= Weimarer Monographien 33). Stuttgart 1995.

Volland, Arno: Die Bauerntöpferei im ehemaligen Amt Gerstungen. Gerstungen 1962. Maschinenmanuskript im Thüringer Museum Eisenach.

Wamser, Ludwig: Hafnerware des 16. Jahrhunderts aus Bad Königshofen, Lkr. Rhön-Grabfeld, Unterfranken. In: Das archäol. Jahr in Bayern 1983, 4 (1984), S. 170-173.

Wendl, Martin: Alte Thüringer Töpferkunst. Rudolstadt 1987/88 [im gleichen Jahr unter dem Titel „Töpferhandwerk in Thüringen" (= Keramik 22/23) erschienen].

Zureck, Uwe: Steinzeug in der Rhön. In: BBV 12 (1985) H. 3, S. 157-182. [Kurzfassung m. Abb. in: Fränkisches Volksleben. Würzburg 1985, S. 109-114].

Die Porzellanindustrie war ein bedeutender Produktionsfaktor in Thüringen, und die Arbeit in der Porzellanfabrik prägte den Alltag vieler Einwohner in thüringischen Städten und Dörfern. Seit seiner ersten kunstgeschichtlichen Würdigung durch Graul und Kurzwelly (1909) und der 1902 erschienenen wirtschaftsgeschichtlichen Untersuchung von Stieda ist in der Folgezeit eine Vielzahl von Untersuchungen zur Geschichte des Porzellans in Thüringen vorgelegt worden. Wenngleich meist das künstlerische bedeutsame Alt-Thüringer Porzellan im Vordergrund steht, gab und gibt es Bemühungen, wirtschaftliche, technische und soziokulturelle Aspekte zu betrachten, die wesentliche Seiten der Herstellung und ihrer Geschichte betreffen. Eine Gesamtdarstellung von Alltag und Arbeitswelt der Porzelliner in Thüringen, wie sie seit 1994 in Nordostbayern für den Zeitraum von 1920 bis 1970 vorliegt, steht hier allerdings noch aus.

Die thüringische Porzellanindustrie entstand in der zweiten Hälfte des 18. Jahrhunderts, gefördert durch den kleinstaatlichen Absolutismus aus fürstlichen Repräsentationsbedürfnissen und kameralistischem Wirtschaftsstreben, begünstigt durch die Standortfaktoren wie einheimische Rohstoffvorkommen und den Energiequellen Holz und Wasserkraft, technischen Anlagen des Berg- und Hüttenwesens sowie billigen und technisch oder künstlerisch geschulten Arbeitskräften. Unabhängig von Meißen, wo Friedrich Böttger schon 1709 das europäische Hartporzellan erfunden hatte, gelang es 1760 drei thüringischen Nacherfindern, das Geheimnis der Porzellanmasse zu ergründen und ihre Verarbeitung technisch zu bewältigen: Georg Heinrich Macheleid in Rudolstadt-Sitzendorf, Wolfgang Hamman in Katzhütte und Gotthelf Greiner in Limbach. Auf ihren Erfindungen und ihrem kaufmännischem Geschick beruhte die Gründung der Porzellanmanufakturen in Volkstedt (1762), Wallendorf (1764), Limbach (1772), aber auch Ilmenau (1777), Großbreitenbach (1777) und Rauenstein (1783). Dabei spielte die Nähe zu dem wichtigsten Rohstoffvorkommen, dem Sandsteinbruch von Steinheid, eine wichtige Rolle.

Als einzige fürstliche Gründung ist die von Prinz Friedrich Wilhelm Eugen von Sachsen-Hildburghausen 1760 errichtete „Hochfürstliche Porcellaine-Fabrique“ zu Kloster Veilsdorf anzusehen, der als General in Diensten der dänischen Krone das technische Wissen aus der Manufaktur Kopenhagen nutzen konnte. Bereits 1757 war in Gotha die erste thüringische Porzellanmanufaktur gegründet worden. Insgesamt gehören zur ersten Gründungswelle bis 1800 dreizehn Firmen, zu denen auch die im angrenzenden Oberfranken gelegenen Fabrikerrichtungen in Tettau und Schney gerechnet werden, die in ihrer Frühphase enge Beziehungen zum thüringischen Raum auf-

Abb. 48 *Dorfmusikanten, Kloster Veilsdorf um 1860.*

wiesen. Wichtige Bedingungen waren für die Fabrikgründer die von der fürstlichen Landesherrschaft erteilten Konzessionen, die den Unternehmen in der Regel die benötigten Holzmengen, das Landesmonopol für die Herstellung von Porzellanerzeugnissen und die Fabrikgerichtsbarkeit zusicherten.

Um sich gegen die Konkurrenz der großen fürstlichen Manufakturen zu behaupten, produzierten die Alt-Thüringer Manufakturen neben Erzeugnissen von künstlerischer Qualität vor allem volkstümlich gestaltetes Figuren- und Geschirrporzellan für einen breiteren Kreis von Abnehmern. Bedeutend war der Absatz von sogenannten „Türkenköppchen" im Nahen Osten. Ihre Konkurrenzfähigkeit sicherten die Alt-Thüringer Manufakturen auch durch eine gegenüber den fürstlichen Manufakturen fortgeschrittenere Brenntechnologie. Um die Wirtschaftlichkeit der Unternehmen zu steigern, wurden Formen des „Trucksystems" eingeführt. Durch die Herausgabe von Fabrikmünzen, die Einrichtung von Fabrikläden und die Entlohnung, etwa des Malerpersonals, mit Weißware wurden Personalkosten verringert. In der Gründungsphase versuchte man, qualifizierte Fachkräfte aus anderen deutschen Manufakturen abzuwerben. Man begann jedoch bald, einheimische Fachkräfte in einer meist fünfjährigen Ausbildungszeit heranzubilden. In der Regel ging die Belegschaftsstärke nicht weit über 50 Personen hinaus, so daß die Porzelliner noch wenig Einfluß auf die Entwicklung der sozialen und kulturellen Strukturen in ihren Wohnorten hatten. Das patriarchalische und über-

schaubare Betriebssystem, an dessen Spitze der „Prinzipal" und nach ihm die unentbehrlichen Fachkräfte standen, zunftmäßig anmutende Bräuche wie „Schmaus" und „Einstand", „Abschied" und „Geschenk" an wandernde Porzelliner, Formen des gegenseitigen Beistandes und der Geselligkeit, Hilfskassen unterschiedlicher Art trugen dazu bei, die in der Regel schlecht bezahlten Fachkräfte im Unternehmen zu halten und ein Stammpersonal zu schaffen. Dem diente auch eine ausgeklügelte Darlehenspraxis. Dennoch blieb die Fluktuation unter den Spitzenkräften, vor allem bei den Modelleuren, sehr groß.
In dem Zeitraum von 1800 bis 1860 wurden im thüringischen Teil unseres Bearbeitungsgebietes 17 weitere Porzellanfabriken gegründet. Die ersten Jahrzehnte des 19. Jahrhunderts wurden von den Wirren der napoleonischen Kriege und ihren negativen Auswirkungen auf die wirtschaftliche Lage in den thüringischen Staaten bestimmt. Außerdem wirkten sich die staatliche Reglementierung der Gewerbe und die innerdeutschen Zollgrenzen hemmend auf die ökonomische Entwicklung aus. Eine Besserung der Rahmenbedingungen brachte erst der Beitritt der thüringischen Staaten zum deutschen Zollverein nach 1834. So ist es zu erklären, daß Neugründungen von Porzellanfabriken vor allem in den dreißiger und vierziger Jahren stattfanden. Zunächst entstanden Porzellanmalereien, von denen sich einige zu Fabriken entwickelten (z.B. in Scheibe-Alsbach). Technische Neuerungen jener Zeit waren effektivere Brennöfen (Etagenöfen) mit Kohlefeuerung und die Anwendung der Dampfkraft in der Massebereitung. Andererseits kam es zu einem Verlust an künstlerischer Qualität bei den Erzeugnissen, die mehr und mehr auf die Bedürfnisse und den Geschmack eines breiten Kundenkreises ausgerichtet wurden.
Wirtschaftliche Probleme erzwangen die Auflösung des im südlichen Thüringen dominierenden Familienimperiums der Söhne Gotthelf Greiners, die noch um 1820 die Manufakturen in Kloster Veilsdorf (1797 durch Kauf erworben), Limbach und Großbreitenbach in Besitz hatten und die längere Zeit die unterschiedlichen Rahmenbedingungen für ihre in verschiedenen Fürstentümern gelegenen Manufakturen wirtschaftlich nutzen konnten. Ihre Praxis, die Vollbeschäftigung in der einen Manufaktur durch Kurzarbeit in der anderen zu sichern, führte 1814 zu Protestaktionen der Beschäftigten des betroffenen Unternehmens. Durch den Abschluß eines „Preis- und Conditionskartells" mit benachbarten Porzellanunternehmen im Jahre 1814 konnten die Greiners den Bestand ihres Familienunternehmens noch für einige Jahre sicherstellen. Doch 1827 erfolgte die Aufteilung unter die Enkel. Ihnen fehlte meist das Kapital zur Erneuerung der Produktionseinrichtungen, so daß deren Fabriken ihre einstige Bedeutung verloren. Das Fachpersonal der Porzellanfabriken rekrutierte sich nunmehr überwiegend aus der einheimischen Bevölkerung.
Den Stamm der Maler z.B. bildeten Personen, in deren Familien für die Region typische künstlerisch geprägte Tätigkeiten ausgeübt worden waren, etwa in der Schachtel- und Möbelmalerei

sowie in der Glasfertigung. In ihren Wohnorten waren die Porzelliner gleichberechtigte und anerkannte Mitbürger, natürlich unter Beachtung ihrer Stellung in der Firmenhierarchie, die sich bereits in der Gründungsphase herausgebildet hatte. In ländlichen Gegenden betrieben sie oft eine kleine Landwirtschaft im Nebenerwerb. In den ersten Jahrzehnten des 19. Jahrhunderts begannen Thüringer Porzellanmacher in Böhmen und in Nordostbayern Malereien und Fabriken zu gründen, so z.B. Carolus Magnus Hutschenreuther, Porzellanmaler aus Wallendorf, der 1814 in Hohenberg a.d. Eger eine Malerei gründete und zu einem der Väter der bayerischen Porzellanherstellung werden sollte.

Eine dritte Periode in der Entwicklung der thüringischen Porzellanindustrie begann um 1860. Allein in diesem Jahr wurden in Thüringen 16 Fabriken neu gegründet, und diese Welle setzte sich in den folgenden Jahrzehnten bis etwa 1910 ungebremst fort. Gab es 1861 in den thüringischen Staaten 38 Fabriken mit 3.908 Beschäftigten, so waren es 1895 878 Hauptbetriebe mit 15.762 Beschäftigten (Deutsches Reich: 1.536 Betriebe mit 34.644 Beschäftigten) und 1907 978 Hauptbetriebe mit 22.839 Beschäftigten (Deutsches Reich: 1.587 Betriebe und 51.594 Beschäftigte). Die Ursachen für diese Ausdehnung der Porzellanindustrie sind vielgestaltig. Sie ergeben sich aus der Gesamtentwicklung von Technik und Industrie in Deutschland. Zu ihnen zählen die Einführung der Gewerbefreiheit ab 1861, technische Neuerungen im Herstellungsprozeß, der Ausbau des Eisenbahnnetzes und die durch die Elektrotechnik bedingte Erschließung neuer Anwendungsgebiete für Porzellan.

Die zwischen 1847 und 1858 errichteten 5 thüringischen Eisenbahnlinien und das Schritt für Schritt geschaffene engmaschige Netz von Verbindungsbahnen ermöglichten billige Kohle- und auswärtige Rohstofftransporte, die den einheimischen qualitativ überlegen waren. Die Häufung von Porzellanfabriken im Thüringer Wald ist der Tatsache geschuldet, daß sie vielfach an die Stelle von Eisenhütten trat. Technische Neuerungen wie das Gießverfahren, der Stahldruck und der Buntdruck sowie Etagenöfen für den Porzellanbrand erhöhten die Produktivität und ermöglichten den stärkeren Einsatz ungelernter Arbeitskräfte, vor allem von Frauen. Eine beachtliche Rolle spielte die Heimarbeit, besonders an den Standorten der Porzellanindustrie im Thüringer Wald. In der Regel eigneten sich nur wenige Arbeitsgänge für die Heimarbeit. War es vor 1860 vor allem das Bemalen von Weißporzellan, so waren es später das Pressen von Formteilen, das Gießen und Verputzen, vor allem von Frauen ausgeübt. Meist waren es Angehörige von Fabrikarbeitern, die durch Heimarbeit für einen Zuverdienst sorgten. Gegen Ende des 19. Jahrhunderts nahm die Heimarbeit spürbar ab. Sie blieb vor allem dort erhalten, wo Porzellanfabriken nebenbei Spielzeug, besonders Puppen, produzierten.

Im Gegensatz zu der in dieser Zeit aufstrebenden nordbayerischen Porzellanindustrie, die vor allem Betriebe der Geschirrbranche umfaßte, blieb in Thüringen der Anteil der Firmen für Zier- und Luxusporzellan relativ groß. So befanden sich

Abb. 49 *Gießen und Fertigen der Puppenköpfe, Foto 1911.*

unter den 76 Firmengründungen zwischen 1881 und 1910 36 Betriebe der Luxusbranche und 12 mit der Erzeugung von Luxusartikeln und Geschirr befaßten Unternehmen. Bedingt durch den großen Anteil an Handarbeit in der Luxusbranche, vor allem in den Malereien, war in Thüringen die Tendenz zum Großbetrieb nicht so stark ausgeprägt. Im Unterschied dazu vollzog sich in den Betrieben für elektrotechnisches Porzellan ein Konzentrationsprozeß, den die Gründung von Aktiengesellschaften förderte. Das Bankhaus Strupp in Meiningen, später Bank für Thüringen, spielte in diesem Prozeß eine wichtige Rolle. Mit seiner Beteiligung an der Gründung der Aktiengesellschaft Porzellanfabrik Kloster Veilsdorf stieg dieses Bankhaus in das Porzellangeschäft ein und begründete im thüringischen Raum ein Porzellanimperium. Der hierarchische Aufbau der Belegschaften wird durch zahlreiche Fotos bildlich dokumentiert, die man zwischen 1900 und 1914 in den verschiedenen Industriezweigen anfertigte.

In den Jahrzehnten nach der Jahrhundertwende bietet sich ein wechselvolles Bild. Nach 1912 trat ein Rückgang in der Ausfuhr von Porzellan, vor allem nach den USA ein, als Folge von Schutzzoll-Politik. Der Erste Weltkrieg führte schließlich zu Stillegungen zahlreicher Produktionsstandorte bzw. zur Umstellung auf die Erzeugung branchenfremder kriegswichtiger Güter. In der ersten Phase der Inflation nach dem Kriege lebte das Geschäft stark auf und verleitete viele Unternehmen zu überzogenen Investitionen, die in der Folgezeit eine mangelnde Auslastung der Produktionskapazitäten zur Folge hatten. Die thüringische Porzellanindustrie sicherte sich durch die Qualität ihrer Malerei und durch Billiglöhne ihren hohen Stand in Deutschland. Der Zweite Weltkrieg sowie die politischen und wirtschaftlichen Veränderungen bewirkten eine neue Situation.

Die größeren Porzellanfabriken wurden bereits unmittelbar nach 1945 in Volkseigentum überführt, kleinere bis 1972 verstaatlicht. Parallel dazu erfolgte eine Umstellung auf technisches Porzellan. Nur noch in begrenztem Maß konnte Luxusporzellan für den Export ins westliche Ausland hergestellt werden. Nach 1990 folgte ein neuerlicher Strukturwandel. Die größeren Kombinate wurden entflochten, die ehemaligen volkseigenen Betriebe insgesamt privatisiert. Seitdem verschiebt sich das Gewicht der Produktionspalette wieder etwas zugunsten des Luxus- und Gebrauchsporzellans.

Renate Gauß

Karte: Nr. XVI, s.S. 149

Literatur

Graul, Richard u. Kurzwelly, Albrecht: Altthüringer Porzellan. Beiträge zur Geschichte der Porzellankunst im XVIII. Jahrhundert. Leipzig 1909.

Scherf, Helmut und Karpinski, Jürgen: Thüringer Porzellan unter besonderer Berücksichtigung der Erzeugnisse des 18. und frühen 19. Jahrhunderts. Leipzig 1980.

Stieda, Wilhelm: Die Anfänge der Porzellanfabrikation auf dem Thüringerwalde. Volkswirtschaftlich-historische Studien. Jena 1902.

Windorf, Hermann: Die Thüringische Porzellanindustrie in Vergangenheit und Gegenwart. Leipzig 1902.

Die Porzellanindustrie im westlichen Oberfranken stand von Anfang an mit Thüringen in engster Beziehung. Der Gründer der ältesten Fabrik in jenem Raum in Schney war ein Brenner aus Wallendorf, Johann Georg Christoph Andreas Martin (1736-1810); unter den Fachkräften in Schney befanden sich einstige Porzellanarbeiter aus derselben Fabrik, aber auch aus Ilmenau, Kloster Veilsdorf und Volkstedt. Ebenso hatte die Manufaktur zu Reichmannsdorf im Steigerwald, die 1790 ihre Produktion aufnahm, mit Johann Gottlieb Ehregott Gottbrecht einen Gründer, der aus der Thüringer Prozellanindustrie kam: Der gebürtige Berliner hatte in Limbach, Untermhaus bei Gera und Rauenstein gearbeitet. Juristischen Beistand leistete der Gründung der Coburger Rat und Kammerkonsulent Lorenz Georg Fischer (1737 - 1829), der 1797 seinerseits eine Fabrikgründung in Lichtenfels plante. Tettau schließlich, die letzte ins 18. Jahrhundert zurückreichende Manufaktur, wurde 1794 errichtet von dem Coburger Kaufmann Johann Friedrich Paul Schmidt und dem Veilsdorfer Porzellanfabrikanten Georg Christian Friedemann Greiner.

Mit Hausen, unterhalb des Klosters Banz gelegen, entstand 1802 erstmals eine Porzellanmanufaktur unter einheimischer Regie. Ihr Gründer und Betreiber war der Lichtenfelser Kaufmann, Spediteur und Fabrikant Josef Felix Silbermann (1771 - 1827). Auch die Fabriken, die 1815 in Schauberg bei Tettau und 1830 und 1840 in Küps den Betrieb aufnahmen, waren von Einwohnern des jeweiligen Orts errichtet worden. Gleichwohl blieben weiterhin thüringische Unternehmer in den westoberfränkischen Fabriken bestimmend, etwa Gustav Greiner aus Hüttensteinach, der 1851 die jüngere Fabrik in Küps erwarb und erheblich vergrößerte, Franz Detlef Goebel und sein Sohn William, die 1871 eine Fabrik im coburgischen Oeslau eröffneten, Hermann Bremer, Hermann Quentin und Eduard Liebmann, die 1874 die Schneyer Porzellanfabrik übernahmen, William Beck aus Nauendorf bei Gotha, der 1901 eine Fabrik in Hochstadt am Main gründete, oder die Fabrik Kloster Veilsdorf, die 1923 Schney für einige Jahre als Zweigwerk übernahm. Auch Fachleute für die Fertigung kamen häufig aus Thüringen; freilich fehlen prosopographische Untersuchungen, die genauere Aussagen zuließen.

Nicht nur durch die Personen, auch durch die Rohstoffe waren die fränkischen Fabriken mit Thüringen, genauer: mit Sachsen-Meiningen verbunden. Aus Steinheid, wo die Manufaktur Wallendorf ihre Porzellanerde gewann, bezogen ebenfalls Schney und Hausen diesen Grundstoff. Auch die Fabriken Tettau und Schauberg importierten einer Statistik von 1827 zufolge ihr Material aus Sachsen-Meiningen.

Sieht man von der kurzlebigen Würzburger

JAHR	ORT	MANUFAKTUR	JAHR	ORT	MANUFAKTUR
1782	Schney	-	1907	Creidlitz	Kister
1790	Reichmannsdorf	-	1907	Ludwigsstadt	-
1794	Tettau	-	1909	Kronach	Neue Kronacher Porzellanfabrik
1802	Hausen	-	1909	Oeslau	Oberender
1807	Schauberg	-	1909	Oeslau	Walther
1830	Küps	-	1909	Rothenkirchen	-
1840	Küps	-	1909	Steinwiesen	-
1857	Oeslau	Annawerk	1911	Gundelsdorf	-
1860	Coburg	Riemann	1912	Kronach	Stockhardt & Schmidt-Eckert
1879	Küps	Ohnemüller & Ulrich	1914	Steinbach a. Wald	-
1879	Oeslau	Goebel	1919	Altenkunstadt	-
1881	Kronach	Kühnlenz	1920	Klosterlangheim	-
1886	Oeslau-Alexandrinental	-	1921	Oeslau	Walther
1887	Neustadt b. Coburg	-	1921	Mainleus	-
1890	Cortendorf	-	1924	Coburg	Elfabana
1892	Neuses b. Coburg	-	1927	Ludwigsstadt	Büttner
1894	Rodach	-	1929	Küps	Lindner
1895	Kronach	Goebel	1946	Oeslau	Isberner
1897	Kronach	Rosenthal	1950	Kronach	Oechseler & Audexer
1900	Neustadt b. Coburg	-	1950	Küps	Rittirsch
1901	Burggrub	-	1950	Oeslau	Fischer & Co.
1901	Hochstadt a. Main	-	1953	Staffelstein	-
1901	Tettau	Neue Porzellanfabrik	1954	Lauenstein	-
1905	Coburg	Porzellan- und Tonwaren GmbH	1958	Neuses b. Kronach	-
1905	Creidlitz	Holtzapfel	1960	Küps	Cutik

Abb. 50 *Porzellanmanufakturen in Oberfranken.*

Manufaktur (1775-1780) ab, so war die erste fränkische Porzellanfabrik die 1782 in Schney eingerichtete. Sie entstand in einem reichsritterlichen Ort, ebenso wie die (nach dem wenig erfolgreichen Unternehmen Gottbrechts im Castellschen Rehweiler) nächstältere, die 1790 gegründete Reichmannsdorfer Manufaktur. 1794 folgte mit Tettau eine Fabrik im markgräflich-brandenburgischen Territorium, der 1815 eine Konkurrenz mit der Fabrik im wenige Kilometer entfernten Schauberg erwuchs. Im Hochstift Bamberg gelang es nicht, eine Fertigungsstätte zu etablieren; einen Antrag auf Gründung einer Fabrik in Schloß Seehof lehnte der Fürstbischof 1797 ab. Erst nach der Übernahme des geistlichen Staates durch Bayern entstand eine Fabrik in Hausen, unweit von Schney. 1804 gründete Benno Schuber aus Regensburg, Teilhaber der Reichmannsdorfer Manufaktur, eine Fabrik in Bamberg, die aber nur wenige Beschäftigte hatte und wohl 1826 einging. Die Porzellanproduktion im östlichen Oberfranken begann erst 1814, als Carl Magnus Hutschenreuther in Hohenberg ein Unternehmen gründete. Zu den bestehenden westoberfränkischen Unternehmen kamen 1830 und 1840 noch Fabriken in Küps, einem ehemals reichsritterlichen Dorf.

Wichtigstes Produkt der älteren Manufakturen im Untersuchungsgebiet waren zunächst Türkenkoppchen, also henkellose Mokkatassen, die in die Türkei, aber auch nach Rußland und Italien ausgeführt wurden. Politische Unruhen in Griechenland störten zwar mehrfach den Absatz, aber einige Fabriken stellten die „Türkenbecher" noch bis ins 20. Jahrhundert her. Daneben erlangten Pfeifenköpfe, die teils in den Fabriken selbst, teils in Porzellanmalereien bemalt und zuweilen in Ruhla (Thüringen) mit Beschlägen versehen wurden, ein erhebliches Gewicht. Services und anderes Gebrauchsgeschirr scheinen im ausgehenden 18. und in der ersten Hälfte des 19. Jahrhunderts von nachgeordneter Bedeutung gewesen zu sein; sie traten in den folgenden Jahrzehnten in den Vordergrund. So fertigte man in Schney ab Anfang der 1880er Jahre verstärkt Gebrauchsgeschirr. Die Produktion von Figuren ist im frühen 19. Jahrhundert nicht nachzuweisen. Nach 1840 wurden für Jahrzehnte wenig neue Produktionsstätten errichtet. Erst 1856 nahm das Annawerk in Oeslau seine Arbeit auf, und 1860 errichtete Albert Riemann eine Fabrik in Coburg. Ein wahrer Gründungsboom setzte um 1880 ein und währte bis zum Ersten Weltkrieg. In Stadt und Landkreis Coburg des Herzogtums Sachsen-Coburg und Gotha und im angrenzenden bayerischen Bezirksamt Kronach entstanden 26 Fabriken, dazu eine im Bezirksamt Lichtenfels. Waren Schney und Hausen 1827 mit 106 bzw. 122 Arbeitskräften die größten Fabriken des Obermainkreises gewesen, so lagen 1910 die personalstärksten oberfränkischen Fabriken im Osten des Regierungsbezirks. An der Spitze stand dabei eindeutig die Ph. Rosenthal AG in Selb, die 1.300 Menschen Arbeit gab, gefolgt von der Lorenz Hutschenreuther AG in Selb (800) und Reh, Scherzer & Co. in Rehau (700). Weit abgeschlagen war die Porzellanindustrie im westlichen Oberfranken. Das mitarbeiterstärkste Unter-

nehmen, die Porzellanfabrik Tettau, beschäftigte 500 Personen, alle anderen weit weniger.
Während für die ostoberfränkischen Manufakturen in Selb, Arzberg, Schönwald oder Rehau die Produktion von Services und anderem Haushaltsgeschirr im Vordergrund stand, brachten die westoberfränkischen Unternehmen im beginnenden 20. Jahrhundert vornehmlich Zier- und Industrieporzellan auf den Markt. Elektrotechnische Artikel wurden in Burggrub, Oeslau und Rothenkirchen hergestellt, „Wasserleitungsgegenstände" und „Porzellansteine zu Trommelmühlen" im Annawerk zu Oeslau. Viele Fabriken gaben Nippesartikel, Vasen oder Blumentöpfe als Spezialität an. Die Porzellanfabrik Ludwigsstadt hatte Oster- und Weihnachtsartikel im Programm, die Fabrik Albert Riemann in Coburg Heiligenfiguren, Tiere und Likörflaschen. Conrad Bauer & Co. in Neuses b. Coburg, eine der kleinsten oberfränkischen Fabriken, produzierte „Vasen, Töpfe, Ständer, Jardinieren für Blumen; Gnomen, Tiere, Tierköpfe, Urnen für Garten- und Zimmerdekoration[...], Bonbonnieren, Büsten, Wandbilder, Reklameartikel für Schaufenster, technische Artikel (Gasholzscheite und Dekorationsvorsätze für Kamine, für Zentralheizungen), Lehrmittel wie Gefäße, antike Formen zum Abzeichnen für Schulen".
Figuren, einst in dieser Region kaum hergestellt, waren nun verbreitet. Einen hohen Anspruch hatte Paul Kister & Co. in Creidlitz, der seinen Kunden „Figuren, Gruppen, Büsten nach Originalen aus dem klassischen Altertum, ferner nach Canova, Thorvaldsen etc. in feinstem Biskuitporzellan" anbot. Auf Verbraucher mit niedrigeren künstlerischen Ansprüchen war M. L. Goebel in Kronach ausgerichtet; dieses Unternehmen hatte in seinem Programm „scherzhafte Likörfiguren u. Service, Maßkrügel, Volksfest-, Kotillon- und Scherzartikel, Zauberkrüge, Blumentöpfe mit künstlichen Blumen, zierliche Tiere, Schwimmtiere, Badekinder". Eine Besonderheit des Kronacher Werks der Ph. Rosenthal AG (Sitz Selb) war feuerfestes Kochgeschirr. Auch waren unter den Firmen des Raumes Coburg - Kronach Zulieferer für die Spielzeugindustrie um Neustadt und Sonneberg: Fabriken in Oeslau, Kronach und Burggrub produzierten Puppenköpfe, in Schney und Kronach fertigte man Spielwaren (z. B. Mundstücke für Kindertrompeten). Gebrauchsartikel, für die Porzellan einst nicht verwandt worden war, wurden nun in mehreren Fabriken hergestellt: Griffe für Bestecke oder Gardinenschleuderstäbe, Namensschilder, Bier- und Weinkrüge.
Die meisten oberfränkischen Fabriken hatten im frühen 20. Jahrhundert werkseigene Malereien und Druckereien, die die Erzeugnisse mit Mustern, Schriften und Bildern verzierten. Daneben gab es eigenständige Porzellanmalereien. Das Adreßbuch der Keram-Industrie von 1910 weist für das Untersuchungsgebiet deren drei nach: Arnold Schmidt in Bamberg, Ernst Alboth in Kronach und Karl Wittmann in Oeslau. Demnach scheint die Bedeutung dieser Einrichtungen, verglichen mit dem Stand in der ersten Hälfte des 19. Jahrhunderts, zurückgegangen zu sein. Um 1836 hatten allein in Bamberg vier Malinstitute

bestanden, die Pfeifenköpfe, Vasen, Teller, Tassen oder Porzellanplättchen mit Bildern schmückten; beliebt waren Kopien alter Meister und Ortsansichten. Daniel Gotthelf Hesse (1778-867), aus Meißen stammend und bis 1817 künstlerischer Leiter der Silbermannschen Porzellanmalerei in Lichtenfels, beschäftigte sechs Maler, ebenso Wilhelm Steinhardt, zuvor von 1826 bis 1832 in der Schneyer Fabrik tätig. Nathan Seligsberg (1797-1874), wie Steinhardt jüdischen Glaubens, hatte vier Mitarbeiter.

Das größte Atelier betrieb freilich der aus Saalfeld stammende Carl Schmidt (1791-1874), für den um 1836 22 Maler arbeiteten; einen Zweigbetrieb gründete er 1838 in Ilmenau. Um 1860/70 malten für Schmidt sogar 40 Personen. Sein Porzellan bezog er aus Schney, Hausen, Berlin, Nymphenburg sowie aus thüringischen Manufakturen. Schmidt hatte sein Institut 1818 in Coburg gegründet und 1833 nach Bamberg verlegt. Seine Werke präsentierte er bei mehreren großen Ausstellungen, so 1851 in London, wo er „Paintings on porcelain, after Cornelius, Rembrandt, Lessing, Roekers, Van der Worft, Leonardo, and Waffers“ zeigte.

Noch 1862 war das Institut „sehr beschäftigt“. Mit dem Zurücktreten der Pfeifenköpfe und aufwendig gestalteter Service und Einzeltassen als Handelsgut, wegen Veränderungen im Verbrauchergeschmack, vor allem wohl infolge der Entwicklung von Reproduktionstechniken (Kupferumdruckverfahren, Abziehbilder) wurde den „Porzellanmalereien“ seit den späten 1870er Jahren zunehmend die Grundlage entzogen. Das Schmidtsche Institut schloß 1912 seine Pforten, Alboth fabrizierte seit den 20er Jahren auch Porzellan.

Nach dem Ersten Weltkrieg setzte sich zunächst der vor 1914 beobachtete Gründungseifer fort. 1919 entstand eine Fabrik für „Tassen aller Art“ und anderes Gebrauchsporzellan in Altenkunstadt, 1920 ein elektrotechnisches Porzellan produzierendes Werk in Klosterlangheim, 1921 ein Zweigwerk der Porzellanfabrik Tettau in Mainleus bei Kulmbach. Weitere Gründungen schlossen sich an.

Aber mehrere Fabriken mußten in den 20er Jahren ihren Betrieb einstellen. Das Adreßbuch der Keram-Industrie von 1930 weist für die Bezirksämter Coburg, Kronach und Lichtenfels 21 Porzellanfabriken nach (die „Porzellanfabrik Cortendorf“ mit dem Zweigwerk in Hochstadt am Main ist nicht mitgezählt, da sie offenbar nur noch Fayenceartikel produzierten), während es 1920 im selben Raum 27 Werke gegeben hatte. So war 1928 die älteste Fabrik - Schney - geschlossen worden.

Die Produktpalette hatte sich nach Ausweis der Fachadreßbücher seit der Vorkriegszeit offenbar wenig verändert; allenfalls könnte das Gebrauchsporzellan gegenüber figürlichen Produkten oder Spielzeug leicht an Bedeutung gewonnen haben. Andererseits aber begann in der Zwischenkriegszeit, 1935 die Firma Goebel in Oeslau, Figuren nach Zeichnungen von Schwester M. Innocentia Hummel zu produzieren, die nach 1945 dann Weltruhm erlangen sollten.

1949 führt das Adreßbuch der Keram-Industrie

17 Porzellanfabriken im Raum Coburg - Kronach - Lichtenfels auf. Während es in den 50er Jahren zu einigen Neugründungen und zu Betriebserweiterungen kam, war die Zeit seit ca. 1970 durch einen langsamen Schrumpfungsprozeß geprägt, immer wieder von Phasen der Konsolidierung oder sogar des Wachstums unterbrochen.
Die rückläufige Tendenz verstärkte sich ab 1991 entscheidend. Gab es 1981 noch 55 Betriebe der feinkeramischen Industrie in ganz Oberfranken, so waren es 1994 lediglich 45. Schwerer wog der Rückgang der Beschäftigtenzahlen: Sie sanken von 17 634 auf 12 884, also um 27 Prozent.
Derzeit gibt es 18 Porzellanfabriken mit jeweils mehr als 20 Beschäftigten im westlichen Oberfranken, davon die Mehrzahl in den Landkreisen Coburg und Kronach. Die Arbeitsmarktstatistik des Landesarbeitsamtes für 1995 weist im Arbeitsamtsbezirk Coburg, der die Landkreise Coburg, Kronach und Lichtenfels umfaßt, 4.955 sozialversicherungspflichtig Beschäftigte im Bereich der Feinkeramik nach; noch 1992 waren es 5.867 - daß heißt ein Rückgang von 16 Prozent innerhalb von drei Jahren.

Günter Dippold

Karte: Nr. XVI, s.S. 149

Literatur

Adreßbuch der Keram-Industrie. Coburg [11]1910, [13]1920, [17]1930, [22]1949.

Dees, K. Otto: Die Geschichte der Porzellanfabrik zu Tettau und die Beziehungen Alexander v. Humboldts zur Porzellanindustrie. Saalfeld 1921.

Diehm, Marion: Die Porzellanmanufaktur Reichmannsdorf bei Schlüsselfeld und ihr Gründer G.J.E. Gottbrecht (Phil. Diss. Würzburg, in Arbeit)

Abb. 51 *Tasse mit Ansicht der Porzellanfabrik Schney, aus der Manufaktur Schney um 1830.*

Dippold, Günter: Anfänge und Entwicklung der Industrie vom 18. Jahrhundert bis 1914. In: Ders. und Josef Urban (Hgg.): Im oberen Maintal, auf dem Jura, an Rodach und Itz. Landschaft, Geschichte, Kultur. Lichtenfels 1990, S. 143-196.

Eidelloth, Georg: Die Entwicklung der Porzellan-Industrie Oberfrankens. Zirndorf 1914.

Friedrich, Franz: Bamberger Ansichten auf altem Porzellan. Die Porzellan-Manufakturen und Malinstitute in Bamberg und der näheren Umgebung. In: 121. Bericht des Historischen Vereins Bamberg (1985), S. 91-116.

Gerlach, Helene: Die Porzellanindustrie Oberfrankens. (Diss.) Greifswald 1924.

Jacob, Stefan: Die Porzellanmanufaktur zu Reichmannsdorf. In: 109. Bericht des Historischen Vereins Bamberg (1973), S. 385-402.

Radunz, Elisabeth: Die Porzellanfabrik Schney 1782 - 1928. Ein Beitrag zur Porzellanindustrie Oberfrankens. Schney 1994.

Wamser, Ludwig und Auer, Wilfried: „Thüringer" Porzellan aus Franken. Erzeugnisse der Gottbrechtschen Porzellanmanufaktur Reichmannsdorf am Ostrand des Steigerwalds. In: Das archäologische Jahr in Bayern 1992, S. 174-177.

Technisches Glas

Augen, Laborgläser, Instrumente, Apparate, Fasern

Schon in der Antike kannte man die Verwendung von Glasaugen für Bronzeplastiken und Skulpturen in sepulkralen und profanen Bereichen. Künstliche Augen aus Glas sind zu medizinischen Zwecken wahrscheinlich zuerst im 16./17. Jahrhundert hergestellt worden. Grundsätzlich gab es zwei verschiedene Arten von Augenimitationen. Es wurden Einschiebeaugen (Hypoblepharos) und Vorlegeaugen (Ekblepharos) gefertigt. Künstliche Augen, die man unter das Lid schieben konnte, bestanden aus kleinen Metallschalen, die mit Emailglas überzogen und naturalistisch bemalt wurden. Sogenannte Okularisten in Venedig, Holland und Frankreich stellten sie her. Künstliche Augen, die mit einer um den halben Kopf herumführenden Stahlfeder getragen werden konnten, legten sich vor die verletzte, kranke Augenhöhle.

Im 18. Jahrhundert gab es in Venedig, Stockholm, London, Birmingham, Nürnberg und Paris Werkstätten, in denen lampengeblasene Glasaugen hergestellt wurden. Adam Haug veröffentlichte zusammen mit seinem Lehrer Mauchardt 1749 eine erste umfassende Darstellung des künstlichen Auges. Paris war damals das bedeutendste Zentrum in Europa für die besten Glasaugen. Mit dem Betrieb von Charles Francois Hazard und seinem Neffen Hazard-Mirauld begann dort um 1755 die Produktion in professionellem Maßstab. 1835 präsentierte der Venezianer Benetto Polacco auf der ersten österreichischen Gewerbsproduktenausstellung in Wien Glasaugen.

Ludwig Müller Uri aus Lauscha stellte seit den 20er Jahren des 19. Jahrhunderts einfache Glasaugen für Puppen her, die in der Spielwarenindustrie in Sonneberg in größeren Mengen gebraucht wurden. Ab 1832 experimentierte er mit doppelwandigen Schalenaugen aus Beinglas, die er mit bunten Emailfarben bemalte und die humanmedizinischen Zwecken dienen konnten. In den Jahren 1844/45 zeigte er Glasaugen auf den Gewerbe- und Industrieausstellungen in Berlin und München und wurde mit Medaillen ausgezeichnet. Von nun an galten seine Glasaugen als die qualitativ und optisch besten. 1849 reiste er zu den Glasaugenmachern nach Paris. Daraufhin perfektionierte er schrittweise seine Herstellungstechniken. Er begann Iris und Pupille des Auges mit dünnen Farbglasstäbchen auf den gläsernen Augapfel in der Flamme aufzuschmelzen, während er die unbrauchbare hintere Halbkugel abschmolz.

1868 wurde das Mineral Kryolith (Natrium-Aluminiumfluorid) in Lauscha bekannt. Es färbt die Glasmasse cremig-weiß, macht das Glas gegenüber der Augenflüssigkeit unempfindlich und ergibt ein leicht gewichtiges Glas. Die Lauschaer Glasaugen wurden auf den Weltausstellungen in Wien 1873, Philadelphia 1876, Sidney 1880, Melbourne 1881, Amsterdam 1883, Antwerpen

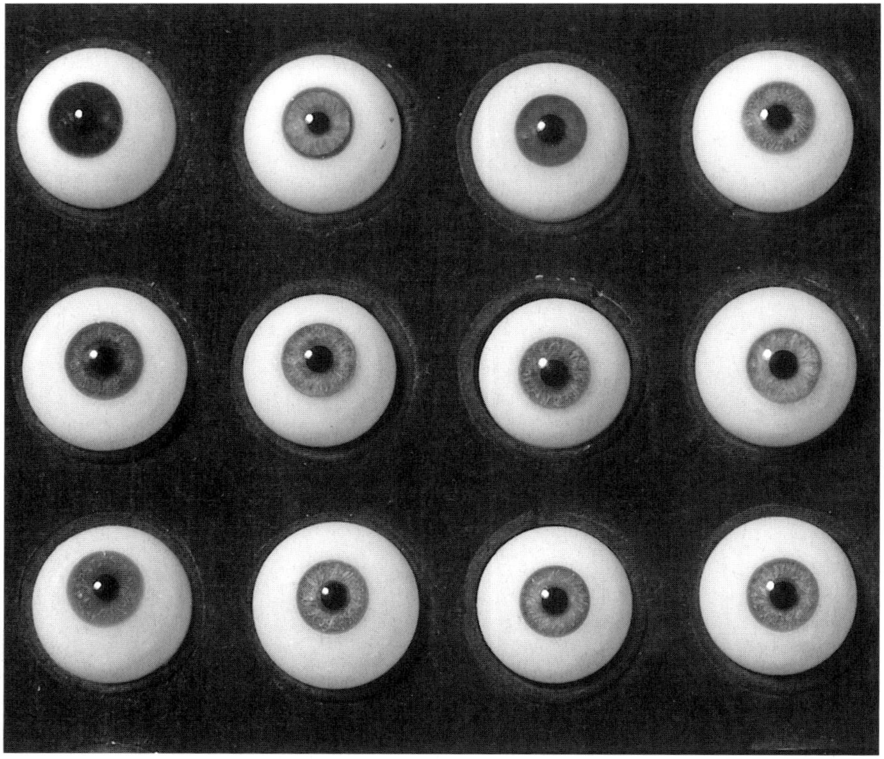

Abb. 52 *Augenprothesen, um 1920/30.*

1885, Chicago 1893 und Paris 1900 immer wieder prämiert. In den Jahren 1878 und 1887 wurde Ludwig Müller Uri von seinem Landesherrn, dem Herzog Georg II. von Sachsen-Meiningen, mit der silbernen und goldenen Verdienstmedaille für Kunst und Wissenschaft ausgezeichnet. Er starb 1888. Seine Söhne, Vettern und Neffen bauten Firmen in Leipzig, Berlin und Wiesbaden auf.

Die experimentellen Naturwissenschaften und die Industrialisierung im 18./19. Jahrhundert steigerten den Bedarf an technischen Instrumenten, Apparaten und Geräten. Die chemischen und physikalischen Eigenschaften des Glases begünstigten seine Verwendung in Labors und Versuchsanstalten. Schon 1657 hatten die Medici in Florenz die großherzogliche Akademie beauftragt, für naturwissenschaftliche Experimente lampengeblasene Apparaturen herzustellen.

Seit dem 17. Jahrhundert gab es Literatur über die Verfertigung von lampengeblasenen Meßgeräten.

Abb. 53 *Beim Puppenaugeneinsetzen, Foto 1911.*

Dietrich Winckelmann veröffentlichte 1674 in Jena eine Dissertation über Thermometer. Der Pfarrer von Kraftsdorf, Gotfried Orth, schrieb 1751 und 1783 Studien über Meßgeräte. Erich Rosenthal publizierte 1782 in Gotha eine Abhandlung über die Verfertigung von meteorologischen Werkzeugen. Eine detaillierte Anleitung zur Herstellung von Meßinstrumenten verfaßte auch der großherzoglich-sächsische Hofmechanikus Friedrich Körner 1824 in Jena. Alle vier Wissenschaftler arbeiteten selbst an der praktischen Herstellung dieser lampengeblasenen Instrumente.

Georg Geißler in Igelshieb, einem Ortsteil von Neuhaus am Rennweg, gehörte zu den Innovatoren unter den thüringischen Glasbläsern. Zuerst führte er um 1819 die Herstellung der mit Fischsilber eingezogenen Perlen ein, und seit Mitte der 1820er Jahre beschäftigte er sich zusammen mit seinem Schwager und seinem Sohn mit dem Instrumentenbau. Sein Sohn Heinrich Geißler reiste in den Wanderjahren nach München, Ulm und Den Haag, wo er von 1845 bis 1847 als physikalischer Feinmechaniker in der Meldekartei geführt wurde. Ab 1852 lebte er in Bonn als Institutsglasbläser der Universität. Dort arbeitete er mit dem Physiker Julius Plücker an einer Studie über Thermometrie. In Paris beteiligte er sich an der Weltausstellung im Jahre 1855, wo ihm die Jury für seine gläsernen Präzisionsmeßgeräte auf Grund ihrer hohen Genauigkeit und Empfindlichkeit die Goldmedaille verlieh. Er kaufte in Bonn 1867 ein Haus und baute dort seine Firma für Glasentladungsröhren, Vakuumpumpen u.ä. auf und erhielt 1868 die Ehrendoktorwürde.

In Stützerbach entfaltete sich um 1830 die Glasinstrumentenfabrikation. Wilhelm Berkes arbeitete als Geselle aus Neussis in der Hütte des Lampenglasbläsers Franz Ferdinand Greiner. Eine Beschreibung Stützerbachs berichtet 1833 von einer Glasfabrik, „welche nach Preußen, Baiern, Baden und in die Schweiz sehr viel absetzt. Es werden in derselben allein 64erlei Sorten von Aräometer und Thermometer verfertigt." In Stützerbach etablierten sich weitere Betriebe für Röntgenröhren und Apparate. Durch den Zollverein und die Gewerbefreiheit nahm die Glasinstrumentenfabrikation einen großen Aufschwung. Begünstigt wurde die Entwicklung der florierenden Wirtschaft durch die Gründung des deutschen Kaiserreiches 1871.

Allmählich entwickelten sich Ilmenau, Gehlberg und Stützerbach zu den wichtigsten Zentren der Glasinstrumentenbläserei in Thüringen. Ilmenau wurde zum Standort der Verleger für technisches Glas. 1889 erteilte das Kaiserliche Reichsamt in Berlin die Erlaubnis zur Eröffnung einer amtlichen Prüfungsanstalt der Präzisionsmeßgeräte in Ilmenau. Eine „Landesfachschule für Instrumententechnik" mit praktischer und theoretischer Ausbildung wurde 1894 angegliedert.

In Jena entfaltete sich ein neuer Zweig der Glasherstellung. In dem chemischen Laboratorium des aus einer alten thüringischen Glasmacherfamilie stammenden Otto Schott und des Physikers und Optikers Ernst Abbe wurde an neuen Glassorten für optische Geräte experimentiert. Sie fanden heraus, daß durch Beimengung von Mineralien, Salzen, Oxiden und Phosphor-

und Borsäure in die Glasschmelze die chemischen und physikalischen Eigenschaften des Glases beeinflußt und verändert werden können. 1883 stellten Schott und Abbe ein Glas her, das für thermische Messungen geeignet ist. Sie steigerten die Stabilität des Glases gegenüber aggressiven Chemikalien in Laborgläsern und erhöhten die Festigkeit gegenüber Temperaturschwankungen. Sie stellten Glassorten mit einem hohen Lichtzerstreuungs- und Brechungsvermögen her. Seit 1867 arbeitete das Unternehmen der feinmechanischen und optischen Industrie von Zeiss schon mit Abbe zusammen. 1883 gründeten Ernst Abbe und Otto Schott zusammen mit Carl und Roderich Zeiss eine glastechnische Versuchsanstalt in Jena. Bis 1933 hatte sich das Unternehmen zu einem Werk mit 2.000 Angehörigen entwickelt, in dem 154 Sorten von Gläsern und 58 Arten von Farb- und Filtergläsern hergestellt werden konnten.

Weitere spezielle Gläser, Glasseide und Glaswolle wurden in Lauscha seit der Mitte des 19. Jahrhunderts hergestellt. Wenn Glas heiß und zähflüssig ist, kann es zu einem dünnen Faden ausgezogen und gesponnen werden. Glasfasern bildeten die Grundlage für neue Industriezweige, nämlich für technische Zwecke im Bereich der Isolierung, Lichtwellenleitung, Dichtung und Filtration. Auch zu Schmuck läßt sich die Glasfaser verarbeiten: Engelshaar, Blumen, Schmetterlingen, Geweben, Tapeten. Seit Ende des Ersten Weltkrieges wird Glas überall auf der Welt maschinell gesponnen.

Helena Horn

Karte: Nr. XX, s.S. 153

Literatur

Eichhorn, Paul: Moderne Lauschaer Glasspinnerei. In: Glas und Apparat 10 (1929) H. 2, S.179-180.

Ders.: Gesponnenes Glas, ein Lauschaer Erzeugnis. In: Glas und Apparat 12 (1931) H. 3, S. 159-160.

Eichhorn, Karl Friedrich: Heinrich Geißler (1814-1879). Leben, Werk und Wirkung (= Heimatstube Schieferbergbau 4). Steinach 1989.

Freitag, Emil: Die Industrie der künstlichen Augen für Menschen. (Diss.) Jena 1923.

Henschel, Hermann: Die wirtschaftliche Lage der Lauschaer Christbaumschmuck-Industrie und der Glaswaren- und Ampullen-Industrie von Neuhaus a. Rwg. in der Nachkriegszeit. (Diss.) Jena 1922.

Hoffmann, Rudolf: Zur Geschichte der künstlichen Menschenaugen aus Glas. In: Wertvolle Objekte und Sammlungen der Museen des Bezirkes Suhl (= Südthüringer Forschungen 8). Meiningen 1974, S. 110-119.

Lindemeyer, Karl: Die Fieberthermometerindustrie auf dem Thüringer Wald. Jena 1927.

Löber, Ernst: Geschichte der Lampenglasbläserei auf dem Thüringer Wald. Weimar 1926.

Müller, Albert und Müller, Friedrich: Das künstliche Auge. Wiesbaden 1910.

Die Sitte, grüne Zweige oder Weihnachtsbäume aus dem Wald in das Haus zu holen, und sie mit Papierrosen, Äpfeln, Oblaten, Zucker, Gebäck und mit aus Goldfolie selbst gebastelten Ornamenten zu schmücken, kam gegen Ende des 16. Jahrhunderts im Elsaß auf. Es war dort Brauch, daß die Weihnachtsbäume am Dreikönigstag von den Kindern geplündert werden durften. Aufgesteckte Kerzen an den Bäumen sind ab 1660 schriftlich erwähnt. Doch erst im 19. Jahrhundert gewann der Christbaum seine heutige allgemeine Verbreitung, so daß es nicht verwundern darf, wenn um die Mitte des 19. Jahrhunderts in Lauscha der erste Christbaumschmuck aus Glas geblasen wurde.

Wahrscheinlich handelte es sich dabei um Früchte und Nüsse aus bunt bemaltem Glas. In Verbindung mit sogenannten Obstkörbchen sind sie schon um 1830 in Glas geblasen worden und konnten auch als Einzelstücke an den Baum gehängt werden. Die Herstellungstechniken knüpften an die bekannten Produktionsmethoden von Perlen, Schmuck für Brautkronen, Hutdekorationen und biedermeierlichen Spielsachen an.

Das Musterbuch der Verleger Ernst und Carl Dressel in Sonneberg führte Christbaumschmuck erstmals im Jahre 1860. Die kolorierten Lithographien zeigen Kugeln mit Durchmessern von 2,5 bis 6 cm. In 28 verschiedenen Sorten wurden Kugeln in roter, blauer, silberner und goldener Farbe und sogenannte Schacken angeboten, d.h. mit Blei streifig (gescheckt) verspiegelte Kugeln. Alle besaßen eine Öse aus Glas, die aus dem Korpus herausgeformt war; unten hatten sie eine Öffnung vom abgeschnittenen und nicht verschmolzenen Spieß.

1849 meldeten in London Fred Hale Thomson und Edward Varnish ein Patent auf die „Anfertigung von Glasgefäßen mit innen versilberten hohlen Räumen zwischen den Seiten" an, dessen Beschreibung 1850 in Deutschland veröffentlicht wurde. Von nun an ließen sich die Christbaumschmuckkugeln mit der ungiftigen alkalischen Silbersalzlösung von innen verspiegeln. Solche Formen stellte man in Lauscha ab etwa 1860 her. Sie kamen so sehr in Mode, daß schließlich alle Muster von Christbaumschmuck nur noch verspiegelt auf dem Markt angeboten werden sollten. In den Berichten der 1866 gegründeten Handels- und Gewerbekammer zu Sonneberg wurde Christbaumschmuck unter eigenem Namen erstmals im Jahr 1878 in einer gesonderten Kategorie geführt. Bisher war er unter der Sparte „Glasspielwaren" geführt. So hieß es in einem der Berichte: „Dagegen erfreuen sich die Glasfrüchte und sonstigen Dekorationsgegenstände für den Christ-

Abb. 54 *Lieferfrau Christiane Friederike Ida Sarge, Foto um 1930.*

baum einer jährlich wachsenden beifälligen Aufnahme und es werden diese Artikel in den neuesten, jedes Jahr auftauchenden Mustern sozusagen von hier aus in alle Welt versandt". In den 1870er Jahren begann die Christbaumschmuckherstellung in Lauscha aufzublühen. Bis zum Ende des Jahrhunderts wurde der Lauschaer Christbaumschmuck zu einem Muß für den festlich geschmückten Weihnachtsbaum. Um 1900 war annähernd die gesamte Vielfalt an Formen, an „schillernden Phantasiesächelchen" zu haben: Trompeten, Glocken, Weihnachtsmänner, Engel, Häuser, Sonnen, Sterne, Kugeln mit reliefierten Oberflächen. Eiserne Kreuze, Zeppeline, Minen und U-Boote kamen während des Ersten Weltkrieges auf. Der Weihnachtsbaum war zu einem deutschnationalen, vaterländischen Festsymbol geworden.

Die Herstellung in Saisonarbeit brachte bereits 1885 eine Überproduktion, und die Preise sanken um 25 bis 50 %, die Löhne oft unter das Existenzminimum. Die Spezialisierung machte krisenanfällig. Trotzdem lebte die Bevölkerung von Lauscha und der umliegenden Orte weitgehend von der Produktion und dem Verkauf von Christbaumschmuck. Die Kugeln und Ornamente wurden den jeweiligen modischen Stilen angepaßt, ebenso Schmuck und Dekore. Von innen verspiegelt, konnte die Glasoberfläche noch mit Farben bemalt und mit leichten Materialien beklebt und geschmückt werden, um die prächtige Wirkung zu steigern. Dünne Metallfolien, leonischer Draht, Papier, Watte, Holz, Kunststoff, Wachs usw. ließen sich mit den Glaskugeln dekorativ kombinieren.

Mit der Anilinfarbenerfindung wurden im letzten Viertel des 19. Jahrhundert fast jedes Jahr ein neues Pigment entwickelt, und diese haltbaren Farben immer preiswerter angeboten. Auch die Hausindustrie paßte sich den technischen Neuerungen rasch an und veränderte ständig die althergebrachten Hausrezepte. Zu den Arbeitsmethoden erklärte ein Zeitgenosse: „Das Eintönige der Arbeit erzeugt eine mechanische Geschicklichkeit und Ausbildung, welche der Schnelligkeit zu Gute kommt", doch bald kam erste Konkurrenz auf. In Gablonz/Böhmen wurden ab 1880 bunte Glasperlen und Glasstifte aus Röhren in verschiedenen Formen auf Drähte zu fragilen Formen aufgefädelt. Bizarre Häuser, Sterne, Ampeln, Herzen usw. konnten daraus in großen Mengen von Heimarbeitern gefertigt werden.

Der Erste Weltkrieg stellte eine Zäsur dar. Von nun an prägten neue künstlerische Ideale Formen und Farben. Einfache, unverspiegelte Kugeln aus farblosem oder buntem Glas kamen auf den Markt und beeinflußten die Entwicklung. - In Lauscha nahm der Direktor der Berufsschule, Paul Röber, die neuen künstlerischen Entwicklungen mit Interesse wahr, er schrieb: „Nach dem Besuch der Glasausstellung Berlin 1928 wurde die Tendenz des durchsichtigen Glasschmucks berichtet. Es galt die Kursusteilnehmer mit dem Sinn und Wert des Werkbundprogrammes bekannt zu machen. Es stellte sich heraus, daß mit der alten Gewohnheit aufzuräumen war, Glas mit Lack, Leimfarbe, Glimmer und Streuglas zu verkleistern. Es ist unsere Aufgabe, immer wieder auf die Eigenschönheit unseres Materials hinzuweisen.

Abb. 55 *Christbaumschmuckherstellung in Heimarbeit, um 1912.*

Diese Idealschönheit schwebt uns vor..." Während nun die Schule neue Formen und Dekore entwarf, verlief die kommerzielle Produktion weiter in alten Bahnen.

In der Zeit des „Dritten Reiches" kamen neue Formen auf: Hakenkreuze, Runen und Julschmuck als politische Symbole für den entchristlichten Weihnachtsbaum, bis im Krieg 1943 die Produktion von Christbaumschmuck eingestellt werden mußte, um jede Arbeitskraft für die Rüstungsindustrie bereitzustellen. Nach 1945 kam die Produktion in Lauscha und den umliegenden Ortschaften nur langsam wieder in Gang. Viele Hersteller zogen nach Neustadt, Coburg und Wertheim in die westlichen Besatzungszonen. In Thüringen wurden die Familienbetriebe verstaatlicht und 1959 zum „VEB Thüringer Christbaumschmuck-Verlag" zusammengeschlossen, seit 1960/62 Kolbenblasautomaten eingesetzt und die kreative Phantasie der Glasbläser vernachlässigt. Bis in die 1980er Jahre stellten die Betriebe ca. 70 % der Kugeln an Automaten her. 1983 zählte die Genossenschaft etwa 500 Beschäftigte, davon etwa 200 Heimarbeiter.

Nach der Wende verkaufte die „Treuhand AG" 1991 den „VEB Thüringer Baumschmuck Lauscha"

Abb. 56/57 *Christbaumschmuck, 1880-1930.*

und privatisierte das Unternehmen. Heute gibt es wieder mehr als 20 private Betriebe in Lauscha und den umliegenden Ortschaften, die Christbaumschmuck herstellen. Polen, Tschechien, Spanien und Asien sind inzwischen starke Konkurrenten. Die Produkte spiegeln allgemeine Mode-Trends. So wurde der elegante Weihnachtsbaum in den 1970er Jahren in nur einer Farbe, Ton in Ton, geschmückt. In den 1980er Jahren veränderten Nostalgie, Ökologie, Design und dekoratives Styling auch den Geschmack am Christbaumschmuck. Heute werden Weihnachtsbäume unter verschiedenen Themen wie Waldweihnacht, Engel, Zirkus oder Cherubim mit großer Prächtigkeit geschmückt.

Helena Horn

Quellen

Berichte der Handels- und Gewerbekammer zu Sonneberg von 1872 bis 1935

Literatur

Endres, Werner: Silberglas, Bauernsilber München 1983.
Glöckner, Ernst: Spielzeug und Christbaumschmuck. Die volkswirtschaftliche Bedeutung im deutschen Wirtschaftsleben und auf dem Weltmarkt sowie die arbeitsrechtliche und sozialpolitische Struktur dieser Fabrik- und Hausindustrie. Ms. 1957.
Gockerell, Nina: Gläserner Christbaumschmuck aus dem Thüringer Wald. In: Die Weltkunst 24 (1978), S. 2947-2949.
Stille, Eva: Christbaumschmuck des 20. Jahrhunderts. Kunst, Kitsch und Kuriositäten. München 1993.

Abb. 58 *Reklame der Fa. Rückert & Cie. Steinach, für Christbaumschmuck und Spielwaren, 1901.*

433

Literarische Anzeigen.

Für Landleute ist so eben bei uns erschienen:

Das

Noth- und Hülfsbüchlein

oder

lehrreiche Freuden- und Trauergeschichte des Dorfes Mildheim

von

Rud. Zach. Becker.

Neue verbesserte Ausgabe. 2 Thle. 8. Preis 20 Gr. (Mit vielen schönen Holzschnitten, dergleichen hier einer folgt.)

Dieses Noth- und Hülfsbüchlein lehrt Bauersleute dreierlei, nämlich:

1) wie sie, trotz der schlechten Zeiten, vergnügt leben,
2) mit Ehren reich werden, und
3) sich in allen Nothfällen des Lebens helfen können.

Daß die Befolgung dieser Lehren unfehlbar wirkt, beweist das Beispiel der Gemeinde Mildheim deutlich, deren Geschichte in dem Buche sehr unterhaltend erzählt ist. Es ist daraus auch namentlich zu lernen, wie Frohnden, Zehnden und Triftenrechte abgelöst, wie Gemeindeplätze getheilt werden und wie eine Gemeindeordnung beschaffen sein muß, wenn jeder Dorfbewohner sich dabei wohlbefinden soll.

Zwanzig Groschen (25 Sgr. oder 1 fl. 30 kr. rhn.) aus einer Gemeindekasse können sicher nicht nutzbringender angelegt werden, als durch den Ankauf dieses Buches, um es an Sonntagen stückweise in der Gemeinde vorlesen oder von Haus zu Haus wandern zu lassen, damit ein Jeder sich Raths daraus erholen könne. Denn es wird keine Antwort schuldig bleiben, und wer darnach thut, dem wird es wohlgehen.

Das Noth- und Hülfsbüchlein ist durch alle Buchhandlungen zu haben.

Gotha, den 6. Juni 1833.

Beckersche Buchhandlung.

Um recht zahlreiche Bestellungen bittet die Kesselringsche Hofbuchhandlung in Hildburghausen und Gustav Schaarschmidt in Leipzig.

Abb. 59 *Dorfzeitung Hildburghausen, Jg. 1833.*

Literaturverzeichnis

Anschütz, Rudolf: Industrie, Handel und Verkehr im Herzogtum Sachsen-Meiningen. Sonneberg 1904.

Brückner, Georg: Landeskunde des Herzogthums Meiningen. 2 Bde. Meiningen 1851/1853.

Brückner, Wolfgang (Hg.): Fränkisches Volksleben. Wunschbilder und Wirklichkeit (= Begleitband zur gleichnamigen Ausstellung im Mainfränkischen Museum Würzburg). Würzburg 1985.

Dressel, Hans: Die Entwicklung von Handel und Industrie in Sonneberg. (Diss. Jena) Gotha 1909.

Dröge, Kurt u. Pretzel, Lothar: Bemalte Spanschachteln. Geschichte, Herstellung, Bedeutung. München 1986.

Engel, Wilhelm: Wirtschaftliche und soziale Kämpfe in Thüringen insonderheit im Herzogtum Meiningen vor dem Jahre 1848 (= Zeitschrift des Vereins für Thüringische Geschichte und Altertumskunde N.F./Beiheft 11). Jena 1927.

Fleischmann, Adolf: Gewerbe, Industrie und Handel des Meininger Oberlandes in ihrer historischen Entwicklung. Hildburghausen 1876.

Fugmann, Ernst R.: Der Sonneberger Wirtschaftsraum. Eine Wirtschaftsgeographie des Südthüringer Waldes und seines Vorlandes (= Beihefte zu den Mitteilungen des Sächsisch-Thüringischen Vereins für Erdkunde zu Halle an der Saale 8). Halle/Saale 1939.

Griebel, Armin: Tracht und Folklorismus in Franken (= VVK 48). Würzburg 1991.

Ders.: Amtliche Berichte zur Tracht in Franken (= VVK 49). Würzburg 1991.

Heß, Ulrich: Der aufgeklärte Absolutismus in Sachsen-Meiningen. In: Forschungen zur Thüringischen Landesgeschichte (= Veröffentlichungen des Thüringischen Landeshauptarchivs Weimar 1). Weimar 1958, S. 1-42.

Ders.: Geschichte Thüringens. Weimar 1991.

Hönn, Eugen: Aus der Vergangenheit und Gegenwart des Dorfes Milz (= Separatabdruck aus den Schriften des Vereins für Sachsen-Meiningische Geschichte und Landeskunde 63). Hildburghausen 1910.

Keßler von Sprengseysen, Christian Friedrich: Topographie des Herzoglich-Sachsen-Coburg-Meiningischen Antheils an dem Herzogthum Coburg. Sonneberg 1781 [Reprint 1895].

Koutek, Barbara: Ländliche Kleidung zu höfischer Festgestaltung und bürgerlicher Trachtenpflege im Coburger Raum (Mag. Arb.). Bamberg 1990.

Kühnert, Herbert: Urkundenbuch zur Thüringischen Glashüttengeschichte (= Beiträge zur Thüringischen Geschichte 2). Jena 1934.

Meyfarth, Brunhild: Die Sonneberger Spielzeugmacher. Zu den Arbeits- und Lebensbedingungen der Sonneberger Spielzeugmacher Ende des 19. und Anfang des 20. Jahrhunderts. Sonneberg 1981.

Müllner, Angelika: Unterfränkische Trachtengraphik. Würzburg 1982.

Patze, Hans u. Schlesinger, Walter (Hgg.): Geschichte Thüringens Bd. 5, T. 1 u. 2 (= Mitteldeutsche Forschungen 48). Köln 1978/82.

Patze, Hans: Thüringen (= Handbuch der historischen Stätten Deutschlands 9). Stuttgart^2 1989.

Regel, Fritz (Hg.): Thüringen. Ein landeskundlicher Grundriß. Jena 1897.

Reichmann, Karl (Hg.): Beschreibung des Obergerichts Sonneberg de Anno 1735 (= Veröffentlichungen der Kreisberatungsstelle für Heimatkunde zu Sonneberg 1). Sonneberg 1924.

Sax, Emanuel: Die Hausindustrie in Thüringen. Wirtschaftsgeschichtliche Studien. 3 Teile. (= Sammlung nationalökonomischer und statistischer Abhandlungen des staatswissenschaftlichen Seminars zu Halle). Jena 1882-1888.

Schad, Peter: Die sogenannten Hausgewerbe der bayerischen Rhön im 19. Jahrhundert. (Diss.) Erlangen-Nürnberg 1971.

Ständecke, Monika: Trachteninitiativen in Thüringen nach 1900. Das Trachtenfest in Milz und seine Nachwirkungen. (Mag. Arb.) Würzburg 1995.

Sy, Margarete: Die Thüringer Spielwarenindustrie im Kampf um ihre Existenz. Jena 1929.

Wiswe, Mechthild: Spanschachteln. Geschichte, Herstellung, Bemalung. München 1986.

Ziegler, Alexander: Das Thüringerwalddorf Ruhla und seine Umgebung. Eine culturgeschichtliche Ortskunde und ein treuer Geleitsmann für Badegäste, Touristen und Einheimische. Dresden 1867.

Bildnachweis

Ahorn, Gerätemuseum 22
Coburg, Landesbibliothek 26-29
Coburg, Stadtarchiv 18,46,47
Darmstadt, Arndt 43,44
Eisfeld, Museum Otto Ludwig 34-37,48
Fladungen, Fremdenverkehrsamt 13
Lauscha, Glasmuseum 52,54-57
Lichtenfels, Stadtarchiv 51
Michelau, Deutsches Korbmuseum 41
Milz, Stadtarchiv 30
Münnerstadt, Henneberg-Museum 45
Sonneberg, Deutsches Spielzeugmuseum 38-40,49,53
Sonneberg, Schwämmlein 8,9,16,32
Sonneberg, Zitzmann 10
Kloster Veßra, Museum 4,5,6,7,14,15,17,20,21
Würzburg, Behringer 31,50
Würzburg, Universität, Geogr. Institut 3
Zeitungen und Sonstiges 1,2,11,12,19,23,24,25,42

Autorenverzeichnis

Böhm, Max, Dr. oec. publ., Denkendorf
Brückner, Wolfgang, Dr. phil., Univ.-Prof., Institut für deutsche Philologie, Universität Würzburg
Dippold, Günter, Dr. phil., Dipl.-Historiker, Bezirksheimatpfleger von Oberfranken, Bayreuth
Emmert, Jürgen, Dipl.-Theol., Kunstreferat der Diözese Würzburg
Fritz-Scheuplein, Monika, M.A., Institut für deutsche Philologie/Sprachatlas, Universität Würzburg
Gauß, Hans, Dipl.-Prähistoriker, Eisfeld
Gauß, Renate, Dipl.-Ethnographin, Eisfeld
Glaser, Rüdiger, Dr. rer. nat., Akad. Rat, Geographisches Institut, Universität Würzburg
Hofmann, Ernst, Dr. phil., Direktor des Deutschen Spielzeugmuseums, Sonneberg
Hofmann, Lothar, M.A., Leiter des Gerätemuseums des Coburger Landes in Ahorn und des Jagd- und Fischereimuseums Schloß Tambach, Kreisheimatpfleger
Horn, Helena, M.A., Leiterin des Museums für Glaskunst Lauscha
Jauernig-Hofmann, Birgit, M.A., Wiss. Mitarbeiterin am Gerätemuseum des Coburger Landes, Ahorn
Knoth, Karoline, M.A., Leiterin des Henneberg-Museums Münnerstadt
Koch, Ernst, Dr. theol., Pfarrer i.R., Leipzig
König, Almut, M.A., Institut für deutsche Philologie/Sprachatlas, Universität Würzburg
Krönung, Stefanie, cand. phil., Würzburg
Müller, Karsten, Lehrer, Ruhla
Müller, Simone, M.A., Hallstadt
Schenk, Winfried, Dr. rer. nat., habil., Univ. Prof., Geographisches Institut, Universität Tübingen
Schliephake, Konrad, Dr. rer. nat., Akad. Oberrat, Geographisches Institut, Universität Würzburg
Schwämmlein, Thomas, Sonneberg
Seuling, Margrit M.A., Bamberg
Ständecke, Monika, M.A., Würzburg
Treiber, Angela, Dr. phil., M.A., Wiss. Assistentin am Lehrstuhl für Heimat- und Volkskunde, Universität Bamberg
Wagner, Matthias, M.A., Abteilung für Volkskunde, Universität Würzburg
Weber, Winfried, Kartograph, Geographisches Institut, Universität Würzburg
Wölfing, Günther, Dr. phil., Amtierender Direktor des Hennebergischen Museums Kloster Veßra
Wollner, Bernd, Dr. phil., Leiter des Deutschen Korbmuseums Michelau